DROIT CIVIL

EXPLIQUÉ.

COMMENTAIRE DU TITRE XVIII
DU LIVRE III DU CODE CIVIL :

DES

PRIVILÉGES ET HYPOTHÈQUES.

PARIS. — IMPRIMERIE DE COSSON,
rue Saint-Germain-des-Prés, 9.

LE DROIT CIVIL

EXPLIQUÉ

SUIVANT L'ORDRE DES ARTICLES DU CODE,

DEPUIS ET Y COMPRIS LE TITRE DE LA VENTE.

DES

PRIVILÉGES ET HYPOTHÈQUES,

OU

COMMENTAIRE DU TITRE XVIII DU LIVRE III DU CODE CIVIL,

PAR M. TROPLONG,

CONSEILLER A LA COUR DE CASSATION,
ANCIEN PRÉSIDENT DE CHAMBRE A LA COUR ROYALE DE NANCY,
CHEVALIER DE L'ORDRE ROYAL DE LA LÉGION-D'HONNEUR;

OUVRAGE QUI FAIT SUITE A CELUI DE M. TOULLIER, MAIS DANS LEQUEL ON
A ADOPTÉ LA FORME PLUS COMMODE DU COMMENTAIRE.

TROISIÈME ÉDITION.

TOME QUATRIÈME.

PARIS,

CHARLES HINGRAY, LIBRAIRE-ÉDITEUR,

10, RUE DE SEINE.

A NANCY, CHEZ GEORGE GRIMBLOT.

—

1838.

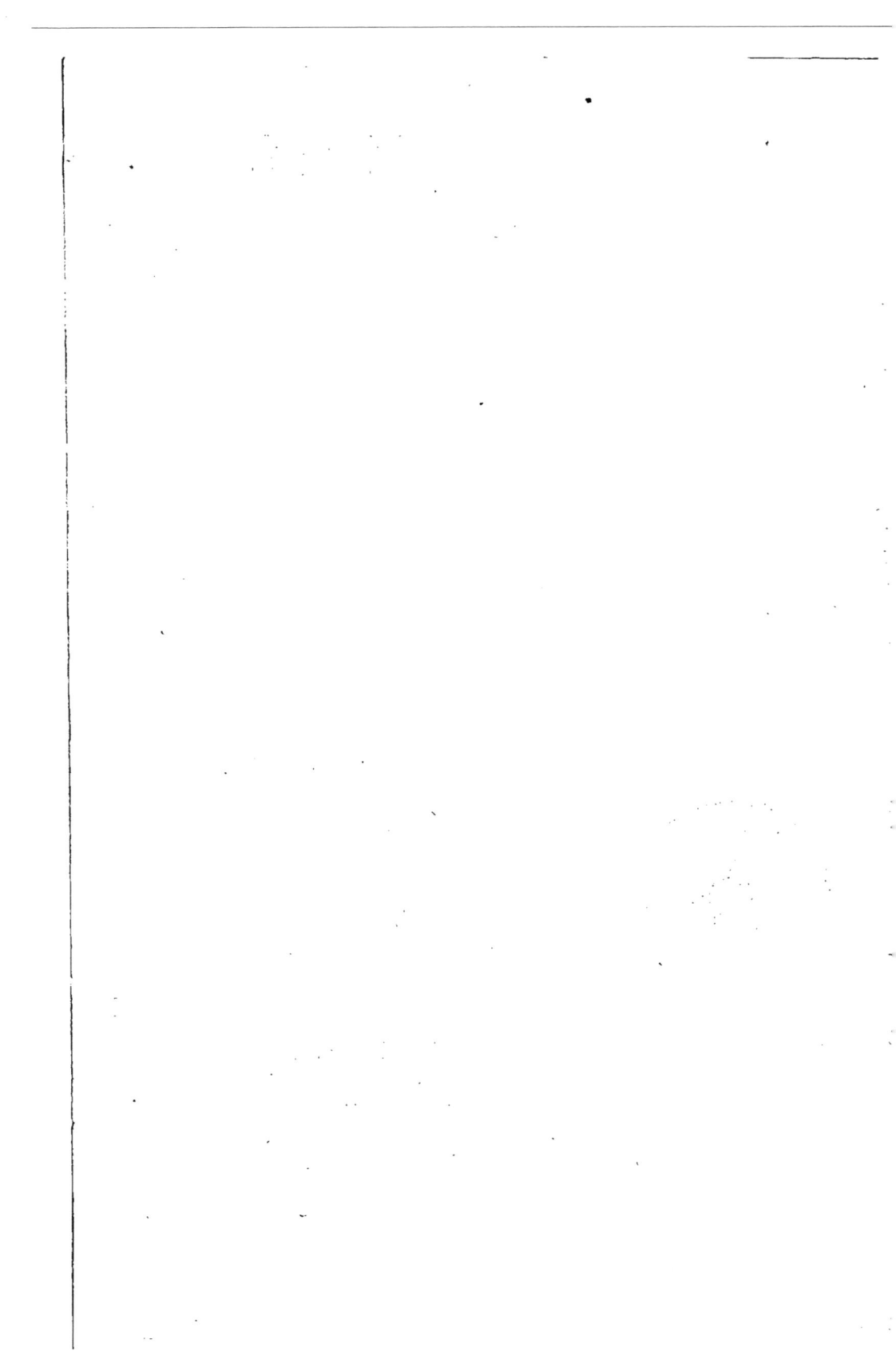

CODE CIVIL,

LIVRE III,

TITRE XVIII :

DES

PRIVILÉGES ET HYPOTHÈQUES.

CHAPITRE VII.

DE L'EXTINCTION DES PRIVILÉGES ET HYPOTHÈQUES.

ARTICLE 2180.

Les priviléges et hypothèques s'éteignent :

1° Par l'extinction de l'obligation principale ;

2° Par la renonciation du créancier à l'hypothèque ;

3° Par l'accomplissement des formalités et conditions prescrites aux tiers détenteurs pour purger les biens par eux acquis ;

4° Par la prescription.

La prescription est acquise au débiteur, quant aux biens qui sont dans ses mains, par le temps fixé pour la prescription des actions qui donnent l'hypothèque ou le privilége.

Quant aux biens qui sont dans la main d'un tiers détenteur, elle lui est acquise par le temps réglé pour la prescription de la propriété à son profit : dans le cas où la prescription suppose un titre, elle ne commence à courir que du jour où il a été transcrit sur les registres du conservateur.

Les inscriptions par le créancier n'interrompent pas le cours de la prescription établie par la loi en faveur du débiteur ou du tiers détenteur.

SOMMAIRE.

854. 1er *cas.* L'ancienne hypothèque revit entre le créancier évincé et le débiteur originaire. (Art. 1187 du Code civil.)

855. 2e *cas.* L'ancienne hypothèque revit à l'égard des tiers qui avaient hypothèque avant la dation en paiement.

856. Argument tiré de l'art. 2177 du Code civil.

857. La publicité de l'hypothèque n'empêche pas cette solution.

858. Utilité de la clause que la dation en paiement ne nuit pas à l'ancienne obligation.

859. 3e *cas.* L'ancienne hypothèque revit-elle même contre ceux qui ont acquis les biens postérieurement à la dation en paiement, ou qui, postérieurement à cette dation, ont reçu hypothèque du débiteur? Opinion de MM. Toullier et Grenier. Arrêt de la cour de Nancy.

860. Opinion contraire préférable. Cas à distinguer.

861. Examen de la question à l'égard de ceux qui ont acquis, postérieurement à la dation en paiement, des biens qu'elle devait affranchir. Il faut décider que l'hypothèque revit.

862. Dissentiment avec M. Toullier et M. Grenier. La publicité ne s'oppose pas à la renaissance des anciennes hypothèques.

863. En effet, si l'inscription n'a pas été radiée, les acquéreurs l'ont connue; ils ne peuvent se plaindre. Dissentiment avec la cour de Nancy.

864. Si le créancier muni de la dation en paiement a consenti à la radiation, il pourra toujours se faire inscrire, tant que l'acquéreur n'aura pas transcrit. La radiation n'éteint pas l'hypothèque. Elle n'éteint que l'inscription.

865. Il en est de même s'il a laissé périmer son inscription.

866. Examen de la question lorsque, postérieurement à la dation en paiement, le débiteur a donné de nouvelles hypothèques sur les biens qu'il croyait libérés.

867. 4e *cas.* Lorsque l'immeuble donné en paiement, et objet de l'éviction, est celui sur lequel on prétend faire re-

vivre l'hypothèque, la question est décidée par l'article 2177.

868. 2° *cause d'extinction*. Renonciation du créancier. D'où résulte la renonciation tacite. Du consentement à la vente.

869. De celui qui assiste à la vente comme témoin.

870. Du cas auquel la vente à laquelle on a consenti n'est pas suivie d'effet. Si elle était suivie d'effet, l'hypothèque ne renaîtrait pas, quand même le débiteur se rendrait acquéreur de l'objet aliéné. *Quid* cependant, si le créancier avait hypothèque générale?

871. Du créancier hypothécaire qui consent que la chose soit hypothéquée à un autre. Renonce-t-il à son rang ou à son hypothèque?

872. Renvoi pour la renonciation de la femme à son hypothèque légale.

873. 3e *cause d'extinction*. Formalités pour purger. Renvoi.

874. 4e *cause*. Prescription. Principes du droit romain et du droit français à l'égard du *débiteur direct*.

875-876.

877. Droit d'après le Code civil. La loi *Cum notissimi* est rejetée.

878. Principes sur la prescription à l'égard du *tiers détenteur*.

878 *bis*. Suite.

879. De la bonne foi du tiers détenteur, et d'abord du cas où il est expressément chargé des hypothèques.

880. Du cas où l'hypothèque n'est pas déclarée.

880 *bis*. Du cas où il est prouvé que l'acquéreur a eu connaissance des inscriptions ou de l'hypothèque. Erreur de la cour de Bourges.

881. Réfutation de l'opinion de MM. Grenier et Delvincourt.

882. Autre raison de M. Delvincourt réfutée.

883. Quand commence la prescription? Pourquoi commence-t-elle à compter de la transcription, quand il lui faut titre et bonne foi.

883 *bis*. De l'*interruption* de la prescription. L'inscription

n'est pas un moyen d'interruption. *Quid* du purgement?

884. Des personnes contre qui court la prescription. Du mineur. Le mineur ne relève pas le majeur dans les choses
divisibles.

885. La prescription court-elle contre la femme mariée?

886. Court-elle à l'égard d'une créance conditionnelle? *Quid*
si, *pendente conditione*, le tiers détenteur possède la
chose pendant dix ans avec titre et bonne foi?

887. Que pensait-on à cet égard dans l'ancienne jurisprudence? Que doit-on décider sous le Code civil?

887 *bis*. Quelles personnes sont aptes à opposer la prescription
de l'hypothèque?

887 *ter*. Actes d'où résulte la renonciation à l'hypothèque.
Dissentiment avec la cour de Grenoble.

888. 5ᵉ *cause*. *Resoluto jure dantis*, etc.

889. 6ᵉ *cause*. Perte de la chose hypothéquée.

889 *bis*. De la transformation de la chose.

890. L'hypothèque sur la chose passe-t-elle sur l'indemnité
qui la représente en cas d'incendie? Erreur de quelques auteurs et de deux cours royales.

890 *bis*. *Quid* en matière d'indemnité d'émigré?

891. De la perte de l'usufruit par la consolidation.

COMMENTAIRE.

846. Notre article, qui fait à lui seul la matière du chapitre 7, s'occupe des moyens d'extinction de l'hypothèque.

La première cause d'extinction de l'hypothèque
est l'anéantissement de l'obligation principale.
L'hypothèque, étant l'accessoire d'une obligation
principale, doit s'éteindre avec elle; l'accessoire
suit toujours le sort du principal.

Il faut que l'obligation principale soit éteinte

pour le total; car s'il en restait la plus petite partie, l'hypothèque subsisterait pour le tout (1).

Il n'importe de quelle manière la dette ait été
éteinte, soit par le paiement réel, soit par la remise
que le créancier en fait à son débiteur, soit par la
compensation, soit par la novation.

Cependant, si la novation contenait une réserve
des hypothèques, ces hypothèques seraient trans-
férées à la nouvelle créance, et ne seraient pas
éteintes (2).

847. La dation en paiement qui a lieu lorsqu'à
la place de ce qui est dû, le créancier consent
à recevoir une chose mobilière ou immobilière,
opère libération, puisqu'elle équivaut à un paiement comme l'indique son nom. Elle engendre
novation, elle éteint par conséquent les hypothèques attachées à l'ancienne créance (3).

Mais si le créancier vient à être évincé de la
chose, on demande si l'hypothèque de l'ancienne
créance renaîtra.

Pour résoudre cette question, il faut d'abord
distinguer si l'éviction a lieu pour une cause postérieure au contrat ou imputable au créancier,
ou si cette éviction procède d'une cause antérieure
au contrat, *ex causâ antiquâ vel necessariâ*.

848. Si la cause de l'éviction est postérieure au

(1) Pothier, Orl., t. 20, n° 59, L. 19, Dig., *De pign. hyp.*
Suprà, t. 2, n° 388. Voët, lib. 20, t. 15, n° 2.

(2) Pothier, *loc. cit.*

(3) Arrêt de cassation du 19 juin 1817. Sirey, 19, 1, 35.
M. Toullier, t. 7, n° 301. Voyez au surplus, sur la dation en
paiement, mon commentaire *de la Vente*, t. 1, n° 7.

contrat et volontaire de la part du créancier, nul doute que, dans ce cas, les hypothèques éteintes ne revivent pas. C'est une maxime fondée sur la raison que : « *Obligatio semel extincta non reviviscit,* » *nisi justa causa subsit ex quâ æquitas subveniat,* » ou, comme le dit la loi 98, § 8, D. *De solut.* : « *In perpetuum sublata obligatio restitui non potest.* » La même règle se tire aussi de la loi 4, C. *De transact.* (1).

849. Mais si la cause est antérieure au contrat, et si c'est une cause nécessaire, il y a plus de difficulté pour savoir si les hypothèques attachées à la créance qu'on a voulu éteindre par la dation en paiement, reprennent leur force au moment de l'éviction. On trouve sur cette question beaucoup d'opinions contraires.

Jetons d'abord un coup d'œil sur les lois romaines.

La loi 46, D. *De solut.*, porte ce qui suit : « Si » quis aliam rem pro aliâ volenti solverit, et evicta » fuerit res, *manet pristina obligatio*; et si pro parte » fuerit evicta, tamen pro solido obligatio durat; » *nam non accepisset re integrâ creditor, nisi pro solido ejus fieret* (2). » Ce qui signifie :

Si un débiteur donne à son créancier qui l'accepte un immeuble en paiement de la chose qu'il lui devait, et si le créancier en est évincé, l'an-

_____

(1) Toullier, t. 7, p. 360, n° 300.
(2) Pothier, Pandect., t. 3, p. 366, n° 85. Ce texte est tiré d'un ouvrage de Marcianus, sur les *Règles du droit,* lib. 3, *Regularum.* On peut dès-lors le considérer comme étant l'expression d'un principe.

cienne obligation demeure dans toute sa force. Si l'éviction n'a lieu que pour partie, l'ancienne obligation ne subsiste pas moins pour le tout ; car le créancier n'aurait pas réçu la chose si elle n'avait pas dû devenir sienne en entier.

La même règle est portée dans la loi 8, C. *De sententiis et interloc.*

« Libera quidem Theodora, quam ex emptionis
» causâ, vel in solutum creditori traditam propo-
» nis, pronuntiata, citra provocationis auxilium,
» sentencia rescindi non potest. Verùm si motâ
» quæstione, præmissâ denuntiatione ei qui auc-
» tor hujusmodi mulieris fuit, judicatum proces-
» sit, quanti tuâ interest, empti, si emisti, vel ob
» debitum reddendum, si in solutum data est, re-
» petere non prohibueris. »

Si un jugement a déclaré libre Théodora, qui avait été vendue par celui qui s'en croyait le maître, ou qui avait été donnée par le même en paiement d'une dette qu'il avait contractée, la sentence ne peut être réformée sans le secours de l'appel, et l'éviction demeure dans toute sa force. Mais... l'acheteur aura contre son vendeur l'action utile *ex empto*; ou bien, si cette Théodora avait été donnée en paiement, le créancier recourra contre son débiteur pour se faire rendre ce qui lui était dû avant cette dation en paiement.

On voit que ces deux lois décident que, malgré la novation produite par la dation en paiement, l'action primitive n'est pas éteinte, si le créancier est évincé de ce qu'il a reçu.

85o. On oppose contre cette résolution les trois

lois qui suivent : la loi 4, C. *De evict.; * la loi 24 *Eleganter*, D. *De pignorat. act.;* la loi 1, au C. *De rer. permut.*

Voyons ce qu'elles portent.

« Si prædium (dit la loi 4, *De evict.*) tibi *pro
» soluto* datum est quod aliis creditoribus fuerat
» obligatum, causa pignoris mutata non est : igitur
» si hoc jure fuerit evictum, utilis tibi actio *con-
» tra debitorem* competit; nam hujusmodi con-
» tractus vicem venditionis obtinet. »

Si on vous donne en paiement un immeuble hypothéqué à différens créanciers, leur hypothè-que n'en est pas altérée. C'est pourquoi, si ces créanciers vous évincent par l'action hypothécaire, vous avez l'action utile *de evictione* contre votre débiteur ; car le contrat de dation en paiement est assimilé à la vente.

Comme on l'aperçoit, cette loi ne prive pas du tout le créancier évincé de l'action qu'il peut avoir contre son débiteur en vertu de l'ancienne obli-gation : elle se borne à dire qu'il aura l'action utile *de evictione.* Ainsi donc, elle se concilie très-bien avec les précédentes, et de leur combinaison il résulte qu'à son choix le créancier aura l'action utile *de evictione*, ou bien, l'action résultant de l'ancienne obligation.

851. Passons à la loi *Eleganter* 24, D. *De pign. act.* (1).

« Eleganter apud me quæsitum est si impetras-
» set creditor à Cæsare ut pignus possideret, id-

---

(1) Pothier, Pand., t. 1, p. 580, n° 36.

» que evictum esset, an habeat contrariam pigno-
» ratitiam. Et videtur finita esse pignoris obligatio,
» et à contractu recessum. Imò utilis ex empto ac-
» commodata est, quemadmodùm si pro soluto ei
» res data fuerit, ut in quantitatem debiti ei satis-
» faciat, vel in quantum ejus intersit. Et compen-
» sationem habere potest creditor, si fortè pigno-
» ratiâ vel ex aliâ causâ cum eo agitur. »

Lorsque le créancier avait fait mettre en vente
la chose hypothéquée, s'il ne se présentait pas d'a-
cheteurs, il obtenait du prince le droit de retenir
cette chose *jure dominii.* Un créancier, ayant donc
obtenu ce droit, fut évincé de la chose; et Ulpien
fut consulté sur la question de savoir si, à raison
de cette éviction, ce créancier avait contre son débiteur l'action pignoratice contraire. Le jurisconsulte commence par dire qu'il semble que le contrat hypothécaire a été éteint, et qu'il y a eu aban-
don de ce même contrat. Cette solution est donnée
sous la forme du doute; et, sans l'approfondir d'a-
vantage, Ulpien s'attache à une autre raison, qui
doit invinciblement faire triompher celui qui le
consulte : c'est que, dans tous les cas, il a l'action
utile *ex empto*, de même que si la chose lui eût
été donnée en paiement, pour obtenir d'être remboursé de ce qui lui était dû, ou de ses dommages
et intérêts. Et si son débiteur agissait contre lui
par l'action pignoratice directe, ou par toute
autre, soit pour la prestation des fautes qu'il aurait commises sur le gage, soit par un autre motif, il pourra opposer la compensation.

Bartole a tiré de cette loi la conclusion que l'éviction ne fait pas revivre l'action originaire : *Nota quod, re evictâ, primâ actione non agitur* (1); et pour concilier cette solution avec la loi *Si quis aliam*, D. *De solut.*, que je citais tout à l'heure, voici comment il raisonne : Dans la loi *Si quis aliam*, le jurisconsulte suppose qu'on a donné une chose en paiement d'une autre chose : *Ibi datur in solutum species pro specie;* au contraire, dans la loi *Eleganter*, on a donné une espèce à la place d'une somme d'argent : *hic species pro pecuniâ.* Or quand on donne une chose à la place d'une somme d'argent, c'est une vente, et l'on sait que le vendeur se libère en livrant la chose, quoiqu'il n'en rende pas l'acheteur maître et propriétaire : « Quandô » datur species pro pecuniâ, contrahitur emptio, » in quâ liberatur venditor tradendo rem, licèt » non faciat emptorem dominum, ut *leg. ex empto* » in princípio *de act. empt.* » Ainsi le contrat de vente est parfait par cela seul, et l'on renonce au premier engagement. « Et idem perficitur contrac- » tus emptionis, et receditur à primo. » Mais quand on donne une espèce pour une espèce, ce n'est pas une vente, c'est un échange, ou le contrat in- nommé *do ut des*, dans lequel on exige que la chose devienne parfaitement la propriété de celui qui la reçoit : Sed quandô datur species pro specie , » non potest dici emptio, sed est permutatio, vel » *do ut des* in quibus requiritur quod res perfectè » fiat accipientis, ut L. fin. D. *De condict. ob cau-* » *sam*, et L. 1. *De rer. permut.* »

(1) Sur la loi *Eleganter*, Dig., *De pign. act.*

Tel est aussi le sentiment de Cynus sur la loi *Libera Theodora*, C. *De sent.* et de la glose sur la loi *Eleganter.*

Ce qu'il y a de remarquable en faveur de cette interprétation, c'est que Cujas l'adopte au liv. 19 de ses Observations, chap. 38, où il la corrobore de nouveaux argumens tirés de la loi 1, au C. *De rer. permutatione.*

Voici les termes de cette loi : « Si cùm patruus » tuus venalem possessionem haberet, pater tuus » pretii nomine (licèt non taxatâ quantitate) aliam » possessionem dedit; idque quod comparavit, » non injuriâ judicis nec patris tui culpâ, evictum » est; ad exemplum ex empto actionis non imme- » ritò id, quod tuâ interest, si in patris jura suc- » cessisti, consequi desideras. At si, cum venalis » possessio non esset, permutatio facta est, idque » quod ab adversario præstitutum est, evictum » est, quod datum est, si hoc elegeris, cum ratione » restitui postulabis. »

Je vais donner le sens de cette loi, d'après Cujas, dans ses Récitations solennelles sur le Code *De rer. permutatione.*

Votre oncle paternel, ayant mis un fonds en vente, vous dites que votre père l'a acheté sans que le prix fût précisément déterminé, et qu'il a donné en paiement un autre fonds. Il est arrivé, suivant votre exposé, que le fonds transmis par votre oncle à votre père a été évincé, et il paraît certain que cette éviction n'a eu lieu ni par l'in-justice du juge ni par la faute de votre père. Dans ce cas, on ne peut pas dire que ce soit positivement une vente; car il n'y a pas eu de prix certain, *non interveniunt nummi;* c'est un échange en vertu duquel vous compétera l'action *præscriptis verbis*, ou, comme le dit le texte lui-même, une action à l'instar de l'action *ex empto.* Cette action aura pour but de vous faire indemniser de l'éviction soufferte. Mais vous ne pourrez pas avoir la condiction de la chose que votre père a donnée en contre-échange; car le contrat intervenu entre votre oncle et votre père a une grande affinité avec la vente, à raison de la circonstance que la propriété de votre oncle était mise en vente, et que ce n'est qu'à titre de prix qu'il a reçu la chose. Or, dans le contrat de vente, l'acquéreur évincé n'a que l'action d'éviction, et l'on sait que le contrat de vente n'est pas résolu parce que l'acheteur est évincé. Mais si la chose de votre oncle n'avait pas été mise en vente. alors ce serait un échange pur et simple, et vous auriez à votre choix, ou l'action *præscriptis verbis* pour vous faire indemniser de l'éviction, ou la condiction *ob causam* pour reprendre la chose donnée en contre-échange à votre père.

Quoiqu'il soit fort téméraire de combattre les opinions du grand Cujas, j'avoue que je ne vois pas que cette loi confirme le principe que l'éviction de la chose donnée en paiement ne fait pas revivre l'ancienne créance qu'on aurait voulu solder. Cette loi s'occupe d'un cas où il n'y a pas eu conversion d'une obligation primitive en une obligation postérieure : elle ne parle pas d'une novation. Elle a pour but d'indiquer les actions résultant du seul et unique contrat intervenu entre lepère du demandeur et son oncle. A la vérité, cette loi prouve qu'il y a une différence pour les actions qui en découlent entre la vente et l'échange, et c'est ce qu'on ne conteste pas. Mais y a-t-il une différence entre la vente et l'échange pour faire revivre l'obligation primitive qu'on a voulu éteindre par une dation en paiement équivalant à vente, ou par une dation en paiement contenant échange? C'est ce dont la loi 1. C. *De rer. permut.* ne s'occupe pas.

Il faut donc voir si cette différence est formellement consacrée par les lois dont j'ai parlé ci-dessus.

852. On a vu que tous les auteurs, et à leur tête Bartole et Cujas, reconnaissent que, dans le cas d'échange, si la chose est évincée, le contrat primitif subsiste. Mais, à l'égard de la vente, Bartole et Cujas sont d'une opinion contraire sur le fondement de la loi *Eleganter;* et on est forcé d'avouer que, pour arriver à cette différence, ces deux grands interprètes ont tiré un très-habile parti de la diversité d'effets que le droit romain attribuait à la vente et à l'échange.

Cependant je suis forcé de dire que je conserve des doutes, et il me semble que la loi *Eleganter* n'est pas assez formelle pour autoriser une différence qui répugne à la justice. Ulpien ne dit pas positivement que l'action pignoratice n'a pas lieu, et que le contrat de gage, pour lequel est intervenue la dation en paiement, est éteint; il propose cela sous la forme du doute, *Et videtur finita esse pignoris obligatio,* etc. Cette manière dubitative de s'exprimer ne me paraît pas conduire à un résultat différent de celui qui est si énergiquement et si explicitement donné par les lois 46, D. *De solut.*, et 8, C. *De sent.*, et je remarquerai sur cette dernière loi, qu'elle ne dit pas, comme le suppose Bartole, que dans l'espèce on avait donné en paiement *species pro specie*. Elle dit que Théodora avait été donnée en paiement *pro debito*, ce qui suppose une dette d'argent, d'après le langage ordinaire.

Ainsi il faut dire que, par les lois romaines, la dation en paiement n'éteint l'obligation primitive qu'autant que le créancier n'est pas évincé; et que si l'éviction prouve que le débiteur ne lui a transféré qu'un domaine révocable, la première obligation renaît avec l'accessoire de ses hypothèques. C'est l'opinion de Doneau (1), de Voët (2) et de Renusson (3).

853. Voilà donc le principe trouvé (4). C'est dans les lois 46, Dig. *De solut.*, et 8 C. *De sent.*, qu'il

(1) Sur la loi 4, C., *De evict.*, n° 5.

(2) *Ad Pandect.*, lib. 46, t. 3, n° 13.

(3) Subrog., ch. 5, n°s 21 et suiv.

(4) Il doit surtout prévaloir dans le système de la jurisprudence moderne. Car, en admettant la distinction de Bartole et de Cujas, entre le cas d'échange et le cas de vente, il faudra dire que la théorie du Code civil sur la transmission de la propriété par le moyen de la vente étant absolument conforme à celle qui avait lieu dans le droit romain lorsqu'il y avait échange (voyez mon commentaire sur le titre de *la Vente*, n°s 4 et suiv.), on ne doit pas hésiter dès-lors à donner la préférence aux lois 46, D. *De solut.*, et 8, C. *De sent.* qui sont la raison écrite.

faut le chercher; mais, pour le développer dans toute son étendue et sa clarté, il faut distinguer plusieurs cas.

Le premier cas a lieu lorsque le créancier évincé veut faire revivre l'ancienne créance à l'égard du débiteur.

Le second cas a lieu lorsqu'il veut la faire revivre envers les tiers, créanciers du débiteur.

Le troisième cas à remarquer est celui où l'hypothèque qu'on veut faire revivre frappe sur des biens autres que le bien donné en paiement.

Le quatrième cas se présente lorsque l'hypothèque qu'on veut faire revivre a eu lieu sur l'immeuble même qu'on a reçu en paiement.

854. Lorsqu'on veut faire revivre l'ancienne créance et ses hypothèques contre le débiteur lui-même, ce dernier ne peut avoir aucun moyen de résister à cette prétention légitime. C'est particulièrement au débiteur qu'est applicable le principe contenu dans les lois romaines que j'ai citées. Le Code civil n'est pas moins formel. L'éviction résolvant la dation en paiement, les choses sont remises au même état que si le contrat de dation en paiement n'eût jamais existé. Telle est la disposition de l'art. 1183 du Code civil. Le créancier n'a consenti à l'extinction de sa créance, que sous la condition qu'il ne serait pas troublé dans la jouissance de l'immeuble donné en paiement. L'extinction de la créance n'était donc que conditionnelle. Or, la condition venant à manquer, on doit dire que la créance n'a jamais été éteinte : elle a seulement été assoupie. *Non à morte sed à somno re-*

surgit. C'est l'opinion de tous les auteurs (1).

Néanmoins, si l'éviction, au lieu de procéder *ex causâ antiquâ vel necessariâ*, provenait d'une cause personnelle au créancier et postérieure au contrat de dation en paiement, alors l'obligation précédente ne renaîtrait pas; et ce serait le cas d'appliquer la maxime : « Obligatio sive actio » semel extincta non reviviscit »; ou, comme le dit la loi 98, § 8 D. *de solut.*, « *In perpetuum sublata* » *obligatio restitui non potest* (2). »

La raison en est que le débiteur, qui a donné une chose en paiement, n'est pas responsable des faits d'éviction qui surviennent postérieurement au contrat, ou par le fait de l'acquéreur. Pour que la transmission de propriété soit censée faite irrévocablement par le vendeur, il suffit que l'éviction ne provienne pas *ex causâ antiquâ et necessariâ*.

855. Mais l'hypothèque de l'ancienne créance revivra-t-elle à l'égard des tiers?

Distinguons d'abord les tiers ayant hypothèque avant la dation en paiement, et les tiers ayant hypothèque postérieurement.

A l'égard des premiers, donnons une hypothèse. Je supposerai que l'hypothèque qu'on veut faire revivre est établie sur des biens autres que ceux donnés en paiement. *Putà* (3).

(1) Renusson, *loc. cit.* Basnage, Hyp., ch. 17. Toullier, t. 7, p. 364.

(2) V. aussi la loi 4, C., *De transact.*, et M. Toullier, t. 7, p. 360, n° 300.

(3) Ainsi il n'y a pas confusion.

IV.   2

J'ai hypothèque sur les biens A, B, C, appartenant à Titius, mon débiteur. Mon hypothèque est inscrite le 24 janvier 1824. Secundus a une hypothèque inscrite le 1er janvier 1825, et Tertius une troisième hypothèque inscrite en février 1826. Le 1er mars 1827, Titius me donne en paiement le fonds D; mais Rémy, qui avait vendu cet immeuble à Titius, et qui n'en avait pas été payé, se pourvoit en résolution du contrat et m'évince. On sent l'intérêt que j'aurai à revenir armé de ma créance originaire, pour faire valoir mon hypothèque sur les fonds A, B, C. Mais Secundus et Tertius seront-ils fondés à me dire que mon hypothèque a été éteinte à leur égard, et qu'elle ne peut plus revivre?

Dans l'ancienne jurisprudence, cette question eût été décidée sans aucun doute contre Secundus et Tertius; car, n'éprouvant aucun dommage de ma présence, ils se plaindraient sans grief, les choses se trouvant dans le même état où elles étaient lorsqu'ils ont contracté. Aussi voit-on que les auteurs décident, en général, que l'éviction fait revivre les hypothèques attachées à l'ancienne créance (1).

856. Cette solution s'autorise de ce qui avait lieu en matière de délaissement. Lorsque le créancier, qui avait reçu en paiement la chose sur laquelle il avait hypothèque, en était évincé, il redevenait créancier en vertu de l'obligation primitive, et reprenait son rang d'hypothèque au

(1) Renusson et Basnage. *loc. cit.*

regard de tous ceux qui avaient hypothèque sur l'immeuble avant la dation en paiement (1). C'est ce que décide l'article 2177 du Code civil, ainsi qu'on l'a vu ci-dessus.

A la vérité, il n'est question ici que des droits d'hypothèque que le créancier avait, avant la dation en paiement, sur l'immeuble même qui lui a été donné en paiement; au lieu que, dans la difficulté qui m'occupe en ce moment, les hypothèques qu'on veut faire revivre sont assises sur d'autres biens que celui donné en paiement. Mais les raisons de décider sont les mêmes pour l'un et l'autre cas. Elles se rattachent toujours au même principe, que la dation en paiement n'a pas été définitive.

857. Ce qui était ainsi décidé avant le Code civil, doit-il être également admis depuis que l'hypothèque a été rendue publique et qu'elle est soumise à l'inscription?

Je crois que les principes sont les mêmes. Pour les appliquer sous le Code civil, on trouve un argument extrêmement fort dans l'art. 2177 du même code. Néanmoins, il est certaines circonstances où l'on peut demander si les règles de la publicité ne les font pas plier.

L'hypothèque doit être inscrite : c'est l'inscription qui lui donne un rang utile. Mais supposez que le débiteur, qui se croit libéré par la dation en paiement qu'il m'a faite, fasse radier mon inscription sur les fonds A, B, C. Il est possible

_____

(1) Loyseau, liv. 6, ch. 4, nos 14 et 15, et ch. 7, n° 7.

que, me croyant payé et indemnisé, et ne prévoyant pas de chances d'éviction, je donne quittance pleine et entière, et que j'autorise même la radiation.

Dans ce cas, si je viens à être évincé, la radiation m'aura fait perdre mon rang; et Secundus et Tertius, qui ne marchaient qu'après moi, me primeront.

C'est en vain que je prétendrais reprendre mon premier rang. En vertu de quoi pourrais-je m'y placer? Je n'ai plus d'inscription dont je puisse me prévaloir.

858. Pour éviter cet inconvénient, le créancier, qui reçoit en paiement une chose sur laquelle il peut avoir des craintes d'éviction, fera bien de stipuler qu'il se réserve, en cas de péril, son hypothèque ancienne et son inscription, et qu'il n'en sera pas accordé radiation. Cette précaution revient à peu près à celle que Bartole conseillait de prendre sous l'ancienne jurisprudence : « Nota » ut solet apponi in contractibus dationis in solu- »tum clausulam, *quòd si contingeret rem evinci, »remaneat actio in pristino statu* (1). »

Mais remarquez bien que j'ai dit que le créancier évincé peut prendre une nouvelle inscription, à la date de laquelle il fera valoir son droit d'hypothèque; car, si la radiation lui a fait perdre son rang, la dation en paiement ne lui a pas fait perdre son hypothèque (2).

_____

(1) Sur la loi *Eleganter*, D., *De pign. act.*
(2) *Suprà*, t. 3, n° 737.

Quid si l'inscription que j'avais à la date du 24 janvier 1824 est périmée depuis la dation en paiement ?

On doit décider que cette péremption m'a fait perdre mon rang ; je devais prévoir l'événement qui est arrivé ; et, en père de famille diligent, je devais renouveler mes inscriptions sur les immeubles A, B, C, pour la conservation de mon droit (1).

859. Maintenant voyons ce qui concerne les créanciers qui ont acquis hypothèque postérieurement à la dation en paiement.

Finge. J'ai sur les fonds A, B, C, une hypothèque inscrite le 24 janvier 1824. Le 30 avril 1825, Titius, mon débiteur, me donne en paiement le fonds D. Quelque temps après, il consent hypothèque sur les immeubles A, B, C, à Secundus et Tertius. Mais il arrive que je suis évincé du fonds D, *ex causâ necessariâ et antiquâ.* Pourrai-je alors faire valoir mon ancienne hypothèque contre Secundus et Tertius?

M. Toullier décide que non (2). Cette opinion paraît être aussi celle de M. Grenier (3). Elle a été adoptée par un arrêt de la cour de Nancy du 5 mars 1827, que les recueils n'ont pas donné, mais que je puise dans les registres du greffe de cette cour.

Voici les faits : Petit-Bien avait été condamné à

(1) *Suprà*, t. 3, n° 842.
(2) T. 7, n° 307, p. 367.
(3) T. 2, p. 446, n° 502.

payer certaines sommes au sieur Garnier, par
jugemens de ventose an 12 et de juillet 1806.
Garnier prit inscription à la date des 20 thermidor
an 12 et 20 août 1806. Pour se libérer, Petit-Bien
passa, le 20 février 1811, à Garnier, un acte par
lequel il lui donna en paiement un jardin situé
dans la commune d'Uruffe, avec faculté de rachat
pendant cinq ans.

Mais ultérieurement, Garnier fut évincé par
l'effet de poursuites hypothécaires. Pour faire revivre ses droits anciens, il prit, en janvier 1823,
une inscription, en vertu des deux jugemens des
20 thermidor an 12 et 20 août 1806.

Maintenant il faut savoir que, par acte sous
seing privé du 7 prairial an 12, Petit-Bien avait
vendu au sieur Godefrin différentes pièces de terre
et prés, situés sur le ban d'Uruffe. Cet acte sous
seing privé n'ayant pas foi contre les tiers, Godefrin obtint, au mois de décembre 1814, jugement
qui condamnait Petit-Bien à passer un acte authentique. A cette époque, l'inscription prise par
Garnier, le 20 thermidor an 12, sur les biens
vendus par Petit-Bien, était déjà périmée ; et celle
prise par le même le 7 août 1806, le devint bientôt après. Plus tard, Godefrin vendit à un sieur
Bernard les biens qu'il avait acquis sur Petit-Bien.
Mais, dans le courant de janvier 1824, Garnier,
muni de son inscription de 1823, qui affectait
tous les biens du débiteur, dirigea des poursuites
en délaissement contre Bernard.

Bernard appela Godefrin en garantie. Celui-ci
prétendit, contre Garnier, que la dation en paie-

ment avait éteint ses droits hypothécaires, et que, par conséquent, il n'avait pu prendre une nouvelle inscription pour s'assurer le droit de suite. Il soutenait que l'éviction soufferte par Garnier n'avait pu faire revivre des droits définitivement éteints; et, pour prouver que Garnier en avait lui-même ainsi jugé, il disait qu'il n'avait pas renouvelé en temps utile ses anciennes inscriptions.

Ce système a été adopté par l'arrêt de la cour, dont on va lire les considérans.

« Attendu que, d'après l'art. 834 du Code de » procédure civile, la faculté d'inscrire postérieu- » rement aux aliénations ne peut appartenir qu'au » créancier ayant hypothèque au moment de ces » aliénations; que c'est à la date des 1ᵉʳ et 12 dé- » cembre 1814 que les immeubles dont il s'agit » ont passé, dans la forme authentique, entre les » mains de Godefrin et de Bernard son acquéreur, » et qu'on en poursuit aujourd'hui le délaissement » contre ce dernier, en vertu des anciennes hypo- » thèques judiciaires, qui s'attachaient aux juge- » mens des 17 pluviose an 12 et 21 juillet 1806;

» Mais, considérant qu'à l'époque des aliénations » de 1814 ces hypothèques avaient cessé d'exister; » que leur extinction avait été la conséquence de » l'acte de dation en paiement du 15 février 1811, » par lequel le débiteur originaire, pour se libérer » des causes de ces hypothèques, avait vendu à » son créancier Garnier le jardin désigné dans cet » acte de dation en paiement;

» Considérant que, pour conserver les anciennes

» hypothèques en cas d'éviction, cet acte aurait
» dû au moins en contenir la réserve expresse et
» spéciale pour des cas d'éviction déterminés,
» notamment pour le cas d'éviction de cet im-
» meuble par l'action hypothécaire, mais qu'on
» ne trouve dans l'action de dation en paiement
» aucune réserve à cet égard ; qu'aussi voit-on que
» Garnier, interprétant lui-même cet acte dans le
» sens de l'extinction complète de ses titres hypo-
» thécaires, a négligé de les conserver par le re-
» nouvellement de ses inscriptions, celle du 20
» thermidor an 12 étant déjà périmée avant les
» actes d'aliénation de 1814, et celle du 7 août 1806
» l'ayant été peu de temps après ; qu'alors, pos-
» sesseur paisible, tant par lui que par son ac-
» quéreur, du jardin qui lui avait été donné en
» paiement, il a cessé pendant plus de cinq ans,
» depuis cette dernière péremption, de s'occuper
» de la conservation de prétendus droits hypothé-
» caires qu'il savait éteints ; qu'il ne s'en est pas
» occupé davantage lorsqu'il fut averti des dangers
» de l'éviction par l'action hypothécaire dirigée
» contre son acquéreur en 1821..... Qu'ainsi, en
» résultat, les anciennes hypothèques de Garnier,
» anéanties depuis long-temps, non réservées pour
» le cas d'éviction survenu, ni conservées par des
» inscriptions, n'ont pu servir de base aux com-
» mandemens et sommations des 17 et 28 décem-
» bre 1824. »

860. J'avouerai qu'il ne m'est pas possible de
me rendre aux autorités que je viens de citer. Je
ne vois pas pour quel motif on voudrait s'écarter,

à l'égard des tiers, des principes posés par les lois romaines; ils sont avoués par la raison et par l'équité; et le système de publicité qui fait la base du régime hypothécaire ne peut y apporter que quelques modifications légères dont je vais parler, et qui ne sont que des exceptions à la règle, loin d'en être la destruction.

J'examinerai d'abord la question à l'égard de ceux qui ont acquis, postérieurement à la dation en paiement, des biens grevés d'hypothèques que cette dation en paiement avait pour but de faire disparaître.

J'examinerai ensuite la question relativement aux tiers qui ont acquis hypothèque sur ces biens, postérieurement à la dation en paiement.

MM. Grenier et Toullier n'ont pas distingué ces cas. Ils ont parlé en général. Je crois devoir suivre une autre route.

861. La dation en paiement n'éteint la créance ancienne et ses accessoires que lorsqu'il y a translation *irrévocable* du domaine. « Cùm res est ir-» revocabiliter et incommutabiliter acquisita », comme disent les docteurs (1). C'est une règle qui ne peut être révoquée en doute, d'après tout ce que j'ai dit ci-dessus.

Mais, une fois la règle admise, il faut en subir toutes les conséquences; et ces conséquences doivent s'étendre non seulement entre le créancier et le débiteur, mais encore aux tiers qui ont traité

_____

(1) V. Tiraqueau, *De retract. gentil.*, § 1, glos. 7, n₀ 70, et les nombreux auteurs qu'il cite. V. *suprà*, n° 852, *in fine.*

avec le débiteur. Les hypothèques, qui affectaient dans l'origine les biens postérieurement vendus à des tiers, n'ont été abandonnées par le créancier qu'à la condition tacite que ce qui lui a été donné en paiement lui serait irrévocablement acquis. C'est aussi à cette même condition que le débiteur a transmis ses droits aux tiers : il n'a pu leur transférer que les droits qu'il avait lui-même. La clause inhérente de la réapparition de l'hypothèque dans le cas prévu, affectait les immeubles, qui n'étaient libres que conditionnellement. Cette clause les a suivis, en quelques mains qu'ils soient passés : c'était une clause résolutoire de l'affranchissement des biens ; et l'on sait que les conditions résolutoires sont réelles, et qu'on peut les exercer contre les tiers. Il me semble que je suis ici dans les véritables principes.

862. Mais, dit M. Toullier (1), d'après l'art. 1165 du Code civil, les conventions n'ont d'effet qu'entre les parties contractantes. Or, le contrat de novation, qui contient la clause résolutoire, est étranger aux tiers qui n'y étaient pas parties. Donc, la clause résolutoire leur est également étrangère.

Mais, si je ne me trompe, cette raison ne signifie absolument rien ; car, si le contrat de novation est étranger aux tiers, comme le dit M. Toullier, il faudra donc en conclure qu'ils ne peuvent s'en prévaloir pour soutenir que les anciennes hypothèques sont éteintes ; car c'est un

(1) T. 7, p. 365.

principe que « *res inter alios acta tertio non nocet* » NEC PRODEST ». Est-il possible de scinder le contrat, et de faire que les tiers demeurent simplement étrangers à la clause résolutoire, qui les gêne, tandis qu'ils se prévaudraient des dispositions principales de l'acte pour prouver la libération ?

Au surplus, il est faux de dire que les créanciers postérieurs soient étrangers à la clause résolutoire. Ils sont les ayant-cause du débiteur; ils n'ont d'autres droits que ceux qu'il avait lui-même.

M. Grenier (1) s'est placé sur un autre terrain pour combattre les principes anciens auxquels je me rallie. Il prétend qu'ils sont incompatibles avec la publicité de l'hypothèque, qui fait la base de notre législation actuelle. Mais je vais prouver que M. Grenier est dans l'erreur.

En effet, trois cas peuvent se présenter; et pour les faire mieux saisir, je reviens à l'exemple que je posais au commencement de ce numéro. On supposera qu'après la dation en paiement, le débiteur a consenti vente à Secundus et à Tertius des immeubles A, B, C

863. Il est possible, en premier lieu, que, malgré la dation en paiement, j'aie laissé subsister mon inscription du 24 janvier 1824. Dans ce cas, de quoi pourront se plaindre Secundus et Tertius lorsque je viendrai, en cas d'éviction, faire valoir mes droits anciens en vertu de cette inscription?

(1) T. 2, p. 446.

A l'époque où ils ont acquis, ils ont vu cette inscription chez le conservateur; ils ont su qu'elle grevait les immeubles A, B, C. Ainsi, la publicité, loin de contrarier les principes anciens, fait que dans cette hypothèse ils reçoivent une nouvelle force de la circonstance que la fraude est impossible.

Dans l'espèce jugée par la cour de Nancy, l'une des inscriptions du créancier était encore subsistante au moment de l'acquisition faite par Godefrin. Il avait dû tenir compte au moins de celle-là. Je ne vois pas que la publicité dont on parle tant, ait le pouvoir de faire plier ici les anciens et véritables principes.

864. Il est possible, en second lieu, que, dans la fausse persuasion que je suis irrévocablement payé, je consente à la radiation de mes inscriptions. C'est ici que M. Grenier s'écrie : « Si l'in- » scription était *une fois radiée, l'hypothèque dispa-* » *raîtrait.* » Mais pas du tout, en vérité; la radiation fait disparaître l'inscription; elle fait perdre le rang; mais le droit hypothécaire reste intact, tant qu'il n'est pas survenu une cause d'extinction qui l'affecte (1). Étant donc évincé, je pourrai prendre une nouvelle inscription, qui, à la vérité, ne me donnera rang que du jour où je l'aurai prise; mais qui, du moins, fera revivre mon droit de suite contre les tiers acquéreurs qui n'auront pas purgé.

Vainement dirait-on que Secundus et Tertius,

(1) *Suprà*, t. 3, n° 737.

ayant trouvé mon inscription radiée, ont pu penser que je n'avais pas de droit, et que ce serait pour eux une surprise s'ils me voyaient revenir pour faire revivre un droit que j'avais cru moi-même anéanti.

Cette raison serait bonne, en effet, si le système du Code civil n'eût pas été changé par les art. 834 et 835 du Code de procédure civile. Sous le Code civil, la vente purgeait toutes les hypothèques non inscrites au moment de l'aliénation. On ne pouvait pas prendre inscription après. Ainsi mon inscription étant radiée lors de l'acquisition faite par Secundus et Tertius, ils auraient reçu les fonds A, B, C, francs et quittes de mon hypothèque.

Mais il n'en est plus de même par les art. 834 et 835 du Code civil. L'acquéreur ne doit plus se fier à l'absence des inscriptions au moment où il achète. Il est possible que le débiteur ait consenti beaucoup d'hypothèques sur les immeubles vendus, et que ces hypothèques ne soient pas inscrites. Elles ont la faculté de se montrer avec avantage pendant la quinzaine de la transcription. Il faut donc que l'acquéreur fasse transcrire pour savoir à quoi s'en tenir sur les hypothèques qui grèvent le fonds acheté. Tant qu'il n'a pas rempli cette formalité, il ne peut que porter des jugemens téméraires et faciles à démentir. Peu importe donc que Secundus et Primus aient trouvé que mon inscription était radiée lors de leur acquisition. Elle peut avoir été radiée pour des causes qui ne l'empêchaient pas de se reproduire. Primus et Secundus n'ont pu se rendre juges de mon droit. S'ils l'ont fait, ils ont agi avec une précipitation dont je ne dois pas supporter la peine. Ils devaient me mettre en demeure d'inscrire par la transcription. Ce n'est qu'autant que mon inscription n'aurait pas été réitérée dans la quinzaine, qu'ils pouvaient me considérer comme déchu. Ne l'ayant pas fait, je suis encore maître de m'inscrire, de même que je le serais si, ayant une hypothèque, je ne l'eusse pas fait inscrire du tout.

865. Il est possible, en troisième lieu, que j'aie laissé périmer mon inscription. Si elle est périmée avant l'acquisition de Secundus et Tertius qui n'ont ni transcrit ni purgé, je pourrai la renouveler, sauf à ne prendre rang que du jour de ma nouvelle inscription. Je viens d'en dire la raison. Il y a même motif de décider pour le cas de péremption de l'inscription que pour le cas de radiation.

C'est ce que le sieur Garnier avait fait dans l'espèce jugée par l'arrêt de la cour de Nancy. Son inscription du 20 thermidor an 12 était périmée lors de l'acquisition faite par Godefrin. Mais je crois que, l'éviction de la chose donnée en paiement ayant résolu l'acte de dation, il avait été fondé à prendre une seconde inscription en janvier 1823, sur Godefrin, qui n'avait pas transcrit, et à diriger contre lui des poursuites hypothécaires.

Que si la péremption de l'inscription était postérieure à l'acquisition, on devrait à plus forte raison permettre de la renouveler. Je pense donc que la cour de Nancy s'est encore placée hors des principes sur ce second point, en ne permettant pas à Garnier de renouveler l'inscription du 7 août

1806, qui n'était périmée que postérieurement à l'acquisition faite par Godefrin. Toutes les raisons que donne la cour pour établir que Garnier lui-même avait considéré son droit comme éteint, sont insignifiantes, lorsqu'il est facile de voir que Garnier n'avait négligé le renouvellement de ses inscriptions, que parce qu'il se croyait irrévocablement payé, et que d'ailleurs, n'ayant pas été mis en demeure d'inscrire par la transcription, il était toujours à temps de le faire.

866. Maintenant examinons le cas où le débiteur a consenti hypothèque sur les biens qu'on pouvait croire libres par la dation en paiement.

La question se résout par les mêmes distinctions et les mêmes principes.

Par exemple, j'ai hypothèque inscrite le 20 janvier 1824 sur les fonds A, B, C; le 30 avril, Titius mon débiteur me donne en paiement le fonds B. En 1825 Titius accorde hypothèque à Secundus et Tertius sur les biens A, B, C; mais je suis évincé, et je veux faire valoir mes droits originaires.

Si mon inscription du 20 janvier 1824 n'était pas radiée en 1825, quand Secundus et Tertius ont contracté avec mon débiteur, je les primerai en vertu de cette même inscription, dont ils auront eu connaissance lorsqu'ils ont eux-mêmes pris inscription.

Si mon inscription était radiée lorsqu'ils se sont fait inscrire, ils me primeront : je ne pourrai prendre rang qu'après eux; il en est de même si elle était périmée, ou si je la laisse périmer postérieurement à leur inscription sans la renouveler au bout de dix ans. Je n'aurai rang que depuis ma nouvelle inscription.

Mais si Secundus et Tertius n'avaient pas pris d'inscription lors de l'éviction dont je suis victime, et que j'eusse formalisé avant eux une nouvelle inscription pour remplacer l'ancienne qui était radiée ou périmée, je les primerai, et ils ne pourront pas m'appliquer la maxime : *Obligatio semel extincta non reviviscit.*

867. Lorsque l'immeuble donné en paiement est précisément celui sur lequel on prétend faire revivre l'hypothèque, la difficulté est résolue par l'art. 2177 du Code civil, et c'est encore une nuance à laquelle n'ont pas fait attention MM. Grenier et Toullier. Cet article décide formellement, comme on l'a vu *suprà* (1), que l'hypothèque renaît.

C'est dans ce cas que s'est particulièrement expliqué Dumoulin (2). Et lorsque M. Grenier dit que l'opinion de ce jurisconsulte est incompatible avec le nouveau système hypothécaire, il ne fait pas attention que l'art. 2177 l'adopte au contraire dans sa plénitude.

Telle était aussi la doctrine de Tiraqueau (3), de Loyseau (4), de Favre (5), etc. (6).

Mais on sent qu'ici la lutte ne peut s'engager

(1) T. 3, n° 841. V. une analogie dans mon commentaire *de la Vente*, t. 2, n° 737.

(2) Sur Paris, t. 1, § 13, glose 5, n°s 41 et suiv.

(3) *De retract. gentil.*, § 1, glose 7, n° 70.

(4) Liv. 6, ch. 4 et 7.

(5) Code, lib. 8, déf. 8, t. 15.

(6) *Suprà*, t. 3, n° 841.

qu'avec des créanciers ayant hypothèque du chef du débiteur avant la dation en paiement. Car après la dation en paiement, l'immeuble est devenu la chose propre du créancier. Lui seul a pu y constituer des hypothèques ; et il doit garantie à ses créanciers personnels de celles qu'il leur a accordées.

Quid si mon inscription était tombée en péremption pendant ma détention ?

J'ai traité cette difficulté au n° 842.

868. Une seconde cause de l'extinction de l'hypothèque est la renonciation du créancier.

Il serait assez inutile d'examiner la question, fort controversée entre les interprètes du droit romain, de savoir si la renonciation à l'hypothèque libère de cette hypothèque *ipso jure* ou par le secours *d'une exception.* Sur quoi l'on peut voir Cujas, sur la loi 7, § 2, *De pactis,* qui tient que c'est par exception que l'hypothèque est éteinte, et Noodt, qui enseigne au contraire que l'hypothèque est éteinte de plein droit (1).

Je me bornerai à examiner quels sont les cas desquels résulte la renonciation à l'hypothèque.

La renonciation peut être expresse, elle peut être tacite.

La renonciation est expresse lorsqu'elle est exprimée formellement par le créancier.

La renonciation expresse est un acte unilatéral qui, une fois consenti, ne peut être rétracté, et dont les autres créanciers du débiteur auraient

_____

(1) *De pact. et transact.,* ch. 13.

IV.

5

droit de s'emparer, quand même le débiteur n'aurait pas accepté formellement cette renonciation. On peut se référer aux principes et aux décisions que j'ai rappelés *suprà*, n° 738.

Elle est tacite lorsque, sans être exprimée, elle résulte cependant de certains actes qui en font nécessairement supposer l'existence.

Par exemple, le créancier est censé renoncer à l'hypothèque, lorsqu'il permet au débiteur de vendre la chose sur laquelle l'hypothèque est assise.

« Creditor qui permittit rem vendere, pignus dimittit (1). » Ainsi parle Caïus.

Ulpien dit aussi dans la loi 4, § 1, D. *Quib. modis pign. vel hyp. solv.* « Si in venditione pignoris » consenserit creditor, vel ut debitor hanc rem » permutet, vel donet, vel in dotem det, dicendum » erit pignus liberari. »

Peu importe que le consentement précède ou suive l'aliénation. Il suffit qu'il soit intervenu (2).

869. Le créancier est censé avoir consenti et adhéré à la vente, lorsqu'il en signe l'acte, sans qu'on puisse expliquer cette signature par un autre motif que celui de renoncer à l'hypothèque (3).

Mais s'il signait l'acte purement et simplement comme témoin, *tanquàm merus testis duntaxat*, on ne pourrait faire résulter de là aucune renonciation (4).

(1) L. 158, Dig., *De reg. juris.*
(2) L. 4, § 1, Dig., *Quib. modis.*
(3) L. 8, § 15, Dig., *Quib. modis.*
(4) Pothier, Pand., t. 1, p. 584, note *c.* M. Grenier, t. 2, n° 508.

Basnage prête à Mornac (4) la citation d'un arrêt rendu dans l'espèce suivante : « Un marchand de Paris avait été présent au contrat de mariage de son caissier, à qui il avait prêté 500 écus. Lors de la distribution des biens de ce caissier, sa veuve prétendit être préférable à ce marchand, se fondant sur ce qu'il avait été présent à son contrat de mariage. Mais il fut jugé que sa seule présence ne suffisait pas pour le priver de son droit de priorité, n'ayant pas signé au contrat.

Maynard rapporte un arrêt du parlement de Toulouse, qui a décidé qu'un créancier hypothécaire qui avait assisté comme témoin à un acte par lequel son gage avait été vendu *quitte de toutes charges*, n'était pas censé avoir renoncé à son hypothèque ; mais il y avait cette circonstance particulière, que ce créancier avait apposé sa signature, sans se douter de ce qui avait été fait, et sans savoir que parmi les objets vendus se trouvait l'immeuble à lui hypothéqué (1). Ainsi cet arrêt, dont on a souvent abusé, ne doit pas tirer à conséquence. En général, il faut dire qu'il y a dol de la part de celui qui, assistant comme notaire ou comme témoin à un acte de vente, laisse croire qu'il est franc d'hypothèque, lorsqu'il y en a une de son chef. Aussi Basnage assure-t-il que, dans ce cas, le parlement de Paris décidait que le créancier

(1) Je n'ai pas trouvé cet arrêt dans Mornac. On prétend qu'il est rapporté sur la loi *Caïus*, D. *De pignor*. Il n'existe pas de loi *Caïus* sous ce titre. M. Grenier a évidemment cité Mornac de confiance (t. 2, n° 507).

(2) Liv. 8, ch. 70.

qui signait un contrat de vente où l'immeuble était déclaré franc et quitte, perdait son hypothèque (1), et c'est aussi l'avis de M. Grenier (2).

Néanmoins, il faudrait faire exception si le créancier eût signé comme témoin un de ces actes qu'on signe *honoris causâ* sans en connaître souvent le contenu, comme un contrat de mariage (3). Il faudrait aussi avoir égard à la qualité des personnes, et aux circonstances de fait qui pourraient exclure la mauvaise foi, et faire supposer l'absence de toute idée de renonciation (4).

870. Si le contrat de vente était nul ou inutile, ou que la vente n'eût pas été suivie d'effet, ou qu'elle eût été résolue, la renonciation à l'hypothèque deviendrait non avenue (5).

Du reste, une fois que la vente a produit son plein effet, l'hypothèque est anéantie, et ne renaît pas quand même le débiteur se rendrait acquéreur de l'objet précédemment aliéné par lui. « Porrò, » alienatione semel rectè factâ, ità, secundùm ju» ris civilis dispositionem, evanescebat pignoris » vinculum, ut ne redintegraretur quidem, si post» modùm ex novâ causâ res eadem in debitoris re» verteretur dominium ac potestatem. » (L. ult. C.

_____

(1) Ch. 17.

(2) T. 2, n° 508.

(3) Basnage, ch. 17.

(4) Domat, liv. 3, t. 1, sect. 7, n° 15. Paris, 5 février 1822. Dalloz, Faillite, p. 213, et Hyp., p. 422, n° 9.

(5) L. 4, § 2, D. *Quib. mod. pig.*; et Voët, liv. 20, t. 6, n° 7.

De remissione pignoris.) Tel est le langage de Voët (1).

Mais si le créancier ayant une hypothèque générale, eût consenti à l'aliénation de l'immeuble B, affecté à cette hypothèque, et que postérieurement le débiteur se fût rendu acquéreur de ce même immeuble B, on demande si l'hypothèque générale du créancier l'affectait de nouveau?

Les anciens jurisconsultes romains étaient partagés sur cette question, ainsi que nous l'apprend Justinien, dans la loi dernière, au C. *De remissione pignoris.* Les uns voulaient que l'hypothèque générale, embrassant les biens à venir, vînt frapper sur l'immeuble au moment de son acquisition par le débiteur (2). Les autres voulaient que l'hypothèque, une fois éteinte par la renonciation, ne pût renaître. Justinien fit prévaloir cette dernière opinion par la loi 11, C. *De remissione pignoris.*

C'était supposer qu'une renonciation, accordée par le créancier pour faciliter au débiteur une opération avantageuse, devait lui être opposée dans un cas où les circonstances n'étaient plus les mêmes, et où il n'y avait plus de différence à faire entre la chose nouvellement acquise et toute autre qui serait advenue au débiteur.

Mais en cela Justinien se montrait trop facile à étendre hors des véritables limites les effets de la renonciation. Aussi Gronewegen nous apprend-il,

(1) Liv. 20, t. 6, n° 7.
(2) L. 8, § 8, Dig., *Quib. modis.*

sur la loi dernière, C. *De remissione pignor.*, **que**
cette loi n'est pas observée de nos jours.

Ainsi, par exemple, une femme consent à la
vente que son mari fait du fonds A, elle renonce
à son hypothèque en faveur de l'acquéreur. Mais
si, par la suite, son mari vient à racheter l'immeuble A, il ne faut pas douter que son hypothèque générale n'ait la vertu de l'atteindre, non
comme chose anciennement affectée à une hypothèque qui renaît, mais comme chose à venir et
nouvellement acquise (1).

871. Le créancier, qui consent que la chose soit
hypothéquée à un autre, est censé renoncer aussi
à son hypothèque.

« Paulus respondit, Sempronium antiquiorem
» creditorem consentientem quùm debitor eam-
» dem rem tertio creditori obligaret, jus suum
» pignoris remisisse videri. » L. 12, D. *Quib. mod.
pig. vel. hyp. solv.* (2).

Il en est de même du créancier hypothécaire
qui signe un acte par lequel le débiteur hypothèque l'immeuble à une autre personne, et le
déclare franc et quitte. L. 9, § 1, D. *Quid. mod.
pig.* (3).

On demande si celui qui consent à ce que l'héritage à lui hypothéqué soit donné en hypothèque à un

(1) On peut consulter sur cette question Perezius (lib. 8,
t. 26, nᵒˢ 5 et suiv.), que M. Grenier cite inexactement (t. 2,
p. 450). M. de Lamoignon, t. 2, p. 178, dit que la décision de
Justinien ne peut servir de règle.

(2) *Suprà*, t. 2, nᵒ 599.

(3) Pothier, Pand., t. 1, p. 586, nᵒ 35.

autre, renonce à son hypothèque ou bien à son rang?

Nous venons de voir que la loi 12, Dig. *Quib. modis*, se prononce pour la renonciation à l'hypothèque. Cependant la loi 12, §4, au même titre, dit que c'est là une question de fait, et que ce peut être, suivant les cas, ou une renonciation à l'hypothèque ou une renonciation au rang.

Comme la renonciation absolue ne se présume pas, il faut décider, dans le doute, que le créancier n'a fait que céder son rang, et qu'il a voulu subroger le second créancier dans tous ses droits (1).

On doit appliquer ici ce que je disais au n° 869, de celui qui assiste, comme témoin ou comme notaire, à un acte de vente de l'immeuble à lui hypothéqué. Si un créancier hypothécaire assiste comme témoin à l'acte par lequel on constitue une nouvelle hypothèque sur l'immeuble, il n'est pas censé renoncer à son droit; car une hypothèque n'empêche pas l'autre.

Mais il en serait autrement, suivant les circonstances, s'il souffrait que l'immeuble fût déclaré *franc et quitte* d'hypothèque, et le notaire qui aurait hypothèque sur le bien nouvellement hypothéqué par l'acte qu'il reçoit, et qui ne le déclarerait pas serait inexcusable.

872. Je renvoie à ce que j'ai dit ci-dessus n°º 595 et suivant, sur la renonciation de la femme mariée à son hypothèque légale.

Je crois inutile d'ajouter ici qu'il n'y a que les

(1) M. Persil, art. 2180, n° 26. M. Grenier, t. 2, n° 505. M. Dalloz, Hyp., p. 422, n° 6.

personnes capables d'aliéner qui puissent renoncer à l'hypothèque.

873. La troisième cause d'extinction des hypothèques est l'accomplissement des formalités requises pour purger les immeubles. J'en parlerai au chapitre 8, qui s'occupe spécialement de cette matière.

874. La prescription est la quatrième cause d'où procède l'extinction de l'hypothèque.

Il est indispensable de rappeler les anciens principes sur cette matière; et, pour y parvenir, il faut distinguer deux cas : le premier, qui a lieu lorsque c'est le débiteur lui-même qui se prétend libéré par la prescription; le second, qui a lieu lorsque c'est un tiers détenteur qui soutient que la prescription a affranchi l'immeuble par lui détenu de l'hypothèque qui le grevait.

875. Dans le premier cas, c'est-à-dire lorsque le débiteur, étant resté détenteur de l'immeuble hypothéqué, se prétendait libéré de l'hypothèque par la prescription, il y avait une loi fameuse qui décidait la question : c'est la loi *Cùm notissimi. C. De præscrip. trig. vel. quad. annor.*

L'empereur Justin y considère que, d'après le droit ancien, l'action hypothécaire contre le débiteur personnel détenteur de la chose hypothéquée, ou contre ses héritiers, n'était éteinte par aucun laps de temps, et qu'il en résultait le grave inconvénient de tenir les débiteurs dans des alarmes éternelles : *Ne possessores hujusmodi propè immortali timore teneantur.*

Il décide, en conséquence, § 1, que l'action

hypothécaire serait éteinte par quarante ans, à moins qu'elle n'ait été interrompue, ou qu'elle ne coure contre un mineur, toutes choses demeurant du reste dans l'état où elles ont été fixées par les constitutions, à l'égard de l'action personnelle.

Il résultait de là quelque chose d'assez bizarre.

C'est que l'action personnelle se prescrivait par trente ans (1), tandis que l'action hypothécaire, qui faisait la force de l'action personnelle, se prolongeait jusqu'à quarante ans. Ainsi, l'action hypothécaire durait encore, lorsque l'action personnelle était éteinte. « Et ità (dit Godefroy, sur la » loi *Cùm notissimi*), citiùs perit personalis quàm » hypothecaria, principalis quàm accessoria. »

Le fondement de cette loi était dans un principe que l'empereur Gordien énonce dans la loi 2, C. *De luit. pignor.* : *Intelligere debes vincula pignoris durare personali actione summotá.* Car, comme le dit Cujas, sur la loi 1, § *Cum prædium*, C. D. *pignorib.*, l'hypothécaire n'est pas purement accessoire de la personnelle. Il est vrai qu'au commencement elle a besoin de la personnelle ; mais, une fois établie, elle peut subsister sans elle. En effet, supposez que le débiteur vienne à vendre les biens hypothéqués, et qu'il meure ensuite sans héritier ni hoirie. Dans ce cas, l'action personnelle peut cesser ; mais l'hypothèque reste toujours contre le tiers détenteur. Or, si cela peut avoir lieu contre un tiers, cela doit également

(1) L. 3, C. *De præscript.* 30 aut 40 annor. Cujas, Obs., liv. 18, ch. 26.

avoir lieu contre le débiteur et ses héritiers (1).

D'ailleurs, la prescription étaient plutôt l'action que la dette et, comme une dette destituée d'action ne laisse pas d'être susceptible d'hypothèque, les hypothèques sous lesquelles la dette avait été contractée subsistaient, nonobstant la prescription de trente ans (2).

876. Ces raisons et autres avaient fait admettre la loi *Cùm notissimi* dans beaucoup de provinces de France, et notamment au parlement de Paris (3).

Cependant plusieurs jurisconsultes s'étaient élevés avec force contre cette constitution de Justin (4). Et, chose remarquable, le parlement de Toulouse, ordinairement si fidèle aux traditions du droit romain, jugeait que l'action hypothécaire ne devait pas subsister plus de trente ans (5). Néanmoins, le parlement de Toulouse était le seul parmi les parlemens de droit écrit (6)

(1) Voyez aussi Favre, *Conject.*, lib. 7, s. 18, et mon commentaire *de la Prescription*, t. 2, n° 817.

(2) Pothier, Orléans, t. 14, n° 60.

(3) Bourdin, sur l'art. 120 de l'ord. de 1539. Louet, lettre H, n° 3, et Brodeau, sur Louet, *loc. cit.* Pothier, Orl., t. 14, n° 60.

(4) Boerius, q. 182. D'Argentrée, Bretagne, article 273. Henrys, t. 2, liv. 4, q. 75.

(5) Maynard, liv. 6, ch. 30, et liv. 7, ch. 62. Bretonnier, sur Henrys, *loc. cit.*

(6) C'est donc à tort que M. Tarrible dit (Répert., v° Radiation, p. 586, col. *in fine*) que la loi *Cùm notissimi* avait été rejetée *constamment* dans les pays de droit écrit.

qui se fût écarté de la loi *Cùm notissimi*; le parlement de Bordeaux s'y conformait (1).

Ainsi, l'on peut dire que la loi *Cùm notissimi* faisait le droit commun de la France.

Mais il faut observer qu'on ne l'appliquait qu'aux hypothèques conventionnelles; car, en ce qui concerne les hypothèques légales et judiciaires, on tenait qu'elles devaient se prescrire par trente ans (2).

877. Le Code civil a rejeté avec raison la disposition de la loi *Cùm notissimi*. Il veut que l'hypothèque se prescrive par le même laps de temps que l'action personnelle (3). Il serait en effet peu conforme à la simplicité de notre droit, de voir l'action hypothécaire survivre à l'action personnelle : l'action hypothécaire a pour unique objet d'assurer l'exécution de l'obligation personnelle dont l'hypothèque est la garantie. Mais si l'obligation personnelle est éteinte, l'action hypothécaire n'est-elle pas inutile?

Non seulement l'action hypothécaire est limitée au même temps que l'action personnelle, mais elle est encore unie à celle-ci d'une manière tellement intime, que les actes conservatoires de l'action personnelle conservent aussi l'action hypothécaire. Ainsi, le créancier n'est assujetti à

(1) Bretonnier, sur Henrys, t. 2, p. 517, nouv. observ.

(2) Henrys et Bretonnier, liv. 4, ch. 6, q. 75. Basnage, p. 95, col. 2. Pothier, Orl., t. 14, n° 60.

(3) M. Grenier, t. 2, n° 510. Merlin, q. de droit, Hyp., § 13, n° 2. Voy. mon commentaire *de la Prescription*, t. 2, n° 817.

aucune formalité particulière pour interrompre, à l'égard du débiteur, la prescription de l'hypothèque. Conserver la créance contre le débiteur, c'est conserver en même temps l'hypothèque qui lui sert de garantie, et qui forme un de ses accessoires (1).

Voilà l'état des choses, lorsque la prescription est opposée par le débiteur à ceux de ses créanciers qui cumulent la qualité de créanciers personnels et de créanciers hypothécaires.

878. Dans le cas où la prescription est opposée par un tiers détenteur de l'immeuble hypothéqué, on suivait, d'après le droit romain, les principes généraux en matière de prescription. Le tiers détenteur prescrivait par dix ou vingt ans lorsqu'il avait titre et bonne foi, ou par trente ans lorsqu'il était de mauvaise foi (2).

C'est aussi ce qui est décidé par notre article. Le tiers détenteur prescrit contre l'hypothèque par le même laps de temps qu'il peut prescrire la propriété (3).

D'où il suit que si, pour prescrire la propriété, il faut une possession de dix ou vingt ans, il faudra une possession de même durée pour acquérir la prescription de l'hypothèque.

(1) Grenier, t. 2, n₀ 509. Dalloz, Hyp., p. 422, n₀ 12. Voyez mon commentaire *de la Prescription*, t. 2, n° 660.

(2) Loi *Cùm notissimi*, et Godefroy sur icelle, note *a*.

(3) Le nu-propriétaire prescrit contre l'hypothèque par dix ans, nonobstant la jouissance de l'usufruitier, si, dans ce délai, le créancier n'a fait aucun acte conservatoire. (Cassation, 25 août 1835, Dalloz, 36, 1, 93.)

Mais si, pour acquérir la prescription de la propriété, il suffit d'un délai d'un an, par exemple, ce même délai suffira pour acquérir la prescription contre l'hypothèque.

Ainsi, dans le cas de l'art. 559, si un fleuve enlève par force subite une partie considérable et reconnaissable d'un champ riverain, et la porte sur la rive opposée, le propriétaire de la partie enlevée est soumis à la prescription d'un an. Je pense que, d'après les termes formels de notre article, le créancier hypothécaire sera soumis à la même prescription. M. Delvincourt est cependant d'une opinion contraire (1). Il pense que l'hypothèque ne peut être prescrite que par le délai ordinaire de dix ou vingt ans. Mais il me semble que cette doctrine est en opposition formelle avec le texte de notre article, qui semble avoir été rédigé tel qu'il est pour prévenir précisément cette difficulté, tant il s'y applique directement.

Mais faisons bien attention que notre article ne veut pas dire que, lorsque le détenteur a acquis la propriété par la prescription, il a par cela même acquis la libération de l'hypothèque. Ces deux droits ne sont pas subordonnés l'un à l'autre, comme le font remarquer M. Grenier (2) et M. Delvincourt (3).

En effet, la propriété appartient au débiteur, l'hypothèque appartient au créancier : l'un peut

(1) T. 3, p. 386.
(2) T. 2, n° 510.
(3) T. 3, p. 386. *Junge* Dalloz, Hyp., 424,

s'endormir sur ses droits, l'autre peut les conserver par sa viligance et par une interruption oppor-
tune de la prescription; l'un peut être majeur,
l'autre peut être mineur; l'un peut habiter le ressort de la cour royale, l'autre peut avoir un domicile éloigné. Il ne faut donc pas confondre deux
droits résidant dans deux mains différentes, et
soumis à des chances si diverses (1).

878 *bis.* Une autre remarque importante à présenter, c'est que, bien que l'hypothèque soit l'accessoire de l'obligation personnelle, néanmoins il
ne faut pas croire que la prescription de l'action
hypothécaire soit interrompue, à l'égard du tiers
détenteur, par les actes interruptifs de la prescription qui court contre l'action personnelle. Réciproquement, lorsque l'action hypothécaire et l'action personnelle sont divisées, et qu'elles doivent
être dirigées, l'une contre le tiers détenteur, l'autre
contre le débiteur principal, l'interruption de la
prescription de l'hypothèque n'interrompt pas la
prescription de l'action personnelle.

Ainsi il arrivera souvent que la prescription
aura éteint l'hypothèque sans avoir éteint l'action
personnelle : cela dépendra du plus ou moins de
diligence du créancier contre les tiers détenteurs.
Il ne restera dès-lors plus à ce créancier qu'à se
pourvoir contre le débiteur principal.

Mais si la prescription a éteint l'obligation personnelle et l'action qui en découle, l'action hypothécaire sera éteinte par contre-coup. L'hypothè-

(1) M. Persil, art. 2180, n° 39.

que, étant l'accessoire de l'obligation personnelle, doit nécessairement tomber avec celle-ci. Sans cela, on rentrerait dans les principes peu rationnels de la loi *Cùm notissimi* (1). Il faudrait se tenir à cette décision, quand même l'on aurait conservé par des actes interruptifs l'action hypothécaire (2).

879. La bonne foi du tiers détenteur étant une des circonstances qui abrègent en sa faveur le temps de la prescription, il convient de se livrer ici à quelques observations. Je ne fais qu'indiquer les principes : le développement en sera mieux placé au titre des *Prescriptions* (3).

D'abord, il suffit que la bonne foi ait existé au moment de l'acquisition (art. 2269 du Code civil). Peu importe qu'elle cesse ultérieurement.

Mais quand y a-t-il bonne foi en matière d'hypothèque? Existe-t-elle quand l'acquéreur sait que la chose qu'il achète est hypothéquée à un tiers? Existe-t-elle encore bien que l'acquéreur ait connaissance des inscriptions qui frappent sur l'immeuble?

Une distinction est nécessaire pour résoudre cette difficulté.

Si la vente est faite à la charge de telles et telles hypothèques déclarées dans le contrat, il paraît

(1) Cassat., 11 messidor, an 2. Sirey, 7, 1, 1113. Grenier, t. 2, p. 462. Cassat., 25 avril 1826 (Dalloz, 26, 1, 263). Riom, 2 avril 1816 (Dalloz, Hyp., p. 334, n° 3). Voyez mon commentaire *de la Prescription*, t. 2, n° 659.

(2) Metz, 5 juillet 1822 (Dalloz, Hyp., p. 432, n° 5).

(3) V. mon commentaire *de la Prescription*, t. 2, n°s 914 et suiv.

certain qu'on doit décider que l'acquéreur n'est
pas de bonne foi ; car, qu'est-ce que la bonne foi?
La loi 109, D. *De verb. signif.*, nous en donne la
définition. «Bonæ fidei emptor esse videtur, **qui**
» ignoravit rem alienam esse, aut putavit eum **qui**
» vendidit jus vendendi habere, » ou, comme le
dit Voët, lib. 41, t. 3, n° 6, «Bona fides est illæsa
» conscientia putantis rem suam esse, dùm credit
» eum à quo nactus est possessionem , fuisse do-
» minum illius rei , et alienandi jure haud desti-
» tutum. » *Inst. de rer. divis.*

En appliquant cette règle à l'hypothèque, on
doit dire que la bonne foi nécessaire au tiers détenteur qui prescrit, consiste dans la croyance que
le bien par lui acquis est franc et libre d'hypothèque. Or, cette croyance ne peut exister dans
celui qui a été chargé de l'hypothèque lors de la
vente (1).

880. Si l'hypothèque n'a pas été déclarée, on
peut dire, pour soutenir qu'il y a mauvaise foi,
que le tiers acquéreur a dû en avoir connaissance
par l'inscription ; car il est peu probable qu'un individu se décide à acheter un bien , sans s'assurer
préalablement des hypothèques qui le grèvent.

Mais il faut répondre que la bonne foi se suppose toujours, et que, pour établir qu'il y a mauvaise foi, le créancier devrait prouver que le tiers
détenteur a eu connaissance des inscriptions au
moment de l'acquisition.

(1) M. Delvincourt, t. 3, p. 385, note 3 , *in fine.* Bourges,
31 décembre 1830 (Dalloz, 31, 2, 122). Voyez mon commentaire *de la Prescription,* t. 2, n° 915.

Je dis au moment de l'acquisition ; car une connaissance postérieure ne pouvait pas nuire (1).

Je dis que le créancier devrait prouver ; car il est dans l'ordre des choses possibles que l'acquéreut eût été assez négligent pour ne pas prendre les précautions qu'indique ordinairement la prudence. D'ailleurs l'hypothèque peut n'avoir pas été inscrite, parce qu'elle est légale, et l'acquéreur est alors présumé ne l'avoir pas connue ; à plus forte raison y a-t-il preuve évidente d'ignorance, lorsque l'hypothèque n'a été inscrite qu'après l'aliénation et dans la quinzaine de la transcription. C'est, du reste, ce qui a été jugé par un arrêt de la cour de Caen du 22 août 1821, rendu en audience solennelle, et motivé d'une manière remarquable (2).

880 *bis*. Mais si le créancier vient à prouver que l'acquéreur a eu *connaissance positive* de l'hypothèque *lors de l'acquisition*, je crois qu'alors la bonne foi manquera dans le cours de sa possession.

881. Telle n'est cependant pas l'opinion de Rousseaud Lacombe (3), de Catelan (4), de M. Grenier (5) et de M. Delvincourt (6). Mais il ne m'est pas possible d'adopter un pareil sentiment.

Quelle est en effet la raison que donnent ces auteurs pour arriver à ce résultat ? C'est que l'ac-

(1) Arrêt de Caen du 26 août 1825 (Dalloz, 28, 2, 219).
(2) Dalloz. Hyp.. p. 431, n° 4.
(3) Prescription, sect. 3. n° 1.
(4) Liv. 7, ch. 21.
(5) T. 2, p. 459, n° 514.
(6) T. 3, p. 385, note 3.

quéreur a pu croire que le vendeur paierait les créanciers et dégagerait l'immeuble, et que le silence des créanciers, pendant le délai de la prescription, n'a pu que le confirmer dans cette idée. Au contraire, lorsque la vente a été faite à la charge de telles hypothèques déterminées, l'acquéreur a su que le débiteur principal se reposait sur lui du soin de dégager l'immeuble.

Mais cette raison est-elle bien solide? si l'acquéreur a pu croire que le débiteur principal paierait, il a dû croire aussi qu'il pourrait ne pas payer. Car cette hypothèse est tout aussi probable que l'autre, et j'ose même dire qu'elle a dû préoccuper plus fortement l'esprit de l'acheteur, ordinairement si chatouilleux sur ses propres intérêts. Eh bien! cette crainte qu'il est impossible de nier, cette crainte qui se fonde sur la conscience du péril dont la chose est environnée, suffit pour exclure la bonne foi au moment de l'acquisition.

Que font les auteurs que je combats? Ils placent l'acquéreur dans un état de doute et d'incertitude. Mais celui qui doute de la légitimité de son droit n'est pas de bonne foi, d'après tous les auteurs, et ne peut prescrire par dix et vingt ans. « In quâ ta- » men bonâ fide esse non intelligitur qui *dubitat* an » is à quo rem habet dominus fuerit necne (1).

Enfin, peu importe que, par la suite, le silence du créancier pendant dix et vingt ans ait confirmé

_____

(1) Voët, liv. 41, t. 3, n° 6. Il faut voir la preuve et le développement de cette idée dans mon commentaire *de la Prescription*, t. 2, n° 927.

l'acquéreur dans l'opinion que le débiteur s'était
libéré. C'est là un fait de bonne foi *postérieur* à
l'acquisition; et la loi dit que la bonne foi doit
exister au moment du contrat. Si elle vient après,
elle est tardive et ne fait point état. Or, au moment
de l'acquisition, l'acquéreur n'a pu croire que son
débiteur fût libéré.

882. M. Delvincourt ajoute une raison qui n'est
pas meilleure que celles que j'ai repoussées. « On
» peut tirer argument (dit-il) en faveur de cette
» opinion de l'art. 2176, qui adjuge au tiers dé-
» tenteur, sur lequel l'immeuble est vendu, les
» fruits échus depuis son entrée en jouissance
» jusqu'à la sommation qui a dû lui être faite de
» délaisser ou de payer; ce qui suppose qu'on le
» regarde pendant cet intervalle comme *possesseur*
» *de bonne foi.* »

Voilà une raison qu'on est étonné de trouver
dans la bouche d'un homme aussi judicieux que
M. Delvincourt. En effet, l'hypothèque n'empêche pas la jouissance de l'immeuble et la perception des fruits. Le débiteur lui-même, détenteur
de la chose hypothéquée, sait bien que la chose
n'est pas libre et franche entre ses mains, et cependant il recueille les fruits. Pourquoi? Ce
n'est pas certainement à cause de sa bonne foi!
C'est parce que l'hypothèque n'englobe pas les
fruits, qui sont meubles, et sont par conséquent
hors de son domaine tant qu'ils ne sont pas *immobilisés* (1).

(1) *Suprà*, n°s 494, 777, etc.

Ainsi, pourquoi le tiers acquéreur fait-il les fruits siens quand il n'est pas encore atteint de la sommation de délaisser? C'est parce que l'hypothèque ne s'est pas mise en mouvement pour le déposséder et pour arrêter la perception des fruits, et les immobiliser : il ferait les fruits siens, quand même la vente lui aurait été faite expressément *à charge des hypothèques*, et par conséquent dans un cas où, suivant M. Delvincourt lui-même, il serait de mauvaise foi pour la prescription de l'hypothèque. Il touche les fruits *jure dominii*, parce qu'il est propriétaire, et que les fruits appartiennent au maître et non aux créanciers hypothécaires qui laissent dormir leur hypothèque. Il touche les fruits, parce que l'hypothèque ne le prive pas du domaine utile de la chose hypothéquée.

A la vérité, il cesse de faire les fruits siens, lorsqu'il est sommé de délaisser. Mais la raison en est simple : la sommation de délaisser, mettant l'hypothèque en jeu, immobilise les fruits au profit de ceux qui ont droit réel sur l'immeuble, de même que la dénonciation de l'expropriation forcée faite au saisi, immobilise les fruits de l'immeuble dont on veut le déposséder (1).

Je viens de parler de la connaissance de l'hypothèque.

En serait-il de même, si l'on prouvait que le tiers détenteur a eu connaissance de l'inscription à l'époque du contrat?

La cour de Bourges a cru voir une différence

(1) *Suprà*, n° 404 et 840,

entre la connaissance de *l'hypothèque* et la connaissance de *l'inscription*. Car, a-t-elle dit, une inscription peut avoir été prise sans droit, les causes de l'hypothèque peuvent avoir cessé sans que l'inscription ait été radiée ; la connaissance de l'inscription ne prouve donc pas nécessairement la connaissance de l'hypothèque (1).

Je remarque que la cour de Bourges n'avait pas à juger la question en thèse, et qu'elle ne l'a traitée qu'épisodiquement. Quoi qu'il en soit, elle est dans l'erreur. L'inscription est le signe le plus éclatant de l'existence de l'hypothèque, et il n'y a pas de confiance, si téméraire qu'elle soit, qui, sur des possibilités fort équivoques, aille jusqu'au point de n'en tenir aucun compte. Dans tous les cas, l'inscription suffit pour faire douter le tiers détenteur de la légitimité de son droit ; et, d'après ce que j'ai dit au numéro précédent, *in bonâ fide non est qui dubitat.*

Il faut donc tenir pour certain que la connaissance de l'inscription ou de l'hypothèque, au moment du contrat, empêche la bonne foi requise pour prescrire. C'est ce que Pothier enseignait explicitement, du moins pour l'hypothèque : « Cette prescription, disait-il, en faisant acquérir » au possesseur la propriété de la chose, lui fait » acquérir aussi la libération des charges réelles » et des *hypothèques dont il n'a pas eu connais-* » *sance* (2). » Que M. Grenier dise tant qu'il voudra

(1) 31 décembre 1830 (Dalloz, 31, 2, 122).
(2) Orléans, t. 14, n° 2.

que ce système tend à rendre presque inutiles les dispositions de l'art. 2180 du Code civil; je réponds que non, 1° parce qu'il est possible qu'on ne puisse pas prouver que l'acquéreur a eu connaissance des hypothèques ou des inscriptions; 2° parce qu'il y a des hypothèques légales qu'on omet quelquefois d'inscrire, et qu'on est toujours présumé ignorer; 3° parce qu'il y a des hypothèques qu'on n'inscrit souvent qu'après la vente, et qui étaient occultes et ignorées lors de l'acquisition (1).

Ce que je viens d'exposer ici paraît, au premier coup d'œil, contrarié par un arrêt de la cour de Caen, du 26 août 1825 (2). Mais examinons bien les faits de cette décision. Le 27 avril 1812, vente par les époux Maillot d'un immeuble à Néron, avec clause que, s'il survenait des inscriptions autres que celles que l'acquéreur prenait à sa charge, les vendeurs s'obligeaient à en procurer la radiation *dans la huitaine du jour de la dénonciation* que l'acquéreur en ferait au vendeur. Parmi les inscriptions qui n'étaient pas à la charge de l'acquéreur, il y en avait une remontant à 1810, et portée sous le nom d'un sieur Piquot, créancier d'un des prédécesseurs des époux Maillot. Piquot resta dix ans sans faire de poursuites contre Néron. Lorsqu'il voulut agir ensuite, l'exception de prescription lui fut opposée. Mais il prétendit

(1) Je trouve dans le recueil de M. Dalloz une opinion conforme à la mienne. Hyp., p. 423, n° 16.

(2) Dalloz, 28, 2, 219.

que Néron avait connu son inscription. D'après
la discussion des faits à laquelle se livre la cour
de Caen, on peut inférer qu'on n'opposait à Néron
que des actes de connaissance *postérieurs* à son
acquisition, l'un de 1815, l'autre de 1821. Or,
comme je l'ai dit ci-dessus, n° 88, il suffit que
la bonne foi existe au moment de l'acquisition,
et il importe peu que postérieurement le tiers détenteur acquière la connaissance des droits contre
lesquels la prescription a commencé. L'arrêt de
la cour de Caen s'explique donc par cette circonstance qu'il s'agissait d'une connaissance de l'hypothèque survenue seulement *depuis* l'acquisition.
On ne peut en rien conclure contre l'opinion que
nous avons émise pour le cas où il serait prouvé
que le tiers détenteur connaissait l'hypothèque au
moment d son acquisition.

Au surplus, je ferai une remarque qui est
venue bien souvent à mon esprit quand j'ai com-
pulsé nos recueils d'arrêts : c'est que les faits y
sont présentés fréquemment d'une manière vague
ou incomplète ; et qu'en visant au nombre et à la
brièveté, nos collections modernes tombent dans
l'obscurité, et laissent échapper des faits graves
et précieux à connaître. Combien de fois n'ai-je
pas regretté la manière large et développée qui
présidait à la rédaction des anciens journaux *des
Audiences* et *du Palais!* Sans reproduire d'aussi
savans détails, nos recueils mensuels pourraient,
je crois, soigner davantage l'exposition des faits;
car le point de fait est la clef de l'intelligence des
arrêts. Qu'on lise le récit des faits qui ont donné

lieu à l'arrêt de la cour de Caen, et l'on verra qu'il y règne une obscurité fâcheuse sur le point capital du procès (1).

883. La prescription de l'hypothèque commence à courir pour le tiers acquéreur du jour de la possession, de même que la prescription de la propriété. Mais cela n'est vrai qu'autant que la possession ne suppose pas un titre, et que le tiers détenteur doit prescrire par trente ans. Car lorsque la prescription suppose un titre joint à la bonne foi, alors la prescription ne commence à courir que du jour où il a été transcrit sur les registres du conservateur.

Quel est le motif de cette disposition?

Quelques personnes ont pensé qu'elle n'avait été insérée dans la loi que pour satisfaire l'opinion de ceux qui auraient voulu conserver à la transcription les effets de la loi de brumaire an 7. M. Tarrible pense qu'elle n'est pas en harmonie avec le système du Code civil sur la transmission de la propriété et la nécessité de la transcription.

Mais M. Delvincourt, suivi à cet égard par M. Grenier, a parfaitement expliqué ce qui paraît n'avoir pas été entrevu sous son véritable jour par M. Tarrible (2).

(1) Cette observation n'a rien de blessant pour les jurisconsultes estimables qui rédigent les recueils d'arrêts, et qui, sous beaucoup de rapports, rendent de grands services à la science. Ils manquent presque toujours des moyens de rectifier les omissions que la rapidité du travail laisse échapper à leurs correspondans de province.

(2) Delv., t. 3, p. 388, note 4. Grenier, t. 2, p. 556.

.. La transcription requise pas notre article ne se
lie en aucune manière à la transmission de la propriété entre les mains de l'acquéreur : on convient
que sans la transcription l'acquéreur est pleinement et parfaitement propriétaire.

La transcription n'est ici demandée que pour
avertir les tiers, créanciers hypothécaires, que
l'immeuble affecté à leur hypothèque a changé de
mains. Malgré l'aliénation, le débiteur principal
peut continuer à jouir de la chose hypothéquée à
titre de location, rétention d'usufruit, constitut
précaire, etc. Il faut donc que la transcription fasse
connaître aux créanciers qu'il y a eu aliénation,
afin qu'ils puissent prendre les mesures nécessaires
pour interrompre la prescription et conserver
leurs droits.

C'est dans cet esprit qu'avait été rédigé l'art. 115
de la coutume de Paris, qui voulait que la prescription ne courût pas contre les créanciers s'ils
avaient eu juste motif d'ignorer l'aliénation, *putà*,
si le débiteur était resté en possession de l'héritage
à titre de location, rétention d'usufruit, constitut
précaire, etc.

883 *bis*. La prescription de l'action hypothécaire
s'interrompt à l'égard du débiteur principal par
les moyens ordinaires dont on se sert pour empêcher un obligé personnel de prescrire.

A l'égard du tiers détenteur, la prescription
s'interrompt par l'action en interruption dont j'ai
parlé ci-dessus (1), ou bien par la sommation de

(1) N° 780.

payer, faite en vertu de l'art. 2169 du Code civil (1).

Quid si on laissait périmer par laps de trois ans la sommation de délaisser ou payer (art. 2176)? Alors la sommation serait considérée comme n'ayant produit aucun effet. C'est ce qu'a décidé un arrêt de la cour royale de Toulouse du 21 mars 1821 (2).

Dans aucun cas, une seule inscription n'est suffisante pour interrompre la prescription. C'est ce que porte le texte de notre article. Il se combine très-bien avec l'art. 2242 du Code civil.

On demande si le tiers détenteur qui fait la notification prescrite par l'art. 2183, interrompt la prescription qui courait à son profit.

L'affirmative me paraît certaine. Par cette notification, le tiers détenteur va au devant des hypothèques; il les reconnaît comme subsistantes; il contracte avec elles en s'obligeant à les payer. Il suit de là que la notification fait naître une nouvelle époque, et proroge le droit du créancier; le tiers détenteur ne peut plus prescrire, à compter de cette notification, que par trente ans (3), attendu que la bonne foi cesse d'exister à son égard.

(1) Grenier, t. 2, n° 817. Delvincourt, t. 3, p. 388. note 5. M. Dalloz, Hyp., p. 424, n° 23. V. mon commentaire *de la Prescription*, t. 2, n°s 579 et 580.

(2) Sirey, 21, 2, 348. Dalloz, Hyp., p. 430, n° 3. *Supra,* n° 790, et mon commentaire *de la Prescription*, t. 2, n° 586.

(3) Grenier, t. 2, n° 516. Dalloz, Hyp., p. 424, n° 20. MM. Fœlix et Henrion, *des Rentes foncières*, p. 425, et mon commentaire *de la Prescription*, t. 2, n° 624.

En est-il de même quand le tiers détenteur remplit, à l'égard de la femme ou du mineur, les formalités prescrites par l'art. 2194 du Code civil?

J'opine encore pour l'affirmative. Mettre la femme ou le mineur en demeure de faire paraître leurs inscriptions, c'est reconnaître que leur hypothèque existe et n'est, par conséquent, pas prescrite (art. 2148 du Code civil) (1).

884. La prescription ne court pas contre le créancier hypothécaire mineur (art. 2252 du Code civil). Mais que doit-on décider si le créancier originaire, venant à mourir, laisse deux héritiers qui succèdent à son hypothèque, l'un mineur, l'autre majeur? La prescription, suspendue à l'égard du mineur, courra-t-elle à l'égard du majeur?

Pour soutenir que la prescription ne court pas contre le majeur, on peut dire que le mineur relève le majeur dans les choses indivisibles. « *Majorem minor relevat in individuis.* » C'est en effet ce qui a lieu pour les servitudes. Si, parmi les copropriétaires de la servitude, il s'en trouve un contre lequel la prescription n'ait pu courir, comme un mineur, il conserve le droit de tous les autres (art. 710 du Code civil).

Mais M. Delvincour (2) répond d'une manière victorieuse à ces observations.

L'hypothèque n'est indivisible que sous deux rapports seulement, 1° en ce qu'elle affecte toutes

(1) *Infrà*, nos 887 *bis* et 887 *ter*.
(2) T. 3, p. 387. Voyez aussi M. Persil, sur 2180, n° 41, et M. Dalloz, Hyp., p. 425.

les parties de l'immeuble hypothéqué; 2° en ce qu'elle affecte tout l'immeuble au paiement de la moindre partie de la dette. Mais elle ne donne pas à la dette divisible le moindre caractère d'indivisibilité. Les créances se partagent de plein droit après la mort du créancier : *Nomina ercta cita sunto*, dit la loi des Douze Tables. Ainsi, supposons que le défunt ait une créance de 10,000 fr., hypothéquée sur le fonds Sempronius. Après sa mort, ses deux héritiers ne lui succèdent chacun que pour 5,000 francs. Il y a dès-lors division d'intérêt entre l'un et l'autre. A la vérité, la dette de chacun est hypothéquée pour le total sur le fonds hypothéqué. Mais les deux titres sont désormais distincts. Le créancier majeur est soumis à la prescription dès l'instant qu'il devient héritier, et rien n'empeche qu'on ne prescrive contre lui, tandis que la prescription ne court pas contre son cohéritier mineur.

885. La prescription court-elle pendant le mariage contre la femme mariée qui a hypothèque sur tous les biens de son mari ?

D'abord, il est bien certain que la prescription ne court pas contre la femme, au profit de son mari, pendant le mariage (art. 2253 du Code civil).

Mais court-elle contre la femme au profit du tiers détenteur qui a acheté du mari un immeuble soumis à son hypothèque légale ?

La négative n'est pas moins certaine. Si la femme agissait par l'action hypothécaire contre le tiers détenteur qui aurait acheté du mari, évidemment ce tiers évincé aurait son recours contre le mari.

Or l'art. 2256 du Code civil dit positivement que la prescription est suspendue pendant le mariage *dans tous les cas où l'action de la femme réfléchirait contre le mari* (1).

Mais, après la dissolution du mariage, la prescription commence à courir, et la femme qui, dans les dix ou vingt ans de la mort de son mari, n'aurait pas poursuivi les tiers détenteurs des immeubles à elle hypothéqués légalement, serait privée de tout recours hypothécaire, si ces tiers détenteurs avaient eu soin de faire transcrire leur contrat (2).

A l'égard des hypothèques de la femme qui ne sont pas légales, la prescription court contre elle d'après l'art. 2154 du Code civil, sauf son recours contre son mari (3).

886. La prescription ne court pas, d'après l'article 2257 du Code civil, à l'égard d'une créance qui dépend d'une condition. Elle ne commence que lorsque la condition arrive. Ainsi le créancier hypothécaire, dont la créance est suspendue par une condition, n'a pas à craindre que le débiteur prescrive contre lui l'hypothèque qu'il lui a donnée. Il en est de même des cas où la créance est

---

(1) Q. de droit, Hyp., § 3, n° 8. Grenoble, 10 mars 1827 (Dal., 28, 2, 98). Rép., Inscript., § 3, n° 2. Dalloz, Hyp., p. 425, n° 28. V. *infrà*, n° 887, et mon commentaire *de la Prescription*, t. 2, n°ˢ 768 et suiv.

(2) Rouen, 16 novembre 1822. M. Dalloz attribue cet arrêt à la cour de Caen. C'est une erreur : c'est de la cour de Rouen qu'il est émané. Hyp., p. 432, n° 6.

(3) *Junge* M. Dal., Hyp., p. 425, n° 28.

à terme : la prescription ne commence à courir
que du jour où le terme est arrivé (1).

Enfin, d'après le même article, si un immeuble
est hypothéqué pour sûreté d'un échange ou d'une
vente en cas d'éviction, la prescription ne court
contre le débiteur que du jour où l'éviction a eu
lieu (2). La raison de tout cela est qu'on ne peut
prescrire contre une action qu'autant que cette
action est ouverte.

On a demandé si ce principe est applicable au
tiers détenteur, comme il est applicable au débiteur principal.

Cette question a été jugée pour la négative par
arrêt du grand conseil du 30 mars 1673 (3). Il fut
décidé que le tiers détenteur pouvait prescrire
pendente conditione, et cette opinion, qui est celle
de Loyseau, de Lebrun (4), doit être adoptée sous
le Code civil (5).

En effet, c'est un principe général que le tiers
détenteur qui possède avec titre et bonne foi,
prescrit par dix ans entre présens, et par vingt
ans entre absens. Il suffit qu'il ait détenu la chose
pendant ce temps pour qu'il en devienne proprié-

(1) Art. 2257. L. 7, § 4, C. *De præscript.*, 30, vel 40.
(2) L. *Empti actio*, C. *De evict.* Cujas, sur cette loi. Loyseau, Déguerp., liv. 3, ch. 2, n° 18.
(3) Journal du Palais, t. 1.
(4) Liv. 4, ch. 1, n° 76. Success. Déguerp., liv. 3, ch. 2,
n°s 18, 19.
(5) M. Grenier, t. 2, n° 518. M. Toullier, t. 6, n°s 527,
528. V. *suprà*, n° 780, et surtout mon commentaire *de la
Prescription*, t. 2, n°s 791 et suiv.

taire incommutable. Sans cela il se verrait exposé
à être inquiété après trente, quarante, cinquante
ans pour des causes qu'il a dû ignorer, et malgré
la juste confiance que lui ont donnée sa bonne foi
et son titre. Le créancier conditionnel ne peut lui
dire comme le mineur, *contra non valentem agere
non currit præscriptio;* car le créancier conditionnel peut faire des actes conservatoires et interruptifs de la prescription (art. 1180 du Code civil). Ainsi c'est sa faute si, à défaut d'avoir inter-
rompu la prescription par l'action d'interruption,
ingénieuse invention de notre droit (1), il a laissé
perdre son hypothèque.

887. C'est d'après ces principes qu'on jugeait
dans l'ancienne jurisprudence que le tiers détenteur prescrivait contre l'hypothèque d'une rente
que le débiteur servait exactement.

Par exemple, Titius était créancier d'une rente
annuelle de 200 fr., hypothéquée sur le fonds A.
Caïus, débiteur, vend l'immeuble A à Tertius, et
pendant vingt-cinq ans il sert exactement les arrérages de la rente. Ce n'est qu'au bout de ce temps
qu'il cesse d'être solvable et qu'il donne lieu à l'exercice de l'action hypothécaire sur l'immeuble A.
Mais il sera trop tard, et Tertius le repoussera par
la prescription qu'il a acquise pendant sa possession de dix ans avec titre et bonne foi. Vainement
Titius opposera-t-il qu'ayant été exactement payé
des arrérages de la vente, il n'avait pas d'actes de
poursuites à exercer. N'importe! il devait prévoir

(1) *Suprà*, n° 780.

l'événement où il lui serait nécessaire de recourir à son hypothèque, et la conserver par l'action d'interruption. Il paraît cependant qu'anciennement *Chassanée* avait été d'opinion contraire, soutenant que la prescription n'avait pu s'acquérir. Mais c'était là une erreur qui avait été condamnée plus tard par de nombreux arrêts, et par le texte de plusieurs coutumes, notamment par l'art. 95 de la Cout. d'Auxerre, et par l'art. 115 de la Cout. de Paris (1).

On ne doit pas faire difficulté de suivre ces principes sous le Code civil (2). Ils ont été appliqués dans un arrêt de la cour de Grenoble du 10 mars 1827 (3), rendu sur les faits que voici. La femme Planel avait succédé à tous les droits de la femme Aubanon. Celle-ci, qui avait été mariée sous le régime dotal avec le sieur Aubanon, avait hypothèque légale sur les biens de son mari, dont une portion avait été vendue au sieur Pradier. Dix ans s'étaient écoulés depuis la dissolution du mariage, sans que la veuve Aubanon, ni la femme Pradel, qui la représentait, eussent fait aucun acte interruptif de la prescription à l'égard de Pradier. Actionné hypothécairement, Pradier opposait qu'il était libéré de l'hypothèque par le laps de dix ans écoulé depuis la dissolution du mariage, d'autant

(1) Louet, lettre P, n° 2. Journal du Palais, t. 1. Discussion sur l'arrêt du 30 mars 1673. Loyseau, Dég., liv. 3, ch. 2, n°ˢ 18, 19, 20.

(2) Delvinc., t. 3, p. 387. Dalloz, Hyp., p. 424, n° 21. V. mon commentaire *de la Prescription*, t. 2, n°ˢ 791 et suiv.

(3) Dal., 28, 2, 98.

qu'il y avait eu transcription de son contrat. La femme Planel répondait que, d'après l'art. 1565 du Code civil, la veuve Aubanon n'avait pu exiger la restitution de sa dot qu'un an après la dissolution du mariage. Qu'ainsi cette année devait être retranchée de la prescription, puisque, lorsqu'une créance est à terme, la prescription ne court, d'après l'article 2257, que lorsque le terme est accompli.

Cette prétention fut repoussée par la cour de Grenoble, par la raison que l'art. 2257 ne concerne pas le tiers détenteur (1).

887 *bis.* Voyons quelles personnes peuvent opposer la prescription de l'hypothèque.

Il n'y a pas de doute à l'égard du débiteur ou du détenteur qui l'ont acquise.

Mais que devra-t-on décider à l'égard des créanciers ?

Ou la prescription de l'hypothèque a été acquise par le débiteur commun, ou elle a été acquise par le tiers détenteur.

Si elle a été acquise par le débiteur contre l'un de ses créanciers qui, par exemple, serait resté trente ans sans agir, les autres créanciers auront le droit de l'opposer, encore que le débiteur y ait renoncé. (Art. 2225 du Code civil.)

Si elle a été acquise par le tiers détenteur, les créanciers personnels de ce dernier pourront l'op-

(1) Ce principe est en encore consacré par un arrèt de Bordeaux du 15 janvier 1835 (Dall., 35, 2, 104. Sirey, 35, 2, 248).

poser au créancier du précédent propriétaire contre qui elle aura été acquise, quand bien même ce tiers détenteur y aurait renoncé à son égard (1).

Il y a plus! les créanciers du précédent propriétaire pourront opposer à un de leurs co-créanciers la prescription de l'hypothèque acquise par le tiers détenteur, et empêcher ce créancier de prendre rang sur le prix. Ils le pourront, quoiqu'ils ne soient pas les créanciers personnels du tiers détenteur, et quoique ce tiers détenteur ait renoncé à la prescription. C'est ce qui résulte de l'art. 2225 du Code civil (2).

Les actes d'interruption faits par un créancier n'interrompent la prescription qu'à son égard, et ne relèvent pas son co-créancier non solidaire qui serait resté dans l'inaction (3).

887 *ter*. Il me reste à examiner quelques difficultés relativement aux actes d'où l'on peut inférer renonciation à la prescription de l'hypothèque.

On demande si le tiers détenteur renonce à la prescription de l'hypothèque, lorsqu'il fait la notification prévue par l'art. 2183 du Code civil. On demande s'il y renonce lorsqu'il remplit, à l'égard de la femme ou du mineur, les formalités du purgement prescrites par les art. 2194 et suiv. du Code civil.

Sur la première question, il me paraît certain que l'accomplissement des formalités prescrites

---

(1) V. exemple au numéro suivant.

(2) V. mon commentaire *de la Prescription*, t. 1, n°s 100 et suiv.

(3) *Suprà*, n° 884.

par l'art. 2183, impliquant une reconnaissance du droit des créanciers inscrits et une provocation à surenchérir(1), renferme une renonciation néces-saire à leur opposer la prescription. Offrir aux créanciers le paiement de ce qui leur est dû hypo-thécairement, n'est-ce pas se fermer toute voie possible de prétendre ensuite que leurs droits hy-pothécaires sont prescrits? Quand un tiers déten-teur prend la résolution de purger, il contracte spontanément un engagement personnel, contre lequel il ne serait pas recevable à proposer des exceptions, et il témoigne qu'il aime mieux faire profiter les créanciers du prix, que leur enlever par des moyens rigoureux ce qui peut leur re-venir.

Sur la deuxième question, il semble qu'on doit arriver à une semblable solution. Néanmoins, le contraire a été proclamé dans les considérans d'un arrêt de la cour de Grenoble du 10 mars 1827 (2).

Voici l'espèce, telle que je la recueille des mo-tifs de l'arrêt; car l'arrêtiste ne donne pas le détail des faits.

Le veuve Aubanon, représentée par la femme Planel, voulait prendre rang sur le prix d'un immeuble ayant appartenu à son mari et grevé de son hypothèque légale. Cet immeuble avait été successivement vendu par Aubanon au sieur Pradier, et par le sieur Pradier au sieur Estève.

(1) *Infrà*, n° 931.
(2) Dal., 28, 2, 98.

Estève satisfit aux dispositions du Code civil sur le purgement de l'hypothèque légale. La femme Aubanon prit inscription dans le délai prescrit par l'art. 2195.

Mais lorsqu'il fut question de la distribution du prix, Pradier prétendit écarter la veuve Aubanon, par la raison qu'y ayant plus de dix ans écoulés depuis le décès de son mari, l'immeuble était passé à Estève, exempt de son hypothèque.

La femme Aubanon soutint, entre autres motifs, que le sieur Estève, en accomplissant envers elle les formalités du purgement, était censé avoir renoncé à la prescription.

Sur quoi, arrêt de la cour ainsi conçu :

« Attendu qu'on ne peut induire aucune renon-
» ciation à la prescription, de la notification faite à
» la femme Planel, le 12 décembre 1825, de la part
» du sieur Estève, du procès-verbal de dépôt, de
» l'acte d'acquisition d'Estève, et de sa déclaration
» à la femme Planel, que cet acte resterait déposé
» pendant le délai de deux mois, pour purger, y
» est-il dit, les hypothèques légales qui existeraient
» sur la maison par lui acquise ;

Attendu, en effet, que de semblables notifi-
» cation et déclaration, *faites conditionnellement*,
» c'est-à-dire dans la supposition que la femme
» Planel pouvait avoir quelque hypothèque sur la
» maison acquise par le sieur Estève, et que cette
» hypothèque était encore en vigueur, ne pou-
» vaient faire *revivre une hypothèque éteinte par
» la prescription*, ne pouvaient surtout nuire aux
» personnes qui avaient des droits opposés à ceux

» de la femme Planel sur la maison ou sur le prix
» de l'adjudication passée au sieur Estève ; que le
» sieur Estève, nouvel acquéreur, qui ignorait la
» consistance des hypothèques, qui ne connaissait
» pas la position des tiers, qui ne voulait purger
» son prix de vente qu'après avoir rempli toutes
» les formalités prescrites par le Code civil pour la
» purgation des hypothèques, s'adressait à ceux
» *qui, dans son sens,* pouvaient manifester des
» prétentions sur la maison acquise, et cela sans
» rien apprécier, sans renoncer à aucune prescrip-
» tion, sans entendre compromettre ni améliorer
» les intérêts d'aucun, et enfin, sauf toute contra-
» diction de droit de la part de toute partie inté-
» ressée, etc.

Cet arrêt développe une théorie que je suis loin
d'approuver, et dont je vais démontrer tous les
vices. Mais, quant au résultat, il me paraît conforme à la loi; la femme Planel représentant la
veuve Aubanon, ne pouvait prétendre à aucun
droit sur le prix, par la raison que le sieur Estève
avait prescrit contre son hypothèque par dix ans,
avec titre et bonne foi, et qu'il n'avait pu renoncer
à cette prescription au préjudice de son vendeur.
L'art. 2225 du Code civil est en effet conçu de la
manière suivante : «Les créanciers, ou toute autre
» personne ayant intérêt à ce que la prescription
» soit acquise, *peuvent l'opposer, encore que le débi-*
» *teur ou le propriétaire* y renonce. » Pradier, créancier d'Estève, pouvait donc opposer la prescription à laquelle Estève avait renoncé. Cette circonstance légitime le dispositif de l'arrêt. Mais, je le

répète, les considérans contiennent un système
des plus vicieux.

Je soutiens en effet que l'accomplissement des
formalités du purgement est une renonciation à la
paescription de l'hypothèque qu'on veut purger.

Que fait-on quand on satisfait aux dispositions
des art. 2194 et 2195 du Code civil? On met la
femme en demeure de prendre inscription; on la
met également en demeure de surenchérir (1).
N'est-ce donc pas là reconnaître que l'hypothèque
existe, qu'elle a droit à se manifester et à se mettre
en action? Pourrait-on surenchérir en vertu d'une
hypothèque prescrite? Le droit de surenchère
n'est-il pas un des plus énergiques effets de l'hypothèque? Quoi! le tiers détenteur va au devant
du droit de suite! il le provoque à agir, et il pré-
tendrait ensuite qu'il est éteint!!

Quand le tiers détenteur fait un appel aux hypothèques pour les purger, il n'agit pas *conditionnellement*, comme dit la cour de Grenoble : il agit
sur des faits purs et simples. Ayant toutes les fa-
cilités de vérifier si ces hypothèques sont existentes
ou périmées, on suppose que, quand il les sollicite
à paraître et à surenchérir, c'est indubitablement
parce qu'il renonce au moyen tiré de la prescription, et qu'il préfère la voie plus généreuse et plus
équitable du purgement à celle de déchéances funestes pour le créancier.

En agissant ainsi, il ne fait pas *revivre des hypothèques éteintes*, comme le dit la cour de Gre-

_____

(1) *Infrà*, nᵒˢ 981 et 982.

noble; car la prescription n'opère pas de plein droit, et n'anéantit pas, *ipso jure*, les droits auxquels elle s'étend. Il faut qu'elle soit opposée par la partie (art. 2223 du Code civil), sans quoi les juges n'ont aucun compte à en tenir.

Il est donc constant que, toutes les fois que le tiers détenteur aura la liberté de renoncer à la prescription, ce sera une renonciation inattaquable que celle qui résultera des moyens pratiqués par lui pour purger (1).

888. Une cinquième cause d'extinction de l'hypothèque a lieu lorsque celui qui l'a concédée n'avait sur la chose qu'un droit résoluble ou conditionnel, et qu'il vient à être évincé. Dans ce cas, les hypothèques qu'il a concédées sont anéanties par la règle « *Resoluto jure dantis, resolvitur et jus* » *accipientis,* »

Ainsi, si l'héritier hypothèque la chose léguée sous condition, pendant que la condition est encore en suspens, l'hypothèque doit disparaître dès le moment que la condition ne se réalise pas ; c'est

_____

(1) Un arrêt de Bordeaux du 15 janvier 1835 (Sirey, 35, 2, 248. Dall., 35, 2, 104) bien qu'un de ses motifs paraisse contraire à ce que nous venons d'enseigner, n'est cependant pas en opposition avec notre doctrine. Dans l'espèce de cet arrêt, ce n'était pas à la requête du tiers détenteur qui avait prescrit, que les notifications avaient été faites, mais à la requête d'un sous-acquéreur qui avait voulu purger. Or il est certain, nous l'avons déjà dit nous-mêmes, que la notification faite par un sous-acquéreur à un créancier qu'il trouve inscrit ne peut nuire aux droits acquis à son vendeur ou aux créanciers de celui-ci.

la décision des lois 3, C. *Com. leg.*, et 13, § 1, Dig. *Ce pignorib. et hyp.*

Il en de même dans le cas où la vente a été faite avec pacte commissoire et où le contrat se trouve résolu, si l'acheteur ne satisfait pas aux conditions stipulées (1).

' Le fondement de ces décisions est que personne ne peut transmettre à autrui plus de droits qu'il n'en a lui-même (2). Le débiteur, n'ayant qu'une propriété révocable ou résoluble, n'a pu transmettre à son créancier qu'un droit d'hypothèque de même nature.

Au surplus, je renvoie à ce que j'ai dit sur l'application de la règle *resoluto jure dantis*, etc., et ses limitations, en commentant l'art. 2125 du Code civil (3).

889. Une sixième cause d'extinction des hypothèques se présente lors de la perte de la chose hypothéquée.

« Sicut, re corporali extinctâ, ità et usufructu extincto, pignus hypothecave perit. » L. 8, D. *Quib. mod. pig. vel. hyp.* (4).

Ce n'est pas seulement par la perte de la chose, c'est aussi par sa transformation que l'hypothèque peut être éteinte. Ici je ne répéterai pas les dé-

---

(1) L. 3, Dig., *Quib. mod. pign.* Vinnius, *Quæst. select.*, lib. 2, c. 5. Voët, lib. 20, t. 6, n° 8.

(2) L. 54, Dig., *De reg. juris.*

(3) N°ˢ 465 et suiv., et 843. *Junge* mon commentaire *de la Vente*, t. 2, n° 775.

(4) Pand. de Pothier, t. 1, p. 582, n° 12.

tails dans lesquels je suis entré à cet égard, t. 1 ,
n°° 109 et suivans. Je renvoie à ce que j'ai dit. On
y trouvera les règles expliquées de manière à
donner la solution des difficultés les plus importantes.

Ainsi, l'on demande si celui qui avait une hypothèque sur une maison qui vient à être détruite
par un événement quelconque de force majeure
ou autre, a un droit de suite sur les matériaux
provenant de cette destruction.

Il faut dire que le droit d'hypothèque est absolument perdu. Il ne subsiste plus que sur le sol
de la maison. Mais il ne s'attache pas aux matériaux. En effet, il y a changement d'une espèce en
une autre espèce. La première espèce est anéantie,
puisqu'il n'y a plus de maison. Les matériaux
forment une espèce nouvelle. Bien plus, ce n'est
pas seulement la transformation d'une espèce en
une autre espèce, c'est la mutation *ex subjecto in
non subjectum*, dont parle Cujas (1), et dont il dit
omnium summa mutatio est. Les parties qui formaient la maison sont décomposées, le lien qui
les unissait est brisé : il ne reste plus que des élémens divers et indépendans les uns des autres.
Id genus pignus extinguit, dit Cujas.

Enfin les matériaux sont meubles tant qu'ils
ne sont pas employés à la reconstruction de la
maison (art. 532 du Code civil) (2). Or, l'hypothèque ne peut grever que des immeubles; com-

(1) *Suprà*, t. 1, n° 109.
(2) V. M. Dalloz, v° Choses.

ment donc pourrait-elle se continuer sur les matériaux (1)?

Ces principes ont été appliqués par la cour de
cassation et par la cour de Douai, dans une espèce où une maison hypothéquée avait été vendue
et achetée *à charge d'être démolie*. La démolition
ayant été effectuée de bonne foi, il fut jugé que le
créancier hypothécaire n'avait aucun droit de
suite sur les matériaux ni sur le prix qui les représentait (2).

Mais si la maison était reconstruite, l'hypothèque la ressaisirait d'après la décision de la loi 29,
§ 2, D. *De pignorib. et hyp.* (3).

889 *bis*. Je parlais tout à l'heure des transformations éprouvées par la chose comme étant de
nature à modifier l'hypothèque.

Que doit-on décider dans le cas où on plante-
rait une vigne sur un champ vide donné à hypothèque comme champ?

Il faut dire que l'hypothèque reste toujours; car
il n'y a de changé que la superficie : la chose reste
la même. Loi 16, § 2, L. 29, § 2, *De pig. et hyp.*

De même si on bâtit une maison sur un terrain
vide hypothéqué, non seulement l'hypothèque
subsiste toujours sur le sol, mais encore elle af-

(1) M. Grenier, t. 1, p. 312. M. Persil, art. 2180, n₀ 8.
M. Dalloz, Hyp., p. 425, n° 31. *Suprà*, 117 *bis*.

(2) Douai, 10 juin 1823, confirmé par cassat. du 9 août
1825 (Dal., 26, 1, 4).

(3) *Suprà*, nᵒˢ 838 et 838 *bis*, j'ai parlé de cette loi.
MM. Persil, art. 2180, n° 8. Delvincourt, t. 3, p. 281, n° 3.
Dalloz, H yp., p, 425, 426.

fecte la maison; car *ædificium solo cedit* (1).

890. J'ai vu des hommes de loi embarrassés de prononcer sur la question suivante :

Pierre a une hypothèque sur la maison B, que détruit un incendie. Le propriétaire, qui avait fait assurer sa maison, reçoit une indemnité de la direction des assurances. Les créanciers conservent-ils leur rang hypothécaire sur cette indemnité, qu'ils font saisir entre les mains du directeur responsable ?

Je ne conçois pas comment on peut trouver dans ce cas une difficulté. L'hypothèque est éteinte par la perte de la maison; *re corporali extinctâ, hypotheca perit.* Comment donc pourrait-elle atteindre la somme, qui n'est allouée que *ex post facto*, à titre d'indemnité pour le propriétaire? D'ailleurs, cette somme d'argent est purement mobilière; elle n'est et ne peut être subrogée à la maison, d'après tous les principes sur la subrogation (2). On ne doit donc pas hésiter à dire que la somme doit être distribuée sans égard aux hypothèques.

Aussi, les créanciers bien conseillés ont-ils le soin de stipuler, dans le contrat d'hypothèque, qu'ils seront subrogés dans tous les droits du débiteur à la prime. Cette clause est presque toujours insérée dans les contrats passés devant les notaires de Bordeaux; le subrogé doit avoir soin de faire

_____

(1) Voët, lib. 20, t. 6, n° 14. Pothier, Pand., t. 1, p. 582, n° 12, et au titre *Quæ res pignor.*, n° 15. M. Grenier, t. 1, p. 312. V. *suprà*, n° 551. J'y réfute les opinions contraires.

(2) Répert., Subrog. de choses.

signifier son transport à la compagnie d'assurance.
(Art. 1690).

Quelque évidens que soient ces principes, ils
ont cependant été contestés, et l'opinion contraire
à celle que j'énonce ici a trouvé des apologistes :
la cour de Colmar (1) et la cour de Rouen (2) ont
cru pouvoir juger que l'indemnité due à l'assuré
devait être partagée par ordre d'hypothèque ; et
M. Dalloz incline vers cet avis (1), qui est aussi
celui de M. Boudousquié, dans son traité sur les
assurances terrestres. De pareilles controverses
sur des vérités si élémentaires et si palpables sont
de nature à faire naître de sérieuses réflexions.
Quoi qu'il en soit, l'arrêt de la cour de Rouen a
été cassé par arrêt de la cour de cassation du
28 juin 1831 (4). La cour suprême a pensé, avec
raison, que l'indemnité, étant chose mobilière,
devait être distribuée entre tous les créanciers,
sans distinction des hypothécaires et des chirographaires.

890 *bis*. Il en est autrement en matière d'indemnité d'émigré. Les créanciers exercent sur
cette indemnité les hypothèques qu'ils avaient sur
l'immeuble confisqué. Mais c'est une dérogation
aux principes ; et il a fallu pour cela la disposition
formelle de l'art. 18 de la loi du 27 avril 1825.

(1) 25 août 1826 (Dal., 27, 2, 122, 123).
(2) 27 décembre 1828 (Dal., 30, 2, 34).
(3) Hyp., p. 426, n° 33. Je m'aperçois qu'au mot Incendie,
p. 482, M. Dalloz est revenu à la seule opinion admissible.
(4) Dal., 31, 1, 214. *Junge* un arrêt de la cour de Grenoble du 27 février 1834, rapporté par M. Dalloz, 34, 2, 168.

891. L'usufruit, comme je l'ai dit ailleurs (1), peut être soumis à l'hypothèque, bien que détaché de la propriété.

Quoique l'art. 617 du Code civil porte que l'usufruit est éteint par la consolidation de la propriété et de l'usufruit sur la même tête, il ne faudrait pas croire que le créancier se verrait privé de son hypothèque si son débiteur, originairement propriétaire de l'usufruit, y réunissait par la suite la nue propriété. Quand le Code civil dit que l'usufruit est éteint par la consolidation, il ne pose qu'une règle d'accroissement qui ne peut nuire à des droits acquis (2). Mais lorsque l'usufruit vient à finir par la mort de l'usufruitier, ou par l'expiration du temps pour lequel il a été accordé, alors l'hypothèque s'éteint avec lui (3).

(1) *Supra*, t. 2, n° 400.
(2) M. Grenier, t. 1, p. 310, n° 146.
(3) L. 8, Dig., *Quib. modis.* Voët, lib. 20, t. 6, n° 8. La prescription du tiers détenteur contre l'action hypothécaire est régie par la loi en vigueur, à l'époque où la vente a eu lieu. Bade, 15 janvier 1835 (Sirey, 35, 2, 248. Dal., 35, 2, 104).

CHAPITRE VIII.

DU MODE DE PURGER LES PROPRIÉTÉS DES PRIVILÉGES ET HYPOTHÈQUES.

ARTICLE 2181.

Les contrats translatifs de la propriété d'immeubles ou droits réels immobiliers que les tiers détenteurs voudront purger de priviléges et hypothèques, seront transcrits en entier par le conservateur des hypothèques dans l'arrondissement duquel les biens sont situés. Cette transcription se fera sur un registre à ce destiné, et le conservateur sera tenu d'en donner reconnaissance au requérant.

SOMMAIRE.

913. Le dernier acquéreur doit-il transcrire seulement son contrat, ou bien tous les actes de mutations qui ont précédé et qui n'ont pas été transcrits? Distinction. Examen de différentes opinions.

COMMENTAIRE.

892. Les Romains n'avaient pas de système organisé pour le purgement des hypothèques établies sur les biens vendus volontairement (1). C'est au droit français qu'il faut reporter l'origine des formalités tracées par le Code civil pour purger les propriétés des hypothèques qui les grèvent.

L'ancien droit français avait imaginé le décret volontaire « qui, dit Loyseau, *sert d'un très-utile* » *expédient pour purger les hypothèques* (2). »

Mais, comme je l'ai dit ci-dessus (3), le décret volontaire, dont j'ai fait connaître les formalités principales, avait l'inconvénient d'occasioner des frais énormes et ruineux ; et c'est avec raison qu'il fut aboli par l'édit de Louis XV, de juin 1771, qui lui substitua les lettres de ratification. J'ai dit ailleurs (4) en quoi consistaient ces lettres de ratification.

(1) Quant aux ventes forcées et par subhastation, voyez *infrà*, n° 905.

(2) De l'Acte hyp., liv. 3, ch. 1, n° 18. V. *infrà*, n° 996, de nouvelles observations sur l'origine du purgement et sur les diverses phases que cet établissement du droit français a parcourues.

(3) T. 2, n° 563.

(4) *Loc. cit.*

L'exposition du contrat portant aliénation annonçait aux créanciers que les biens sujets à leur hypothèque étaient vendus ; elle les avertissait de songer à la conservation de leurs droits. Cette publicité mettait les créanciers hypothécaires en demeure ; elle faisait présumer qu'ils avaient eu connaissance de la vente ; et, lorsqu'ils négligeaient de former opposition au sceau des lettres de ratification, ils étaient censés avoir renoncé à leurs droits (1).

La loi du 18 brumaire an 7 établit un nouveau mode de consolider les aliénations, et de purger la propriété acquise par la vente volontaire.

L'art. 26 voulait que tout acte d'aliénation fût transcrit pour pouvoir être opposé aux tiers. La transcription transmettait à l'acquéreur les droits du vendeur, à la charge des dettes et hypothèques dont cet immeuble était grevé ; alors l'acquéreur qui voulait se mettre à l'abri des poursuites auxquelles auraient pu donner lieu contre lui les hypothèques établies sur le bien acquis, devait notifier, dans le mois de la transcription de l'acte de mutation, aux créanciers, 1° son contrat d'acquisition, 2° le certificat de transcription, 3° l'état des charges et hypothèques assises sur la propriété, avec déclaration d'acquitter sur-le-champ *celles échues* et celles à échoir, le tout jusqu'à concurrence du prix stipulé.

Les créanciers qui soupçonnaient que le prix

_____

(1) L. 5, C. *De remiss. pignoris.* Répert., v° Hyp., p. 804, 805 et suiv.

n'avait pas été porté à sa légitime valeur, pouvaient requérir la mise aux enchères dans le mois de la notification, en s'obligeant à faire porter le prix à un vingtième en sus. Faute de cette réquisition, le prix restait fixé au taux porté dans le contrat, et l'acquéreur était libéré en payant le prix.

893. Nous allons voir maintenant les formalités adoptées par le Code civil pour le purgement des hypothèques et priviléges. Il sera facile de s'apercevoir qu'il s'est rapproché autant que possible du système adopté par la loi de l'an 7, qui, basé sur la publicité, avait perfectionné les dispositions, incomplètes sous beaucoup de points, du système des lettres de ratification.

894. Le Code s'occupe d'abord, dans ce chapitre 8, du purgement des hypothèques rendues publiques par l'inscription. Si les hypothèques des mineurs et des femmes mariées sont inscrites, les formalités qu'on va voir se développer successivement doivent être suivies pour les purger. Mais si ces hypothèques, qui, comme on sait, peuvent se passer de l'inscription, n'ont pas été rendues publiques, alors elles ne peuvent être purgées que par les formalités dont il sera parlé au chap. 9.

Occupons-nous donc des hypothèques légales ou non légales *inscrites*.

Le Code exige d'abord, par notre article, que l'acte d'aliénation soit transcrit en entier sur les registres du conservateur de la situation des biens. Mais ici se présente une foule de points à éclaircir; et d'abord quel est l'objet de cette transcription?

Je viens de dire que, par la loi de brumaire an 7, l'acquéreur n'était saisi, à l'égard des tiers, que par la transcription. Il résultait de là que tant que la transcription n'était pas opérée, le vendeur pouvait vendre ou hypothéquer la chose à un autre.

On voit quelle place importante la transcription tenait sous ce régime.

Le Code civil a suivi des principes différens : la vente est parfaite par le consentement des parties. Le vendeur est dès lors dessaisi de la propriété ; il ne peut la revendre ni l'hypothéquer à personne. La transcription n'ajoute rien à la perfection de la vente ; elle n'est requise que comme formalité préliminaire pour parvenir au purgement des hypothèques (1).

L'idée primitive de la commission de rédaction du conseil d'état avait été de maintenir la disposition de l'art. 26 de la loi de l'an 7, et de ne permettre d'opposer à des tiers les actes translatifs de propriété, qu'autant qu'ils auraient été transcrits. Mais ce projet, défendu par M. Treilhard, fut attaqué par M. Tronchet, qui le représenta comme *ayant les effets les plus funestes, comme contraire aux principes de la matière, et comme entièrement fiscal* (2). Il semblait que la question, étant posée d'une manière aussi nette, devait recevoir du conseil d'état une solution expresse. Il n'en fut cependant pas ainsi ; ou du moins, les

(1) M. Grenier, t. 2, p. 114.
(2) Conf., t. 7, p. 223. Voyez aussi la préface, p. XXXVIII.

procès-verbaux du conseil d'état ne font pas mention d'un vote relatif à cet important débat : tout
ce que nous savons, c'est qu'à la suite d'une discussion incidente, soulevée par M. Cambacérès, le
projet d'article, qui proposait la tradition comme
complément de la vente à l'égard des tiers, dis-
parut, et que M. Treilhard perdit sa cause par
voie de prétérition. Ainsi donc, l'art. 26 de la loi
de brumaire an 7 ne passa pas dans le Code civil.
Quelques efforts qu'ait faits M. Jourdan pour prouver qu'il devait y être comme sous-entendu (1),
je ne pense pas qu'on puisse adopter cette opinion. La suppression d'un pareil texte est un fait
trop décisif pour qu'il soit permis de chercher à
éluder ses conséquences ou à heurter de front sa
portée. Des dispositions si capitales ne se suppléent
pas.

Je dis donc que la transcription n'est qu'une
formalité préliminaire pour parvenir au purgement des hypothèques. Mais, pour mettre cette
proposition dans tout son jour, je dois montrer
ici quel fut le système qui présida à la rédaction
de notre article, et quelle modification il reçut
par les art. 834 et 835 du Code de procédure civile.

895. D'après le plan qui dirigea le législateur
dans la rédaction du titre qui m'occupe, l'acquéreur devait être pleinement affranchi de toutes les
hypothèques *non inscrites* au moment de l'aliéna-

(1) Dissertation sur l'aliénation des droits réels. Thémis,
t. 5, p. 481. Je reviens sur cette question dans mon commentaire sur *la Vente*, n° 43, où je réfute M. Jourdan avec développement.

tion. On partait du principe posé par l'art. 1583 du Code civil, qui veut que la vente soit parfaite dès le moment où il y a consentement ; et l'on en tirait la conséquence que l'acquéreur, ayant reçu l'immeuble sans inscriptions, devait le garder tel qu'il lui était parvenu au moment où ses droits avaient été fixés. Le créancier qui n'avait pas pris d'inscription lors de la vente, ne pouvait donc en prendre après. D'où il suit que l'aliénation seule purgeait toutes les hypothèques *non inscrites.* La transcription n'était requise que pour parvenir au purgement des hypothèques *inscrites.*

C'est en quoi le Code civil apporta une très-grande modification à la loi de brumaire an 7 ; car, d'après les principes de cette dernière loi, le créancier non inscrit au moment de la vente pouvait toujours prendre inscription jusqu'à la transcription : ce qui était la conséquence de cette règle de la loi de l'an 7, que l'acquéreur n'était saisi, à l'égard des tiers, que par la transcription.

896. On a voulu prétendre que le Code civil ne s'était pas autant éloigné de la loi de brumaire an 7 que je viens de le dire, et que, sous l'une et l'autre législation, la transcription seule pouvait arrêter les inscriptions (1).

Voici comment on raisonne pour appuyer ce sentiment.

(1) M. Guichard, Jurisp. Hyp., t. 3, p, 346, différens arrêts de Turin, Bruxelles et Rouen, rapportés par M. Merlin, t. 16, p. 453 et suiv., v° Inscript., et la Dissertation précitée de M. Jourdan, p. 486.

L'art. 2182 du Code civil porte que « le vendeur
» ne transmet à l'acquéreur que la propriété et les
» droits qu'il avait lui-même sur la chose vendue,
» et qu'il les transmet *sous l'affectation des mêmes*
» *priviléges et hypothèques.* »

Donc, par le Code civil, la vente seule ne fait
pas disparaître et ne purge pas les hypothèques
non inscrites. Il faut quelque chose de plus, c'est-
à-dire la transcription.

On fortifie cette conclusion d'un argument tiré
de l'art. 2198 du Code civil. En effet, pour que
l'immeuble, passant dans les mains du nouveau
possesseur, soit affranchi des charges inscrites que
le conservateur aurait omises dans son certificat,
l'article 2198 exige que le nouveau possesseur ait
requis ce certificat depuis la transcription de son
titre; de sorte que si l'acquéreur requiert le certificat du conservateur avant la transcription du
contrat, l'immeuble ne demeure pas affranchi des
inscriptions portées au certificat susdit.

C'est d'après ce certificat que doit être dressé
le tableau énoncé dans l'art. 2183, n° 3. Il s'ensuit
que ce certificat doit contenir toutes les inscriptions existant au moment de la transcription, puisque le conservateur, en délivrant son certificat
depuis la transcription, doit y porter toutes les
inscriptions prises jusqu'à ce moment.

Dès lors, si la date du contrat eût été décisive
pour déterminer invariablement les charges qui
pèsent sur l'immeuble, l'art. 2198 n'aurait pas
exigé que la transcription précédât le certificat. Il

se serait borné à prescrire que le certificat fût délivré depuis le contrat (1).

897. Ces raisons, quoique spécieuses, étaient peu solides.

Toutes les fois que le Code parle du droit de suite, il ne l'attribue qu'à l'hypothèque *inscrite*; et c'est spécialement ce qui résulte de l'art. 2166 du Code civil, où il est dit : « Les créanciers » ayant privilége ou hypothèque *inscrite* sur un » immeuble, le suivent, en quelque main qu'il » passe, etc. »

Ainsi, quand on trouve dans l'art. 2182 que le vendeur transmet à l'acquéreur l'immeuble avec ses charges et hypothèques, il faut dire que le législateur n'a voulu parler que des hypothèques inscrites.

Ceci est en effet fondé sur la raison. L'acquéreur qui traite avec le vendeur a dû se déterminer pour le paiement du prix par l'état des inscriptions existantes au moment de l'acquisition. S'il ne voit pas d'inscriptions, il se libère en toute sûreté. Permettre de l'inquiéter par des hypothèques manifestées postérieurement, ce serait faire retomber sur lui la négligence du créancier qui a retardé l'émission de son inscription, et nuire à la sûreté et à la facilité des acquisitions.

Vainement tire-t-on des inductions de l'article 2198 du Code civil; car, dans cet article, il n'est pas question d'inscriptions nouvelles, mais d'an-

(1) Arrêts de la cour de Turin et de la cour de Rouen précités.

ciennes inscriptions dont la relation aurait été omise dans un certificat. Cette exception ne porte aucune atteinte au principe (1).

Ainsi donc, par le Code civil, la transcription n'était nullement nécessaire pour mettre l'acquéreur à l'abri des inscriptions.

898. Malgré l'évidence de ces raisons, la régie de l'enregistrement, se fondant sur une faute d'impression échappée dans le rapport de M. Grenier au tribunat, donna un instruction aux conservateurs des hypothèques afin d'inscrire, sans hésiter, tous les titres de créances hypothécaires qui leur seraient présentés jusqu'à la transcription des contrats des tiers acquéreurs. On y soutenait la doctrine que j'ai tout à l'heure réfutée. Mais la régie fut bientôt contrariée dans son système par la découverte de la véritable opinion de M. Grenier, qui disait formellement, dans son rapport, « que la transcription n'est pas nécessaire pour » arrêter le cours des inscriptions. » La régie sentit qu'il pourrait en résulter pour elle une diminution dans les produits des inscriptions et des transcriptions ; elle réclama auprès du ministre des finances, qui, approuvant au fond son opinion, en référa néanmoins au ministre de la justice. Ce dernier pensa que les instructions de la régie ne pouvaient être approuvées. Mais, pour mettre fin à cette controverse, il fit au chef du gouvernement un rapport qui fut renvoyé au conseil d'état.

(1) Avis du conseil d'état du 11 fructidor an 13, rapporté par M. Merlin , t. 16, p. 454 et 455.

C'est sur ce rapport qu'intervint, à la date du 11 fructidor an 13 , un avis du conseil d'état très-développé , où il fut décidé « que, depuis le Code » civil, la vente authentique suffit pour arrêter le » cours des inscriptions, même par rapport aux » créanciers antérieurs du vendeur, dont l'hypo- » thèque, non inscrite au temps de la vente, est » sans force à l'égard d'un tiers acquéreur (1). »

Cet avis fut approuvé par le chef du gouvernement; car, suivant le témoignage de M. Locré (2), on lit en marge de l'expédition déposée aux archives du conseil d'état, le mot *approuvé* et la signature.

Mais il ne fut pas rendu public, parce que la régie de l'enregistrement, dont il devait diminuer les produits, obtint, par de nouvelles représentations, qu'il ne fût pas inséré au *Bulletin des Lois*. La question fut de nouveau reproduite et examinée à la séance du conseil d'état du 11 mars 1806, au moment où l'on mettait la dernière main à la rédaction du Code de procédure civile.

Le conseil d'état fit de vains efforts pour maintenir son avis : il fallut céder. Mais, comme il lui eût été trop pénible de rédiger un avis qui n'aurait pas été réellement le sien , quelqu'un proposa de glisser dans le Code de procédure quelques dispositions par lesquelles on consacrerait ce *changement fait au Code civil* (3).

(1) On trouve cet avis du conseil d'état en entier au Rép. de Jurisprudence , t. 16, p. 454, col. 2.

(2) Esprit du Code de procédure, art. 834 et 835, n° 1.

(3) M. Locré , *loc. cit.*

De là sont venus les art. 834 et 835. C'est à une ténacité fiscale qu'ils doivent naissance.

899. Après toutes ces observations, le système du Code civil ne peut plus être douteux, puisqu'il nous est révélé par l'autorité plus spécialement chargée d'en donner l'interprétation, et par l'origine des articles du Code de procédure civile qui l'ont modifié. Aussi compte-t-on un grand nombre d'arrêts qui en ont fait une juste appréciation (2).

Les auteurs les plus graves sur la matière ont aussi pensé que la vente seule purgeait, sous le Code civil, toutes les hypothèques non inscrites (2).

Ainsi, il doit être bien entendu que, d'après le Code civil, la transcription n'était qu'un moyen prescrit par le législateur pour arriver au purgement des hypothèques inscrites au moment de la vente : c'était le premier pas à faire. L'acquéreur rendait son acte d'aliénation public, afin que les créanciers inscrits, recevant la notification prescrite par l'art. 2183 du Code civil, pussent recourir à cet acte, en examiner les clauses, et y puiser des renseignemens propres à les éclairer sur les mesures à prendre pour faire valoir leurs droits (3). La transcription servait aussi pour faire courir le

(1) Angers, 23 avril 1809 (Sirey, 13, 2, 137). Paris, 22 décembre 1809 (Id.). Turin, 20 novembre 1810 (S., 11, 2, 284). Idem 11 décembre 1812 (S., 14, 2, 25). Cassat., 13 février 1825 (Dal., 25, 1, 55). *Suprà*, n° 280.

(2) M. Merlin, t. 16, Inscript., p. 451. M. Grenier, t. 2, p. 117. M. Tarrible, v° Transcription.

(3) Répert., Transcript., p. 99, n° 4.

délai de la prescription, comme nous l'avons vu au n° 883 (1).

900. Mais, depuis l'insertion des art. 834 et 835 dans le Code de procédure civile, la transcription a joué un rôle moins secondaire. Elle est devenue nécessaire pour faire un appel aux inscriptions, et tous les créanciers non inscrits ont eu le droit de se faire inscrire dans la quinzaine de la transcription.

Je crois que cette innovation est, sous un rapport, une amélioration ; et l'on peut remarquer ici qu'un intérêt fiscal a amené dans la loi une chose salutaire pour les tiers (2). En effet, par le système du Code civil, un créancier pouvait perdre son hypothèque et les droits en résultans, par le seul fait du débiteur vendant à son insu. Un jugement est prononcé à l'audience, et établit une hypothèque générale au profit du créancier. Mais, pour prendre inscription, il faut que ce créancier se fasse donner une expédition et la fasse enregistrer. Cela entraîne des délais. Supposez qu'il ait pour débiteur un homme de mauvaise foi. Celui-ci peut vendre dans l'intervalle avec une promptitude frauduleuse, et le créancier se trouve, sans sa faute, privé d'un droit légitime. Voilà les conséquences rigoureuses des dispositions du Code civil.

Il n'était donc pas inutile que le créancier fût mis en demeure par un acte ayant une grande

(1) V. n° 904, l'importance toute spéciale de la transcription en matière de donation.

(2) Mais j'ai montré t. 1, n° 281, les inconvéniens qui en sont résultés sous d'autres rapports.

publicité, tel que la transcription; et, puisque la transcription était considérée comme un avertissement pour agir, il convenait d'ajouter un délai(1) : c'est ce qui a été fait par les art. 834 et 835 du Code de procédure civile.

Mais il faut convenir que ces moyens sont tout-à-fait insuffisans pour procurer aux créanciers une connaissance précise de l'aliénation et du délai de rigueur qui court contre eux; et ce n'est pas sans raison qu'on a proposé d'y ajouter l'affiche (2) dans l'auditoire du tribunal, par imitation de ce qu'ordonne l'art. 2194 du Code civil, et la publication dans les journaux, conformément à l'art. 680 du Code de procédure civile (3).

901. Les art. 834 et 835 du Code de procédure n'ont pas d'effet rétroactif. Ils ne prononcent rien sur les aliénations déjà faites sous le Code civil : ils ne se réfèrent qu'aux aliénations à venir (4). Ainsi, toutes les ventes faites dans le temps intermédiaire qui s'est écoulé depuis le Code civil jusqu'à la promulgation du Code de procédure civile, ont été régies par le Code civil. C'est ce qu'a jugé un arrêt de la cour de cassation du 22 février 1825 (5).

902. On doit transcrire tous les actes d'aliénation quelconques, qui n'obligent pas personnel-

(1) Disc. de l'orateur du gouv., art 834 et 835 du Code de procédure civile.

(2) M. Grenier, t. 2, n° 352.

(3) Recueil de M. Dalloz, Hyp., p. 315, n°s 5 et suiv.

(4) Répert., t. 16, p. 457. Grenier, t. 2, p. 120.

(5) Dal., 25, 1, 55.

lement à la dette hypothécaire. La vente faite sous seing privé doit être transcrite comme la vente authentique. A la vérité, il peut en résulter des inconvéniens : le vendeur peut dénier sa signature et son écriture. Si cependant l'immeuble a été revendu sur enchère, combien sera désagréable la position de l'adjudicataire, qui, croyant avoir acheté sous le sceau de la foi publique, se verra recherché par le vendeur, qui ne reconnaîtra pas sa signature (1)! Ce sont probablement ces raisons qui avaient déterminé le ministre de la justice à décider, le 25 nivose an 8, qu'on ne pouvait faire transcrire, à l'effet de purger, que les contrats d'aliénation passés en forme authentique, ou du moins formellement reconnus. Mais il en a été autrement décidé par un arrêt du conseil d'état du 3 floréal an 13, approuvé le 12 du même mois (2).

903. On doit transcrire les actes contenant des legs particuliers et les donations particulières lorsque les biens contenus dans ce legs et donations sont grevés d'hypothèques qu'on veut purger. A la vérité, notre article semble ne requérir la transcription que pour les *contrats* translatifs de propriété. Mais c'est un vice de rédaction ; et, quoique les testamens ne soient pas des contrats, on doit transcrire celles de leur dispositions qui contiennent des legs particuliers.

On voit que je restreins aux seuls légataires et donataires à titre particulier la faculté de tran-

(1) M. Grenier, t. 2, p. 128 et 480.
(2) *Suprà*, n° 285.

scrire pour purger; cas ils ne sont pas tenus personnellement des dettes du testateur et du donateur; et c'est un principe invariable, que celui-là seul peut purger, qui n'est pas personnellement obligé.

903 *bis.* Ainsi, pour juger la question de savoir si l'on peut purger, et si, par conséquent, l'on doit transcrire, il suffira de se référer à ce que j'ai dit *suprà*, n°ˢ 810 et suiv., de ceux qui sont personnellement obligés ou qui sont seulement tiers détenteurs (1).

904. Je dois faire romarquer qu'en ce qui concerne la donation, la trrnscription n'est pas seulement une formalité facultative pour ceux qui veulent purger, mais que c'est encore une des solennités nécessaires à cet acte, pour qu'il puisse être opposé aux tiers. Ce n'est pas ici le lieu de réfuter une opinion de M. Toullier, qui pense que la transcription n'est, pour la donation comme pour les ventes, qu'un acte volontaire pour purger les hypothèques.

905. Je disais, au n° 902, qu'on doit transcrire tous les actes d'aliénation quelconques.

Mais il faut excepter ceux qui, par eux-mêmes, emportent purgement des hypothèques. Telle est l'adjudication faite sur expropriation forcée.

De tout temps il a été reconnu que l'adjudication sur expropriation purge les priviléges et hypothèques établis sur l'immeuble.

« Si eo tempore quo prædium distraheretur,

(1) V. aussi M. Dalloz, Hyp., 367, n° 2.

» programmate (1) admoniti creditores, cùm præ-
» sentes essent (2), jus suum exsecuti non sunt,
» possunt videri obligationem pignoris amisisse. »
L. 6, C. *De remiss. pignor.*

C'est aussi ce qu'enseignent Loyseau (3), Basnage (4), Pothier (5), M. Grenier (6), M. Tarrible (7).

La raison en est que l'expropriation se fait avec
un grand appareil et la plus grande publicité. Il y
a des notifications prescrites. Les affiches sont pré-
sumées faire connaître à tous les créanciers la
poursuite dont l'immeuble est l'objet ; elles les
avertissent qu'après la vente faite par l'autorité
publique, les hypothèques seront détachées du
fonds, et qu'ils n'auront plus de droits que sur le
prix. S'il était permis d'inquiéter l'adjudicataire
pour des hypothèques antérieures à l'adjudication,
il n'y aurait plus de sûreté dans les ventes publiques, et c'est un principe consacré par la lois 8,
C. *De remiss. pign.*, que « *Fiscalis hastæ fides facilè*
» *convelli non debet.* »

Ainsi, l'adjudicataire reçoit la chose franche et
libre. Il n'est plus soumis à des recherches hypo-

---

(1) C'est-à-dire affiches, V. Godefroy, sur cette loi.

(2) Le créancier est présumé présent, suivant la glose, lorsqu'il a pu avoir connaissance des affiches.

(3) Liv. 3, ch. 6, n° 26.

(4) Hyp. ch. 17, p. 92.

(5) Procédure civile, p. 262.

(6) T. 2, p. 174.

(7) Inscript., p. 215.

thécaires (1), et les hypothèques revêtues de l'inscription se convertissent en droit sur le prix.

906. Il faut dire aussi que le créancier hypothécaire qui n'aurait pas pris d'inscription avant l'adjudication, ne pourrait en prendre postérieurement, ainsi que l'enseignent MM. Tarrible (2) et
Grenier (3); car l'immeuble, étant purgé des
créances inscrites, le serait à plus forte raison des
créances non inscrites. Sur qui, au surplus, pren-
drait-on inscription? Sur le débiteur? Il n'est plus
propriétaire de la chose. Sur l'adjudicataire? Mais
il doit recevoir la chose libre et la conserver intacte (4).

Par une seconde conséquence, on devrait décider que le créancier non inscrit au moment de
l'adjudication, et déchu du droit de s'inscrire postérieurement, n'aurait aucun rang d'hypothèque
sur le prix. Il ne pourrait être colloqué que *inter
chirographarios ;* car, pour être admis à l'ordre
entre les créanciers hypothécaires, il faut nécessairement être muni d'une inscription (art. 752 et
suiv. du Code de procédure civile).

Disons donc que l'adjudicataire sur expropriation forcée ne doit pas remplir les formalités prescrites pour purger.

(1) *Suprà,* n°ˢ 720, 663, 722, et surtout *infrà,* n° 996.
(2) Rép., Inscript., p. 215.
(3) T. 1, n° 209. V. *suprà,* n° 663.
(4) V. ce que nous avons dit, *suprà,* n° 720, sur une question analogue, ainsi que l'argument tiré de l'art. 163 de la loi
du 9 messidor an 3, combiné avec l'art. 752 du Code de procédure civile.

Je n'ignore pas que M. Delvincourt est d'un avis contraire (1). Mais je ne saurais partager cette opinion, qui, du reste, a été très-bien réfutée dans le recueil de M. Dalloz (2). Les formalités du purgement ne s'appliquent qu'aux *ventes volontaires*. C'est ce qui résulte positivement de la rubrique des art. 832 et suiv. du Code de procédure civile.

907. Si cependant la notification prescrite par l'art. 695 du Code de procédure civile n'avait pas été faite à un créancier inscrit, l'adjudication ne purgerait pas son hypothèque, et le créancier conserverait tous ses droits de suite (3).

Celui qui voudra se rendre adjudicataire d'un immeuble sur expropriation forcée, devra donc s'assurer soigneusement si tous les créanciers inscrits ont été mis en demeure de surveiller les poursuites; sans quoi, il s'exposerait à être inquiété.

907 *bis.* Les principes exposés aux n°s 905 et 906 sont peu susceptibles de controverse pour ce qui concerne les hypothèques soumises à l'inscription. Mais c'est une question fortement controversée que de savoir si on doit les appliquer aux hypothèques légales qui n'ont pas été inscrites. Je m'en occuperai sous l'art. 2194 du Code civil, au chap. 9.

908. On doit encore considérer comme purgeant de plein droit, et comme dispensées de

(1) T. 3, p. 361, note 1.
(2) Hyp., p. 375, n° 43.
(3) Caen, 28 novembre 1825 (Dal., 26, 2, 191.). Liége, 11 août 1814 (Idem, Hyp., p. 375, note 2). Tarrib'e, Saisie immobilière, § 6, art. 1, n° 15.

toutes les formalités prescrites dans ce chapitre, les adjudications par surenchère à la suite de vente volontaire; car ces adjudications ont lieu suivant les formes établies pour les expropriations forcées : elles sont environnées de la plus grande publicité, conformément à l'article 2187 du Code civil (1); elles sont faites sous la surveillance de tous les créanciers inscrits, qui ont été mis en éveil par l'accomplissement des formalités prescrites par l'art. 2183 du Code civil. Mais elles ne purgent pas les hypothèques *légales* non inscrites (2).

909. Il ne faut pas en dire autant des ventes faites sous autorité de justice, dans les cas où il s'agit de procéder à l'aliénation,

Des biens immeubles des mineurs émancipés ou non;

Des biens dotaux, conformément à l'art. 1558 du Code civil;

Des biens originairement saisis par expropriation forcée, mais dont la saisie a été abandonnée et convertie en vente judiciaire, conformément à l'art. 747 du Code de procédure civile;

Des biens immeubles des interdits;

Des biens qu'on licite;

Des biens dépendant des successions vacantes;

Des biens dépendant d'une succession acceptée sous bénéfice d'inventaire;

Des biens appartenant à un failli;

(1) M. Grenier, t. 2, 175. V. une exception, *infrà*, n° 920.
(2) *Infrà*, n° 975.

Des biens appartenant à un débiteur qui a fait cession de biens (1).

Objectera-t-on, cependant, que ces ventes étant faites par autorité de justice, avec enchères et sur affiches, les adjudicataires doivent être dispensés de purger, de même que l'adjudicataire sur expropriation forcée ?

Mais cette raison ne serait pas soutenable. Les créanciers hypothécaires assistent en quelque sorte comme parties aux expropriations forcées : ils sont avertis par des notifications (art. 695 du Code de procédure civile) ; ils ont pu enchérir soit lors de l'adjudication provisoire, soit lors de l'adjudication définitive, soit même après, conformément à l'art. 710 du Code de procédure civile.

Au contraire, les créanciers hypothécaires ne sont pas appelés aux ventes dont je viens de faire l'énumération : ils n'y sont pas parties. Ce n'est pas dans leur intérêt qu'elles se poursuivent, comme l'expropriation forcée : c'est dans l'intérêt unique des propriétaires. A la vérité, il y a des affiches et publications ; mais les créanciers n'en sont pas touchés directement, comme ils le sont des notifications dans la procédure sur expropriation forcée. La vente peut se produire à des distances très-éloignées de leur domicile, et ils peuvent l'ignorer. S'ils eussent été appelés, peut-être eussent-ils fait monter les enchères plus haut que le prix de l'adjudication. Il n'y a donc pas de pa-

____

(1) V. M. Tarrible, v° Transcript., 33, n° 7. M. Grenier, t. 2, p. 173 et 174. M. Dalloz, Hyp., p. 376, n° 44.

rité et l'adjudicataire est soumis au purgement
comme si la vente eût été purement conventionnelle. C'est ce qu'a jugé un arrêt de la cour de Caen
du 28 novembre 1825 (1).

910. On demande si, lorsqu'un acte est commun à plusieurs personnes, la transcription profite
à celles qui ne l'ont pas requise. Il faut distinguer.

Premier cas. Jacques vend à Pierre et à Paul un
immeuble, chacun pour moitié : la transcription
de l'acte entier, faite à la requête de Pierre, pourra
aussi servir à Paul lorsqu'il voudra procéder au
purgement des hypothèques assises sur sa portion.
C'est ce qui résulte positivement d'une décision
du ministre de la justice du 17 mars 1809. On la
trouve dans le Code de Paillet, sous l'art. 2181,
et dans la collection de M. Sirey (2).

Deuxième cas. Mais supposez que Pierre fasse
un échange avec Paul. Le bien reçu par Pierre est
dans l'arrondissement de Saint-Denis, et le bien
reçu par Paul est dans l'arrondissement de Mirecourt. Paul, voulant purger les hypothèques assises sur l'immeuble par lui acquis, fait transcrire
l'acte entier au bureau de Mirecourt. Evidemment
cette transcription ne profitera pas à Pierre, qui
est obligé de faire transcrire son contrat au bureau
de Saint-Denis; l'on sait que c'est au bureau de
de la situation des biens que doit être faite la
transcription.

911. Une question plus difficile est de savoir si,

(1) Dal., 26, 2, 191.
(2) 9, 2, 166.

lorsqu'un acte de vente contient différens chefs distincts d'aliénation, on doit nécessairement transcrire la totalité de l'acte, ou seulement la portion qui se réfère aux immeubles qu'on a intérêt de purger.

Par exemple. Primus achète de Secundus, par un même acte, le fonds A estimé 6,000 fr., le fonds B estimé 20,000, et le fonds C estimé 14,000 fr. Il n'y a d'hypothèques que sur l'immeuble C. Primus, qui veut purger, devra-t-il transcrire l'acte entier ou seulement la partie de l'acte qui concerne l'immeuble C ?

La raison de douter vient de ce que notre article exige que l'acte soit transcrit *en entier* par le conservateur des hypothèques.

Mais cette disposition doit être entendue dans un sens raisonnable ; plusieurs actes différens peuvent être contenus dans un même contexte, et n'en être pas moins indépendans les uns des autres. Lorsque le Code civil a employé les expressions dont je parlais tout à l'heure, il a voulu parler du cas où un acte ne contient qu'une seule et même convention. Mais lorsqu'il n'en est pas ainsi, il deviendrait frustratoire de transcrire la totalité d'un acte qui, bien qu'unique quant à la forme, est complexe quant aux dispositions diverses qu'il contient. L'opinion que j'embrasse ne contrarie pas le texte de notre article ; je veux, comme une chose indispensable, qu'on transcrive la totalité de la vente du fonds C ; je veux que la transcription s'opère non par un simple extrait analytique, ainsi que l'ont pensé à tort quelques tribunaux

oublieux de la lettre de notre article (1), mais par une copie littérale, exacte, complète, qui reproduise sur les registres du conservateur la teneur du contrat qui a aliéné le fonds C (2); mais je crois que ce serait dépasser le but du législateur que d'obliger l'acquéreur à transcrire les deux portions d'actes relatives à A et B. Ce sont réellement deux actes distincts et différens.

Au surplus, il peut être dans l'intention de l'acquéreur de ne pas purger les hypothèques qui sont sur les immeubles A et B ; pourquoi le forcer à transcrire le contrat en ce qui concerne ces immeubles? Pourquoi rendre obligatoire ce que la loi a laissé *in merâ facultate?*

On devrait porter la même solution, si le même acte d'adjudication portait vente de domaines différens à différens particuliers.

Mais si l'acte est indivisible, ou si toutes les clauses dépendaient les unes des autres, alors la transcription doit reproduire cet acte dans son intégrité.

Ainsi Pierre donne à Paul le fonds A, et Paul lui donne en échange le fonds B. Il y a bien là aliénation de deux immeubles : mais l'aliénation de l'un est la charge de l'aliénation de l'autre, en sorte que, pour que l'opération intervenue entre

(1) Les tribunaux de Beauvais et de Nogent-le-Rotrou.
(2) Voyez dans le *Traité des formalités hypothécaires*, par M. Baudot, un jugement du tribunal de Pont-Audemer, du 29 décembre 1829, qui décide que le conservateur doit se refuser à la transcription d'une simple analyse (t. 2, p. 9). *Junge* art. 2194 du Code civil.

les parties soit exposée dans tout son jour, il est indispensable que la transcription reproduise fidélement la totalité de l'acte d'échange. On ne pourrait le scinder sans autoriser les créanciers à s'en plaindre (1).

912. Quant au paiement des droits de transcription, la loi du 28 avril 1816, art. 52, 54 et 61, exige qu'il soit perçu simultanément avec le droit d'enregistrement, soit qu'on ait ou non transcrit, en sorte que la loi fiscale produit un excellent résultat, en ce qu'elle force en quelque sorte l'acquéreur à hâter la mesure si avantageuse de la transcription, à laquelle peut-être il ne songeait pas.

Une décision du grand-juge et du ministre des finances, des 17 et 28 mars 1809 (2), porte même que, lorsqu'une vente ou donation est commune à plusieurs individus, l'un des nouveaux propriétaires ne peut requérir la transcription pour ce qui le concerne, et payer le droit en proportion; mais qu'il doit payer la totalité du droit, sauf son recours contre les autres co-propriétaires, auxquels la transcription profite également. Cette décision semble contraire à ce que j'ai dit au numéro précédent. Mais elle ne peut être considérée que comme une décision fiscale; et si le conservateur ne s'y conformait pas, je ne pense pas que les créanciers pussent faire annuler la transcription

---

(1) V. sur cette matière M. Grenier, t. 2, n° 569, et M. Persil, Rég. hyp., art. 2181 et 2182, n° 14 et 15.

(2) Sirey, 9, 2, 166. Dal., Enregist., p. 488 et suiv.

partielle comme incomplète, si elle ne portait que
sur une portion divisible de l'acte.

913. Il y a une question très-importante dont
il me reste à parler.

Lorsqu'un immeuble a été l'objet de plusieurs
ventes successives, le dernier acquéreur qui veut
purger doit-il faire transcrire non seulement son
contrat, mais encore tous ceux qui ont précédé
le sien, ou bien la loi se contente-t-elle de la
transcription de l'acte qui l'investit de la propriété ?

On aperçoit aisément la portée de cette question
sous un régime qui considère la transcription
comme un appel aux créanciers pour se faire
inscrire. Il s'agit de savoir s'ils sont suffisamment
mis en demeure par la transcription du contrat
qui n'émane pas de leur débiteur direct, ou si au
contraire, en ne se faisant pas inscrire dans la
quinzaine, ils conservent néanmoins l'intégrité de
leurs droits.

Posons un exemple. Primus vend le fonds A à
Secundus, sous la charge d'une hypothèque au
profit de Caïus. Secundus, après avoir donné une
hypothèque à Titius, revend à Tertius. Tertius
hypothèque de nouveau le fonds A à Sempronius,
et revend à Quartus. Aucun des créanciers hypothécaires n'a pris d'inscription. D'un autre côté,
ni Secundus ni Tertius n'ont fait transcrire. Quartus seul fait transcrire son contrat, et, pendant la
quinzaine, Sempronius se présente pour prendre
inscription. Que doit-on décider à l'égard de Caïus
et de Titius ? Faut-il dire qu'ils sont déchus ? Ou

bien pourront-ils objecter que les contrats de vente de Primus à Secundus, et de Secundus à Tertius n'ont pas été transcrits, qu'ils n'ont pas été mis en demeure de s'inscrire, et que leur hypothèque subsiste toujours?

Pour décider cette difficulté, on a coutume de faire une distinction.

Ou le dernier contrat rappelle la nomenclature exacte de tous les précédens vendeurs, et alors la transcription qui en est faite suffit pour donner l'éveil à tous les créanciers sans exception.

Ou bien le dernier contrat ne contient pas cette nomenclature, et alors il faut transcrire tous les contrats antérieurs.

Telle est l'opinion professée par M. Grenier (1) : il soutient que la transcription du dernier contrat qui ne rappelle pas les contrats antérieurs, n'est un appel que pour faire inscrire les hypothèques appartenant aux créanciers du vendeur immédiat; mais que les créanciers des précédens possesseurs ne sont nullement mis en demeure de s'inscrire par la transcription d'un contrat qui n'émane pas de leur débiteur direct. Cette transcription n'est pas pour eux un avertissement suffisant, ne fût-ce que parce qu'ils n'y trouvent pas le nom de leur débiteur, et qu'ils peuvent croire que l'aliénation porte sur un bien autre que celui qui sert d'assiette à leur hypothèque. Ainsi, si les créanciers dont il est question ici ne prennent pas inscription dans la quinzaine de la transcription, ils se

(1) T. 2, p. 166.

défendront en disant qu'ils ont ignoré la transcription, et leur hypothèque restera. Mais lorsque la dernière vente contient une nomenclature
de tous les précédens propriétaires, la transcription qui en est faite suffit pour donner l'éveil à
leurs créancier, et il est inutile de se jeter alors
dans les frais de transcription d'une foule d'actes
qui n'ajouteraient rien aux lumières dont ont besoin les créanciers mis en demeure. C'est aussi à
l'aide de cette distinction que MM. Delvincourt (1)
et Merlin (2) résolvent la difficulté. Voici les termes
de M. Merlin.

« Tous les jours on regarde les hypothèques
» prises sur tous les précédens propriétaires, comme
» purgées par la transcription du contrat du der-
» nier acquéreur, suivie de la notification et des
» autres formalités prescrites à cet effet, *pourvu*
» *qu'on y rappelle exactement les noms de tous les*
» *propriétaires précédens dont les titres d'acquisition*
» *n'ont pas été purgés.* »

Mais M. Tarrible pense que cette distinction est
contraire au texte de la loi : il veut que tous les
contrats antérieurs soient transcrits *en entier;* car
il n'y a pas de loi qui rende suffisantes les simples
nomenclatures, et rien ne peut remplacer dans
le sens de la publicité, la transcription *entière* des
actes dans un registre public (3).

Enfin la cour de cassation n'adopte ni l'opinion

(1) T. 3, p. 363, n° 2.
(2) Transcription, p. 106, note.
(3) Rép., Transcript., § 3, n° 2, p. 102. L'opinion du
même auteur, dans Sirey, t. 14, 1, 48.

de M. Tarrible ni la distinction proposée par les auteurs que j'ai cités plus haut. Elle est d'avis que, soit que l'acte qu'on transcrit rappelle ou non les mutations antérieures, la transcription de cet acte suffit pour mettre en demeure tous les créanciers, et que, si ceux-ci laissent écouler le délai de quinzaine sans s'inscrire, ils sont déchus.

On trouve cette doctrine développée avec soin et étendue dans un arrêt de la section civile en date du 13 décembre 1813, rendu après quatre délibérés, sur les conclusions conformes de M. Lecontour et au rapport de M. Zangiacomi (1). La même opinion est reproduite dans un arrêt de la cour de cassation, du 14 janvier 1818 (2), où l'on remarque le passage suivant : « Des expressions » mêmes des art. 2181, 2182 et 2183 du Code ci- » vil, il résulte que le tiers détenteur n'est tenu de » faire transcrire *que son contrat* et ne doit faire de » notification qu'aux créanciers inscrits. »

Pour moi, je pense qu'il faut, avec MM. Grenier, Delvincourt et Merlin, faire la distinction dont j'ai parlé plus haut, et repousser comme une exagération fâcheuse et l'opinion trop générale de M. Tarrible (3) et celle de la cour de cassation. Il ne faut pas perdre de vue que, dans l'obscurité de la loi, on doit chercher à concilier les intérêts de la publicité avec le besoin d'économiser les

(1) Sirey, 14, 1, 50. Dal., Hyp., p. 88. Répert., t. 15, p. 691.

(2) Dal., Hyp., p. 306. Rép., t. 17. Transcription, p. 820.

(3) Elle est cependant adoptée, mais par d'autres raisons, dans le recueil de M. Dalloz, Hyp., p. 368, n° 5.

frais et les peines qui pèsent sur celui qui veut purger un immeuble. Rien ne serait plus inutile, et néanmoins plus onéreux, que de forcer un tiers détenteur à transcrire tous les contrats qui successivement ont fait passer l'immeuble de possesseurs en possesseurs jusqu'à lui, lorsque, par une nomenclature exacte de toutes ces transmissions diverses, il excite l'attention des créanciers qui attendent le moment de la transcription pour se faire inscrire.

Mais aussi rien ne serait plus injuste, plus contraire aux principes de la publicité, que de prononcer la déchéance contre un créancier qui n'aurait été mis en demeure que par la transcription d'un acte où le nom de son débiteur ne serait pas rappelé. N'est-il pas clair qu'il n'aurait pas été averti de l'aliénation, puisqu'il aurait pu croire que l'immeuble vendu appartenait à un autre et n'avait pas d'identité avec celui qui servait de siége à son hypothèque?

ARTICLE 2182.

La simple transcription des titres translatifs de propriété sur le registre du conservateur, ne purge pas les hypothèques et priviléges établis sur l'immeuble.

Le vendeur ne transmet à l'acquéreur que la propriété et les droits qu'il avait lui-même sur la chose vendue. Il les transmet sous l'affectation des mêmes priviléges et hypothèques dont il était chargé.

SOMMAIRE.

914. La transcription ne purge pas. Elle n'est qu'un préliminaire pour purger.

915. Le tiers détenteur est tenu, envers les créanciers hypothécaires, d'une manière différente de son vendeur.

COMMENTAIRE.

914. La transcription ne purge pas les immeubles des hypothèques et priviléges qui y sont établis ; elle n'est qu'une mesure préliminaire pour parvenir au purgement. C'est ce que j'ai assez expliqué en commentant l'article précédent pour que je ne sois pas obligé d'y revenir. Le purgement ne résulte que de l'accomplissement de l'ensemble des formalités dont il sera parlé aux articles suivans.

915. Notre article contient un grand principe en matière de vente et d'aliénation : c'est que le vendeur ne transmet à l'acquéreur que ses droits sur la chose vendue ; et qu'il la lui communique par conséquent sous l'affectation des mêmes charges et hypothèques. C'est ce qu'Ulpien avait déjà dit dans la loi 54, D. *De reg. juris.* « *Nemo* » *plus juris in alium transferre potest, quàm ipse* » *habet.* »

Au surplus, il semble que cet article serait

_____

(1) V. aussi les lois 11, § 2, Dig., *De act. empt.* 67; Dig., *De compt. empt.* L. 1, C. *Sine censu.*

placé dans un cadre plus convenable au titre de
la Vente, d'autant plus qu'ici il fait disparate avec
d'autres principes, qui mettent le tiers détenteur
dans une position fort différente de celle qu'avait
son auteur à l'égard des créanciers hypothécaires.
Ainsi il peut purger, quoique le débiteur ne l'eût
pas pu ; il n'est tenu que des inscriptions existantes lors de la vente, où de celles qui surviennent dans la quinzaine de la transcription , tandis
que son auteur était tenu de toutes les hypothèques inscrites ou non inscrites. L'affectation hypothécaire est donc indépendante, au regard du
tiers détenteur, de certaines conditions dont elle
est affranchie à l'égard du débiteur.

ARTICLE 2183.

Si le nouveau propriétaire veut se garantir
de l'effet des poursuites autorisées dans le
chapitre 6 du présent titre , il est tenu , soit
avant les poursuites , soit dans le mois au plus
tard à compter de la première sommation
qui lui est faite, de notifier aux créanciers,
aux domiciles par eux élus dans leurs inscriptions ,

1° Extrait de son titre , contenant seulement la date et la qualité de l'acte , le nom
et la désignation précise du vendeur ou du
donateur, la nature et la situation de la chose
vendue ou donnée ; et s'il s'agit d'un corps de

biens, la dénomination générale seulement du domaine et des arrondissemens dans lesquels il est situé, le prix et les charges faisant partie du prix de la vente, ou l'évaluation de la chose si elle a été donnée ;

2° Extrait de la transcription de l'acte de vente ;

3° Un tableau sur trois colonnes, dont la première contiendra la date des hypothèques et celle des inscriptions; la seconde, le nom des créanciers ; la troisième, le montant des créances inscrites.

SOMMAIRE.

916. Exposé des dispositions de l'art. 2183. Ce que doit faire le nouveau propriétaire pour arrêter les poursuites ou pour les prévenir.

917. Choses qui doivent être notifiées par l'acquéreur aux créanciers inscrits.

918. Mode de cette notification. De l'officier ministériel chargé de la faire.

919. A qui doivent être faites les notifications.

920. *Quid* si l'un des créanciers inscrits ne recevait pas de notification ? Distinction si l'omission est du fait de l'acquéreur ou du conservateur.

921. De la notification aux femmes mariées et mineurs dont l'hypothèque est inscrite avant la transcription. *Quid* si elle n'est inscrite que dans la quinzaine ? *Quid* s'il n'y a pas d'inscription, même après la quinzaine ?

922. Des priviléges non soumis à l'inscription. S'ils ne sont pas inscrits, l'acquéreur ne doit pas faire de notification.

COMMENTAIRE.

916. Lorsque le nouveau propriétaire a fait
transcrire son contrat, il peut être sommé de délaisser ou de payer, conformément aux art. 2167
et suivans du Code civil; et, trente jours après
cette sommation et le commandement fait au débiteur originaire, tout créancier inscrit a le droit
de faire saisir sur lui l'immeuble qu'il vient d'acheter. Telle est la première situation dans laquelle
l'acquéreur peut se trouver placé.

Ou bien, s'il n'est pas poursuivi, il peut vouloir
dégager sa propriété et prévenir les poursuites.

Lorsque le nouveau propriétaire a été sommé
de délaisser, s'il veut arrêter l'action hypothécaire,
il doit notifier aux créanciers, aux domiciles par
eux élus dans leurs inscriptions, les documens
dont je parlerai n° 917, et leur faire les offres
énoncées dans l'art. 2184. Cette notification et ces
offres doivent avoir lieu au plus tard dans le mois,
à compter de la première sommation qui lui est
faite; et par première sommation il faut entendre,
non pas cette prétendue sommation de purger,

imaginée par la cour de Nîmes (1), et qui, suivant elle, doit précéder la sommation de délaisser ; mais la sommation faite la première en date par le créancier le plus diligent, lorsqu'y ayant plusieurs créanciers, chacun a fait sa sommation (2). Au surplus, j'ai donné ailleurs sur le délai d'un mois des explications auxquelles je renvoie (3). Il y aurait déchéance si l'acquéreur dépassait ce délai : il serait exposé à être exproprié.

M. Dalloz pense que, si la poursuite en saisie réelle n'était pas commencée, le tiers détenteur qui aurait laissé expirer le délai sans faire la notification, serait admissible à purger, et que les créanciers ne pourraient s'y opposer (4). M. Dalloz n'a pas fait assez attention que la sommation de délaisser, devant être toujours accompagnée d'un commandement au débiteur, et contenant elle-même une demande précise de quitter l'immeuble, est le principe d'une action (5) désormais liée, et contre laquelle la seule exception possible est le purgement *en temps utile* ; mais que, passé le délai donné pour purger, le tiers détenteur est obligé, comme bien tenant, non pas seulement à payer son prix, mais encore *à payer toute la dette hypothécaire* (6). Il n'y a donc pas de raison pour

(1) *Suprà*, n° 793.
(2) M. Delvincourt, t. 3, p. 366, note 4.
(3) N°ˢ 793 et suiv.
(4) Hyp. , p. 369, n° 10.
(5) Arg. d'un arrêt de la cour de Nancy du 29 novembre 1827. Dal., 29, 2, 112.
(6) Art. 2167.

IV.   8

obliger les créanciers à se désister de leurs premiers actes de poursuite, lorsque leur intérêt ne les porte pas à y consentir volontairement (1). Si l'on pouvait les y contraindre lorsqu'il n'y a encore que sommation, pourquoi ne pourrait-on pas les y contraindre lorsque la saisie est commencée? Cependant M. Dalloz reconnaît qu'une fois la saisie entamée, l'offre de purger n'est plus recevable; il y a même raison de décider, lorsque la sommation a jeté les premiers fondemens de l'action hypothécaire, et qu'on ne lui a pas répondu en temps utile (2).

Si les poursuites n'ont pas été annoncées par une sommation contre le tiers détenteur, mais qu'il veuille les prévenir, il doit faire spontanément les mêmes notifications et les mêmes offres. Mais aucun délai rigoureux ne lui est prescrit pour remplir ces formalités, puisque les créanciers ne l'inquiètent pas. Il est maître d'agir quand il veut. Ce n'est que lorsqu'il est recherché par l'action en délaissement que le délai porté par notre article court contre lui.

917. Les notifications prescrites par notre article sont les suivantes :

1° D'abord l'extrait du titre, contenant seulement la date et la qualité de l'acte, le nom et la désignation précise du vendeur ou donateur, la nature et la situation de la chose vendue ou don-

_____

(1) Arg. d'un arrêt de la cour de cassation du 19 juin 1815 (Dal., Hyp., p. 377).

(2) Arrêt de Toulouse du 29 juin 1836 (Sirey, 37, 2, 27).

née, ou, s'il s'agit d'un corps de bien, la dénomination générale seulement du domaine et des arrondissemens dans lesquels il est situé, le prix et les charges faisant partie du prix de la vente, ou l'évaluation de la chose si elle a été donnée.

Je dis la date et la qualité de l'acte, afin que le créancier puisse retrouver cet acte sur le registre des transcriptions; le nom et la désignation précise du vendeur, afin que le créancier puisse savoir si c'est réellement de son débiteur qu'est émanée l'aliénation ; la désignation de l'immeuble et sa situation, afin d'établir l'identité avec l'immeuble soumis à l'hypothèque; le prix et les charges de l'aliénation ou l'évaluation de l'immeuble, afin que l'acquéreur puisse savoir si l'immeuble a été porté à sa juste valeur, s'il doit s'en contenter ou demander la surenchère, conformément à l'article 2185 du Code civil.

On verra, au surplus, par l'art 2192, ce qui doit être pratiqué lorsque la vente, comprenant plusieurs immeubles distincts, est faite pour un prix unique, et que l'acte n'indique pas la valeur détaillée de chacun des immeubles. Il faut ensuite une grande exactitude à énoncer la quotité du prix, les intérêts qui en sont l'accessoire (1), les rentes ou charges qui en font partie (2), en un mot, tout ce que l'acquéreur devrait débourser entre les mains du vendeur ou à sa décharge.

2° Extrait de la transcription de l'acte d'aliéna-

_____

(1) *Infrà,* n° 929.
(2) *Infrà,* n° 925.

tion, afin qu'il soit prouvé que l'art. 2181 a été exécuté, et qu'on ne cherchera pas vainement l'acte en entier sur les registres du conservateur. Ici je dois remarquer un vice de rédaction dans notre article.

Il prescrit l'extrait de la transpiration de *l'acte de vente.* Mais si l'acte d'aliénation est une donation ou un échange, il ne devra pas moins être transcrit, et il n'en faudra pas moins notifier aux créanciers l'extrait de la transcription. Pour plus de précision, le Code devait donc dire, l'extrait de la transcription de l'acte d'aliénation, et non l'extrait de la *transcription de l'acte de vente.*

3° Un tableau sur trois colonnes, dont la première doit contenir la date des hypothèques et celle des inscriptions ; la seconde le nom des créanciers ; la troisième le montant des créances inscrites. Par ce tableau, chaque créancier voit d'un coup d'œil sa position ; il sait ce qu'il doit espérer ou craindre ; il voit s'il sera ou non utilement colloqué, et s'il peut lui être avantageux de requérir la surenchère, afin de trouver par ce moyen une place qu'il n'aurait pas sur le prix fixé par le contrat. Enfin, c'est un avis pour lui de critiquer celles des inscriptions qui sont illégales et peuvent lui porter préjudice.

918. La marche à suivre pour cette notification est tracée par l'art. 832 du Code de procédure civile ; elle doit être faite par un huissier commis à cet effet, sur simple requête, par le président du tribunal de première instance de l'arrondissement où cette notification a lieu ; elle doit contenir con-

stitution d'avoué près le tribunal où la surenchère et l'ordre devront être portés.

L'obligation de faire faire la notification par un huissier commis n'est pas prescrite à peine de nullité. Cependant il faudrait décider qu'une notification qui serait faite autrement que par cette voie serait nulle, d'une nullité substantielle. La loi a voulu s'assurer que les notifications seraient exactement faites aux créanciers. Voilà pourquoi elle a exigé qn'il y eût un huissier commis pour cette opération, de même que pour les jugemens par défaut. Un huissier non commis serait sans caractère légal (1).

Mais quel est le tribunal dont le président doit commettre l'huissier ? L'art. 832 dit que c'est le tribunal de l'arrondissement où la notification a lieu. Or, la notification a lieu aux *domiciles élus* par les créanciers dans les inscriptions, et l'art. 2148 du Code civil veut que ce domicile soit élu dans l'arrondissement de la situation des biens. Il faut donc dire que c'est au président du tribunal de la situation des biens qu'on doit s'adresser pour faire commettre l'huissier (2).

919. Voyons maintenant à qui les notifications doivent être faites.

Notre article dit que c'est aux créanciers, aux domiciles élus dans leurs inscriptions.

_____

(1) Paris, 21 mars 1808 (Sirey, 8, 2, 161). Turin, 1er juin 1811. Dal., Hyp., p. 385, n° 4. MM. Grenier, t. 2, p. 306, n° 438; Delvincourt, t. 3, p. 370, note 3; Carré, n° 2824, t. 3; Dalloz, Hyp., p. 372, n° 23.

(2) M. Carré, t. 3, p. 168.

Donc, pour qu'un créancier ait droit à recevoir une notification, il faut qu'il soit inscrit. L'art. 835 du Code de procédure civile va même plus loin : il veut que le nouveau propriétaire ne soit pas tenu de faire aux créanciers dont l'inscription n'est pas antérieure à la transcription de l'acte, les signifi- cations prescrites par notre article. Ainsi, le nou- veau propriétaire n'est lié que par les inscriptions existantes au moment de la transcription. Celles qui surviennent dans la quinzaine de la transcrip- tion donnent, sans doute, le droit aux créanciers de surenchérir ou de se présenter à l'ordre, s'ils sont informés de ce qui se passe. Mais l'acquéreur n'est nullement tenu de les prévenir par la notifi- cation (1). D'où il suit qu'ils ne jouissent pas des mêmes avantages que les créanciers antérieurs à la transcription.

920. Si l'un des créanciers inscrits avant la tran- scription ne recevait pas de notification, il faudrait distinguer si l'omission vient du fait de l'acqué- reur, ou du conservateur des hypothèques.

Si l'omission est le fait de l'acquéreur à qui le conservateur a donné un état exact des inscrip- tions, mais qui a oublié un des inscrits, alors le créancier, que cette faute a laissé étranger aux notifications, demeure dans la plénitude de ses droits ; il pourra requérir la surenchère que les autres créanciers n'auraient pas demandée, quel que fût d'ailleurs le laps de temps qui se serait

_____

(1) M. Delvincourt, t. 3, p. 364, note 3. M. Persil, ar- ticle 2183, n° 4. M. Dalloz, Hyp., p. 370, n° 13.

écoulé; car il n'aurait pas été mis en demeure par la notification.

Il y a plus : s'il y avait eu surenchère, quoique l'adjudication à la suite de surenchère purge, de plein droit, toutes les hypothèques existantes (1), néanmoins le créancier oublié serait recevable à inquiéter hypothécairement l'adjudicataire (2). Il serait fondé à se plaindre de n'avoir pas été mis à même de surenchérir, comme il en avait le droit, et il serait sûr d'être écouté en soutenant que l'adjudication sur surenchère ne contient purgement virtuel des hypothèques inscrites, qu'autant qu'elle a été faite sous la surveillance de tous les créanciers inscrits dûment appelés.

Celui qui se rend adjudicataire sur surenchère doit donc s'assurer si les notifications ont été faites à tous les inscrits. Sans cela, il serait exposé à un péril certain.

Si l'omission de la notification est le fait du conservateur, qui a négligé de donner un état exact des créanciers inscrits, il faut se reporter à ce qui sera dit sur l'art. 2198.

921. Lorsque les hypothèques légales des femmes et des mineurs sont inscrites lors de la transcription, l'acquéreur doit leur faire les notifications prescrites par notre article.

Mais si ces personnes privilégiées ne se sont inscrites que dans la quinzaine de la transcription, le tiers acquéreur est dispensé de remplir les for-

(1) *Suprà*, n° 908.
(2) Arg. de ce que j'ai dit n° 907 *bis*.

malités ordonnées par notre article ; seulement, elles peuvent surenchérir si elles le jugent convenable (1).

Mais dans quel délai doivent-elles surenchérir? Est-ce dans le délai de quarante jours dont il est parlé dans l'art. 2185, ou le délai de deux mois dont il est parlé dans l'art. 2194?

Il est certain que la surenchère doit avoir lieu, à peine de déchéance, dans les quarante jours, et que, faute de surenchérir, le prix reste fixé à la déclaration faite au contrat (2) ; la raison en est que ces personnes, ayant répondu par leurs inscriptions à la transcription qui n'était un appel que pour les créanciers ordinaires, se sont volontairement placées dans le droit commun et ont abandonné la position exceptionnelle que l'article 2194 leur avait faite (3).

Mais si la femme ou le mineur n'ont pris inscription ni avant la transcription ni depuis, alors le tiers acquéreur doit recourir aux formalités prescrites par les art. 2194 et suivans du Code civil. La transcription est étrangère aux hypothèques légales des femmes et des mineurs. C'est par le dépôt au greffe du contrat translatif de propriété, et par l'affiche mentionnée en l'art. 2194, que l'aliénation est censée connue de ceux qui veillent pour les femmes mariées et pour les mi-

(1) Et la notification ne serait pas nécessaire même lorsque l'acquéreur aurait connaissance des titres desquels résulterait l'hypothèque légale. Cass., 20 janvier 1836 (Dal., 36, 1, 75).

(2) M. Grenier, t. 2, p. 349.

(3) *Infrà*, n° 997, je reviens sur ce point.

neurs. Ces formalités sont pour eux ce que la transcription est pour les autres créanciers. C'est donc dès l'époque de leur accomplissement que date le délai pour s'inscrire ; mais ce délai, au lieu d'être de quinzaine, comme dans les cas prévus par l'article 884 du Code de procédure civile, est de deux mois, comme on le verra par l'article 2194.

922. Mais comment purger les priviléges qui ne sont pas soumis à l'inscription ? Du moins, en ce qui concerne l'hypothèque des femmes et des mineurs, le Code civil a-t-il tracé des dispositions qui peuvent servir de règle, quoique plusieurs donnent lieu à de graves difficultés. Mais en ce qui concerne les priviléges non soumis à l'inscription, tels que les priviléges généraux, la loi garde le silence. Serait-ce qu'on ne peut les purger ? Ce résultat serait une anomalie choquante dans une législation qui a pour but de mettre tout acquéreur à même d'arriver à l'affranchissement de l'immeuble qu'il acquiert. Hâtons-nous de dire qu'il n'en est pas ainsi.

Conformément à l'art. 834 du Code de procédure civile, les priviléges doivent être inscrits dans la quinzaine de la transcription. Sans quoi l'on ne peut requérir la mise aux enchères, et l'on est obligé de se contenter du prix porté au contrat. L'art. 834 est général : il ne distingue pas. Il faut donc l'appliquer aux priviléges mentionnés en l'art. 2101, à moins qu'on ne veuille arriver à des résultats vicieux.

Ainsi, si les priviléges dont nous parlons ne se

montrent pas dans la quinzaine de la transcription, l'acquéreur sera tranquille ; il n'aura pas à
craindre une surenchère, et il sera valablement
libéré en abandonnant le prix aux créanciers.

Vainement dira-t-on que les priviléges énumérés
en l'art. 2101 sont dispensés de l'inscription. Sans
doute l'inscription ne leur est pas nécessaire pour
demander une collocation sur le prix : ils peuvent
intervenir à l'ordre et se faire colloquer à leur
rang, sans le secours de l'inscription (1). Mais s'ils
veulent requérir la mise aux enchères, ils devront
se manifester en temps utile par l'inscription. Sans
quoi l'acquéreur sera libéré envers eux par l'a-
bandon du prix (2).

Dans tous les cas le nouveau propriétaire n'est
pas tenu de faire des notifications aux privilégiés
non inscrits avant la transcription, quand même
ils se seraient fait inscrire dans la quinzaine.

923. Examinons maintenant quelles personnes
ont droit de notifier, afin de parvenir à purger
l'immeuble.

Comme la notification doit être accompagnée
de l'offre de payer conformément à l'art. 2184,
elle produit une obligation. Il faut donc être capable de s'obliger pour remplir cette formalité à
l'égard des créanciers hypothécaires.

Ainsi le mineur qui veut purger l'immeuble acquis par lui, ne peut notifier avec offre de payer
le prix (art. 1124 du Code civil). Il ne peut le faire

(1) M. Tarrible, Transcription, p. 115, col. 1.
(2) *Suprà*, n° 273.

qu'avec l'assistance de son tuteur ; néanmoins M. Grenier pense que le tuteur doit se faire préalablement autoriser par le conseil de famille (1). Mais je ne vois cette obligation écrite dans aucune loi. Le plus souvent celui qui purge ne fait que payer aux créanciers ce qu'il aurait payé au vendeur. Le tuteur me paraît avoir qualité pour juger de l'opportunité de cette mesure. Quand même il s'agirait de purger les hypothèques établies sur l'immeuble *donné*, je pense que le tuteur pourrait, sans autorisation, notifier et offrir aux créanciers la valeur de la chose. Le mineur a reçu l'immeuble donné avec les charges qui le grevaient. Le tuteur ne fait que prévenir l'expropriation en mettant à la disposition des créanciers ce qui doit les désintéresser légalement : « Nec enim prohi- » betur tutor bonam fidem agnoscere. » L. 9 , § 6, D. *De peric. et adm. tutor.* Ici le tuteur ne s'oblige qu'à payer pour le mineur une somme d'argent, et je ne vois pas que cela excède les bornes de son administration , laquelle n'est limitée par l'intervention du conseil de famille que pour l'aliénation des biens *immobiliers* du mineur (art. 457 du Code civil).

A l'égard de la femme mariée sous le régime de la communauté, elle ne peut notifier avec offre de payer qu'avec l'autorisation de son mari (art. 217 du Code civil).

Si elle est mariée sous le régime dotal, M. Gre-

(1) T. 2, p. 359, n° 459.

nier y trouve plus de difficultés (1). Je ne partage pas ses scrupules. Supposons que la femme ne puisse tenir son offre de payer qu'en entamant sa dot mobilière. Cette dot n'est pas inaliénable. Il n'y a que les immeubles qui soient compris dans le prohibition d'aliéner (art. 1254 du Code civil). Il est vrai que M. Grenier a pour principe que la dot mobilière est inaliénable comme la dot immobilière (2). Mais c'est, à mon sens, une erreur que je n'ai pas le temps de réfuter ici, et qui me semble condamnée par le texte positif de la loi (3).

Ainsi la femme mariée sous le régime dotal peut, avec l'autorisation de son mari, remplir toutes les formalités du purgement.

(1) T. 2, p. 360.

(2) Hyp., t. 1, n° 34, p. 59.

(3) Je dois reconnaître cependant que cette question est controversée. Un arrêt de cassation, du 9 avril 1823 (Dal., Mariage, p. 353), décide que les capitaux mobiliers de la femme dotée sont *inaliénables ;* et il paraît, par plusieurs décisions plus récentes rapportées au Recueil de Dalloz, 37, 1, 65, que telle est la jurisprudence de cette cour. Mais les lois romaines n'ont jamais parlé que du *fonds dotal*, DE FUNDO DOTALI, et le Code civil les a imitées en ne s'occupant aussi que des IMMEUBLES. Pour connaître l'esprit d'un système, on ne saurait mieux faire que de consulter ceux qui ont contribué à le fonder. Or, les écrits de Caïus (Inst., 2, 63) et de Paul (Sent., 2, 21, § 2) prouvent que l'extension du principe d'inaliéuabilité aux capitaux mobiliers est une création arbitraire, que rien ne légitime dans les combinaisons primitives du régime dotal, auxquelles sont restées fidèles les dispositions du droit moderne. Consultez, au surplus, un arrêt de la cour de cassation du 10 janvier 1826 (Dal., 26, 1, 183), et Thémis, t. 6, p. 233.

924. Il faut maintenant s'occuper des moyens de nullité qu'on peut faire valoir contre la notification.

J'ai déjà parlé, n° 920, des résultats de l'omission de l'un des créanciers inscrits. La notification ne serait nulle qu'à son égard. Les autres créanciers qui auraient reçu une notification régulière ne seraient pas fondés à s'en plaindre.

Mais celui qui voudrait se rendre adjudicataire et se mettre à l'abri d'un recours préjudiciable, pourrait exiger que l'omission fût réparée (1).

En ce qui touche plus particulièrement les formes de la notification, M. Tarrible dit qu'elles doivent être aussi rigoureusement observées que celles qui sont prescrites pour la validité de l'inscription (2). Mais on a vu ailleurs que je suis loin de partager les opinions rigides de M. Tarrible sur les nullités de l'inscription. Je ne vois donc pas avec plus de sévérité les irrégularités de la notification qui ne toucheraient pas à la substance de l'acte, et ne porteraient pas préjudice aux créanciers.

Supposons, par exemple, que le prix se trouve énoncé d'une manière inexacte dans la notification. Devra-t-on décider que cette notification est nulle? La cour de Turin (3) a jugé l'affirmative par arrêt du 2 mars 1811.

Mais je rejette sans hésiter cette décision, qui

(1) *Suprà*, n° 920.
(2) Rép., Transcript., p. 114, n° 4.
(3) Dal., Hyp., p. 380.

cependant est approuvée par MM. Persil (1) et Grenier (2) ; car, de deux choses l'une : ou le prix est supérieur au prix porté dans le contrat, ou il lui est inférieur.

Si le prix est plus fort que celui stipulé au contrat, et qu'il n'y ait pas de surenchère, au lieu de déclarer la notification nulle, il faudra se borner à forcer l'acquéreur à verser entre les mains des créanciers la totalité de la somme portée dans la notification qu'il leur a faite. Telle sera la peine, et elle sera juste. Car les créanciers, qui ne sont obligés de connaître que ce que la notification leur déclare, ont pu ne s'abstenir de requérir la surenchère que parce qu'ils ont calculé sur le prix à eux notifié qui leur a paru suffisant; mais déclarer la notification nulle, c'est détruire à l'aveugle et dépasser le but de la loi. S'il y avait surenchère, les créanciers auront bien moins encore à se plaindre, puisque le prix sera porté plus haut que s'il n'y avait pas eu erreur dans la notification (3).

Si le prix déclaré est inférieur au prix porté au contrat, même distinction. S'il n'y a pas surenchère, l'acquéreur sera quitte pour verser le prix réel. Les créanciers n'auront pas à se plaindre; n'ayant pas surenchéri pour un prix qu'on leur a déclaré être de 15,000 francs, ils auraient bien moins encore surenchéri si on leur eût dit que le

(1) Art. 2183, n° 8.
(2) T. 2, p. 309, 310.
(3) Voir un arrêt de Paris du 13 décembre 1834 (Sirey, 35, 2, 331).

véritable prix était de 20,000 francs. Y a-t-il surenchère? Le prix a été porté à sa véritable valeur
ou au-delà, et alors il n'y a rien encore à imputer
à l'acquéreur, puisqu'il est possible que ce soit la
modicité du prix qui ait déterminé la surenchère.
Si les enchères ne portent pas le prix à l'égal de
celui du contrat, l'acquéreur devra seulement la
différence. Ce sera tout ce qu'on pourra exiger
de lui.

Telle est l'opinion sagement proposée par
M. Delvincourt (1).

925. Si la notification ne contenait pas de prix,
elle serait évidemment nulle. Car quelle serait la
base de la surenchère (2)?

C'est par ce motif que notre article a exigé que
celui qui voudrait purger les hypothèques établies
sur un immeuble *donné*, énonçât l'évaluation de
cet immeuble dans la notification.

Tout ceci s'explique aisément. Comme le purgement est un moyen d'échapper aux poursuites
hypothécaires, il faut nécessairement qu'il soit accompagné de l'offre de désintéresser les créanciers
jusqu'à concurrence du prix qui représente la valeur de l'immeuble, ou s'il n'y a pas de prix,
comme dans la donation, il faut que le tiers détenteur évalue par un chiffre précis ce qu'il entend
payer à ceux dont il veut arrêter ou prévenir les
poursuites. Tel est le but de la disposition de no-

(1) T. 3, p. 364, note 4. V. le numéro suivant. M. Dalloz
se range à cette opinion. Hyp., p. 372, n° 25.
(2) Cass., 19 juin 1815 (Dal., Hyp., p. 377).

tre article, qui oblige le donataire à notifier l'évaluation de l'immeuble donné. Cette disposition se lie à l'article 2184, qui veut que celui qui entend purger fasse offre aux créanciers inscrits du prix stipulé ou évalué. C'est à la condition de cette offre que les créanciers peuvent savoir s'ils se contenteront de la somme proposée ou s'ils requerront la surenchère du dixième en sus. Tout se tient et se combine dans le chapitre que nous analysons. L'évaluation est l'élément des offres. Les offres sont le renseignement nécessaire et le point de départ pour arriver à la surenchère (1) ; la surenchère est le nerf de l'hypothèque, à qui elle assure un paiement satisfactoire. On voit par cette chaîne de combinaisons ingénieuses et salutaires combien il est important que la notification contienne le prix ou l'évaluation de la chose qu'on veut purger.

Ce que je viens de dire de la donation s'applique au legs, qui n'est qu'une donation à cause de mort.

On doit aussi l'étendre au cas d'échange, car les raisons de décider sont absolument les mêmes.

Le contraire résulte cependant d'un arrêt de la cour de cassation du 3 avril 1815, qui décide que, d'après les termes de l'art. 2183, le nouveau propriétaire n'est tenu de faire dans sa notification une évaluation en numéraire *que lorsque la chose a été donnée et non lorsqu'elle été aliénée à titre onéreux ;* qu'en cas d'échange c'est au créancier qui

(1) Art. 838 du Code de procédure civile.

veut surenchérir *à faire lui-même l'évaluation* (1).

Ce système n'est pas admissible.

La cour de cassation ne fait pas attention en effet que l'art. 2184 veut que l'acquéreur à titre onéreux fasse l'offre de payer le prix stipulé ou évalué, et que sans cette offre il n'y a pas de purgement possible de l'immeuble. Or si l'échangiste ne doit pas évaluer l'immeuble dans sa notification, quelle offre fera-t-il donc aux créanciers inscrits? Leur dira-t-il, sans rien préciser, qu'il leur offre la valeur de l'immeuble, sauf aux créanciers à arbitrer eux-mêmes cette valeur? Mais pourquoi le tiers détenteur ne fera-t-il pas ici ce qu'il est tenu de faire (2) en matière de donation? Ignore-t-on que ce qui doit être offert c'est un *prix* (art. 2184), c'est-à-dire une somme d'argent déterminée, et non une valeur vague et sans précision? Peut-on concevoir ensuite que le prix soit fixé par les créanciers, qui n'ont pas été partie au contrat, qui ne connaissent ni la chose donnée en échange ni celle reçue au même titre, plutôt que par l'échangiste, qui a figuré comme partie contractante, qui connaît la valeur respective des objet échangés, qui même a déjà payé des droits d'enregistrement et de transcription en proportion de cette valeur ! ! Ou bien entendrait-on par hasard que l'échangiste peut purger sans faire d'offres? Mais qu'est-ce qu'une notification qui ne contient pas d'offres? n'est-ce pas un acte perdu

(1) Sirey, 15, 1, 207.
(2) Et aussi dans le cas de l'art. 2192.

et sans valeur, incapable de mettre en demeure les créanciers inscrits, incapable d'arrêter ou de prévenir les poursuites hypothécaires?

Et puis, lorsque la cour de cassation décide que l'évaluation doit être faite par les créanciers et non par le tiers détenteur, elle ne fait pas autre chose que créer une disposition législative, tout en voulant éviter un pareil excès de pouvoir. Elle s'est dit : « L'art. 2183 ne force le tiers détenteur à éva- » luer que quand c'est un *donataire*. Or il ne s'agit » pas ici d'un donataire : ce serait donc ajouter à » la loi que d'imposer cette obligation. » Mais comme il faut qu'il y ait évaluation, la cour de cassation va plus loin, et elle veut que ce soit le créancier qui la fasse. Or je lui demanderai dans quelle loi elle a vu que ce devoir était imposé au créancier. Je n'en connais pas, et elle n'en connaît pas plus que moi : elle crée donc de sa propre autorité une procédure exceptionnelle, ce qui n'est pas autre chose qu'un véritable excès de pouvoir.

Il y a même ceci de remarquable, que du moins dans le système proscrit par la cour de cassation, on raisonne d'après de puissantes analogies, on applique à des cas semblables la règle sagement posée par le législateur pour le cas de donation (1), tandis que la cour de cassation bâtit un système sans précédens, sans analogies, et qui choque toutes les règles de la logique. Car est-il raison- nable que ce soit le créancier qui se fasse sa con- dition à lui-même?

(1) Et pour le cas prévu par l'art. 2192.

Maintenant voyons ce qui résultera de cette obligation que la cour de cassation impose au créancier.

Je dis qu'il est certain que ce défaut d'évaluation de la part du tiers détenteur tournera contre lui, et qu'en voulant le favoriser on lui aura fait tort; la preuve est facile à administrer.

La loi a permis la voie de la surenchère comme un remède extrême introduit pour porter le prix à sa vraie valeur quand il a été dissimulé, ou que la chose a été vendue au dessous de ce qu'elle vaut. Mais quand l'immeuble a été aliéné pour un juste prix, la surenchère ne serait qu'une vexation qui troublerait inutilement l'acquéreur. Aussi la loi a-t-elle apporté certaines entraves à la faculté de surenchérir (1). Elle n'a pas voulu que le tiers détenteur fût facilement dépossédé.

Eh bien ! le système de la cour de cassation conduit nécessairement et toujours à l'emploi de la surenchère, à la déposition de ce tiers détenteur qu'elle désire protéger, et par conséquent aussi à des frais considérables qu'une bonne justice doit éviter.

En effet, le créancier qui ignore ce que vous lui offrez au juste, et que vous renvoyez à des évaluations longues, dispendieuses, et dont il ne voit pas pourquoi il supporterait les dépens, préférera requérir la mise aux enchères, comme moyen plus sûr et plus prompt de connaître sur quelle somme son gage devra se réaliser. Il tendra droit à faire

(1) *Infrà*, n° 934.

tomber l'échange, et pour y parvenir, il fera son évaluation aussi bas que possible, afin de ne courir aucun risque en surenchérissant. Alors de deux choses l'une : ou le tiers détenteur contestera cette évaluation, et il y aura un procès pour arriver à une appréciation exacte, tandis qu'en proposant spontanément son évaluation à l'époque de la notification, le tiers détenteur eût évité tout débat ; ou bien la réquisition de surenchère suivra son cours, et alors le tiers détenteur sera dépossédé, tandis que, s'il eût donné lui-même son évaluation, elle aurait peut-être satisfait les créanciers et prévenu une résolution de contrat.

On voit où mène ce système singulier, qui laisse les créanciers maîtres d'arbitrer eux-mêmes la mise à prix, et d'évaluer ce qu'on offre de leur payer !! Au contraire, dans le système qui force l'acquéreur à évaluer l'immeuble échangé, il est clair que la nécessité de porter le prix à un dixième en sus, sera souvent pour les créanciers un frein et un empêchement ; ils sentiront qu'il leur importe de se contenter du prix raisonnable qui leur est offert ; le tiers détenteur aura plus de chance de rester en possession paisible de son acquisition, et tous les intérêts seront bien plus promptement et bien plus équitablement satisfaits.

§. Que dirons-nous du cas où l'aliénation a été faite moyennant certaines charges d'une *valeur indéterminée*, comme rente viagère, prestation quelconque, etc.? Le tiers détenteur doit-il en donner l'évaluation?

Il existe sur ce point des arrêts contradictoires.

La cour de Paris a décidé par arrêt du 5 février 1814 (1) que la notification doit contenir l'évaluation du capital, et cette opinion est conforme à celle de MM. Grenier (2), Persil (3), Delvincourt (4).

La cour de cassation a décidé au contraire par arrêt du 3 avril 1815 (5), et par arrêt du 11 mars 1829, que cette évaluation n'est pas prescrite par la loi (6).

Une distinction doit être faite pour mieux entrer dans le fond de cette importante question.

Ou ces charges indéterminées doivent être payées par le tiers détenteur à des créanciers chirographaires, ou bien elles doivent être payées à des créanciers hypothécaires.

Quand le tiers détenteur a reçu l'obligation de payer à des créanciers chirographaires des prestations indéterminées qui font partie de son prix, et que ce tiers détenteur entend purger l'immeuble des hypothèques dont il est grevé, comme les arrangemens particuliers du tiers détenteur ne doivent pas changer la position des créanciers hypothécaires, comme ils ont droit au prix intégral par préférence aux chirographaires, il faut nécessairement évaluer dans la notification les élémens divers dont se compose le prix : il le faut, puis-

(1) Dal., Hyp., p. 386.
(2) T. 2, p. 341.
(3) T. 2, p. 278.
(4) T. 3, p. 243, 244.
(5) Sirey, 15, 1, 208.
(6) Dal., 29, 1, 174.

qu'on doit en faire l'offre aux créanciers hypothécaires d'après l'art. 2184, et qu'une offre n'est sérieuse qu'autant qu'elle est déterminée. Il le faut
encore, puisque la somme évaluée et offerte est la
base de la surenchère, et qu'on ne peut surenchérir que sur une somme fixe (1). Ici viennent se
placer toutes les raisons que j'invoquais tout à
l'heure et que je faisais sortir et de l'analogie du
cas de donation, et de l'inconvénient qu'il y aurait
à laisser le créancier maître de la mise à prix. Il
faut donc repousser le système de la cour de cassation, qui ne me paraît pas tenir assez de compte
des art. 2183, 2184, 2192 du Code civil, et de
l'art. 838 du Code de procédure civile.

Quand les charges indéterminées doivent être
payées à des créanciers ayant hypothèque, ce n'est
pas à l'égard de ceux-ci que le tiers détenteur peut
avoir la prétention de purger, puisqu'il a contracté
envers eux une obligation personnelle, celle de
servir les charges qui les concernent (2). Il ne peut
vouloir purger qu'à l'égard des autres créanciers,
hypothécaires, envers qui il n'est qu'un simple
tiers détenteur. Or, si ces créanciers hypothécaires
sont antérieurs aux crédi-rentiers, ils auront certainement intérêt à ce que le tiers détenteur leur
notifie la valeur des rentes au paiement desquelles
il s'est obligé; car c'est par leur appréciation qu'ils
pourront savoir pour combien l'immeuble a été
aliéné, quelle est la somme à la distribution de

(1) Art. 838 du Code de procédure civile.
(2) V. *suprà*, n°s 903 *bis* et 813.

laquelle ils peuvent prétendre, et si enfin il leur est expédient de requérir une surenchère.

Si les créanciers hypothécaires sont postérieurs aux crédi-rentiers, ils auront le même intérêt ; car il leur importe de connaître si ce qui leur restera sur la valeur de l'immeuble, distraction faite des charges, est en proportion avec la valeur véritable de cette immeuble, et s'ils ne pourraient pas avoir un reliquat plus fort en requérant la surenchère.

On voit donc que, de toutes les manières, on arrive à la nécessité de l'évaluation des rentes et charges indéterminées.

Au surplus, si la charge était de celles qui peuvent aisément s'évaluer en principal, comme rente constituée, etc., ce serait se montrer trop pointilleux que d'exiger l'évaluation.

925 *bis.* Il faut savoir maintenant à quelle époque les créanciers doivent faire valoir la nullité de la notification.

Un arrêt de la cour de Bordeaux (1), du 8 juillet 1814, a jugé que le créancier qui a requis la surenchère est encore à temps d'opposer la nullité de la notification. Dans l'espèce jugée par cet arrêt, le créancier qui avait fait un acte de surenchère nul, voulant se réserver le droit d'en faire un nouveau, demanda la nullité de la notification. La cour pensa que la réquisition de mise aux enchères et la soumission de surenchérir ne couvraient pas le vice de la notification, surtout,

(1) Dal., Hyp., p. 378, note 1.

ajouta-t-elle, *si la réquisition et la surenchère sont nulles.*

Cette décision doit être approuvée. On n'est tenu d'opposer une nullité qu'autant qu'on a intérêt à s'en prévaloir. C'est sur cette règle qu'est fondé l'art. 173 du Code de procédure civile. Or, les créanciers ont plus d'intérêt à requérir la surenchère qu'à discuter sur des nullités stériles. En requérant la surenchère, ils ne sont donc pas censés renoncer à ces moyens, pour le cas où il serait nécessaire pour eux de s'en prévaloir (1).

ARTICLE 2184.

L'acquéreur ou le donateur déclarera, par le même acte, qu'il est prêt à acquitter sur-le-champ les dettes et charges hypothécaires, jusqu'à concurrence seulement du prix, sans distinction des dettes exigibles ou non exigibles.

SOMMAIRE:

926. De l'offre d'acquitter les dettes et charges hypothécaires. Pourquoi, dans ce cas, le vendeur ne peut se plaindre qu'on paie à d'autres que lui.
927. Offre de payer sans distinction les dettes exigibles ou non

---

(1) Voyez aussi un arrêt de Nancy, du 23 décembre 1812, d'où résulte implicitement que la surenchère ne couvre pas la nullité de la notification. Cet arrêt a été cassé à la vérité, mais ce fut seulement par le motif que la cour de Nancy avait déclaré incomplète une notification conforme au fond à la loi (Répert., Surenchère, p. 340, col. 2).

exigibles, et de payer sur-le-champ. *Quid* s'il y a des rentes *viagères* ou autres?

928. Pourquoi l'acheteur doit offrir de payer sur-le-champ, quand même il aurait terme de son vendeur. Des équipollens en matière d'offre.

929. De l'offre des intérêts du prix. Distinction. Erreur de M. Grenier et d'un arrêt de la cour de Caen.

930. Suite.

930 *bis*. De l'offre de payer quand il y a donation, échange, ou que l'acquisition est faite moyennant une charge indéterminée, telle que rentes, prestations, etc. Distinctions importantes. Arrêts examinés.

931. L'offre de payer produit-elle une obligation personnelle?

931 *bis*. Quand le tiers détenteur peut-il se départir de ses offres? Dissentiment avec MM. Persil et Dalloz.

COMMENTAIRE.

926. L'offre d'acquitter sur-le-champ les dettes et charges hypothécaires est une des conditions nécessaires de la procédure en purgement. Elle doit être unie à la notification et faire partie du même acte.

L'offre de payer se limite jusqu'à concurrence *du prix*. La raison en est évidente : le nouveau propriétaire n'est pas débiteur personnel ; il doit seulement offrir aux créanciers la valeur du gage hypothécaire remis entre ses mains. On ne peut exiger qu'il paie des dettes qui ne sont pas les siennes.

D'un autre côté, le vendeur ne peut se plaindre de ce que l'acquéreur paie le prix à d'autres que lui ; car, dans toute vente d'un bien hypothéqué dont la loi permet le purgement, il se fait tacitement, entre l'acquéreur et le vendeur, une convention par laquelle le vendeur est censé déléguer ses créanciers hypothécaires pour recevoir le prix. Le paiement est donc présumé se faire de son consentement.

927. La loi exige que l'acquéreur paie sans distinction des *dettes exigibles* ou *non exigibles*, et qu'il paie *sur-le-champ*. La loi de brumaire an 7 (art. 30) en disposait autrement. L'acquéreur devait offrir d'acquitter les charges dans les mêmes termes et de la même manière qu'elles avaient été constituées. Ainsi, s'il y avait des créances éventuelles, l'acquéreur devait garder par devers lui les fonds nécessaires pour les acquitter en cas que l'événement qui les tenait en suspens vînt à se réaliser. S'il y avait des rentes, l'acquéreur devait les servir jusqu'à leur extinction ; et, en conséquence, il conservait dans ses mains, sur le prix, un capital nécessaire pour pourvoir au paiement des arrérages. Il arrivait de là que les propriétés ne pouvaient être purgées de ces sortes de créances que lors de l'accomplissement de la condition, ou lors de l'extinction de la rente par remboursement du capital ou décès du rentier viager ; car il ne peut y avoir purgement qu'autant que le tiers détenteur a vidé ses mains jusqu'à concurrence de son prix. D'un autre côté, cette disposition de la loi de brumaire an 7 jetait de grands embarras dans les liquidations. « Par » exemple, disait M. Tronchet (1), s'il existait sur

(1) Confér., t. 7, p. 230.

» un immeuble trois créances hypothécaires, l'une
» de 15,000 francs, l'autre de 5,000 francs et l'autre
» de 10,000 francs, et que la seconde ne fût pas
» exigible, le premier créancier était payé, le se-
» cond s'opposait à ce que le troisième le fût, at-
» tendu que, s'il permettait ce paiement, et que
» le bien vînt à diminuer de valeur, il courait le
» hasard de ne plus trouver dans le gage une somme
» suffisante pour le recouvrement de sa créance.
» On a vu tel ordre qu'il a été impossible de ter-
» miner, parce qu'il se composait de beaucoup de
» créances exigibles ou non exigibles qui se trou-
» vaient entremêlées. »

Le Code civil a adopté un autre système : il veut
que le tiers détenteur acquitte sur-le-champ les
dettes hypothécaires, sans distinction de celles qui
sont *exigibles* ou *non exigibles*.

Il autorise par là le tiers détenteur à hâter le
purgement de l'immeuble qu'il acquiert; il lui fa-
cilite les moyens de se libérer le plus tôt possible,
et de se dégager d'obligations gênantes, et dont
l'embarras nuisait à la transmission des propriétés. Il permet enfin de faire marcher les ordres
avec plus de rapidité, et accélère les liquidations. L'art. 2184 du Code civil a donc une
grande supériorité sur le système de la loi de
brumaire an 7.

Le tiers détenteur offrira donc de vider ses
mains sur-le-champ. Les créances à terme devien-
dront exigibles (1); les créances conditionnelles

(1) *Quid* si le créancier était possesseur d'effets négociables

seront colloquées par une combinaison dont nous aurons occasion de parler plus tard (1). Les rentes elles-mêmes, les rentes perpétuelles ou viagères, dont le capital sera assuré par des garanties solides, ne seront plus un obstacle à la libération prompte et actuelle des propriétés (2).

Je dois dire cependant que MM. Persil (3) et Dalloz (4) enseignent que l'hypothèque pour rente viagère ne peut jamais être purgée, par la raison, disent-ils, que la rente viagère n'est pas remboursable, et que, tant que la rente n'est pas éteinte par le décès du crédi-rentier, la créance de ce dernier subsiste avec tous ses priviléges et accessoires.

Je n'adopte pas un pareil principe. M. Dalloz le fait fléchir lui-même pour le cas où le tiers détenteur a consigné son prix, comme l'art. 2186 l'autorise à le faire. Il n'est pas moins inexact dans tous les cas où le tiers détenteur a vidé ses mains de la manière qui sera expliquée aux n°ˢ 959 et suivans. L'article 2186 permet de purger *tout privilége* ou *hypothèque*, et il déclare qu'il y a purgement, lorsque le tiers détenteur a payé ou consigné. Il n'y a donc pas d'exception dans notre lé-

dont on sait que les termes de paiement ne peuvent être anticipés par le débiteur? Le tiers acquéreur pourra-t-il se libérer? Auprès de qui paiera-t-il? Sur ces questions, voyez mon commentaire *de la Vente*, t. 2, n° 906.

(1) N° 959.
(2) N°ˢ 959 *bis* et suiv., *infrà.*
(3) Sur l'art. 2184.
(4) Hyp., p. 373, n° 31.

gislation pour les rentes viagères. Tout le système
du Code incline vers la libération des immeubles;
et, en recourant aux tempéramens dont nous
parlerons au lieu précité, on verra qu'il est possible de concilier cette tendance favorable, si clairement marquée dans les art. 2184 et 2186, avec
l'art. 1979 du Code civil, qui déclare la rente
viagère non remboursable.

928. D'après les dispositions de notre article, il
faut aussi décider que le nouveau propriétaire qui
veut purger, doit renoncer aux termes de paiement qu'il aurait de son vendeur. S'il veut jouir
du bénéfice du terme, il n'a qu'à ne pas purger.
C'est pour cela qu'un arrêt de la cour de Bordeaux, du 8 juillet 1814, a annulé une notification contenant *offre de payer aux termes portés par
le contrat de vente* (1).

Est-il bien nécessaire que le nouveau propriétaire déclare, à peine de nullité, d'une manière
explicite, qu'il acquittera sur-le-champ les charges hypothécaires jusqu'à concurrence du prix? ou
bien y aurait-il équipollent, si, après avoir fait
toutes les modifications prescrites par l'art. 2183,
il se bornait à ajouter qu'il entend se garantir des
poursuites *en se conformant aux dispositions de la loi?*

La cour de Turin a décidé, dans une espèce
pareille, que la notification n'était pas nulle pour
défaut d'ordres; que ces offres étaient satisfac-
toires en les combinant avec l'art. 2184 du Code

(1) [Sirey, 15, 2, 6. Dal., Hyp., p. 378, note 1. M. Delvinc., t. 3, p. 365, note 1.

civil, dont le but se trouvait ainsi rempli (1).

C'est arrêt est critiqué à tort, à mon avis, par M. Grenier (2). Dès que la notification avait fait connaître aux créanciers tous les renseignemens énumérés dans l'art. 2183, la déclaration ajoutée par le nouveau propriétaire, de se conformer à la disposition de la loi, ne pouvait porter que sur l'offre de payer le prix déclaré. Ne multiplions pas les nullités sans but et sans utilité ; lorsqu'on peut éviter de les prononcer sans nuire à qui que ce soit et sans violer la loi, n'hésitons pas à nous prononcer pour l'interprétation la plus favorable.

C'est ce qu'a fait la cour de cassation, par arrêt du 28 mai 1817 (3), dans une espèce où l'acquéreur, qui avait stipulé des délais de paiement dans son contrat, avait déclaré dans la notification qu'il entendait payer *conformément à son contrat et suivant les obligations à lui prescrites par la loi sur les hypothèques.* La cour pensa, avec raison, que le vœu de l'art. 2183 était suffisamment rempli par cette déclaration de se conformer aux dispositions de la loi.

929. On demande si le nouveau propriétaire doit offrir non seulement le prix, mais encore les intérêts du prix.

Pour résoudre cette difficulté, M. Grenier fait une distinction (4).

Ou le tiers détenteur a été sommé de délaisser,

(1) Arrêt du 2 mai 1811. Dal., Hyp., p. 380, note 1.
(2) T. 2, p. 308.
(3) Dal., Hyp., p. 379.
(4) T. 2, n° 444, p. 321, et t. 1, p. 300.

et ce n'est que pour se mettre à l'abri des poursuites qu'il pratique le purgement, ou bien il n'a
pas été sommé, et c'est spontanément qu'il purge.

Dans le premier cas, le nouveau propriétaire
doit les intérêts depuis la sommation. Seulement
la sommation immobilise les fruits au profit des
créanciers poursuivans (1). Ces fruits doivent devenir leur partage. L'acquéreur qui a gardé la
chose et perçu les fruits, leur doit donc l'indemnité de ces fruits depuis la sommation, en leur
payant les intérêts légitimes du prix.

Mais s'il n'y avait pas eu de sommation, le tiers
détenteur ne serait pas redevable des intérêts. Il
ne les devrait que du jour de la notification. Tous
les intérêts échus auparavant seraient dus au vendeur, qui ne pourrait en être dépouillé que par
des saisies-arrêts; et, dans ce cas, le montant devrait en être distribué par contribution à tous les
créanciers chirographaires ou hypothécaires sans
distinction, au marc le franc, parce qu'il s'agirait
ici de choses mobilières. Ainsi raisonne M. Grenier.
Son autorité paraît avoir entraîné l'opinion de la
cour de Caen, qui, par arrêt du 23 avril 1826, a
décidé que les créanciers hypothécaires n'ont pas
de droits sur les intérêts échus avant leur sommation (2); et l'arrêtiste approuve cette décision.

Quant à moi, j'ose croire qu'il y a dans tout cela
de nombreuses difficultés qu'on ne peut résoudre
qu'à l'aide d'une distinction différente de celle de
M. Grenier.

(1) *Suprà*, n° 840.
(2) Dalloz, 27, 2, 29.

De deux choses l'une : ou le vendeur n'a pas été payé du prix, parce que l'acquéreur a voulu se réserver la faculté de purger.

Ou bien l'acquéreur a eu l'imprudence de payer ; mais, poursuivi ensuite hypothécairement, il consent à purger, et il offre aux créanciers de payer une seconde fois le prix.

Raisonnons dans la première hypothèse : l'acquéreur n'a pas payé le vendeur, parce qu'il veut purger.

L'art. 2183 veut que l'acquéreur notifie aux créanciers inscrits *le prix et les charges faisant partie du prix.* De plus, l'art. 2184 veut que l'acquéreur offre de payer *le prix.*

Mais qu'est-ce donc que le prix dans le langage des lois ? Ce n'est pas seulement le prix principal, ce sont encore les intérêts *dus* qui en sont l'accessoire ; c'est, en un mot, tout ce que l'acquéreur débourse ou doit débourser pour faire entrer dans les mains du vendeur.

« Le prix d'une vente, dit M. Merlin (1), est » tout ce que le vendeur reçoit de l'acquéreur en » échange de la chose qu'il lui vend : c'est toute » la somme *que, sous une dénomination ou sous une* » *autre, l'acquéreur tire de sa poche pour la faire* » *entrer dans celle du vendeur* (2). »

---

(1) Rép., Surenchère, p. 338.

(2) Je lis dans un arrêt de la cour de cassation du 3 novembre 1813 (Dal., Hyp., p. 337) : « Le prix de l'aliénation se » compose non seulement de la somme principale, mais encore » des intérêts, etc. » V. *suprà*, n° 777 *bis.*

Pothier enseigne que les intérêts du prix sont dus de plein droit, et *ex naturâ contractûs*, du jour de l'entrée en jouissance (1). Aussi avons-nous vu ailleurs (2) que, quoique la loi ne donne privilége au vendeur que pour le prix, néanmoins tout le monde est d'accord que le privilége embrasse les intérêts du prix, parce qu'ils en font nécessairement partie.

Toutes les fois que le législateur a voulu séparer les intérêts d'avec le prix, il s'en est expliqué formellement, comme dans l'art. 1673, où il se sert de l'expression *prix principal*, comme pour exclure le *prix accessoire* qui sont les intérêts.

Notre article, en disant que l'acquéreur doit offrir de payer le prix, est donc bien loin de prendre le mot *prix* dans une acception aussi restreinte que dans l'art. 1673. Le prix est ici le principal et l'accessoire, conformément au droit commun. Et d'ailleurs, s'il était nécessaire d'un argument plus formel, nous le trouverions dans l'art. 2183, avec lequel il faut coordonner l'art. 2184, et qui veut que l'acquéreur notifie *le prix et les charges faisant partie du prix*. Donc l'acquéreur doit aussi offrir de payer le prix et les charges faisant partie du prix, c'est-à-dire entre autres choses, *les intérêts du prix*, s'il en est dû aux vendeur. Il me semble que cette interprétation ne laisse rien à la réplique.

(1) Vente, n° 284. V. aussi mon comment. sur *la Vente*, n°ˢ 161 et 596.

(2) T. 1, n° 219.

IV.   10

Elle est d'ailleurs la conséquence de la position naturelle de l'acquéreur, qui, en purgeant, ne fait que vider ses mains dans celles des créanciers, au lieu de les vider dans celles du vendeur, lequel vendeur est censé avoir tacitement indiqué dans le contrat de vente ses créanciers hypothécaires pour recevoir le prix en son lieu et place (1).

On oppose cependant l'art. 2176 du Code civil, qui porte que les fruits de l'immeuble ne sont dus par le tiers détenteur aux créanciers poursuivans, que du jour de la sommation de délaisser.

Mais comment peut-on argumenter de ce cas à celui qui m'occupe en ce moment? Ne voit-on pas qu'il s'agit de deux hypothèses également différentes?

Dans le cas de l'art. 2176, l'acquéreur a refusé de purger : il ne veut pas payer *le prix*, il veut encore moins payer tous les capitaux et intérêts exigibles, à quelques sommes qu'ils puissent monter (art. 2168); il veut réduire les créanciers hypothécaires à se contenter de leur gage pur et simple : il en a le droit; ils ne peuvent s'en plaindre.

Or, en quoi consiste le gage des créanciers? Dans l'immeuble et dans ce que la poursuite hypothécaire a immobilisé, c'est-à-dire dans les fruits depuis la sommation de délaisser (2). Avant cette sommation, ces fruits étaient meubles. Ils n'étaient pas compris dans le gage hypothécaire. Ils appartenaient à l'acquéreur, qui avait droit d'en jouir

(1) *Suprà*, n° 926.
(2) *Suprà*, n° 840.

sans indemnité s'il avait payé le prix au vendeur, et qui, s'il était encore débiteur de ce prix, ne devait compte qu'au seul vendeur des intérêts représentatifs de ces fruits. Tout cela était étranger aux créanciers hypothécaires.

Mais dans le cas de l'art. 2184, il en est autrement; l'acquéreur veut conserver par devers lui la propriété de l'immeuble : c'est pour prévenir le délaissement ou l'expropriation forcée qu'il recourt au purgement; au lieu de renvoyer les créanciers à se faire payer sur l'immeuble, il leur offre une composition et il leur dit : Épargnez-moi l'expropriation, je vais vous payer tout ce que j'aurais payé à mon vendeur.

Alors il se forme, comme je le disais tout à l'heure, un contrat tacite entre l'acquéreur, les créanciers et le vendeur. L'acquéreur consent à payer aux créanciers tout ce qu'il aurait versé entre les mains du vendeur. Le vendeur est censé consentir ou avoir consenti à ce que ses créanciers hypothécaires lui soient subrogés, et les créanciers acceptent, à moins qu'ils ne préfèrent surenchérir. C'est donc comme subrogés au vendeur que les créanciers reçoivent non-seulement le prix principal, mais encore les intérêts s'il en est dû; et l'on aperçoit dès-lors l'énorme différence qui existe entre ce cas et celui de l'art. 2176. Or, le vendeur a droit à tous les intérêts, depuis l'entrée en jouissance de l'acquéreur qui ne l'a pas payé (1).

(1) A moins que la chose ne produise pas de fruits (article 1652 du Code civil).

Donc les créanciers y ont également droit, quand même ils n'auraient fait aucune sommation.

Cette subrogation, cette substitution qui préside au purgement, et qui explique tout de la manière la plus lumineuse, a déjà fait tomber bien des argumens employés par M. Grenier; elle va renverser les autres.

En effet, objecte-t-on que c'est la sommation qui seule peut immobiliser les fruits et les attribuer aux créanciers hypothécaires? Je réponds : Qu'importe! est-ce donc à titre de chose immobilière que les créanciers ont droit aux intérêts? Nullement; car sans cela il faudrait dire qu'ils n'ont pas de droit au prix, que je ne vois être immobilisé par rien. Le fait est qu'ils ont droit aux intérêts, par la même raison qu'ils ont droit au prix. C'est parce qu'ils sont appelés à remplacer le vendeur, et qu'ils exercent ses actions à leur rang en son lieu et place, qu'ils sont, en un mot, ses délégués.

Mais, objecte encore M. Grenier, *les intérêts sont la propriété du vendeur.* Je réponds que c'est précisément pour cela que les créanciers qui lui sont substitués ont droit de les réclamer.

« Mais, insiste cet auteur, le vendeur ne peut » en être dépouillé que par des saisies-arrêts, dont » le montant doit être distribué, au marc le franc, » à tous les créanciers, même chirographaires. »

— Rien n'est plus faux!! le vendeur est censé avoir consenti d'avance que ces intérêts fussent délégués à ses créanciers hypothécaires, ou du moins la loi l'a voulu pour lui (1). Au surplus, je puis opposer à l'opinion de M. Grenier un arrêt de la cour de cassation du 3 novembre 1813 (2), dont j'ai eu occasion de critiquer les principes sur d'autres points (3), mais qui, appliqué à notre thèse, juge avec raison que les créanciers hypothécaires ont droit à tous les intérêts échus *depuis la vente.*

Je passe au second membre de ma distinction.

930. Il peut arriver que l'acquéreur ait imprudemment payé le prix entre les mains du vendeur. Alors il ne devrait pas d'intérêts de plein droit, *ex contractu;* car les intérêts ne sont dus que pour le retard de payer le prix de vente. S'il voulait purger, il devrait seulement offrir de payer le prix principal, parce que ce serait cela seul qui constituerait le prix de la vente.

On sent alors qu'on ne pourrait pas dire que les créanciers seraient subrogés au vendeur, puisque celui-ci aurait été payé. On ne pourrait plus parler d'indication ou de délégation; les créanciers seraient alors eux-mêmes : ce serait leurs propres droits qu'il feraient valoir, et les intérêts ne pourraient être dus que *ex morâ* ou *ex obligatione.* Ainsi il faudrait appliquer ici les distinctions de M. Grenier : s'il y avait eu sommation, c'est du jour de la sommation que les intérêts courraient; s'il n'y en avait pas eu, ce serait seulement du jour de la notification ou de l'offre.

(1) *Suprà*, n° 926.
(2) Dal., Hyp., p. 337.
(3) *Suprà,* n° 778 *bis.*

C'est ce qui a été jugé, avec raison, par arrêt de
la cour d'Amiens du 10 juillet 1824. « Considérant
» que si le tiers détenteur, sur la sommation qui
» lui est faite de délaisser l'immeuble, use de la
» faculté que lui donnent les art. 2179, 2183 et
» suivants du Code civil de purger sa propriété en
» payant le prix, les créanciers hypothécaires ne
» peuvent exiger de lui le rapport des intérêts de
» ce prix, représentant les fruits de l'immeuble,
» qu'à compter de la même époque, c'est-à-dire à
» partir de la sommation de payer ou de délaisser;
» qu'à la vérité si, antérieurement à cette somma-
» tion, le tiers détenteur se trouvait débiteur d'in-
» térêts à raison de son acquisition, les créanciers
» auraient le droit de les réclamer comme acces-
» soires du prix; mais que, dans l'espèce, il est con-
» stant que, bien antérieurement à la sommation,
» les acquéreurs étaient entièrement libérés du
» prix de leur acquisition en principal et intérêts,
» d'où il suit que c'est avec raison que les premiers
» juges ne les ont condamnés à rapporter les in-
» térêts de ce prix qu'à compter de la somma-
» tion (1). »

(1) Dal., 25, 2, 11. La cour de Bordeaux a jugé, le 26 juillet 1831 (Sirey, 32, 2, 95) et le 19 juin 1835 (Sirey, 36, 2,
28. Dalloz, 35, 2, 138) que l'acquéreur d'un immeuble produisant des fruits qu'il veut purger, est, de plein droit, tenu
des intérêts du prix, à partir de la notification du contrat aux
créanciers, encore qu'il ait été dispensé d'en payer par une stipulation insérée dans l'acte de vente; et que cette stipulation
n'est pas obligatoire pour les créanciers, à moins qu'il n'appa-

930 *bis.* J'ai dit ailleurs (1) que quand la chose avait été *donnée* ou *léguée* ou *échangée*, l'acquéreur devait offrir d'acquitter l'évaluation. A la vérité, notre article semble, au premier coup d'œil, ne parler que du donataire; mais il s'applique, par identité de raison, à l'échangiste.

En effet, dans l'art. 2184, le mot *acquéreur* qui précède le mot *donataire* est d'une grande généralité, et il comprend tous ceux qui acquièrent à un titre quelconque. C'est en ce sens que ce mot était pris dans l'édit de 1771, qui a servi de type aux dispositions du chapitre 8. Dans le préambule de cet édit mémorable, le législateur se sert toujours du mot *acquéreur* pour désigner ceux à qui il ouvre de nouveaux moyens de se débarrasser des hypothèques assises sur leurs immeubles. Mais quand ensuite il entre dans le détail des articles, il déclare que l'édit de 1771 accorde la faculté de purger à tous propriétaires d'immeubles, par *acquisition, échanges, licitation* ou *autres translatifs de propriétés* (art. 6). Puis dans les articles suivans (9, 11, 33) le mot *acquéreur* revient seul comme le terme générique qui embrasse toutes les catégories. Il est évident que le même sens doit lui être

raisse que la dispense de payer les intérêts est entrée en considération dans la fixation du prix.

La même cour, par arrêt du 17 août 1837, rapporté au Journal des arrêts de Bordeaux, a jugé que l'adjudicataire doit les intérêts de son prix aux créanciers inscrits, bien que depuis l'adjudication le précédent propriétaire se soit induement maintenu en possession de l'immeuble vendu.

(1) Nº 925.

attribué dans l'art. 2184. Quant au mot *prix* qu'emploie l'art. 2184, il ne se réfère pas seulement au cas de vente : il se réfère aussi au cas de *donation*, et alors il est synonyme d'*évaluation*. C'est ce qui résulte aussi de ces mots, *le prix déclaré par le nouveau propriétaire*, qu'on lit dans les art. 2185 et 2186 du Code civil : le mot *prix* figure donc ici dans un sens plus large qu'à l'ordinaire. S'il s'agit d'un immeuble *vendu* qu'on veut purger, il est pris dans l'acception vulgaire ; s'il s'agit d'un immeuble acquis à tout autre titre, comme *donation*, *échange*, etc., il signifie l'évaluation en numéraire donnée à l'immeuble. De ces observations résulte la preuve évidente que tout acquéreur quelconque doit offrir aux créanciers une somme fixe représentative de la valeur de l'immeuble pour les désintéresser.

On voit que, par cet état de choses, on soumet le donataire et l'échangiste à des obligations qui ajoutent aux clauses de leur contrat, et rendent leur condition plus dure. Mais l'intérêt des créanciers à hypothèque exigeait qu'il en fût ainsi. C'est au tiers détenteur à voir s'il veut conserver l'immeuble à ce prix ; sinon il peut, s'il a été trompé par celui avec qui il a contracté, demander la résolution de son contrat. Mais s'il prend la résolution de purger, résolution qui suppose l'intention de conserver l'immeuble, il faut nécessairement qu'il indemnise les créanciers hypothécaires jusqu'à concurrence de la valeur de cet immeuble.

C'est aussi ce qui avait lieu sous l'empire de l'édit de 1771. L'art. 6 autorisait expressément tout propriétaire d'immeubles par *acquisition, échange, licitation et autres titres translatifs de propriété* à purger. Eh bien! qu'arrivait-il dans les cas où le contrat ne portait pas le prix, comme échange, donation, bail à rente foncière? On ne scellait les lettres de ratification qu'autant que le tiers détenteur obtenait main-levée des opposans; ou si les opposans n'avaient pas été indemnisés, on ne scellait les lettres *qu'à la charge des oppositions*, de telle sorte que les créanciers pussent conserver leur droit de suite, de même que s'il n'y eût pas eu de lettres de ratification (1). Il ne faut pas en effet que l'aliénation puisse préjudicier aux créanciers hypothécaires. Peu importe à ceux-ci quelles sont les clauses de cette aliénation. Leur gage s'étend à toute la valeur de l'immeuble; quel que soit le détenteur, il faut qu'il leur offre la totalité de cette valeur, sans quoi il court la chance d'une expropriation.

Celui qui acquiert une chose moyennant une rente payable soit au vendeur, soit à des tiers délégués par lui, doit-il déclarer aux créanciers inscrits qu'il est prêt d'acquitter entre leurs mains le capital représentant cette rente? Par arrêt du 26 août 1824, la cour d'Amiens a décidé que cette obligation n'est pas imposée à l'acquéreur, et le pourvoi contre cette décision a été rejeté par arrêt de la cour de cassation du 12 mars 1829 (2). Au contraire la cour de Paris a décidé par arrêt du

(1) Merlin, Rép., Hyp., p. 809, n° 19.
(2) Dal., 29, 1, 174.

5 février 1814 que le tiers détenteur doit offrir
d'acquitter sur-le-champ le capital des rentes
viagères (1).

Ces deux arrêts paraissent contraires, et il me
semble cependant qu'ils peuvent facilement se
concilier à l'aide d'une distinction.

Ou le crédi-rentier viager n'a pas de rang hypothécaire : il est simple créancier chirographaire,
et dans ce cas les arrangemens que le tiers détenteur a pris à son égard ne doivent pas nuire aux
créanciers hypothécaires. La rente viagère fait
partie du prix : l'acquéreur ne s'est engagé à payer
un prix principal moindre, que par compensation
de ce qu'il doit verser entre les mains du crédi-
rentier. Or notre article exige que *l'acquéreur ou
le donataire* déclare qu'il est prêt d'acquitter les
charges hypothécaires jusqu'à *concurrence du prix*,
et l'art. 2186 décide que le tiers détenteur n'est
libéré des priviléges et hypothèques qu'en *payant
ledit prix aux créanciers en ordre de le recevoir.*

Ne pas offrir aux créanciers hypothécaires cette
portion du prix, ce serait leur faire croire qu'on
veut soustraire à leur droit réel cette quotité de
la valeur de l'immeuble, et les autoriser à ne pas
accepter le purgement à cette condition. C'est dans
cette hypothèse qu'a été rendu l'arrêt de la cour
de Paris : l'acquéreur s'était obligé à payer une
rente viagère au vendeur.

Une décision qui confirme ce sentiment est
émanée de la cour de Liége. Un individu avait

(1) Dal., Hyp., p. 386, note 1.

acheté une maison pour le prix total de 35,000 fr., en déduction duquel il devait payer 24,000 francs à des créanciers hypothécaires. Le surplus était compensé avec des sommes que le vendeur devait à l'acquéreur. Ce dernier prétendit qu'il ne devait offrir et mettre en ordre que 24,500 francs, le surplus ayant été éteint par compensation. Mais, par arrêt de la cour de Liége du 8 mai 1811, il fut décidé que l'art. 2184 l'obligeait à payer l'intégralité du prix, c'est-à-dire 35,000 fr. (1).

Il faut bien se pénétrer, en effet, de cette idée, que le purgement ne doit rien faire perdre aux créanciers hypothécaires ; que si l'acquéreur se soumet à des prestations quelconques destinées à d'autres créanciers que les hypothécaires, ceux-ci ne doivent pas en souffrir ; que la valeur intégrale de l'immeuble leur appartient par préférence, et que l'acquéreur qui veut conserver sa propriété doit la leur faire toucher en entier.

Ou bien, le crédi-rentier viager, au profit de qui l'acquéreur s'est obligé, est hypothécaire, et, dans ce cas, une sous-distinction est nécessaire ;

Ou il est antérieur aux autres créanciers hypothécaires, ou il leur est postérieur.

S'il leur est antérieur, il faut décider que l'offre ne doit pas être faite. En effet, le tiers détenteur ne peut pas purger envers lui, puisqu'il est son obligé personnel (2). Il ne peut purger qu'à l'égard des autres créanciers hypothécaires. Mais l'on sent qu'il serait contre la raison que le tiers détenteur

(1) Dal., Hyp., p. 385, note 3.
(2) *Suprà*, nos 903 *bis*, et 813.

offrît à ces derniers l'évaluation de la rente, puisqu'ils n'ont droit que sur ce qui reste, déduction faite de cette évaluation. C'est dans une espèce semblable qu'est intervenu l'arrêt de la cour d'Amiens du 26 août 1824, confirmé par la cour de cassation. Un immeuble, déjà grevé d'une rente viagère de 200 francs, est vendu aux époux Saunier, à la charge de servir la rente viagère; et, en outre, moyennant 1,000 francs. Les époux Saunier notifient leur contrat à un sieur Mazières, créancier hypothécaire postérieur au crédi-rentier, déclarant qu'ils sont prêts d'acquitter les charges hypothécaires jusqu'à concurrence de 1,000 francs seulement. Il fut décidé par la cour royale que le tiers détenteur n'avait pas dû s'obliger à représenter un capital pour la rente viagère. En effet, les époux Saunier n'entendaient pas purger à l'égard du crédi-rentier, qui, seul, avait droit à la représentation de ce capital. Mazières, qui lui était postérieur, n'avait droit qu'aux 1,000 francs restans, et une offre satisfactoire lui avait été faite. C'est ainsi que s'explique cet arrêt, que j'ai vu mal interpréter dans la pratique et servir de base à de faux systèmes.

Ou bien, le crédi-rentier est postérieur aux autres créanciers hypothécaires. On doit alors l'assimiler, quant à eux, à un créancier chirographaire, et l'offre totale doit être faite; car il n'y a que l'ordre qui puisse faire connaître s'il faudra ou non arriver jusqu'à la valeur représentative de la rente pour désintéresser les créanciers hypothécaires. Une offre partielle ne serait donc pas suffisante pour mettre le tiers détenteur à l'abri d'une action hypothécaire.

Il arrive quelquefois qu'un prix de vente se compose d'élémens divers, par exemple, du prix principal et du paiement de certains frais à la décharge du vendeur (1). Le tiers détenteur doit-il offrir de payer le montant de ces frais qui font partie du prix?

Il faut distinguer.

Où ces frais sont étrangers à la vente et forment une créance particulière du vendeur pour actes judiciaires qui n'ont pas eu l'aliénation pour objet (2), et alors il faut appliquer ce que nous venons de dire pour le cas de rente viagère;

Ou bien ces frais se rattachent à la vente, et sont une charge que le vendeur aurait supportée, sans la clause spéciale qui oblige l'acquéreur à les payer (3); et il faut dire que, comme cette clause n'a été insérée que pour rendre plus considérable le gage des créanciers, qui, sans cela, eût été diminué, par privilége, du montant de ces frais, il n'est pas juste que ces créanciers en profitent deux fois, et que le tiers détenteur leur en offre le montant. Il ne doit pas leur offrir ce qu'il paie pour eux.

931. L'offre de payer produit-elle une obligation personnelle, qui empêche le nouveau pro-

(1) *Infrà*, n°s 935, 936.

(2) Comme dans une espèce dont parle M. Merlin, v° Surenchère, p. 337, col. 2.

(3) Comme frais d'extrait des inscriptions, et dénonciation aux créanciers, art. 777 du Code de procédure civile.

priétaire de pouvoir se rétracter et de préférer le délaissement?

M. Grenier soutient l'affirmative (1). Il pense qu'une fois l'offre proposée, le nouveau propriétaire ne peut s'en dédire.

Mais je ne puis adopter cette opinion sans distinction.

C'est un principe certain que les offres non acceptées ne lient pas celui qui les a faites, et qu'il peut toujours les retirer. Pourquoi, après avoir offert de purger, ne pourrait-il pas reconnaître que ce parti lui est désavantageux, et y renoncer si les créanciers n'ont pas encore accepté ses offres?

Il en serait autrement si les quarante jours dont parle l'art. 2185 se fussent écoulés; car après ce délai, tout est consommé, conformément à l'article 2186 du Code civil.

L'acquéreur serait également lié si les créanciers eussent déclaré vouloir se contenter de l'offre.

931 *bis*. Je pense que le tiers détenteur ne pourrait pas non plus se départir, alors même que les créanciers auraient requis la surenchère; car le délaissement menerait les créanciers droit à l'expropriation forcée, procédure dispendieuse et bien moins économique que la procédure en surenchère.

On objectera peut-être que la déclaration de surenchère est un refus d'accepter l'offre et de se

(1) T. 2, n° 458.

contenter du prix proposé, que par conséquent le nouveau propriétaire est délié (1).

Je réponds que c'est pousser les conséquences au-delà du but. Tout acquéreur qui veut purger, provoque implicitement les créanciers à surenchérir (2). Il leur dit : « Voilà le prix que je vous offre : » cependant, si vous ne trouvez pas que cela suf- » fise, surenchérissez : j'aime mieux courir cette » chance que de délaisser. Car des délais de rigueur » vont courir contre vous ; et si, par quelque cir- » constance, il arrive que vous ne soyez pas à » même de faire cette surenchère dans le temps » prescrit, je resterai propriétaire. »

Disons donc que les offres du nouveau proprié- taire ne sont pas rejetées pour le tout. Elles ne le sont qu'en ce qui touche le prix ; mais elles sont acceptées, en ce qui concerne le choix de purger plutôt que de délaisser ; elles le sont, en ce qui concerne le droit de surenchère, qui est sous-en- tendu comme condition *sine quâ non* dans toute tentative pour purger. D'ailleurs, aussitôt que les créanciers ont répondu à l'acquéreur par la signi- fication portant qu'ils veulent surenchérir (arti- cle 2185, n° 1), la procédure se trouve liée : l'une des parties ne peut s'en désister sans le consente- ment de l'autre (art. 403 du Code de procédure civile).

(1) Cette objection est faite par MM. Persil (art. 2184, n° 12) et Dalloz, (Hyp., p. 373, n° 32), dont l'opinion est contraire à la nôtre.
(2) N° 887 *ter.*

ARTICLE 2185.

Lorsque le nouveau propriétaire a fait cette notification dans le délai fixé, tout créancier dont le titre est inscrit peut requérir la mise de l'immeuble aux enchères, et adjudications publiques, à la charge

1° Que cette réquisition sera signifiée au nouveau propriétaire dans quarante jours, au plus tard, de la notification faite à la requête de ce dernier, en y ajoutant deux jours par cinq myriamètres de distance entre le domicile élu et le domicile réel de chaque créancier requérant;

2° Qu'elle contiendra soumission du requérant de porter ou faire porter le prix à un dixième en sus de celui qui aura été stipulé dans le contrat ou déclaré par le nouveau propriétaire;

3° Que la même signification sera faite, dans le même délai, au précédent propriétaire, débiteur principal;

4° Que l'original et les copies de ces exploits seront signés par le créancier requérant ou par son fondé de procuration expresse, lequel, en ce cas, est tenu de donner copie de sa procuration;

5° Qu'il offrira de donner caution jusqu'à concurrence du prix et des charges.

Le tout à peine de nullité.

SOMMAIRE.

rant ou par son fondé de procuration. Raison de cette formalité.

940. La réquisition doit contenir l'offre d'une caution. Utilité de cette caution.

940 *bis.* Le trésor est dispensé de donner caution.

940 *ter.* La réquisition doit désigner nominativement la caution. Mais il suffit que les pièces justificatives de sa solvabilité soient fournies avant le jugement définitif.

941. Le créancier qui ne peut trouver de caution est admis à fournir un gage *mobilier* suffisant. Mais une simple hypothèque sur des biens libres appartenant au créancier ne suffit pas.

942. La caution doit être solvable *ab initio.* Sans quoi il y a une nullité qui ne peut se couvrir.

943. Mais si la caution, *solvable* dès l'origine, devient insolvable après coup, le créancier peut en fournir une autre.

944. Comment doit être présentée cette nouvelle caution?

945. Lorsque la caution est insolvable *ab initio*, il importe peu qu'elle devienne solvable *ex post facto.*

946. Quelles conditions doit réunir la caution dont parle notre article?

947. La caution doit-elle s'étendre au prix principal, accessoires et charges, et au dixième en sus?

948. Suite de la réquisition de surenchère.

949. Néanmoins, la propriété continue à résider sur la tête de l'acquéreur. Les dégradations sont à ses risques jusqu'à l'adjudication.

950. *Nullité de la surenchère.* Ses conséquences.

951. Qui peut surenchérir?

952. De la femme.

953. Suite.

954. Du mineur.

955. L'autorisation donnée après coup à un incapable valide-t-elle la surenchère nulle dès l'origine par défaut d'autorisation?

956. Le tiers détenteur qu'on veut déposséder peut opposer l'incapacité de la femme ou du mineur.

957. L'acquéreur peut arrêter la surenchère en offrant de payer toutes les charges hypothécaires.

COMMENTAIRE.

932. Nous voici parvenus au droit de surenchère, droit éminemment utile aux créanciers hypothécaires, en ce qu'il leur donne les moyens de porter l'immeuble à sa véritable valeur, et de déjouer les fraudes par lesquelles on aurait voulu masquer, à leur détriment, une portion du prix.

Je disais ci-dessus, t. 1, n° 283, que la perte du droit de surenchérir ôte à l'hypothèque et au privilége toute leur vigueur, et les fait retomber dans la classe des créances chirographaires.

Cette vérité, qui a été mise dans tout son jour par M. Tarrible (1), sert à montrer l'importance du droit de surenchérir, et la nécessité qui existe pour les créanciers hypothécaires de le conserver par une inscription prise en temps utile. Car c'est une règle fondamentale en cette matière, qu'il n'y a que le *créancier inscrit* qui puisse requérir la mise aux enchères. C'est ce que notre article décide d'une manière très-diserte par ces mots : « *Tout créancier dont le titre est inscrit* (2). » L'art. 834 du Code de procédure civile reproduit la même idée, lorsqu'il dit que nul créancier hypothécaire ou privilégié ne pourra requérir la mise

(1) Inscript. hyp., p. 218, col. 2.
(2) M. Tarrible, v° Transcript., p. 114, col. 2.

aux enchères, s'il ne justifie d'une inscription prise dans la quinzaine de la transcription (1).

933. Lors donc que le nouveau propriétaire a fait les notifications prescrites par les art. 2183 et 2184 du Code civil, tout créancier dont le titre est inscrit se trouve en demeure de provoquer la mise aux enchères, afin de faire porter l'immeuble à sa vraie valeur, s'il croit qu'elle a été fixée par l'acte d'aliénation à une valeur inférieure (2).

Pour cela notre article lui accorde un délai de quarante jours pendant lequel il doit signifier sa réquisition de mise aux enchères au nouveau propriétaire, en y ajoutant deux jours par cinq myriamètres de distance entre le domicile élu et le domicile réel de chaque créancier requérant.

Ainsi, le délai de quarante jours ne doit pas être étendu, lorsque le créancier requérant à son domicile réel dans le lieu où il a établi son domicile élu.

Comme la notification prescrite par les art. 2183 et 2184 se fait à chaque créancier inscrit *au domicile élu dans l'inscription*, on a senti que, si le domicile réel était éloigné du domicile fictif, il était juste d'accorder un délai pour que la notification pût être envoyée du domicile élu au domicile réel : c'est pour cela qu'un délai de deux jours par cinq

(1) *Suprà*, n° 921, 922.

(2) L'origine de cette disposition se puise dans l'art. 9 de l'édit de 1771. Il est étonnant que M. Carré ait dit que la surenchère doit *entièrement* son origine au nouveau système hypothécaire, et que *l'ancienne législation n'avait aucune disposition analogue à cette matière.* T. 3, p. 163.

myriamètres a été accordé en sus des quarante
joùrs (1).

Quid, s'il y avait une fraction de cinq myriamètres, par exemple, trois myriamètres? le créancier
pourra-t-il prétendre que le délai de quarante jours
doit être augmenté d'un jour à raison de ces trois
myriamètres? il a été jugé par arrêt de la cour de
Gènes, du 29 août 1812 (2), que les fractions ne
doivent pas être comptées, qu'il faut qu'il y ait
cinq myriamètres de distance pour avoir droit à
une augmentation. Cette décision est approuvée
par M. Delvincourt (3). Mais je préfère un arrêt de
la cour de Bordeaux, du 27 novembre 1829, qui
décide qu'on doit tenir compte des fractions (4).
Cette opinion a l'avantage de se rapprocher de la
nouvelle jurisprudence de la cour de cassation sur
le calcul des distances en matière de promulgation des lois.

Le délai court invariablement à compter de la
notification. Ainsi supposons l'exemple suivant :

Caïus achète un immeuble grevé de trois hypothèques, dont une seule est inscrite. Le même jour
il fait transcrire et notifier au créancier inscrit :
les deux autres créanciers non inscrits ne recevront
pas de notification. Mais peu importe pour le délai de surenchère : les quarante jours courront
pour eux du jour de la notification faite au créancier inscrit, et s'ils prennent la précaution de se

(1) M. Tarrible, Transcrip., p. 116, n° 4.
(2) Sirey, 14, 2, 272.
(3) M. Delvinc., t. 3, p. 367, n° 8, et t. 1, p. 10, note 4.
(4) Dal., 30, 2, 42.

faire inscrire dans la quinzaine de la transcription, ils pourront bien requérir la mise aux enchères; mais ce sera toujours dans le délai de quarante jours à compter de la susdite notification.

Du reste, si, lorsqu'il y a plusieurs créanciers inscrits, la notification leur a été faite à des dates différentes, le délai ne court pour chacun que du jour de la notification qui lui a été faite. Ainsi jugé par arrêt de la cour de Paris, le 27 mars 1811 (1).

À l'égard des femmes mariées et des mineurs dont les hypothèques sont inscrites ou non inscrites, voyez *suprà*, n° 921; et, pour la question de savoir dans quel délai doit être faite la réquisition de surenchère, voyez *infrà*, sur l'article 2194.

La réquisition de mise aux enchères doit être signifié à l'acquéreur par un huissier commis à cet effet, sur simple requête, par le président du tribunal de première instance (1).

Mais quel est précisément ce tribunal? L'art. 832 du Code de procédure civile dit simplement que c'est le tribunal de l'arrondissement où la réquisition a lieu; ce qui veut dire l'arrondissement où la réquisition est signifiée. Or, elle doit être signifiée dans l'arrondissement où l'acquéreur et le précédent vendeur ont leur domicile. C'est donc au président du tribunal de cet arrondissement que la requête doit être présentée (3).

(1) Sirey, 11, 2, 164. Delvinc., t. 3, p. 367, n° 7.
(2) *Suprà*, n° 918. M. Pigeau, t. 2, p. 434, § 4, n° 3. Art. 832 du Code de procédure civile.
(3) M. Carré, t. 3, p. 166.

L'exploit de signification doit contenir constitution d'avoué avec assignation devant le tribunal (art. 832 du Code de procédure civile). Il est par conséquent soumis à toutes les règles des ajournemens (1).

Mais dans quel tribunal doit-on constituer avoué, et poursuivre la surenchère?

Les principes veulent que ce soit devant le tribunal de la situation des biens. Car il s'agit d'une action réelle, qui est la conséquence de la transcription et de la notification, et qui tient au purgement de l'immeuble (2). On peut autoriser cette opinion d'un arrêt de la cour de cassation, en date du 13 août 1807 (3).

S'il y a plusieurs acquéreurs qui aient acheté conjointement, il doit être fait une signification à chacun d'eux, et chacun doit, à peine de nullité, recevoir sa copie de l'exploit de signification.

C'est ce qui a été jugé par un arrêt de la cour de cassation du 14 août 1813 (4). Dans le fait, un créancier requérant la mise aux enchères avait fait signifier sa réquisition, par un seul et même exploit dont il n'avait été remis qu'une copie unique aux époux de Gomicourt, qui avaient acheté *conjointement*. La cour suprême (sections réunies) pensa avec raison qu'il y avait nullité, parce que, l'acquisition reposant sur deux têtes, la notifica-

(1) Cassat., 14 août 1813. Répert., v° Surenchère, p. 345.
(2) M. Carré, t. 3, p. 167, n° 2827. Lepage, Quest., p. 358, 359. Persil, Quest., t. 2, p. 83.
(3) Répert., Surenchère, n° 6, p. 356.
(4) Répert., Surenchère, p. 345.

tion de l'acte de surenchère devait être faite par deux actes séparés. En effet, il ne fallait rien conclure dans l'espèce de ce que l'achat avait été fait *conjointement* par les époux de Gomicourt; car une propriété ne peut jamais résider *solidairement* sur deux têtes. « *Duorum in solidum dominium vel » possessio esse non potest* », dit la loi 5, § 15, D. *Commod.* C'est aussi ce que porte la loi 5, § 5, D. *De acq. vel. am tt. ponen.* Il y avait donc deux propriétaires différens.

934. La réquisition doit, à peine de nullité, contenir soumission du requérant, de porter ou faire porter le prix à un dixième en sus de celui qui aura été stipulé dans le contrat, ou déclaré par le nouveau propriétaire, lorsqu'il s'agit d'une donation ou d'un échange, etc.

Il ne faut pas que l'acquéreur soit troublé dans son acquisition par la perspective irréfléchie que pourraient avoir les créanciers de faire monter la valeur de l'immeuble à un taux plus élevé, au moyen d'enchères, qui, en définitive, ne produiraient qu'un très-léger bénéfice. Tout en jetant les yeux sur les créanciers inscrits, bien dignes d'être favorisés, la loi ne devait pas cependant perdre tout égard pour le titre de l'acquéreur. La prudence exigeait donc qu'on n'admît le créancier à requérir la mise aux enchères, qu'autant qu'il s'obligerait à porter ou faire porter la valeur de la chose à une valeur supérieure au moins du dixième au prix déterminé ou déclaré (1).

(1) La cour de cassat. a jugé avec raison, le 4 août 1835,

935. Ce dixième doit être calculé sur tout ce qui constitue le prix, c'est-à-dire non seulement sur ce qui fait le prix principal, mais encore sur ce qui forme un accessoire, comme pot de vin, épingles, rentes, etc. Car par prix on doit entendre (1) toute la somme d'argent que, sous une dénomination ou sous une autre, l'acquéreur tire de sa poche pour la faire entrer dans celle du vendeur.

« Que la somme qu'on paie au vendeur pour la
» vente soit en bloc ou morcelée (2); qu'elle reçoive
» des appellations ou des destinations différentes,
» suivant les fractions qu'elle contient; qu'une
» partie soit appelée prix proprement dit, et une
» autre partie *pot de vin*; qu'une partie aille direc-
» tement et sans milieu dans la poche du vendeur;
» qu'une partie soit déléguée à ses créanciers;
» qu'une partie soit employée à acquitter une dé-
» pense qu'il serait obligé de faire, il est bien évi-
» dent que tout l'argent ainsi distribué à l'avantage
» du vendeur *est le prix*. »

Ainsi, tout ce qui est énoncé dans l'acte de vente

(Sirey, 35, 1, 791) qu'en matière de vente de biens de mineurs, la surenchère du quart permise à toute personne dans
le délai de huit ans de l'adjudication, n'est pas exclusive de la
surenchère du dixième ouverte aux créanciers inscrits dans les
quarante jours de la notification du contrat. Nous avons déjà
dit que ces ventes, quoique judiciaires sont considérées comme
volontaires.

(1) Répert., Surenchère, p. 338, col. 1. *Suprà*, p. 143.

(2) Ce sont les termes d'une consultation citée par M. Merlin, *loc. cit. Suprà*, n° 390 *bis*.

dont extrait est notifié aux créanciers inscrits, comme devant passer dans les mains du vendeur ou être payé à sa décharge doit être frappé de la surenchère du dixième. Le créancier requérant, qui ne se soumettrait pas à cette obligation, ferait une procédure nulle.

Sur quoi l'on peut consulter différens arrêts rapportés par M. Merlin, au mot *surenchère* (1). L'un d'eux est du 15 mai 1811 : il juge que, dans une vente, dont le prix principal avait été fixé à 100,000 francs, et où, d'autre part, l'acquéreur avait été chargé de payer à des officiers ministériels une somme de 10,039 francs, pour frais étrangers à la vente, le créancier devait offrir de faire porter à un dixième en sus, non seulement les 100,000 francs, mais encore les 10,039 francs (2).

L'autre, en date du 25 novembre 1811, juge que l'acquéreur étant chargé de payer d'abord au vendeur une somme de 3,300 francs, ensuite d'acquitter à sa décharge ou de racheter des rentes évaluées à 2,000 francs, le créancier ne doit pas s'obliger à payer seulement le dixième en sus de 3,300 francs, mais qu'il doit s'obliger à payer le dixième en sus du capital des rentes (3).

Enfin un arrêt de la cour de Nancy, du 18 mai 1827, juge que si, dans une adjudication sur vente volontaire, il a été stipulé que l'adjudicataire paierait, outre le prix d'adjudication, 2 et 1/2 par fr.

(1) Répert. de jurisp.
(2) *Suprà*, 159, note.
(3) *Loc. cit.*

comptant, la surenchère du dixième doit porter non seulement sur le prix principal, mais encore sur le 2 et 1/2, à peine de nullité (1).

Ces exemples suffisent pour faire connaître l'esprit de notre article.

Examinons maintenant quelques difficultés que soulève son application.

935 *bis*. Le créancier doit-il faire porter la surenchère sur les portions du prix non évaluées dans la notification ?

L'affirmative a été jugée par arrêt de la cour de cassation du 3 avril 1815 (2); cette cour a pensé que le tiers détenteur n'est tenu de signifier une évaluation qu'en cas de donation ; que, dans tous les autres cas, c'est au créancier lui-même à faire l'évaluation ; qu'ainsi, ce créancier ne peut s'empêcher soit de déterminer, par une appréciation approximative, la somme qui doit être offerte pour le dixième en sus du prix de la vente, soit de faire *en termes généraux, sans déterminer aucune somme,* la soumission de porter ou faire porter l'immeuble à un dixième en sus.

M. Delvincourt s'est élevé avec raison contre cette décision (3). Il faut admettre d'abord comme un point constant que le tiers détenteur doit évaluer les charges indéterminées qui font partie

_____

(1) Dal., 27, 1, 194. *Junge* un arrêt de la cour de Bordeaux du 4 mai 1833, qui déclare nulle une surenchère qui ne portait pas l'offre du dixième en sus sur le capital d'une rente jointe au prix (Dal., 33, 2, 181).

(2) Sirey, 5, 1, 208.

(3) T. 3, p. 365, note 5.

du prix. C'est en effet une grande erreur de croire, avec la cour de cassation, que l'évaluation doit être faite par le créancier qui veut requérir la surenchère. Nous avons établi ce point ci-dessus (1). Ceci posé, si le tiers détenteur manque à cette obligation, il ne doit pas se plaindre de l'insuffisance des offres faites par la surenchère. Ajoutons encore quelques réflexions.

La cour de cassation veut que ce soit le créancier lui-même qui fasse l'appréciation et désigne la somme sur laquelle il doit offrir une surenchère d'un dixième. Mais qui empêchera dès-lors le créancier d'apprécier la charge à une somme des plus minimes? Qui lui fera un reproche de cette évaluation illusoire, lui qui manque le plus souvent de renseignemens pour arriver à la vérité? Il faut convenir que laisser le créancier maître de l'estimation, ce n'est pas le forcer à s'engager à beaucoup, et qu'il lui sera facile, à ce compte, de surenchérir d'un dixième et de troubler l'acquisition du tiers détenteur.

Comment la cour de cassation ne voit-elle pas qu'elle autorise de vaines fictions, qu'elle se jette dans des formalités sans valeur, et qu'il vaudrait bien mieux soutenir franchement qu'une pareille surenchère équivaut à l'absence de surenchère?

Nous sommes, ce me semble, beaucoup plus conséquens et plus vrais en soutenant qu'il n'y a pas lieu à surenchère de ce qui n'a pas été évalué.

Au surplus, la cour de cassation ne fait, en quel-

(1) *Suprà*, n° 925.

que sorte, qu'aboutir au même résultat, mais par des voies détournées.

Elle ajoute qu'après tout, le créancier pourra faire, *en termes généraux, et sans déterminer* aucune somme, la soumission de porter l'immeuble à un dixième en sus. Mais M. Delvincourt a fort bien démontré la faiblesse de cette raison. Toute enchère doit se produire avec l'offre d'une somme déterminée ; sans cela, comment les enchères successives pourraient-elles s'ouvrir et engager leur lutte pour se dépasser ? Comme la surenchère du dixième doit servir de base à celles qui viendront ensuite (1), il faut qu'elle se traduise nécessairement en une somme fixe et précise, afin qu'on sache quelle est la mise, et qu'on se décide à la couvrir s'il y a lieu : force est donc de sortir de ces généralités dont parle la cour de cassation, et d'arriver à préciser la somme offerte; et alors de deux choses l'une : ou c'est le créancier qui fait cette appréciation, et il peut la faire d'une manière dérisoire, ce qui rend inutile la réquisition d'une surenchère à cet égard; ou bien c'est le tiers détenteur qui doit la faire, comme je le soutiens, et dès-lors comment sera-t-il fondé à se plaindre que le créancier n'ait pas fait porter la surenchère sur des sommes que lui, tiers détenteur, n'avait pas pris soin de déterminer ?

936. Nous avons dit que la surenchère du dixième doit porter sur tout ce qui profite directement ou indirectement au vendeur.

(1) Art. 838, Code de procédure civile. *Infrà*, no 960, et art. 2187 du Code civil.

Mais elle ne doit pas porter sur ce qui n'est pas payé à sa décharge, sur les frais, par exemple, qui sont de droit à la charge de l'acquéreur, tels que droits d'enregistrement, frais de transcription, etc. (1).

Toute la difficulté consistera donc à savoir quels sont les frais qui sont de droit à la charge du vendeur ou à la charge de l'acquéreur. A cet égard on peut consulter un arrêt de la cour de Riom du 29 mars 1816 (2), et un arrêt de la cour de Bordeaux du 14 décembre 1827 (3). Dans l'espèce de ce dernier arrêt, le cahier des charges avait mis au compte de l'adjudicataire *les frais de l'extrait des inscriptions* et des dénonciations aux créanciers inscrits. La cour jugea avec raison que ces frais, n'étant pas, de droit, à la charge de l'acquéreur (art. 777 du Code de procédure civile), formaient une augmentation du prix qui devait être, à peine de nullité, frappée de la surenchère du dixième.

J'ajoute que ces décisions doivent être adoptées alors même que le tiers détenteur n'aurait pas liquidé dans la notification le montant de ces frais; car ils sont réglés par des tarifs invariables, et les créanciers peuvent eux mêmes faire l'évaluation.

On a agité la question de savoir si les impôts *échus*, mis à la charge de l'acquéreur par une

(1) M. Merlin, Surenchère, p. 338. Mon comment. sur *la Vente*, nº 164.

(2) M. Grenier, t. 2, p. 337.

(3) Dal., 28, 2, 90.

clause du contrat de vente, font tellement partie du prix, que le surenchérisseur soit obligé d'en offrir le dixième en sus.

La cour de cassation semble avoir décidé que non, par arrêt du 18 janvier 1825. Cependant cet arrêt peut donner lieu à des doutes extrêmement graves par la manière dont il est motivé.

Par acte du 18 novembre 1822, Noyaux père vend à son fils plusieurs immeubles pour 8,700 francs, payables aux créanciers du vendeur. Il est stipulé, dit l'arrétiste, et je prie de noter cette circonstance, il est stipulé que l'acquéreur est tenu d'acquitter les impositions foncières à partir du 1er janvier 1822, s'élevant à 21 francs annuellement. Noyaux fils fait transcrire son contrat et le notifie aux créanciers inscrits. Le sieur Chol, l'un d'eux, fait signifier à Noyaux un acte de surenchère par lequel il se soumet à faire porter le prix à un dixième en sus de 8,700 francs, *outre les charges*.

Noyaux soutient que l'enchère est nulle parce qu'elle ne contient pas l'offre du dixième en sus sur les 21 francs, montant des impositions mises à sa charge par le contrat.

Arrêt de la cour de Lyon qui déclare l'enchère valable. Pourvoi en cassation.

Par arrêt du 18 janvier 1825, sur les conclusions de M. Joubert, avocat-général, et au rapport de M. Hua,

« Attendu que si le surenchérisseur est obligé » d'offrir le dixième en sus du prix et des charges » portées dans le contrat de vente, cela ne peut

» s'entendre que des charges qui font partie du
» prix et qui entrent dans l'appréciation de la va-
» leur de l'immeuble qui en est grevé ; que l'impôt
» qui affecte les biens d'une manière générale ne
» vient pas du contrat, mais de la loi ; qu'étant
» placé hors de la stipulation des parties, il n'est
» pas une condition de l'acte, mais une nécessité ;
» que l'offre d'augmenter l'impôt d'un dixième se-
» rait tout-à-fait illusoire, et que par conséquent
» elle n'a pu être prescrite ; que de plus, dans l'es-
» pèce la quotité qui aurait pu être à la charge du
» surenchérisseur n'était point déterminée par le
» contrat, puisqu'à l'époque du 18 novembre 1822,
» à laquelle la mutation a été opérée, les dix mois
» échus auparavant pouvaient avoir été payés par
» le vendeur, *et n'étaient plus une charge de l'ac-*
» *quisition* (1). »

Le dernier considérant de cet arrêt plaçait la cause sous l'influence d'un point de fait, qu'il est assez difficile de concilier avec l'exposé donné par l'arrêtiste, mais qui, ainsi posé, légitime au fond la décision de la cour de cassation (2).

Mais si l'on veut raisonner en dehors de cette hypothèse, peut-être un peu forcée, et revenir aux clauses de la vente, telles du moins que les recueils en donnent le détail, on est forcé de s'élever contre les principes développés par la cour de cassation.

(1) Dal., 25, 1, 261.

(2) V. des observations très-justes sur cet arrêt, dans le recueil de M. Dalloz, *loc. cit.*

Il avait été convenu que les impôts échus depuis le 1ᵉʳ janvier 1822, quoique antérieur à l'entrée en jouissance de l'acquéreur, seraient supportés par ce dernier. Or, c'était là une clause exorbitante, une clause telle que, sans elle, les impôts fussent restés à la charge du vendeur, et non de l'acquéreur, qui ne les devait qu'à compter de son entrée en jouissance.

Il suit de là que ces impôts, échus et évalués avant la vente, faisaient partie du prix de la vente : c'est une somme d'argent que l'acquéreur était chargé de payer, à l'acquit du vendeur, entre les mains du percepteur.

Que veut dire la cour de cassation, lorsqu'elle dit que l'impôt ne vient pas du contrat, mais de la loi? Cette maxime, vraie en elle-même, est ici sans application, puisque ce n'est qu'en vertu du contrat que l'acquéreur est obligé de payer l'impôt qui est échu avant son entrée en jouissance.

La cour de cassation ajoute que l'offre d'augmenter l'impôt d'un dixième serait tout-à-fait illusoire. Oui, sans doute, si c'était à titre d'impôt dont le dixième en sus devrait être versé entre les mains du percepteur ; car à l'égard de l'état, l'impôt est quelque chose de fixe qui ne peut recevoir ni augmentation ni diminution.

Mais ici ce n'est pas sous ce rapport que la chose est considérée. On envisage la somme représentative de l'impôt comme un des élémens du prix de vente : c'est comme si l'acquéreur eût été obligé de payer 27 francs de plus, et que le prix, fixé à 8,700 francs, l'eût été à 8,727 francs. Or, dans ce cas, le dixième en sus ne devrait-il pas également porter sur les 27 francs? Eh bien! c'est ce qui doit avoir lieu dans notre espèce, puisque ce sont 27 francs que l'acquéreur paie à un créancier délégué du vendeur, au lieu de les payer au vendeur lui-même.

Du reste, en ce qui concerne l'impôt non échu, c'est-à-dire celui qui ne commence à courir que du jour de l'entrée en jouissance de l'acquéreur, il est plus qu'évident qu'il ne fait pas partie du prix de vente, et qu'il est une charge de la jouissance et de la possession.

Il arrive quelquefois qu'en vendant un immeuble, on stipule que la récolte de l'année appartiendra à l'acquéreur, et qu'il supportera les impôts de cette même année. Comme l'impôt est une charge des fruits, il est certain que dans ce cas l'obligation de le payer ne fait pas partie du prix, et constitue un devoir de droit pour l'acquéreur. C'est ce qu'a jugé la cour de Bourges par arrêt du 1er août 1829 (1).

937. On demande si le créancier poursuivant l'enchère doit mettre un dixième en sus sur les intérêts du prix de vente qui sont dus et déclarés par l'acquéreur?

L'affirmative me paraît certaine; car les intérêts font partie du prix, dont ils sont un accessoire. Le but de la surenchère est de porter l'immeuble à sa véritable valeur. Or, si la valeur de l'immeuble eût été fixée par le contrat à un dixième en sus du prix

(1) Dal., 30, 2, 123.

stipulé, ce qui est la valeur légalement vraie de la chose, les intérêts auraient été plus forts d'un dixième. C'est donc aussi à cette échelle que l'enchère doit les ramener, comme elle y ramène le principal ; sans quoi il y aurait perte pour la masse ; et comme l'obligation de porter le prix à un dixième en sus est prescrite, *à peine de nullité*, et que cette nullité est absolue, l'acquéreur, désireux de conserver la propriété de la chose par lui achetée, pourrait en exciper pour faire déclarer nulle la procédure en surenchère.

Le contraire a cependant été jugé par arrêt de la cour de Rouen du 4 juillet 1828 (1). Mais il me semble que les raisons que je viens d'exposer doivent l'emporter.

937 *bis*. Lorsqu'il y a des charges qui entrent dans le prix, et d'autres qui n'y entrent pas, l'enchérisseur ne pourrait se plaindre de ce que le tiers détenteur n'aurait pas spécialement indiqué, par une division méthodique et explicative, les charges sur lesquelles doit s'étendre la surenchère et celles qui ne doivent pas en être atteintes. C'est au discernement du surenchérisseur à faire ces distinctions, et à vérifier lui-même les charges qui font partie du prix (2).

938. La soumission est un véritable engagement que contracte le créancier poursuivant. C'est, dit M. Grenier, une promesse judiciairement faite, qui emporte l'obligation de la part de l'enchérisseur

(1) Dal., 29, 2, 181.
(2) Cassat., 2 novembre 1813. Répert., Surenchère, p. 340.

de prendre l'immeuble pour le prix qu'il offre (1). Je reviendrai là-dessus (2) en parlant des effets de la surenchère, relativement à la question de savoir sur qui réside la propriété de l'immeuble, lorsqu'elle a eu lieu. Il me suffit de dire que le créancier, qui a soumissionné, s'est lui-même rendu enchérisseur, et que dès ce moment il est engagé à remplir ses offres envers les créanciers hypothécaires : il n'est dégagé de cette obligation qu'autant que son enchère est couverte par une autre, conformément à l'art. 2187 du Code civil.

939. La signification de la réquisition d'enchérir, avec offre de porter le prix à un dixième en sus, ne doit pas seulement être faite au nouveau propriétaire ; elle doit encore être faite, *dans le même délai*, au débiteur principal.

Comme l'enchère apporte une modification au contrat intervenu entre l'acquéreur et le vendeur, il est juste que celui-ci en soit informé ; car il est de son devoir de venir au secours du tiers détenteur et de faire cesser le trouble en désintéressant les créanciers (3). Il faut remarquer aussi que l'acquéreur lui-même peut se rendre adjudicataire, et que, dans ce cas, il a un recours contre son vendeur, aux termes de l'art. 2192 du Code civil (4).

---

(1) T. 2, p. 370, n° 464. *Junge* M. Tarrible, Transcript., p. 122, col. 2, Répert.

(2) *Infrà*, n°ˢ 648 et suiv.

(3) V. mon commentaire *de la Vente*, t. 1, n° 446.

(4) M. Grenier, t. 2, p. 329, n° 450.

S'il y avait plusieurs vendeurs, appliquez ce qui a été dit *suprà*, n° 933.

939 *bis*. C'est encore une chose prescrite, à peine de nullité, que l'original et les copies des exploits soient signés par le créancier requérant ou par son fondé de procuration expresse, lequel, en ce cas, est tenu de donner copie de sa procuration.

Par cette formalité, on a voulu éviter ces procédures trop souvent provoquées par la cupidité des officiers ministériels, et où la volonté du créancier n'est pour rien. Le créancier étant tenu de signer l'original et les copies, il y aura certitude que rien ne se fait que de son aveu.

940. Enfin le créancier requérant doit offrir de donner caution jusqu'à concurrence du prix et des charges; et, d'après l'art. 832 du Code de procédure civile, l'offre de la caution doit être accompagnée d'assignation, à trois jours, devant le tribunal où la surenchère et l'ordre doivent être portés, afin de faire recevoir ladite caution. Il est procédé sommairement à cette réception.

On sent facilement l'utilité de cette caution. Comme il s'agit de déposséder un acquéreur qui jouit en vertu d'un titre légitime, la loi ne se décide à cette mesure qu'avec précaution et pour l'avantage de la masse des créanciers. Elle veut donc la certitude que l'opération leur sera avantageuse; et il devenait dès-lors indispensable d'obliger le surenchérisseur à donner une caution solvable. A la vérité, c'est au vendeur, et particulièrement à l'acquéreur, que cette caution est offerte, et non aux créanciers. Mais la raison en est simple : l'acquéreur, qui a intérêt à conserver l'immeuble par lui acquis, ne doit vouloir s'en dessaisir qu'autant qu'il y a impossibilité de douter que l'avantage de la masse, qui est la condition de son expropriation, sera procuré.

Et qui ne voit les résultats fâcheux qui pourraient résulter du défaut de caution !

Pierre acquiert une maison pour 80,000 francs. Il purge. Paul, créancier d'une somme très-modique, requiert la mise aux enchères, et, pour première enchère, il porte le prix à 98,000 francs. La maison lui reste à ce prix ; mais il est hors d'état de payer. Certainement on ne peut rien exiger du premier acquéreur, qui s'est trouvé exproprié par cette opération. On est donc obligé de revendre à la folle enchère de Paul. Mais, sur cette folle enchère, la maison n'est vendue que 70,000 fr. Il résultera de là que, faute par Paul d'avoir donné caution, sa surenchère a causé aux créanciers une perte de 10,000 francs, et dépossédé, sans aucun fruit, un acquéreur muni d'un titre respectable (1).

940 *bis.* Le trésor public, qui est toujours censé solvable, est-il obligé de donner caution ?

Le fisc prétendait qu'il devait en être dispensé. Mais cette prétention, contraire à l'art. 2185 du Code civil, qui ne fait d'exception pour personne, fut rejetée par la cour de cassation le 9 août 1826 (2).

(1) M. Delvincourt, t. 3, p. 369.
(2) Dal., 26, 1, 445.

Cependant le principe de la perpétuelle solvabilité du fisc, consacré par les lois 2, § 1, D. *De fundo dotali*, et 3, § 4 et 5, D. *Si cui plus quàm per legem falcidiam*, semblait commander une exception ; aussi est-il intervenu, le 11 février 1827, une loi qui dispense le trésor de donner caution.

940 *ter*. La réquisition ne doit pas contenir vaguement l'offre de donner une caution quelconque, sauf à faire recevoir ensuite celle qui sera présentée à l'audience. Il faut nominativement désigner cette caution dans l'acte de réquisition ; et c'est d'après cette désignation nominative que la partie se détermine à accepter ou refuser. On sent que tout doit marcher avec célérité dans la procédure en surenchère. Il ne faut pas que la propriété reste trop long-temps incertaine. L'acquéreur qui ne trouverait pas dans l'acte de réquisition la désignation nominative de la caution, ne pourrait pas, avant l'audience à laquelle il serait assigné, prendre des informations sur sa solvabilité ; il serait forcé de demander à l'audience un délai pour s'en instruire ; au lieu que, si l'acquéreur est averti par l'acte de réquisition, il a pu s'informer de la solvabilité, et tout marche avec rapidité (1).

On demande s'il est nécessaire que les pièces justificatives de la solvabilité de la caution soient produites au greffe dans le délai de trois jours fixé pour l'assignation en réception de caution.

(1) Merlin, Répert., Surenchère, p. 336 et 337. Berriat, p. 653. Pigeau, t. 2, p. 435. Carré, t. 3, p. 167.

La cour suprême s'est prononcée pour la négative par arrêt du 31 mai 1831, portant cassation
d'un arrêt de la cour de Bourges (1). Elle a pensé
qu'il suffisait que les pièces justificatives fussent
déposées avant le jugement à intervenir (2).

· 941. Si le créancier ne peut trouver une caution, il y a lieu de croire qu'il doit être admis à
donner en place un gage ou nantissement suffisant. Telle est la disposition de l'art. 2041 du Code
civil, qui semble devoir être appliqué ici. M. Tarrible soutient aussi cette opinion avec une grande
force de raison. Quel est le but de la caution ? C'est
d'assurer le paiement d'une somme déterminée.
Or, ce paiement est tout aussi bien assuré par un
gage suffisant, et même l'on peut dire qu'il ne peut
l'être mieux que par le dépôt et la consignation de
la somme même. Le créancier pourra donc offrir
un gage suffisant; seulement il devra assigner les
propriétaires anciens et nouveaux devant le tribunal de la situation des immeubles, pour voir
ordonner la réception du gage ou voir autoriser
la consignation de la somme (3).

.Mais le surenchérisseur pourra-t-il remplacer la
caution dont parle notre article, ou le gage ou

(1) Dal., 31, 1, 208.
(2) Dans le même sens, arrêt de Limoges (Sirey, 33, 2, 655).
Arrêt de Bordeaux du 7 avril 1834 (Sirey, 34, 2, 358). Arrêt
de Paris du 6 avril 1835 (Sirey, 35, 2, 423).
(3) M. Tarrible, Répert., Transcript, § 5, no 9. M. Grenier, t. 2, p. 327, no 448. M. Delvinc., t. 3, p. 369, n° 10.
Limoges, 31 août 1809 (Sirey, 12, 2, 195). Paris, 9 avril
1813 (Id., 13, 2, 208). Amiens, 27 mai 1826 (Dal., 28, 2, 28).

nantissement dont parle l'art. 2041, par une hypothèque sur ses biens?

La question a été jugée pour la négative (1) par arrêt de la cour de Bourges du 15 juillet 1826. On a considéré que si l'hypothèque offre une égale sûreté pour le paiement, elle présente des difficultés pour l'obtenir; que la caution est infiniment plus avantageuse, en ce qu'il y a deux obligés à la place d'un, et que d'ailleurs il y a apparence que celui qui prête son cautionnement veillera soigneusement à ce que le surenchérisseur remplisse ses engagemens : que la dation d'une hypothèque paralyserait tous ces avantages, puisque les créanciers ne peuvent espérer d'être payés qu'à la suite de la procédure lente, dispendieuse et difficile de l'expropriation.

Le gage que le créancier est autorisé à offrir en place de caution doit-il être nécessairement en immeubles, ou peut-il être fourni en meubles?

Les arrêts sont partagés sur cette question. Je pense qu'on doit préférer ceux qui ont admis le créancier à fournir un gage mobilier. Qu'y a-t-il de plus solide, par exemple, qu'une consignation de deniers suffisans faite à la caisse des consignations?

942. Le créancier, après avoir offert une caution insolvable, peut-il être ensuite admis à fournir une nouvelle caution? ou, ce qui est la même

(1) Sirey, 27, 2, 61. Arrêt conforme, Paris, 26 février 1829 (Dal., 29, 2, 129). Bruxelles, 26 juin 1831 (Dal., 33, 2, 232). En sens contraire, Rouen, 4 juillet 1828 (Dal., 29, 2, 180).

chose, peut-il, dans le même cas, être déclaré non recevable dans l'offre qu'il fait de consigner la somme en argent?

La négative a été jugée par arrêt de la cour de Rouen du 23 mars 1820 (1). Cette cour a pensé qu'une fois la caution primitive reconnue insuffisante, la surenchère est nulle, et qu'il n'y a pas moyen de couvrir cette nullité par l'offre tardive et hors de saison d'une consignation en argent; car la procédure en surenchère doit marcher avec célérité, pour ne pas laisser en suspens la propriété de l'acquéreur. Le créancier surenchérisseur pourrait l'éterniser, s'il lui était permis d'accumuler offres sur offres. Toutes les offres à faire doivent être consignées dans l'acte de réquisition d'enchères, d'après l'art. 832 du Code de procédure civile, et être faites dans les quarante jours. Une offre postérieure est tout-à-fait tardive. — Il y a déchéance.

Il en serait cependant autrement (2) si on était encore dans les délais pour surenchérir.

943. *Quid* si la caution, étant solvable lors de son indication nominative, est devenue insolvable *ex post facto?*

La cour de Paris a jugé que le créancier surenchérisseur n'est pas privé de la faculté d'en substituer une nouvelle qui réunisse les qualités requises, et de continuer ensuite ses poursuites en surenchère. Arrêt du 19 mai 1807 (3).

(1) Sirey, 20, 1, 199.
(2) *Infrà*, n° 945.
(3) C'est aussi l'opinion de M. Persil, Rég. hyp., art. 2185;

Cette décision me paraît bien fondée. Le surenchérisseur ne peut répondre des événemens imprévus qui dérangent les combinaisons de sa prudence. Ce serait aller jusqu'à une sévérité outrée que d'annuler des actes éminemment utiles, parce qu'une caution, valable au commencement, est ensuite devenue insolvable. Il faut comparer ce cas à celui où la caution viendrait à mourir avant d'être reçue. Or, dans le cas de mort de la caution solvable avant sa réception, le surenchérisseur doit incontestablement être admis à en présenter une nouvelle, et l'on ne pourrait dire que sa réquisition d'enchère est nulle (1).

944. Mais ici se présente une question très-importante, que cependant je dois plutôt indiquer qu'approfondir.

C'est de savoir si cette nouvelle caution doit être offerte d'après les formalités spécialement établies pour la surenchère par les art. 832 et suivans du Code de procédure civile, ou bien si elle doit être offerte dans la forme prescrite par les réceptions ordinaires de caution, d'après les art. 518 et suivans du Code de procédure civile.

La cour de cassation a jugé, par l'arrêt du 16 mars 1824, que je citais tout à l'heure, que c'est aux art. 518 et suivans du Code de procédure civile qu'il faut s'attacher, et a cassé un arrêt de la cour de Montpellier qui a jugé le contraire. A la vérité,

n° 19, et de M. Grenier, t. 2, n° 448, et de M. Delvincourt, t. 3, p. 368, n° 10. Sirey, 12, 2, 194.

(1) V. arrêt de cassat. du 16 mars 1824, et la discussion qui l'a précédé, dans Dalloz, 24, 1, 102.

dans l'espèce il s'agissait d'une caution que le tribunal de Narbonne avait autorisé le surenchérisseur à fournir à la place de la caution solvable décédée. Mais la raison de décider est la même dans le cas où l'autorisation de donner une nouvelle caution est accordée, par la raison qu'une insolvabilité imprévue rend l'ancienne non satisfactoire. Voici l'arrêt de la cour suprême.

« La cour, sur les conclusions *contraires* des M° Cahier, avocat-général : » Attendu que dans sa procédure en surenchère le demandeur avait observé toutes les formalités requises pour la rendre valable ; qu'il n'était plus question sur l'incident qui s'était élevé, par suite du décès de la caution offerte, que de savoir si le surenchérisseur était recevable à substituer une nouvelle caution à l'ancienne ; que cette question était *indépendante* de la validité de la surenchère considérée en elle-même ; que ce n'était plus, par suite, qu'en vertu du jugement qui autorisait la présentation de cette nouvelle caution, qu'il s'agissait de procéder, et que c'étaient dès lors les dispositions des art. 517 et 518 du Code de procédure civile qui devaient être consultées ; qu'en effet, aucun autre article du Code ne fait exception à la forme de procéder, *pour le cas de réception d'une nouvelle caution*, en vertu du jugement, l'article 832 n'ayant disposé que pour celui d'une caution à présenter lors de la déclaration de surenchère ; que, dans le silence d'une loi spéciale sur la matière, c'est à la loi générale qu'il faut recourir, et que les art. 517 et 518 établissent des principes généraux sur les for-

malités à observer pour la présentation des cautions à fournir en vertu de jugemens; que cependant la cour royale de Montpellier a jugé que c'é-
tait l'art. 832 qui aurait dû être observé, ce qu'elle
n'a pu faire sans appliquer faussement ledit article, et violer ouvertement les art. 517 et 518 :
casse et annule. »

945. J'examinais tout à l'heure le cas où la caution, étant solvable originairement, est devenue
insolvable *ex post facto*. Il faut maintenant parler
du cas inverse, savoir si l'acte de réquisition est
nul lorsque la caution, étant insolvable, lors de
l'offre qui en a été faite, est devenue solvable pendant le procès et avant le jugement définitif.

La cour royale de Bordeaux s'est prononcée pour
la nullité, par arrêt du 27 juin 1826 (1). Elle a
pensé que c'était au moment de sa présentation
que la caution devait réunir toutes les qualités requises par l'art. 2018 du Code civil. C'est ce qu'a-
vait déjà jugé la cour de cassation, par arrêt du
15 mai 1822. En effet, la caution solvable doit
être offerte dans le même délai que la réquisition
de surenchère, puisque cette offre en fait partie.
Or, si la caution offerte était insolvable dès l'origine, et qu'elle ne devînt solvable qu'après l'expiration des délais, ce serait comme si pour la première fois on l'eût offerte hors des délais. On peut
dire que l'acte de réquisition manquerait de l'offre
d'une caution; car c'est la même chose qu'il n'y ait
pas de caution ou qu'il y en ait une insolvable. Dès

(1) Dal., 27, 2, 39.

lors, cette omission, étant réparée seulement après le délai de quarante jours, c'est-à-dire lorsqu'il y à forclusion, ne peut couvrir une nullité acquise et une déchéance encourue (1).

Mais on devrait arriver à une autre solution, si l'on se trouvait encore dans le délai de quarante jours.

946. Suivant M. Tarrible (2), la caution, devant être reçue en justice, doit remplir les conditions prescrites par les art. 2018 et 2019 du Code civil, et de plus être susceptible de contrainte par corps, conformément à l'art. 2040 du même Code.

Mais je ne pense pas que cette opinion soit exacte. La caution exigée par notre article et par les articles 832 et suivans du Code de procédure civile n'est pas *judiciaire*; elle est *légale*. Car c'est la loi seulement qui l'établit; les parties ne vont devant les tribunaux que pour débattre la solvabilité. Or la loi n'exige pas qu'une caution *légale* soit susceptible de contrainte par corps. Elle ne requiert cette condition que pour la caution *judiciaire*.

C'est par ces motifs que la cour de Rennes, par arrêt du 9 mai 1810, rapporté et approuvé par M. Carré (3), a jugé qu'une femme pouvait être

_____

(1) Arrêt conf. Rouen, 2 mars 1828 (Dal., 30, 2, 105). Bourges, 11 janvier 1828 (Dal., 29, 2, 166). M. Delvincourt, t. 3, p. 368, note 10.

(2) Répert., Transcript., p. 121, n° 9.

(3) T. 3, p. 172, note 1. *Junge* un arrêt de la cour de Bordeaux du 20 août 1831 (Dal., 33, 2, 80).

valablement offerte pour caution dans un acte de réquisition de surenchère.

947. C'est une difficulté de savoir jusqu'à concurrence de quelle somme le créancier surenchérisseur doit donner caution.

Doit-il seulement donner caution du prix et des charges stipulés au contrat d'acquisition ; ou bien doit-il cautionner pour ce prix et ces charges augmentés d'un dixième?

La cour de Rennes a touché cette question par arrêt du 29 mars 1812 (1) ; mais elle l'a plutôt éludée que décidée ; cependant on voit que, dans son opinion, elle inclinait pour admettre de préférence que le Code civil n'exige pas que la caution s'étende au dixième en sus.

Je regarde l'opinion contraire comme plus véritable. Lorsque la loi permet de dépouiller un acquéreur légitime, elle ne s'y décide que parce qu'il doit en résulter un avantage pour la masse des créanciers. Or c'est précisément le dixième en sus offert par l'enchérisseur qui fait l'avantage de cette masse. L'acquéreur légitime pourra donc résister à l'action en dépossession qui est exercée contre lui, tant qu'il n'aura pas une caution qui assure qu'il n'est évincé que pour l'intérêt commun. La caution doit donc couvrir non seulement le prix stipulé au contrat, mais encore le dixième en sus. Sans cela l'intérêt commun ne serait pas garanti (2).

(1) Sirey, 15, 2, 104.
(2) M. Delvincourt, t. 3, p. 369, note 11. Cassation, 10 mai 1820 (Bull. off., n° 44).

948. Examinons maintenant quelles sont les suites de l'accomplissement des formalités et conditions que je viens de retracer pour la validité de l'acte de réquisition de surenchère.

Lorsque le créancier a fait sa réquisition avec les soumissions qui doivent l'accompagner, il devient premier enchérisseur, et si son enchère n'est pas couverte par une enchère plus forte, il est saisi et devient propriétaire.

C'est une conséquence de ce que je disais au n° 938, que la soumission de l'acquéreur le lie irrévocablement, et qu'il ne peut plus se dégager.

Cela résulte aussi de l'art. 838 du Code de procédure civile, où il est dit : « Le prix porté dans l'acte et la somme de la surenchère tiendront lieu d'enchère. » C'est bien dire positivement que le créancier requérant est un véritable enchérisseur, qui contracte une obligation et à qui il n'est pas permis de se délier.

Il demeurera donc propriétaire de la chose, si sa mise n'est pas dépassée.

Mais d'un autre côté, il est certain que sa réquisition est un appel à d'autres enchères publiques, qui doivent avoir lieu, conformément à l'art. 2187 du Code civil. Il ne peut empêcher que des rivaux ne se présentent, pour faire porter l'immeuble plus haut que lui. On verra, sous l'art. 2187, des détails à ce sujet.

Il suit de là que si la surenchère du créancier requérant est couverte par d'autres enchères, il se trouve dégagé de même que l'acquéreur primitif a été délié de l'obligation de payer le prix au

vendeur originaire, par la réquisition et la soumission dont parle notre article.

Je dis que la réquisition et la soumission délient
l'acquéreur. En effet, l'immeuble est mis sous la
surveillance de la justice, qui doit l'adjuger au
plus haut enchérisseur. Le premier acquéreur est
donc menacé d'éviction, et dès-lors il ne doit
pas payer le prix de vente (1). Il est autorisé à le
séquestrer entre ses propres mains.

949. Mais il ne faut pas croire que la propriété
cesse de résider sur la personne de l'acquéreur,
dès qu'il y a eu réquisition de surenchère.

La soumission du créancier requérant est une
offre d'acheter, comme le sont toutes les enchères :
par cette promesse, il s'engage à acheter la chose
pour le prix porté par son enchère., sous la condition qu'il n'y ait pas d'enchère au dessus de la
sienne. Le surenchérisseur ne se trouve réellement acquéreur et propriétaire que lorsque, au
temps venu pour l'adjudication, son enchère n'est
pas couverte. Avant ce temps, la propriété réside
encore sur la tête de l'acquéreur primitif (2).

Il suit de là que si, avant l'époque de l'adjudication venue, l'immeuble éprouve des dégradations, l'enchérisseur peut n'être pas forcé de l'a-
cheter pour le prix offert.

C'est ce qui fait dire à Pothier : « C'est sur ce

(1) M. Grenier, t. 2, n° 464, p. 370. Argument de l'article 1653 du Code civil. V. mon commentaire de cet article au
titre *de la Vente*, t. 2, n°s 610 et suiv.

(2) Pothier, *Vente*, n°s 490 et 492. Voyez aussi mon commentaire *de la Vente*, t. 1, n° 79.

» principe que Lemaistre, en son Traité des criées,
» chap. 22, et Mornac sur la loi 58, § *de compt.*
» *empt.*, décident, après Balde, que si depuis une
» enchère reçue, l'héritage a été détérioré par quel-
» que cas fortuit, *putà* par un incendie, ou par
» une tempête qui aura renversé une grande quan-
» tité d'arbres, l'enchérisseur est bien fondé à pré-
» tendre être déchargé de son enchère; si mieux
» on n'aime lui faire une diminution de ce qu'il
» sera estimé par experts que l'héritage vaut de
» moins (1). » Ce sentiment est suivi par M. Grenier (2) et par M. Merlin (3).

950. Il faut parler maintenant des suites de la
nullité de la surenchère.

Lorsqu'on a omis dans l'acte de surenchère une
ou plusieurs des formalités que j'ai énumérées, ou
bien si la caution qui doit être offerte est rejetée,
la surenchère est déclarée nulle par notre article
et par l'art. 833 du Code de procédure civile.

Cette nullité obtenue contre le créancier poursuivant profite à l'acquéreur contre tous les autres
créanciers, quoiqu'ils n'aient pas été nominativement en cause (4).

Seulement, s'ils sont encore dans le délai, ils
peuvent former une nouvelle surenchère (art. 833

(1) *Loc. cit.*, n° 494.
(2) T. 2, n° 465.
(3) V° Enchères.
(4) Cassat., 8 mars 1809 (Sirey, 9, 1, 328). Carré, t. 3,
sur l'art. 833 du Code de procédure civile. Pigeau, t. 2, p. 410.
Grenier, t. 2, n° 451. Delvinc., t. 3, p. 273, note 7. Rép.,
Surenchère, p. 356, et *infrà*, n° 966.

du Code de procédure civile), et remplir les formalités voulues par la loi, comme s'il n'y avait eu
rien de fait.

951. Je n'ai pas encore dit quelles personnes
peuvent enchérir. Je dois maintenant m'occuper
de ce point.

La surenchère ai-je dit déjà plusieurs fois, est
une promesse qui lie le créancier poursuivant, et
qui le rend acquéreur si son enchère n'est pas
couverte (1). Le créancier poursuivant ne recourt
donc pas à une simple mesure conservatoire,
comme fait celui qui prend inscription : il contracte un engagement, et dès-lors il est manifeste
qu'il ne peut surenchérir qu'autant qu'il est capable de s'obliger.

Quoique cette vérité paraisse incontestable,
néanmoins elle a été l'objet de controverses, et
l'on peut dire qu'elle a été quelquefois méconnue
d'une manière qui a lieu d'étonner. C'est ainsi que
la cour de Bruxelles a posé en principe, dans un
arrêt du 20 avril 1811 (2), que la réquisition de
mise aux enchères est un simple acte qui ne tend
qu'à assurer les effets du droit ouvert à tous les
créanciers inscrits ; que ce droit n'a rien de liti-
gieux et ne renferme aucun des élémens qui ca-
ractérisent une action déduite en jugement. Elle
l'a, en un mot, considéré comme un acte conservatoire, et, en conséquence, elle a validé une surenchère faite par la fabrique d'une paroisse qui n'a-

(1) *Suprà*, nos 938, 948.
(2) Dal., 24, 1, 233.

vait pas été autorisée par le conseil de préfecture.

Rien n'est plus vicieux que la manière dont cet arrêt est motivé, et l'on voit que la cour de Bruxelles, ordinairement si sage dans les décisions dont elle a enrichi notre jurisprudence, a été entraînée à forcer les principes, par la raison que la fabrique avait formé sa demande auprès du conseil de préfecture, le 13 mars 1810, que le délai fatal expirait le 16 du même mois, et que s'il eût fallu attendre l'autorisation, qui ne fut accordée que le 20, la fabrique eût été déchue (1).

Il faut donc tenir pour certain que la réquisition d'enchères n'est pas un acte conservatoire, et c'est un principe que la cour de cassation a posé formellement dans un arrêt du 14 juin 1824 (2).

952. Ceci posé, examinons sous quelles conditions une femme peut surenchérir.

La femme mariée ne peut, quoique séparée de biens, s'obliger sans l'autorisation de son mari (art. 217 Code civil).

Cette autorisation lui est donc nécessaire pour surenchérir; et notez que l'autorisation doit être spéciale; car une autorisation générale ne vaut que pour les actes d'administration des biens de la femme, et il s'agit ici non d'un acte d'administration, mais d'une obligation contractée. C'est ce qui a été décidé en thèse par l'arrêt de la cour de cassation du 14 juin 1824, que je citais tout à l'heure. L'arrêtiste rapporte aussi au même lieu

(1) *Infrà*, n° 954.
(2) Dal., 24, 1, 233.

un arrêt de la cour royale de Montpellier, du 22 mai 1807, rendu dans le même sens.

Malgré ces autorités, il a été décidé cependant, par arrêt de la cour d'Orléans du 25 mars 1831, que la femme séparée peut sans autorisation surenchérir l'immeuble aliéné par son mari (1). Mais il faut remarquer que, dans cette espèce, la cour reconnut en fait que le jugement de séparation contenait autorisation, au profit de la femme, *de poursuivre ses droits et actions* contre son mari.

953. Quelques personnes ont pensé qu'une femme mariée sous le régime dotal ne peut surenchérir, même avec l'autorisation de son mari. C'est aussi ce qui a été jugé par arrêt de la cour de Lyon (2), du 27 août 1813.

Le sieur Brenaire avait épousé la demoiselle Triboulet, qui s'était constitué en dot tous ses biens présens et à venir. Peu après le mariage, les biens de Brenaire furent vendus par expropriation forcée. Le sieur Crépu s'en rendit adjudicataire. La femme Brenaire, spécialement autorisée par son mari, surenchérit du quart, conformément à l'art. 710 du Code de procédure civile.

Le tribunal de première instance et la cour annulèrent cette surenchère par la raison qu'elle était faite par une femme mariée sous le régime dotal, qui s'exposait à des conséquences fâcheuses dans le cas où elle ne tiendrait pas sa promesse; qu'ainsi ce pourrait être un moyen indirect em-

(1) Dal., 31, 2, 168.
(2) Dal., 24, 1, 234, note.

ployé par le mari, pour aliéner la dot de sa femme, contre la prohibition formelle de la loi.

Je ne pense pas que cet arrêt puisse trouver des partisans.

D'abord, il faudrait distinguer si la dot apportée par la femme est mobilière ou immobilière : si elle était mobilière, j'ai déjà dit qu'elle pourrait être aliénée (1).

Si elle était immobilière, il faut convenir qu'alors elle serait inaliénable, et que rien ne pourrait être fait pour y porter atteinte. Mais je demande où est le danger pour la femme, lorsque les principes conservateurs de la dot veilleront toujours pour qu'aucune de ses garanties ne soit ébranlée. Si quelqu'un pouvait élever des plaintes, ce seraient peut-être le tiers détenteur, menacé d'éviction par une femme, contre laquelle un recours personnel est à peu près illusoire, et les créanciers exposés à perdre le prix qui doit les indemniser. Mais il faut faire attention que la femme doit donner caution, et, partant, son insolvabilité personnelle n'est plus d'aucune importance pour l'acquéreur et pour les autres créanciers. On le voit donc, l'interposition de la caution lève toutes les difficultés, et doit faire admettre la femme à participer à un droit infiniment utile pour elle, puisqu'il a pour objet de porter aussi haut que possible l'immeuble sur lequel elle a hypothèque. On peut consulter avec fruit, sur cette question, un arrêt de la cour d'Aix, du 23 février 1807, qui est motivé avec

(1) *Suprà*, n° 924.

beaucoup de force (1). Un arrêt de la cour de Grenoble, du 11 juin 1825, a aussi décidé qu'une femme mariée sous le régime dotal peut surenchérir avec l'autorisation spéciale de son mari, pourvu qu'elle donne caution suffisante (2).

953 *bis*. A l'égard du mineur, il ne peut surenchérir que par le ministère de son tuteur. Je pense même que le tuteur doit être autorisé par le conseil de famille ; car la réquisition de surenchère doit contenir assignation devant le tribunal pour l'admission de la caution. C'est une action qui tient aux droits *immobiliers* du mineur, puisque, si la caution est rejetée, le créancier mineur se trouve déchu de son action en surenchère *quæ tendit ad immobile.*

954. Ce que je viens de dire à l'égard de la femme mariée et du mineur servira à lever les difficultés pour les autres cas où il y aura des enchères à faire par des personnes incapables de s'obliger.

J'examinerai seulement ici deux difficultés qui me paraissent importantes. C'est de savoir ce qui devrait être décidé si l'autorisation, manquant lors de l'acte de réquisition, venait à être donnée après le délai de quarante jours. La seconde de savoir si la personne non autorisée ne doit pas être à l'abri de toute recherche pour défaut d'autorisation, lorsqu'elle a donné une caution solvable.

(1) Sirey, 15, 2, 158.
(2) Dal., 27, 2, 27.

La première question a été décidée par la cour de Dijon, le 12 décembre 1820, et le pourvoi contre l'arrêt a été rejeté le 14 juin 1824, par la cour de cassation (1).

« Considérant, dit la cour royale, que l'art. 2185, » en fixant à quarante jours le délai dans lequel un » créancier peut requérir la mise aux enchères, » est conçu en termes précis et inusités qui mon- » trent que l'intention du législateur fut de n'ac- » corder qu'un délai de rigueur. Considérant que » cette intention est encore plus clairement ex- » primée dans l'art. 2186, puisqu'il décide que, » faute par les créanciers d'avoir requis la mise aux » enchères dans le délai et les formes prescrites, » la valeur de l'immeuble demeure fixée au prix » porté dans l'acte de vente. D'où il résulte que, » passé ce délai de quarante jours, cet acte est » désormais irrévocablement consommé, et devient » inattaquable par voie de surenchère ; et le légis- » lateur a dû nécessairement l'ordonner de la sorte ; » car si le défaut d'autorisation préalable pouvait » être couvert par une autorisation donnée après » les quarante jours, ce ne serait plus un délai » de rigueur qui aurait été donné, mais bien un » délai indéterminé. On sent, en effet, qu'un » mari, par mauvaise volonté ou par tout autre » motif, pourrait retarder de s'expliquer sur cette » autorisation ; laisser ainsi la propriété indécise, » et par conséquent nuire aux intérêts de l'acqué- » reur et même à ceux des autres créanciers dont

(1) Dal., 24, 1, 234.

» il retarderait le paiement au gré de son caprice.
» Vainement objecterait-on qu'une femme qui ne
» peut acquérir sans autorisation, fait cependant
» un acte valable, si, après cet acte, elle rapporte
» une ratification de son mari : il y a une énorme
» différence entre ce qui est le droit naturel et
» une surenchère, *qui est un acte du droit civil*, dont
» il a réglé les formalités, et où elles sont toutes
» de rigueur par la raison même que c'est un acte
» exorbitant du droit commun. »

On ne saurait mieux dire.

955. La seconde difficulté a été entrevue sous une de ses faces par M. Grenier (1). Cet auteur pense « que les formalités d'autorisation peuvent
» avoir leur utilité afin de mettre les surveillans
» désignés par la loi, comme tuteur, curateur, à
» l'abri de recherches pour excès de pouvoir. Elles
» peuvent, dit-il aussi, avoir également pour objet
» d'assurer des garanties à celui qui s'offrirait pour
» caution; mais tout cela est étranger *aux créan-*
» *ciers*. Dès l'instant que la caution se présente,
» les créanciers sont sans intérêt à réclamer les
» formalités d'autorisation. L'offre de la caution
» leur suffit. »

Ceci est très-rationnel pour ce qui concerne les créanciers. Je conçois qu'ils soient sans intérêt à réclamer la nullité de la surenchère.

Mais il n'en est pas de même de l'acquéreur, qui se voit dépossédé par une personne incapable, et qui n'a rien à recevoir de la caution. Je crois donc

(1) T. 2, p. 361.

que l'acquéreur peut se prévaloir de l'incapacité
du créancier requérant, quand même la caution
serait solvable : il lui importe de n'avoir pour ad-
versaire qu'une personne ayant capacité pour vouloir l'évincer. Nul n'est obligé de répondre à une
demande formée par un incapable (1). A la vérité,
l'incapacité de la femme et celle du mineur sont
relatives; mais que résulte-t-il de là? C'est qu'une
fois l'engagement formé, celui qui a contracté
avec la femme et le mineur ne peut plus se dégager
sous prétexte de leur incapacité (art. 112 du Code
civil); mais lorsque l'engagement n'est pas parfait,
lorsqu'au contraire il est à former, on peut toujours opposer au mineur ou à la femme le défaut
d'autorisation, et refuser de les reconnaître tant
qu'ils ne se seront pas conformés à la loi.

Voilà pourquoi, dans l'espèce de l'arrêt de la
cour de cassation du 14 juin 1824, on ne crut
pas devoir opposer que la caution offerte par la
femme était solvable, ou que le défaut d'autorisation ne pouvait être articulé que par la femme
elle-même.

C'est aussi par ces raison qu'on peut adresser
quelques critiques à l'arrêt de la cour de Grenoble, du 11 juin 1825, que je citais au n° 952, et

_____

(1) Ce cas est bien différent de celui que j'examinais au numéro 953. Là, la femme était autorisée; il n'y avait aucune
incapacité personnelle, aucun obstacle à donner un consentement. Seulement le régime dotal élevait contre l'exécution de
l'obligation des difficultés que la caution venait aplanir. Ici,
au contraire, nous supposons que la femme n'est pas autorisée
et qu'elle ne peut consentir.

qui repoussa un moyen de nullité tiré du défaut d'autorisation du mari, par la raison que cette nullité ne peut être opposée que par la femme, le mari ou les héritiers.

956. Il me reste à examiner un dernier point. C'est de savoir si l'acquéreur peut empêcher la surenchère, en offrant de payer toutes les créances inscrites en principal et intérêts?

L'affirmative ne peut souffrir de difficultés (1). En effet, les créanciers inscrits sont tout-à-fait désintéressés; ils n'ont plus de motifs pour poursuivre la surenchère et pour enlever à l'acquéreur une propriété qui lui a été transmise par un titre légitime. On peut argumenter à cet égard de l'article 2173, qui autorise l'acquéreur qui a délaissé à reprendre l'immeuble, en payant toute la dette et les frais. Une autre raison non moins puissante se tire de l'art. 693 du Code de procédure civile. Et l'on voit que partout le législateur se montre enclin à favoriser le tiers détenteur, qui offre de satisfaire à toutes les charges établies sur l'immeuble (2).

Mais si le nouveau propriétaire mettait à son offre des conditions de nature à arrêter la marche de la procédure, les créanciers seraient en droit de la rejeter.

Le sieur Dabernad, voulant échapper à une surenchère, avait offert aux créanciers inscrits de

(1) M. Tarrible, Transcript., § 5, n° 11. M. Carré, t. 3, p. 170, sur l'art. 832. M. Grenier, t. 2, p. 371.

(2) V. un arrêt de la cour de cassation du 12 juillet 1809 (S., 10, 1, 74).

payer l'intégralité des créances inscrites, *mais en se réservant toutefois l'examen de leur légitimité* et son recours contre son vendeur. Les créanciers refusèrent d'agréer cette proposition, et leur refus fut approuvé par la cour de Toulouse. Dabernad se pourvut en cassation; mais, par arrêt du 23 avril 1807, son pourvoi fut rejeté. La cour de cassation considéra que l'offre de Dabernad, de payer moyennant la discussion préalable de la légitimité des créances, n'offrait aux créanciers que la perspective d'autant de procès, pendant lesquels Dabernad aurait joui de l'immeuble, sans en payer le prix (1).

ARTICLE 2186.

A défaut par les créanciers d'avoir requis la mise aux enchères dans le délai et les formes prescrits, la valeur de l'immeuble demeure définitivement fixée au prix stipulé dans le contrat, ou déclaré par le nouveau propriétaire, lequel est en conséquence libéré de tout privilége et hypothèque, en payant ledit prix aux créanciers qui seront en ordre de recevoir, ou en le consignant.

SOMMAIRE.

957. Conséquence du défaut de surenchère dans les délais.
    1° Le prix reste fixé au taux notifié aux créanciers. Néanmoins, l'absence de surenchère n'enlève pas aux

(1) Répert., Surenchère, p. 351, col. 1, n° 4.

créanciers hypothécaires le droit de faire révoquer les actes frauduleux qui auraient pour objet de dissimuler le prix véritable. Rejet d'un arrêt de la cour de Bourges. Arrêt inédit de la cour de Nancy, important à connaître.

957 *bis*. La dissimulation dans le prix n'est pas un motif suffisant pour autoriser les créanciers qui n'ont pas surenchéri à troubler le sous-acquéreur de bonne foi par une action hypothécaire.

957 *ter*. Dans quel cas les créanciers chirographaires peuvent critiquer le prix de vente, alors que les créanciers hypothécaires n'ont pas surenchéri. Arrêt inédit de la cour de Nancy.

958. Lorsque les créanciers hypothécaires ne sont pas payés de leur dû, et qu'ils viennent à découvrir qu'une partie du prix a été dissimulée, ils n'en sont pas moins préférables sur cette portion aux créanciers chirographaires, encore bien que l'immeuble soit purgé.

958 *bis*. Nature de l'action et compétence lorsque les créanciers hypothécaires réclament contre l'acquéreur la partie du prix frauduleusement dissimulée.

958 *ter*. C'est le paiement du prix ou la consignation qui forme la condition du purgement.

958 *quat*. Quelle procédure doit être suivie pour la consignation spéciale dont il s'agit ?

959. La consignation peut-elle avoir lieu alors qu'il y a des femmes, des mineurs ou des crédi-rentiers viagers ?

959 *bis*. Difficultés qui ont lieu en certains cas pour colloquer les créanciers.

959 *ter*. Manière de colloquer les créances conditionnelles.

959 *quat*. Manière de colloquer le créancier d'une rente perpétuelle ou viagère. *Quid* lorsque le prix de l'immeuble vendu est insuffisant pour faire un capital assez fort pour le service de la rente viagère ?

959 *quinq*. Difficultés pour la collocation du crédi-rentier viager quand il y a des hypothèques multiples, et qu'il y a plusieurs ordres.

960. Lorsque l'acquéreur a vidé ses mains à qui de droit, ou qu'il a consigné, il peut forcer le crédi-rentier ou créancier éventuel provisoirement colloqué à lui donner quittance.

COMMENTAIRE.

957. Lorsque les délais légaux s'écoulent sans qu'il y ait eu de réquisition de mise aux enchères, la valeur de l'immeuble demeure fixée au prix stipulé dans le contrat, ou, si c'est une donation, au prix déclaré par le nouveau propriétaire. De là découlent deux conséquences, sur lesquelles il est indispensable de s'arrêter.

La première, que les créanciers sont censés avoir trouvé le prix légitime, et s'en être contentés; la seconde, que l'immeuble se trouve purgé.

Sur le premier point, on a demandé si les créanciers qui ont laissé écouler les délais de surenchère sont recevables à attaquer la vente pour simulation dans la quotité du prix.

Un arrêt de la cour de Bourges, du 23 mai 1827, s'est prononcé pour la négative; en conséquence, elle a décidé que le créancier qui n'avait pas surenchéri, n'était pas admissible à soutenir qu'une portion du prix avait été dissimulée et à déférer à cet égard le serment au tiers détenteur (1).

Au contraire, par arrêt des 14 février 1826 (2) et 19 août 1828 (3), la cour de cassation a décidé

(1) Dal., 29, 2, 259.
(2) Id., 26, 1, 167.
(3) Dal., 28, 1, 392.

que la faculté d'attaquer une vente pour fraude et mensonge dans l'énonciation du prix n'est pas perdue par le défaut de surenchère (1). C'est aussi ce qu'a jugé la cour de Rouen, par arrêt du 4 juillet 1828 (2).

Cette dernière opinion doit seule prévaloir. L'édit de 1771, sur lequel le chap. 8 que nous analysons est calqué en grande partie, portait, dans son art. 7, cette disposition remarquable : *Sans que néanmoins lesdites lettres de ratification puissent donner aux acquéreurs, relativement à la propriété, droits réels, fonciers, servitudes et autres, plus de droits que n'en auront les vendeurs, l'effet desdites lettres étant restreint à purger les priviléges et hypothèques seulement.*

C'est en partant de ce texte que M. Merlin disait (3) : « Les lettres de ratification ne purgent pas les vices qui peuvent se rencontrer dans l'aliénation. On peut, après le sceau des lettres, intenter contre les acquéreurs toute action en revendication, *demander la nullité ou la rescision des contrats.* »

Si la cour de Bourges eût fait attention à ces autorités, elle n'aurait pas accueilli le système qu'elle a fait triompher. Elle aurait dû voir que l'extinction du droit de suite ne peut empêcher les créanciers d'user de la faculté que leur donne l'art. 1167 du Code civil pour faire tomber les actes

(1) Autre arrêt, dans le même sens, de la cour de cassation du 2 août 1836. Dall., 36, 1, 434.

(2) Id., 29, 2, 181.

(3) Répert., Hyp., p. 607, col. 2.

faits en fraude de leurs droits. L'action paulienne est tout-à-fait distincte de l'action hypothécaire, et la perte de celle-ci ne peut influer sur celle-là. L'art. 2186 ne statue que sur le droit de suite. Il ne porte pas ses prévisions au-delà du purgement des hypothèques.

La cour de Nancy s'est montrée bien mieux instruite des véritables principes, dans l'arrêt qu'on va lire; je le donne avec quelque étendue, parce qu'il n'a été publié par aucun recueil (1), et qu'il soulève une question neuve et importante, sur laquelle je dois appeler l'attention des juris-consultes.

La duchesse de Chòiseul fit afficher, pour être vendus à l'étude d'un notaire, tous les biens dépendans de la terre de Stainville; les bois furent divisés en six lots; il n'y en eut que trois qui furent adjugés. Quant aux trois autres, l'adjudication n'en fut pas faite parce que les mises furent déclarées insuffisantes par la duchesse de Choiseul.

Le même jour, c'est-à-dire le 19 février 1818, la duchesse de Choiseul vendit, par acte séparé, aux sieurs Demimuid et consorts, maîtres de forge, les trois lots dont il s'agit pour la somme de 82,000 francs; le prix fut stipulé payable dans deux ans, à l'acquit de la venderesse, aux créan-

(1) Cette cour est une de celles qui rendent le plus d'arrêts sur des questions graves et de haute discussion. Néanmoins, sa jurisprudence est peu connue, parce que les arrêtistes de Paris n'ont pas de corrrespondans dans son ressort. C'est là une lacune qui prive la science de documens extrêmement importans.

ciers que cette dernière se réserva d'indiquer par un acte postérieur, et le surplus, s'il y en aurait, entre les mains de madame de Choiseul.

Le 1er avril 1818, notification par les acquéreurs aux créanciers inscrits, qui ne requièrent pas de surenchère. Trois ordres successivement ouverts sont réunis en un seul, ensuite duquel le sieur Mallet ne fut colloqué que pour partie de sa créance. Le surplus lui restait dû lorsque, dans le courant de juin 1821, il apprit que des saisies-arrêts avaient été interposées à la requête d'un sieur Detroyes, entre les mains de Demimuid et consorts, afin d'empêcher que ceux-ci ne payassent à la duchesse de Choiseul le montant d'effets souscrits à son profit, le 18 février 1818, en sus du prix de leur adjudication. La procédure en validité, suivie devant le tribunal de Bar, apprit au même sieur Mallet que le sieur Demimuid et consorts avaient déclaré, le 23 mai, qu'ils ne devaient à la duchesse de Choiseul rien autre chose que le prix de leur adjudication; que cependant ils avaient ajouté, dans une déclaration faite le 4 juin suivant, que la dame de Choiseul avait vendu le 18 février 1818, veille de la vente des trois lots de forêts dont ils s'étaient portés acquéreurs, la superficie d'une partie de ces mêmes lots pour le prix de 22,000 francs, moyennant quoi ils avaient fait des billets qu'ils avaient payés le 19 février 1818, lendemain des échéances.

Alors le sieur Mallet intervint dans l'instance, et demanda que, sans s'arrêter aux oppositions du sieur Detroyes, les sieurs Demimuid et consorts

versassent entre ses mains ce qu'ils devaient encore
à la duchesse de Choiseul. D'une part, il disait à
Detroyes : Les deniers dont il s'agit proviennent
d'un prix de vente délégué aux créanciers hypothécaires ; s'ils ont été détournés de l'ordre par
une fraude, ce n'est pas une raison pour les en
priver. Ils doivent leur être rendus, et il faut
qu'ils indemnisent, avant tout, ceux sur lesquels
les fonds ont manqué. D'autre part, il disait à
Demimuid et consorts : « Cette vente de la superficie d'une partie des bois dont vous parlez n'est
qu'une fable que la duchesse de Choiseul vous a
prié de mettre en avant pour la favoriser dans le
projet qu'elle a formé de soustraire à ses créanciers une somme de 22,000 francs; vous avez
acheté à la fois le sol et la superficie pour un prix
unique, excédant de 22,000 francs le prix apparent, et, quoi que vous disiez, vous êtes encore
débiteurs de ces 22,000 francs; vos contradictions,
les présomptions, tous les actes de la cause indiquent que vous vous prêtez trop légèrement aux
exigences de la duchesse de Choiseul pour ne pas
déclarer l'exacte vérité. Au surplus, peu impor-
terait que vous vous soyez libérés, comme vous le
dites, entre les mains de la duchesse de Choiseul.
Vous avez mal payé; car les créanciers seuls devaient recevoir le prix; vous devez payer une seconde fois. » Bientôt un autre créancier hypothécaire vint se joindre à Mallet; sur ce débat, jugement du tribunal de Bar, qui ordonne que la
somme de 22,000 francs sera payée aux créanciers
hypothécaires, sur lesquels les fonds ont manqué,

suivant l'ordre de leurs hypothèques, et déboute le sieur Detroyes de sa demande formée par suite de la saisie-arrêt.

Ainsi le tribunal décida que les deniers dissimulés dans le contrat de vente devaient, malgré l'absence de surenchère, retourner aux créanciers hypothécaires ; qu'ils devaient être répartis d'après les bases de l'ordre clos antérieurement, et par une mesure accessoire et purement supplémentaire à ce même ordre; enfin, que le créancier chirographaire Detroyes n'avait rien à prétendre qu'après les hypothécaires.

Detroyes acquiesça à ce jugement. Fut-ce, de sa part, une méprise sur la portée de ses droits? C'est ce que j'examinerai au numéro suivant. Mais les sieurs Demimuid et consorts interjetèrent appel. Tout le débat se trouvait donc circonscrit devant la cour entre les acquéreurs, qui argumentaient de l'art. 2186, et les créanciers hypothécaires, qui le soutenaient inapplicable à leur position. C'est le système de ces derniers que la cour royale fit prévaloir par arrêt du 24 juillet 1823.

« Considérant que la faculté qu'ont les créanciers d'attaquer, en leur nom personnel, les actes faits par leur débiteur en fraude de leurs droits, emporte nécessairement celle d'examiner si le prix stipulé par le débiteur dans la vente de ses immeubles est sincère et véritable, si le débiteur n'a pas cherché à détourner à leur préjudice une partie de ce prix, et si, de leur côté, les quéreurs ne se sont pas prêtés à une dissimulation qui diminue le gage de leurs créanciers;

» Qu'en vain, pour se soustraire à ces recherches, les acquéreurs opposeraient que, leur contrat ayant été notifié aux créanciers, et le droit de surenchère étant ouvert à ceux-ci, ils ont, à défaut d'avoir exercé ce droit, reconnu que le prix énoncé dans l'acte de vente représente la véritable valeur de l'immeuble, et qu'ils sont non recevables à prétendre ensuite que ce prix n'est point le prix réel, mais un prix simulé; que, s'il est libre aux créanciers de prendre la voie de surenchère, ils peuvent aussi ne pas profiter de cette faculté; que, dans aucun cas, la loi ne les y oblige; que toujours la loi dans ses dispositions relatives aux droits des acquéreurs et des créanciers sur les biens des débiteurs, a supposé que les acquéreurs donneraient connaissance du prix réel de la vente, et n'a pas interdit d'y faire comprendre ce qui en a été soustrait à leur préjudice;

» Que les acquéreurs ne pouvaient donc repousser la prétention émise par les créanciers postérieurement à la distribution du prix, qu'autant qu'ils justifieraient que, antérieurement à la distribution, ils ont eu connaissance des faits qui tendent à prouver la simulation, et que cependant ils se sont bornés dans l'instance d'ordre à demander la distribution du prix énoncé dans l'acte de vente;

» Considérant que rien n'indique, dans la cause, que les parties de Fabvier (les créanciers hypothécaires) aient eu, dans l'instance de l'ordre ouvert sur les biens de la duchesse de Choiseul, connaissance de l'acte sous seing privé sous la date du 6 février 1818, des saisies tierces interposées par Detroyes, et de la déclaration faite par les appelans; qu'ainsi rien n'établit la fin de non-recevoir opposée à la demande;

» Considérant que des faits et circonstances de la cause, il résulte que l'acte du 18 février 1818, portant vente aux appelans, moyennant la somme de 22,000 fr., de la coupe de vingt hectares, vingt-neuf ares du bois le Patiot, n'a été imaginé que dans la vue d'attribuer à la duchesse de Choiseul une partie du prix porté au contrat du 19 février, et de réduire ainsi le gage des créanciers hypothécaires à la somme de 82,000 fr. »

(Suivent des considérans qui établissent en fait la preuve de cette dissimulation.)

« Que, de leur côté, les acquéreurs ont à s'imputer de s'être prêtés trop légèrement à un acte qui compromettait les droits des créanciers; qu'ils étaient suffisamment avertis, par la clause des contrats qui leur étaient passés, que le prix de leurs acquisitions était payable aux créanciers qui leur seraient indiqués, et le surplus, si surplus y avait, entre les mains de la duchesse de Choiseul; qu'ainsi le jugement dont est appel ayant fait à la cause l'application des principes qui ne permettent pas que les créanciers soient la victime des actes faits en fraude de leurs droits, et qui veulent, au contraire que non seulement le débiteur, mais encore ceux qui ont participé à ces actes, réparent le tort dont les créanciers ont justement à se plaindre, il n'y a lieu d'accueillir l'appel;

» Par ces motifs, la cour, statuant au principal, a mis l'appellation au néant avec amende et dépens. »

Cet arrêt est péremptoire, et il doit servir de leçon aux acquéreurs qui, par une complaisance dont ils ne calculent pas souvent toutes les suites, se prêtent à des dissimulations qui ne favorisent le vendeur qu'en trompant ses créanciers. La justice et la raison applaudissent également au résultat qu'il consacre.

Maintenant, revenons un instant sur le débat qui avait été soulevé devant les premiers juges entre les créanciers hypothécaires et le créancier chirographaire.

Si ce dernier eût interjeté appel, il est probable qu'il eût échoué devant la cour, à en juger du moins par le second considérant, qui me paraît rentrer tout-à-fait dans l'ordre d'idées suivi en première instance. La cour, en effet, suppose que, pour qu'il y ait purgement dans le sens de l'art. 2186, il faut que la notification contienne le prix réel, sincère, et non un prix simulé ; que la déclaration d'un prix artificieusement déguisé, laisse intacts et l'action hypothécaire et le droit de préférence des créanciers hypothécaires sur les chirographaires. Ou je me trompe fort, ou c'est là la pensée qui a présidé à l'arrêt.

Pour décider si elle est juste, il faut la considérer sous deux points de vue : 1° en ce qui concerne le droit de suite ; 2° en ce qui concerne le droit de préférence entre créanciers.

957 *bis*. Sur le premier point, je n'hésite pas à

dire que ce serait aller beaucoup trop loin, et faus-
ser par conséquent les principes les plus rassurans
en cette matière, que de croire que la notification
et le paiement d'un prix simulé sont un obstacle
au purgement de l'immeuble. D'après l'art. 2186,
le défaut de surenchère libère l'immeuble, les hypothèques sont éteintes, on procède à l'ordre, et
en même temps les inscriptions sont radiées (1).
Dans de telles circonstances, et après l'épuisement
de toutes ces formalités qui consomment le purgement, si l'acquéreur vient à aliéner, son acheteur
n'a rien à craindre du droit de suite de la part des
créanciers, qui prétendent que la fraude leur a
masqué une partie du prix. Car, acheteur de
bonne foi, il n'a pu pénétrer dans les combinaisons
et les détours qui ont porté préjudice aux créanciers; il s'est fié aux garanties que lui donnait le
système hypothécaire, et il a reçu un immeuble
purgé solennellement avec le concours de ces mêmes créanciers qui viennent aujourd'hui l'inquiéter. Permettre aux derniers d'exercer le droit de
suite par l'action hypothécaire, ce serait renverser
toutes les bases du crédit.

Opposera-t-on les termes de l'art. 2186, qui
déclare que l'immeuble n'est libéré que sous la
condition que le prix stipulé dans le contrat sera
payé aux créanciers inscrits, et dira-t-on que, dans
l'espèce qui nous occupe, ce prix n'a pas été payé
en entier, puisque les acquéreurs n'ont remis aux
créanciers que 82,000 fr., tandis que le prix réel-

(1) Art. 759 du Code de procédure civile.

lement stipulé était supérieur de 22,000 francs!!!

Mais la réponse à cette objection est que l'article 2186 n'a entendu parler que du prix ostensible qui figure dans le contrat, du prix notifié conformément à l'art. 2183 et dont les créanciers se sont contentés. Sans quoi, comme il arrive presque toujours qu'une portion du prix est dissimulée pour éviter les droits d'enregistrement, il n'y aurait que très-rarement des purgemens définitifs, les sous-acquéreurs auraient à redouter d'interminables recours, et la propriété manquerait de son attribut principal, la stabilité ; — il ne saurait en être ainsi. Les hypothèques sont effacées. Les créanciers ne peuvent trouver en elles aucun prétexte pour inquiéter des tiers détenteurs de bonne foi. Sans doute ils sont fondés, ainsi que je l'ai dit plus haut (1), à attaquer la vente pour cause de fraude ou de lésion. Mais c'est là une faculté qui est complétement en dehors du régime hypothécaire. Elle repose tout entière sur les art. 1166 et 1167 du Code civil, et elle est commune aux chirographaires et aux hypothécaires.

957 *ter.* Je dis que les créanciers chirographaires pourraient critiquer le prix de vente, quand bien même les créanciers hypothécaires l'auraient trouvé satisfactoire, et se seraient abstenus de surenchérir.

C'est en effet ce qu'a jugé la cour de Nancy par un arrêt du 18 juin 1833, qui est également iné-

(1) N° 957.

dit, et qui mettra ce point dans tout son jour.

Levy achète des époux Liégois différens immeubles. Ceux-ci délèguent à Martin Guyot la portion du prix qui restera libre après que toutes les créances hypothécaires inscrites auront été payées, et notamment une rente viagère de 600 fr. Guyot notifie cette cession à Levy le 10 février 1832, à huit heures du matin. Mais le même jour, Levy se fait passer par les époux Liégeois un acte ayant pour but d'absorber à son profit la rémanence déléguée à Martin Guyot; il fait en effet convertir en une somme de 4,500 fr. payable entre ses mains la rente viagère de 600 fr.

En cet état, Levy procède au purgement des immeubles, et parmi les élémens du prix, il notifie le contrat de cession de 4,500 fr. Les créanciers hypothécaires (au nombre desquels se trouvait Martin Guyot pour des causes étrangères à la cession notifiée le 10 février 1832,) ne surenchérissent pas. On procède à l'ordre, qui s'opère sur le prix composé, entre autres élémens, des 4,500 fr. substitués à la rente viagère. Mais Martin Guyot ne s'y présente que sous la réserve expresse de faire valoir tous ses droits, quant à cette rente viagère, par action séparée. Enfin, tous les créanciers hypothécaires sont colloqués; mais on n'obtient ce résultat qu'en entamant à leur profit la somme de 4,500 fr.

Cependant Martin Guyot, avant que le paiement effectif desdits créanciers eût été consommé, avait intenté une action particulière afin d'obtenir le service de la rente de 600 fr. ; mais, pour ne pas troubler l'état des choses fixé par la procédure en purgement, il fait offre à Levy de payer tous les créanciers hypothécaires.

Levy répond en soutenant que sa cession de 4,500 fr., ayant été faite le même jour que celle de Guyot, doit valoir par concurrence avec elle (arg. de l'art. 2147 du Code civ.); que la notification faite aux créanciers inscrits a eu pour résultat de faire placer parmi les élémens du prix la somme de 4,500 fr., et nullement la rente viagère; que c'est là un résultat définitif, qui ne peut être changé sur les instances d'un créancier chirographaire; car un créancier chirographaire doit accepter tout ce qui a été adopté par les créanciers hypothécaires, qui lui sont préférables; que l'art. 2186 élève une fin de non-recevoir imparable contre la prétention de Guyot; qu'enfin ce dernier, en recevant la notification du prix comme hypothécaire, et en ne surenchérissant pas, a sanctionné la conversion dont il venait aujourd'hui se plaindre.

Voici l'arrêt qui repousse ce système :

« Considérant que..... Levy, par un concert frauduleux avec les conjoints Liégeois, aurait obtenu la conversion en une somme de 4,500 fr., tout au plus suffisante pour payer tous les créanciers hypothécaires, de la rente viagère de 600 fr., formant la partie du prix principal déléguée à Martin Guyot, sauf le droit de ces mêmes créanciers;

» Considérant que, dans cet état de choses, Martin Guyot a un intérêt évident à faire annuler cet acte de conversion, qui lui enlève des droits certains auxquels il n'était pas permis aux époux Liégeois de toucher;

» Considérant qu'à la vérité, lorsque Levy a procédé au purgement des immeubles par lui achetés, il a notifié aux créanciers inscrits, comme complément de son acte de vente, le contrat de conversion de la rente viagère en une somme une fois payée de 4,500 fr.; qu'il est vrai également que les créanciers hypothécaires n'ont pas surenchéri; qu'ainsi ces 4,500 fr. ont dû entrer à leur égard dans les élémens du prix sur lequel ils ont préférence, et qu'aux termes de l'art. 2186, il ne peut être rien changé au quasi-contrat produit par la notification et accepté comme satisfactoire par ces mêmes créanciers;

» Mais considérant que l'action intentée par Guyot en sa qualité de créancier chirographaire n'a nullement pour effet de toucher à la position de ces créanciers et d'obtenir une novation qui pourrait leur être préjudiciable; que cela est si vrai qu'il consent à faire sortir à effet les offres et déclarations contenues dans la notification faite à ces mêmes créanciers par Levy; qu'en un mot, il n'entend pas substituer, à leur égard, la rente viagère sur laquelle la collocation présente des inconvéniens et des embarras (1), à la somme liquide de 4,500 fr., dont la répartition est au moment de s'opérer sans difficulté; qu'il faut donc mettre à l'écart tout ce qui concerne les créanciers hypo-

(1) *Infrà*, n° 959 *bis.*

thécaires et tout ce qui a trait à l'ordre ouvert
devant le tribunal de première instance, puisque
Martin Guyot n'entend, en aucune manière, y
porter atteinte; et que la position de ces créanciers doit continuer à rester ce qu'elle est en ce
moment;

» Que tout l'intérêt du procès actuel roule exclusivement entre les conjoints Liégeois et Lévy
d'une part, et de l'autre Martin Guyot, dont la
cession a été rendue sans effet au moyen de la conversion frauduleuse de la rente de 600 francs en
une somme insuffisante pour la payer; qu'il est
facile de concevoir que cette conversion puisse,
d'un côté, subsister au regard des créanciers hypothécaires, qui y ont droit acquis et n'ont d'ailleurs aucun intérêt à la critiquer, et que, de l'autre, elle puisse être annulée comme frauduleuse
au regard d'un créancier chirographaire à qui on
a voulu soustraire une rémanence de prix à lui
déléguée par cession valable; que si les créanciers
chirographaires ne peuvent troubler la position
des créanciers hypothécaires, par réciprocité, on
ne peut opposer aux créanciers chirographaires
des quasi-contrats acceptés par les hypothécaires
dans un intérêt différent;

» Considérant qu'il y a des offres formelles faites
par Martin Guyot dans les termes de la notification de payer dans le délai qui sera indiqué par
la cour, ou sur-le-champ, les créanciers hypothécaires; que cette mesure, qui peut s'opérer soit
par un paiement direct, soit par un versement qui
serait fait par l'intermédiaire de Levy, concilie les

droits de chacun, désintéresse complétement les créanciers inscrits et leur subroge Martin Guyot, maître dès-lors d'agir en toute liberté pour le maintien de son titre de cession;

» Considérant qu'on oppose inutilement que Martin Guyot, qui est aussi créancier hypothécaire, a agréé en cette qualité la notification à fin de purgement, dans laquelle la somme de 4,500 francs a figuré à la place de la rente viagère de 600 francs, et qu'ainsi il ne serait pas recevable aujourd'hui à critiquer cette conversion; que cette objection disparaît si l'on considère que Guyot n'a produit à l'ordre que sous la réserve la plus expresse de poursuivre par action séparée la demande en nullité déjà formée des actes de conversion des 10 et 11 février, et de faire valoir tous ses moyens contre les actes frauduleux passés à son préjudice; qu'il est d'ailleurs reconnu en jurisprudence que l'omission de surenchérir laisse intacts tous les moyens de dol et de fraude à provoquer contre le contrat notifié; qu'une telle action, qui n'est pas un incident dans l'ordre, ne pouvait pas être formée par voie de production ou de contredit sur le procès-verbal d'ordre; qu'il y a donc lieu d'écarter la fin de non-recevoir admise par les premiers juges contre cette demande en nullité;

» Par ces motifs... etc... »

En résumant les points principaux de cet arrêt remarquable, voici les solutions qu'il consacre et qui doivent, je crois, être adoptées sans difficulté.

1° L'art. 2186 n'empêche pas le créancier chirographaire à qui le débiteur a fait cession de la rémanence du prix, après que tous les créanciers inscrits auraient été payés, de critiquer le montant de ce prix, bien que les créanciers hypothécaires l'aient trouvé satisfactoire, et de prouver qu'une portion a été dissimulée à son préjudice.

2° Mais lorsque le créancier chirographaire attaque la fixation du prix porté dans la notification à fin de purgement, il ne doit pas porter atteinte à la position des créanciers hypothécaires, et son attaque n'empêche pas le quasi-contrat résultant de la notification de subsister à l'égard de ceux-ci.

3° Le créancier hypothécaire qui n'a pas surenchéri parce qu'il n'avait pas d'intérêt comme hypothécaire, n'est pas non recevable comme chirographaire à prouver la vilité du prix sur lequel il lui a été fait cession de la rémanence, surtout lorsqu'il a fait ses réserves lors de la comparution à l'ordre.

J'ai cru nécessaire d'insister sur ces complications d'intérêts, parce qu'à ma connaissance elles n'ont été traitées par aucun auteur.

958. Occupons-nous maintenant de ce qui concerne la rivalité des créanciers hypothécaires et chirographaires, lorsque, les premiers n'ayant pas été payés de leur dû, on vient à découvrir, après l'ordre et le purgement, qu'une partie du prix avait été dissimulée. On a vu ci-dessus (1) comment cette question avait été envisagée par le tribunal de Bar, et incidemment par la cour royale de Nancy.

(1) N. 957.

Il semble cependant, au premier coup d'œil, que les créanciers chirographaires puissent dire : l'accomplissement des formalités relatives au purgement a effacé les hypothèques (art. 2186). Cela est si vrai, que les créanciers hypothécaires sont obligés de recourir à l'art. 1167 du Code civil pour se faire restituer le prix qui a été soustrait frauduleusement, et que dès-lors leur hypothèque ne leur est d'aucun secours. En cet état, il ne faut donc plus parler de causes de préférence. (art. 2094 du Code civil), et le prix retrouvé doit être partagé, par contribution, entre hypothécaires et chirographaires.

Quelque spécieux que soit le raisonnement, il n'est cependant pas fondé. Voici pourquoi.

Quand le vendeur s'est entendu avec son acquéreur pour dissimuler une partie du prix, il n'a pas porté préjudice aux créanciers chirographaires qui n'avaient pas de droit à se le partager (art. 2166), ou du moins il ne les a lésés qu'en tant qu'il y aurait eu une rémanence après le paiement de tous les créanciers hypothécaires. Le prix de vente appartient, par une délégation virtuelle, aux créanciers inscrits ; ils en sont cessionnaires de droit, et le vendeur ne peut rien faire qui porte atteinte à cette propriété. Il suit de là que la fraude du vendeur ne saurait donner lieu à une action révocatoire au profit des créanciers hypothécaires, et que si les chirographaires en ont une, ce n'est que subordonnément à ceux-là, et quand toutes les hypothèques auront été rétablies dans l'intégrité de leurs prérogatives ori-

ginaires. L'intérêt est l'unique mesure des actions.
C'est cette règle invariable qui condamne la prétention des créanciers chirographaires ; car ils
n'ont éprouvé de préjudice qu'en tant que tous les
créanciers inscrits auront été payés. Mais s'il reste
des hypothécaires non payés et victimes de la
fraude, l'intérêt des chirographaires est nul, ou,
si l'on veut, ils ne peuvent élever la voix qu'en second ordre. Il est donc absurde de leur part de
prétendre à être traités sur un pied d'égalité avec
les créanciers hypothécaires. L'hypothèque se survit en quelque sorte à elle-même pour les faire
maintenir dans la préférence qui leur est due, et
les chirographaires n'ayant d'intérêt, et par conséquent d'action, qu'après les hypothécaires, ne
peuvent, en aucune manière, entrer en partage
avec eux. C'est à peu près comme si le vendeur
avait fait des cessions partielles et successives du
prix de vente. Ceux qui seraient porteurs de ces
cessions ne pourraient certainement pas être primés ou même inquiétés par les créanciers qui,
n'ayant obtenu aucun transport, ne feraient
qu'exercer les droits de leur débiteur. Cette comparaison fait toucher au doigt la position des hypothécaires et des chirographaires. Les premiers
sont les délégués nécessaires du vendeur pour toucher le prix ; ce prix est, pour ainsi dire, aliéné
à leur profit, tandis que les autres n'y ont de
droits que ceux qu'ils pourraient exercer, au nom
du vendeur, après les cessionnaires. On voit par-
là pourquoi il importe peu que les inscriptions
soient radiées et l'hypothèque éliminée. La préfé-

rence des hypothécaires sur les chirographaires n'est que l'application du principe qui veut que les chirographaires n'exercent que les droits du débiteur non aliénés par lui (1). Les chirographaires seront donc rejetés après les hypothécaires (2).

958 *bis.* Reste à savoir maintenant devant quel tribunal doit être portée l'action des créanciers contre l'acquéreur en restitution du prix dissimulé.

(1) *Suprà*, t. 1, n° 4.

(2) Arrêt de Paris du 8 février 1836 (Dall., 37, 2, 51. Sirey, 36, 2, 258). Par application des mêmes principes il faut décider que la main-levée des inscriptions des créanciers *non utilement* colloqués, prononcée par le juge-commissaire dans un réglement définitif d'ordre, n'éteint pas leur droit hypothécaire, à l'égard des chirographaires, et qu'en conséquence, si l'un des créanciers *utilement* colloqués avait été désintéressé soit sur le prix d'un autre immeuble appartenant à son débiteur, soit de toute autre manière, la somme qui lui avait été attribuée appartiendrait, suivant leur rang, aux créanciers hypothécaires qui auraient été colloqués à son défaut, dans cet ordre, même losque leurs inscriptions auraient été radiées. Cass., 8 août 1836 (Sirey, 36, 1, 531. Dall., 37, 1, 127). Paris, 23 avril 1836 (Sirey, 36, 2, 309. Dal., 37, 2, 20).

Il a encore été jugé que le créancier inscrit qui, faute de production à l'ordre, laisse prononcer contre lui la forclusion et ordonner la radiation de son inscription, ne perd pas pour cela l'effet attaché à son hypothèque, et qu'il peut, si les collocations n'ont pas absorbé les sommes à distribuer, demander à être payé sur les fonds restant préférablement aux créanciers chirographaires, aussi long-temps, du moins, que ces fonds n'ont pas été payés par l'acquéreur ou qu'ils sont restés déposés à la caisse des consignations. Cass., 15 février 1837 (Dal., 37, 1, 97. Sirey, 37, 1, 188).

Une distinction répondra à cette question.

Ou l'acquéreur est encore en possession de l'immeuble dont le prix a été l'objet d'une dissimulation frauduleuse, ou il l'a revendu à un acquéreur de bonne foi.

Dans le premier cas, l'action révocatoire autorisée par l'art. 1167 du Code civil étant *in rem scripta* (1), et pouvant avoir pour effet de faire révoquer la tradition faite à l'acquéreur, se règle par le § de l'art. 59 du Code de procédure civile relatif aux actions mixtes (2).

Dans le second cas, l'action ne peut faire révoquer l'aliénation faite à titre onéreux à un tiers de bonne foi (3). L'immeuble ne peut donc être mis en cause, et la demande des créanciers, restant étrangère au droit réel, perd tout caractère mixte et rentre dans la classe des actions personnelles.

958 *ter*. J'ai dit ci-dessus que le défaut de surenchère conduit au purgement de l'immeuble (4). Mais cette libération n'est produite, d'après notre article, que sous la condition que le nouveau propriétaire paiera le prix aux créanciers qui seront en ordre utile, ou le consignera, s'ils refusent.

Tant que le prix n'est pas payé ou consigné,

(1) Huber, sur les Inst. *de Act.*, n° 9. Furgole dit même qu'elle est réelle. *Testamens*, t. 4, p. 280, n° 24.

(2) J'ai discuté ce qui concerne la compétence dans les actions *in rem scriptæ*, dans mon comm. *de la Vente*, n°ˢ 624 et 805.

(3) Huber, *loc. cit.* M. Toullier, t. 6, n° 358.

(4) Répert., Inscript., p. 218, 219.

l'immeuble n'est pas purgé : le paiement effectif est la condition suspensive du purgement.

A la vérité, si le droit de suite se perd parce que le créancier a omis de prendre inscription dans la quinzaine de la transcription, l'immeuble est purgé, sans que le tiers détenteur fasse aucune diligence. Mais l'art. 2186 n'a pas en vue un cas pareil : il ne s'occupe que des créanciers qui sont porteurs d'inscriptions valables, et à qui des offres de paiement ont été faites. A l'égard de ceux-là, il n'y a purgement qu'autant que le prix est payé ou consigné (1).

Afin d'effectuer le paiement, le tiers détenteur doit, s'il y a plus de trois créanciers inscrits (2), faire procéder à l'ordre, conformément aux articles 749 et suiv. du Code de procédure civile.

Et comme il est possible que cet ordre se prolonge, par suite de contestations plus ou moins nombreuses, le nouveau propriétaire, qui a intérêt à se libérer le plus promptement possible pour empêcher le cours des intérêts, peut consigner le prix : en général, c'est pour lui une faculté, et non une obligation (3). Cependant, les créanciers peuvent exiger d'office cette consignation, s'ils redoutent l'insolvabilité du tiers détenteur (4).

958 quat. Mais quelle procédure doit être suivie pour la consignation ? Faut-il se conformer aux

(1) *Suprà*, nᵒˢ 724, 725.
(2) Art 775 du Code de procédure civile. M. Tarrible, Transcript., p. 130, col. 2.
(3) M. Tarrible, p. 130, Conf., t. 7, p. 235.
(4) M. Grenier, t. 2, p. 368.

règles sévères et dispendieuses de l'art. 2159 du Code civil?

M. Tarrible pense que l'acquéreur n'est pas tenu de faire des offres réelles préalables, comme dans le cas de consignation ordinaire. Car il ne peut offrir ni au vendeur, qui ne peut recevoir, ni aux créanciers, puisqu'aucun d'eux n'a droit à prendre préférence sur l'autre avant réglement (1). D'ailleurs, lors de la notification, des offres ont été faites à tous les créanciers en masse.

Mais M. Tarrible ajoute qu'il faut nécessairement notifier la consignation aux créanciers et au vendeur, afin de leur faire connaître le moment où elle aura lieu, et, par conséquent, celui où le cours des intérêts cessera. C'est ainsi qu'on procédait au Châtelet.

Cet auteur veut encore que, conformément à l'art. 1259, n° 4, du Code civil, le procès-verbal du dépôt soit signifié au vendeur et aux créanciers, avec sommation de retirer la chose déposée. Il argumente de l'art. 693 du Code de procédure civile, qui, après avoir autorisé l'acquéreur à consigner dans un cas semblable, lui enjoint de signifier l'acte de consignation aux créanciers inscrits.

Enfin il veut que la consignation soit déclarée valable par un jugement, conformément aux articles 1261 et 1262 du Code civil, parce que c'est le seul moyen de lier l'acquéreur, qui, sans cela, pourrait retirer la consignation.

On conçoit toute l'importance de cette ques-

(1) Répert., Transcript., p. 131.

tion, puisque de la validité de la consignation dépend la cessation du cours des intérêts. Cependant les auteurs ne sont pas d'accord à cet égard. M. Grenier soutient que les formalités de l'article 1259 ne sont pas nécessaires à observer ; que l'acquéreur peut faire directement la consignation sans qu'il soit besoin d'offres préalables, ni de sommation, ni de procès-verbal de la nature des espèces offertes ; qu'il suffit de notifier la consignation au vendeur, qui a toujours droit de surveiller les suites de la vente (1). M. Grenier s'autorise d'un arrêt de cassation du 18 germinal an 13 (2), et d'un arrêt de la cour de Riom du 19 janvier 1820 (3).

M. Pigeau a un autre système (4). Il enseigne que, lorsqu'il n'y a pas eu de surenchère, il faut faire au vendeur l'offre du prix, à la charge d'apporter main-levée et radiation des inscriptions. Si le vendeur ne remplit pas l'objet de cette réquisition, on l'assigne pour voir déclarer les offres bonnes et valables ; en conséquence, voir dire que l'acquéreur sera autorisé à consigner ; et pour le surplus, M. Pigeau renvoie à la procédure d'*offres*, telle qu'il l'explique d'après le Code civil.

Au milieu de ces opinions divergentes, je pense qu'il faut prendre pour guide l'art. 693 du Code de procédure civile.

D'abord, il me paraît certain que des offres

(1) T. 2, n° 463.
(2) Répert., Consignat., n° 27.
(3) Dal., Ordre, p. 853, n° 16.
(4) T. 2, p. 434.

réelles au vendeur et aux créanciers sont inutiles. On en a vu tout à l'heure les raisons péremptoires données par M. Tarrible. C'est par elles que M. Pigeau lui-même explique pourquoi il n'est pas nécessaire de faire des offres réelles dans l'espèce de l'art. 693. Elles ont la même force dans l'hypothèse analogue qui nous occupe, et il y a inconséquence chez M. Pigeau à les trouver toutes-puissantes dans un cas et à les rejeter dans l'autre. De plus, à quoi bon faire au vendeur et aux créanciers une sommation d'être présens à la consignation? Il n'y a ni refus de leur part, ni débat sur la quotité de la somme due; il y a seulement impossibilité de payer, parce qu'on ne sait à qui remettre les fonds. L'acquéreur peut donc consigner seul et directement (1). Seulement, pour avertir les créanciers que le cours des intérêts a cessé, il doit leur signifier l'acte de consignation, par argument de l'art. 693 du Code de procédure civile (2).

959. M. Tarrible a soulevé la question de savoir si le tiers détenteur peut consigner alors qu'il y a des femmes mariées et des mineurs dont les droits hypothécaires ne sont pas ouverts. Nous renvoyons l'examen de cette difficulté au n° 993, *infrà*.

Le tiers détenteur peut-il aussi consigner, quand même il y aurait des rentes *viagères?* Ce qui fait

(1) Ainsi jugé par arrêt fortement motivé de la cour de Bordeaux du 22 juin 1836 (Sirey, 37, 2, 12. Dal., 37, 2, 121).
(2) *Junge* le recueil de M. Dalloz, Hyp., p. 374, n° 37.

la difficulté, c'est que le remboursement d'une telle rente ne peut être fait contre le gré du débiteur (art. 1978 et 1979 Code civil). Mais la libération des immeubles est si favorable, qu'il faut faire fléchir le droit du crédi-rentier devant le droit du tiers détenteur qui veut purger. D'ailleurs, il y a des moyens de pourvoir à la sûreté de la rente. On peut, par exemple, laisser à la caisse des consignations un capital tel que les intérêts payés par cette caisse se compensent avec les arrérages de la rente (1).

959 *bis.* Notre article dit que le prix doit être payé aux créanciers *en ordre de le recevoir.*

Cette disposition présente de nombreux embarras dans la pratique, et les difficultés redoublent surtout : 1° lorsqu'il s'agit de concilier l'intérêt des créanciers à hypothèque spéciale, avec celui des créanciers à hypothèque générale (2); 2° lorsqu'il s'agit de satisfaire des mineurs ou des femmes, dont les droits ne sont pas encore ouverts (3); 3° lorsque parmi les créanciers se trouve un crédi-rentier; 4° ou lorsqu'il y a des créances conditionnelles.

Ayant traité ailleurs ce qui concerne les deux premiers cas, je ne parlerai ici que des deux derniers.

959 *ter.* Disons d'abord un mot des créances conditionnelles. Elles peuvent être telles qu'au

(1) V. le recueil de M. Dalloz, Hyp., p. 395, n° 6.
(2) J'ai traité cette matière *suprà*, n°s 750 et suiv.
(3) *Infrà*, n° 993.

moment où s'opère le purgement, on ne puisse pas savoir si elles seront jamais dues. Par exemple, **vous** avez un titre hypothécaire en vertu duquel 2,000 fr. vous seront dus, si vous parvenez à découvrir un procédé pour économiser le combustible dans telle manufacture. Vous n'avez pas encore réalisé la condition, qui vous donnera droit à toucher ces 2,000 fr.; mais il arrive que j'ai acheté l'immeuble qui vous sert de garantie, et que je le purge. Quel moyen sera employé pour conserver votre créance intacte?

Le Code est muet sur ce point. Mais l'équité vient aux secours du magistrat et donne les moyens de résoudre cette difficulté.

On colloque pour *mémoire* la créance conditionnelle, et le prix de l'immeuble est délivré *aux créanciers postérieurs*, qui doivent donner bonne et suffisante caution pour la restitution de ce qui sera dû, en cas que la condition vienne à se vérifier. C'est ainsi que Pothier (1) trace la marche à suivre. « Observez que lorsqu'une créance dé-
» pend d'une condition qui n'est pas encore échue,
» le créancier ne laisse pas d'être colloqué dans
» l'ordre en son rang, comme si elle était échue.
» Mais le créancier sur qui l'ordre manque, touche,
» à sa place en donnant caution de rapporter à son
» profit, si la condition arrive. » Telle était la disposition de l'édit des criées de 1551, dont l'art. 16

---

(1) Introd., Orléans, t. 21, n° 139, et Procédure civile, p. 267. *Junge* Loyseau, Dég., liv. 3, ch. 9, n° 3. La loi 13, § 5, Dig., *De pignorib.*, indiquait un mode approchant.

voulait qu'il fût passé outre sur les oppositions pour créances conditionnelles et éventuelles, « *à* » *la charge que les opposans postérieurs seront tenus* » *d'obliger et hypothéquer tous et chacun de leurs* » *biens et bailler caution idoine et suffisante de rendre* » *et restituer les deniers qui par eux seront reçus, à* » *l'opposant ou opposans pour raison de ladite garan-* » *tie, qui seraient trouvés être précédens ou hypothé-* » *qués auxdits opposans auxquels la distribution au-* » *rait été faite* (1). »

S'il n'y avait pas de créanciers postérieurs, les fonds pourraient être laissés entre les mains de l'acquéreur (2); ou bien si la consignation avait été faite par ce dernier dans le but de libérer son immeuble, il faudrait ordonner qu'une somme de 2,000 fr. serait tenue en réserve à la caisse des dépôts et consignations, pour pourvoir au paiement, en cas que la condition se vérifiât.

959 *quat.* Voyons le cas où le créancier est un crédi-rentier. Des difficultés assez nombreuses se présentent ici, surtout si la rente est viagère.

Dans l'ancienne jurisprudence, les lettres de ratification purgeaient toute espèce de rente, même les rentes viagères (3), et en conséquence ceux à qui les rentes étaient dues étaient colloqués, pour les capitaux comme pour les arrérages, sur le prix au rang de leurs hypothèques. Écoutons Pothier : « Il y a encore une différence entre la rente perpé-

(1) M. Grenier, t. 1, n° 187 ; M. Persil, art. 2184, n° 8 ; M. Dalloz, Hyp., p. 397, n° 12, proposent la même pratique.
(2) Conf. du Code civil, t. 7, p. 242.
(3) Pothier, Const. de rente, ch. 8, n° 231.

» tuelle et la rente viagère. Lorsqu'un héritage
» hypothéqué à une rente est vendu, par décret,
» le créancier hypothécaire d'une rente perpétuelle
» qui a formé opposition au décret, et qui se trouve
» en ordre d'hypothèque pour recevoir, a toujours
» droit d'exiger la somme entière qu'il a payée pour
» acquérir la rente et qui en fait le principal. Il
» n'en est pas de même d'une rente viagère : comme
» ces rentes n'ont pas de principal, et que leur va-
» leur diminue beaucoup par le temps, à mesure
» que la personne sur la tête de qui la rente est
» créée devient plus âgée et plus infirme, le créan-
» cier de cette rente ne peut pas toujours exiger
» toute la somme qu'il a payée pour l'acquérir,
» mais seulement celle qui, au temps de la con-
» fection de l'ordre, sera estimée suffisante pour
» acquérir à ce créancier une rente viagère de pa-
» reille somme.

» Si le créancier de la rente viagère ne se con-
» tente pas de cette somme, il peut demander que
» les créanciers derniers recevans, qui seront collo-
» qués en ordre après lui, soient tenus de faire sur
» les deniers qu'ils auront à recevoir, un emploi
» qui produise un revenu suffisant pour répondre
» de la rente viagère tant qu'elle durera, si mieux
» ils n'aiment se charger eux-mêmes de la payer,
» et de donner pour cet effet bonne et suffisante
» caution (1). »

Ces règles doivent-elles être suivies dans la pratique moderne?

(1) Du contrat de const., ch. 8, n° 231.

En ce qui concerne les rentes constituées en perpétuel (1), on sait que la vente volontaire sui-vie de purgement en rend le capital *exigible* (art. 2184), ce qui a été introduit pour que le tiers détenteur puisse se débarrasser sur-le-champ de l'hypothèque, en remboursant le capital et tout ce qui est dû (2); et cette règle souffre d'au-tant moins de difficulté ici, que la rente constituée en perpétuel est essentiellement rachetable (3). On colloque donc le crédi-rentier qui se trouve en ordre utile pour son capital, et la rente se trouve éteinte.

A l'égard de la rente viagère, la chose est plus embarrassante, puisque la rente viagère ne peut être remboursée (art. 1979). D'où plusieurs au-teurs ont conclu qu'un immeuble ne peut jamais être purgé de l'hypothèque pour rente viagère (4). Mais cette proposition est beaucoup trop absolue. Tout ce qu'on peut dire, c'est qu'en adoptant l'opinion dont Pothier est l'organe, on ne pour-rait pas obliger le crédi-rentier viager à recevoir lui-même son capital. Mais il n'en est pas moins vrai que le purgement de l'immeuble n'est pas impossible : il y a même des moyens usuels très-légitimes de décharger l'acquéreur, sans nuire au crédi-rentier.

C'est de colloquer pour mémoire le crédi-

(1) Art. 1909 et suiv. du Code civil.
(2) Merlin, Répert., Rente constituée, p. 387, 388, 389. M. Dalloz, Hyp., p. 396, n° 11.
(3) Art. 1911.
(4) M. Dalloz et Persil, *suprà*, n° 928.

rentier viager, et d'abandonner aux créanciers postérieurs le capital suffisant pour produire les arrérages annuels de la rente, sauf à ceux-ci à donner bonne et suffisante caution, ou à faire un emploi environné de toutes les garanties. On voit que ce parti rentre dans les idées développées par Pothier, et dans les dispositions de l'art. 1978 du Code civil (1); par là l'acquéreur vide ses mains, il se libère de son prix, il est déchargé de toute hypothèque. Il peut même forcer le crédi-rentier à lui donner quittance et à consentir à la radiation de son inscription (2). Il y a, en effet, novation en ce qui concerne le tiers détenteur, qui, ayant payé, autant qu'il était en lui, ne peut plus être inquiété. D'un autre côté, le crédi-rentier n'a pas de plaintes à élever, puisque les créanciers mis à la place du tiers détenteur lui assurent le service de sa rente, soit par l'interposition de cautions, soit par une dation d'hypothèque, soit par un emploi utile et assuré. Tous les droits se trouvent donc heureusement ménagés et conciliés.

Quelques objections ont été faites cependant contre ce mode de procéder. On a prétendu que le tiers détenteur ne pouvait être forcé de vider ses mains en celles du créancier postérieur, qui se trouverait ainsi chargé du service de la rente; que l'acquéreur ne doit se dessaisir de son prix qu'en obtenant l'entier affranchissement de son immeuble; qu'en ce qui concerne le crédi-rentier, on ne

(1) M. Grenier, t. 1, n₀ 186.
(2) Art. 772 du Code de procédure civile. *Infrà*, n° 960.

pouvait l'obliger à accepter d'autres gages et d'autres débiteurs que ceux qui sont obligés envers lui par son contrat (1).

Mais ces raisons doivent échouer devant les réflexions suivantes : D'abord, on ne conçoit pas que l'adjudicataire soit assez mal conseillé pour susciter des obstacles contre une mesure qui est dans son intérêt bien entendu, et qui doit dégager son immeuble. Quelle est sa position, et que lui demande-t-on ? Il est acquéreur, il doit un prix, il veut le payer, on lui trace un mode particulier pour se libérer. Ce mode lui fait-il grief ? Voilà toute la question. Eh bien ! on n'exige pas autre chose, sinon qu'il paie à ceux qui lui sont désignés, soit par les parties d'accord entre elles, soit par le juge !! et cela fait, son immeuble est affranchi, les inscriptions doivent être radiées, une novation s'opère, et quels que soient les événemens ultérieurs, il n'a aucun recours à redouter. Nous avons même vu ci-dessus qu'il peut consigner (2), et par là se tenir encore plus en dehors des débats relatifs à l'ordre et au partage du prix. Il n'y a donc aucun intérêt à refuser de payer les créanciers postérieurs, d'autant que ceux-ci, étant appelés à toucher le capital après l'extinction de la rente, ont droit à en être saisis (3).

(1) V. le recueil de M. Dalloz, Hyp,, p. 395.
(2) *Suprà*, n° 958 *ter*.
(3) Quand j'ai dit qu'il y avait novation, je n'ai pas entendu dire que cela fût à l'égard du débiteur principal. Je n'ai voulu parler que du tiers détenteur.

Quant au crédi-rentier, il ne faut pas lui permettre de s'armer de principes inflexibles pour
s'opposer à la libération des propriétés; libération
que le législateur envisage d'un œil si favorable.
Ce qui doit lui importer avant tout, c'est qu'il
soit rendu indemne, c'est qu'il ne courre aucun
risque! Tant que ses droits sont garantis, il n'est
pas fondé à se plaindre, et ses subtilités doivent
être repoussées. Assurément le législateur n'a pas
ignoré que le purgement des immeubles diminue
parfois les sûretés de ceux qui ont des hypothèques
qui les grèvent (1). Néanmoins, il l'a autorisé
comme mesure infiniment utile, et il ne s'est pas
laissé arrêter par la rigueur du *summum jus*. Le
créancier dont nous parlons n'a donc pas le droit
de paralyser le purgement. Qu'aurait-il à dire, par
exemple, si, pour faire taire ses difficultés, le tiers
détenteur consignait de prime abord, comme
notre article lui en donne le droit? Trouverait-t-il
dans la loi une exception introduite en sa faveur?
Pourrait-il soutenir que le texte que nous analysons doit plier devant son privilége, et que la consignation n'est pas permise quand la dette est une
rente viagère? Mais l'art. 2186, si général, si absolu, s'éleverait contre cette prétention (2), et ra-
menerait les parties au droit commun. Disons
donc que les créanciers postérieurs toucheront,
mais à charge de solide emploi.

Parmi les exemples d'emploi, on peut citer le

(1) *Suprà*, t. 2, n° 544.
(2) *Suprà*, n° 959.

placement des sommes destinées à assurer le service de la rente, à la caisse des dépôts et consignations; ou bien la vente au rabais de la rente, à
charge par l'adjudicataire de fournir une garantie
immobilière suffisante (1).

Nous avons vu aussi ci-dessus, par le texte de
l'ordonnance de 1551, que, si les créanciers pre-
naient à leur charge le service de la rente, ils
pourraient être forcés à donner hypothèque sur
leurs biens.

Il arrive très-souvent que l'on charge l'acquéreur de conserver par devers lui la somme suffisante pour assurer le service de la rente (2). Mais
alors il n'y a pas purgement : car, comme nous
l'avons dit *suprà*, n° 958 *ter*, l'immeuble n'est libéré
qu'autant que le tiers détenteur a vidé ses mains.
Or, s'il conserve par devers lui le capital hypothéqué, il demeure toujours assujetti à un recours
hypothécaire.

Mais comme il peut être important pour un acquéreur de ne pas rester grevé de pareilles charges,
et de posséder un immeuble complétement affranchi, je pense qu'il peut se refuser à l'obligation
dont je parle, et s'en tenir à la disposition de notre
article, qui l'autorise à consigner.

§. Tout ceci est d'une facile application, lorsque
le prix de l'immeuble aliéné est suffisant pour assurer le service ultérieur de la rente.

Mais que devrait-on décider si le prix de l'im-

(1) Caen, 18 mai 1813 (Dal., Hyp., p. 408).
(2) Paris, 8 août 1806 (Dal., Hyp., p. 407).

meuble était inférieur au capital nécessaire pour que la rente fût desservie?

M. Grenier (1) pense que les créanciers postérieurs, qui toucheraient le prix, ne seraient tenus de fournir de sûretés que jusqu'à concurrence de ce qu'ils recevraient, et que ce serait seulement dans la proportion de ce qu'ils auraient perçu qu'ils acquitteraient la rente annuellement, sauf au crédirentier à exercer telle action que de droit contre le débiteur personnel de la rente, ou à se pourvoir successivement sur les autres immeubles du débiteur qui lui seraient hypothéqués jusqu'à ce qu'il eût toutes les garanties nécessaires pour l'acquit entier de la rente.

Au contraire, la cour de Bourges a décidé, par arrêt du 25 mai 1827 (2), qu'il faut prélever annuellement sur le prix la somme nécessaire pour parfaire les arrérages, et M. Dalloz trouve que cette opinion est plus équitable que celle de M. Grenier (3). Car, dit-il, ce prix appartient tout entier au rentier viager, ou du moins les créanciers postérieurs n'y ont de droit que subordonnément à lui; il doit donc être employé de la manière qui lui soit la plus avantageuse.

Cette dernière opinion me paraît inadmissible, tandis que celle de M. Grenier est seule rationnelle, et concilie tous les intérêts. Quand on dit que le capital appartient au rentier, qui peut exiger qu'on l'ébrèche pour servir les arrérages, je crois qu'on

(1) T. 1, n° 186.
(2) Dal., 29, 2, 258, 259.
(3) Hyp., p. 395, n° 7.

tombe dans l'erreur. Le *rentier* n'a droit qu'à *des rentes*; et ces rentes doivent être proportionnées au capital. Lorsque l'immeuble hypothéqué est converti en prix, et qu'il est reconnu que ce prix ne peut suffire au service de la rente, il est souverainement injuste que le rentier prétende faire sortir l'intégralité de sa rente d'un gage trop peu considérable pour la servir. C'est tant pis pour lui s'il s'est contenté d'une hypothèque illégale, et il doit être repoussé quand il vient compromettre le sort des créanciers postérieurs, et consommer à leur préjudice des capitaux qui leur appartiennent, sauf la rente à laquelle il a droit, mais seulement en proportion du produit de ces mêmes capitaux.

959 *quinq*. Ces différens moyens de concilier la libération des immeubles avec les droits des créanciers éventuels se compliquent de difficultés nouvelles, lorsque ces créanciers ont des hypothèques multiples.

J'ai une créance conditionnelle hypothéquée sur les immeubles A, B, C; on me colloque pour mémoire dans l'ordre sur le prix de l'immeuble A, en faisant toucher le montant de ma collocation aux créanciers postérieurs. Mais moi, qui ne me fie pas aux garanties que m'offrent ces derniers, j'entends conserver mon droit d'hypothèque sur les immeubles B, C, et si le prix de ces immeubles est mis en distribution, je fais mes diligences pour être colloqué éventuellement dans les ordres auxquels ils donnent lieu. Y serai-je bien fondé?

IV. 16

L'affirmative doit être considérée comme certaine. Ma créance n'est pas éteinte au regard de mon débiteur principal, puisque, n'étant pas encore purifiée, je ne puis en toucher le montant effectif. En fait, je n'ai pas été payé. Le purgement n'a fait, jusqu'à présent, que me procurer une garantie à la place d'une autre. De ce que mon hypothèque a été effacée de l'immeuble A, par suite de novation, il ne s'ensuit pas que je doive être privé de mon hypothèque sur les immeubles B et C. Si j'ai stipulé plusieurs hypothèques, c'est précisément que j'ai voulu me mettre à l'abri de toute perte en cas de purgement. J'ai donc le droit d'être colloqué partout provisoirement. Telle est l'opinion de MM. Persil (1) et Dalloz (2), elle se fortifie d'un arrêt de la cour de cassation, du 18 mai 1808 (3). Mais M. Grenier paraît contraire à ce système (4).

La même décision doit être portée dans le cas de rente viagère; car, soit que les fonds soient laissés entre les mains de l'acquéreur, soit qu'ils soient placés entre les mains des créanciers postérieurs, la rente n'est pas amortie; elle se continue toujours; il faut le décès du crédi-rentier pour qu'elle soit éteinte; le rentier a donc droit à conserver toutes ses hypothèques (5), et par suite à

(1) Art. 2166, n° 15.
(2) Hyp., p. 396, n° 10.
(3) Dal., Hyp., p. 405, 406.
(4) T. 1, n° 186, p. 394.
(5) Mais si le tiers détenteur de l'immeuble A avait consigné, l'hypothèque sur cet immeuble serait éteinte; le crédi-

se faire colloquer provisoirement. Sans quoi on lui enleverait le bénéfice de son contrat.

Ce que nous venons de dire du cas où le crédirentier aurait été colloqué provisoirement pour la *totalité* de sa rente sur les immeubles A, B, C, devrait à plus forte raison être décidé pour le cas où il n'aurait été colloqué que pour partie sur l'immeuble A, et partie sur l'immeuble B. Il aurait droit à être placé en ordre pour le tout sur le prix de l'immeuble C.

Le contraire a cependant été jugé par deux arrêts de la cour de Paris, des 31 juillet 1813 et 20 avril 1814 (1), qui ont l'assentiment de MM. Grenier (2) et Persil (3). Mais ils me paraissent violer ouvertement l'art. 2161 du Code civil, qui ne veut pas que l'hypothèque conventionnelle puisse être réduite (4). Je sais bien que l'équité a de la peine à souscrire à la rigueur dont je me fais ici le défenseur. Mais la loi est si formelle que je ne vois pas d'issue pour échapper à ses dispositions.

Pesons en effet les raisons de M. Persil, qui a le mieux défendu les deux arrêts contre lesquels je crois devoir m'élever.

« En se présentant à l'ordre, dit-il, le créancier est censé spécialiser son hypothèque et la res-

rentier pourrait seulement recourir hypothécairement sur B et C.

(1) Dal., Hyp., p. 406.
(2) T. 1, p. 394.
(3) Art. 2114, n° 6.
(4) *Supra*, n° 749.

»treindre à l'immeuble dont on va distribuer le
» prix. »

C'est une erreur ; le crédi-rentier ne fait qu'o-
béir à la nécessité : il agit pour ne pas laisser perdre son hypothèque sur le premier immeuble,
qui sans ses diligences en serait purgé. Mais rien
n'autorise à penser qu'il renonce à son hypothèque sur les autres immeubles. En présence de la
règle qui veut que la renonciation ne se suppose
jamais, il ne faut pas être si prodigue de renonciations.

« Le crédi-rentier continue M. Persil, consent
» une espèce de novation dont l'effet est de sub-
» stituer l'acquéreur au débiteur originaire. »

Ici M. Persil suppose que les fonds ont été laissés entre les mains de l'acquéreur (1). Mais il s'é-
loigne singulièrement de la vérité en prétendant
que cette obligation imposée à l'acquéreur change
la position du débiteur principal. Il n'y a là qu'une
simple indication d'un nouveau débiteur, qui s'a-
joute au débiteur principal, mais qui n'opère pas
la libération de ce dernier. C'est ce qu'a décidé la
cour de cassation par un arrêt du 18 mai 1808,
portant cassation d'un arrêt de la cour de Paris
qui avait adopté des principes conformes à ceux
de M. Persil (2).

Tout ce que M. Persil ajoute ensuite à ces deux

(1) D'où il suit que l'acquéreur, demeurant chargé de la
somme hypothéquée, ne libère pas même son immeuble !
Suprà, n° 959 *quinq.*

(2) Dal., Hyp., p. 405, 406.

raisons dominantes que je viens de réfuter, tombe sans beaucoup d'efforts. C'est en partant de l'idée fausse d'une novation qu'il dit « *que la première* » *obligation est éteinte, qu'il y a paiement fictif, li-* » *bération du premier débiteur et par conséquent ex-* » *tinction de toutes les obligations accessoires qu'il* » *avait contractées.* » Dès qu'il est établi que le débiteur principal demeure toujours obligé, on doit repousser tous les corollaires qui découlent d'une proposition contraire.

Au reste, l'opinion que je défends s'appuie d'un arrêt de la cour de cassation, du 18 mai 1808, que je viens de mentionner, et sur lequel je crois utile d'insister, parce qu'il fait une exacte application des vrais principes (1).

Un créancier d'une rente perpétuelle avait été colloqué dans un premier ordre pour une portion de ce qui lui était dû, mais de manière que les fonds avaient été laissés entre les mains *de l'acqué-reur* pour le service de la rente. Deux ordres s'étant ouverts ultérieurement sur le prix d'immeubles hypothéqués à ce créancier, il demanda collocation intégrale pour assurer le service de la rente. Mais la cour de Paris ne lui accorda collocation que pour la somme en déficit sur le premier prix. L'arrêt de la cour royale est motivé d'une manière très-spécieuse ; il se fonde sur ce que : 1° l'acquéreur chargé du service de la rente est substitué au débiteur principal ; 2° celui-ci est pleinement libéré jusqu'à concurrence de la portion du prix laissée entre les

(1) Dal., Hyp., p. 405, 406.

mains de l'acquéreur pour être employée au service de la rente; 3° le créancier d'un capital éventuel qui provoque l'ordre du prix des biens de son débiteur, pour y être colloqué de manière à assurer la continuation de sa rente *par l'acquéreur*, contracte l'obligation d'accepter celui-ci pour débiteur *au lieu du vendeur :* il s'opère une novation; 4° autoriser le créancier d'une rente à se faire colloquer dans tous les ordres qui peuvent s'ouvrir successivement, ce serait paralyser la libération du débiteur, et rendre impossible la collocation d'aucun autre créancier.

Cet arrêt fut cassé et devait l'être. C'est en vain que l'équité chercherait à venir à son secours. Il viole des principes dont il n'est pas permis de s'écarter.

960. Lorsque l'acquéreur a vidé ses mains, et que les fonds destinés à l'acquit des créances éventuelles ou des rentes ont été livrés aux créanciers postérieurs à charge d'emploi, cet acquéreur peut-il exiger une décharge des créanciers éventuels?

J'ai énoncé l'affirmative, *supra,* n° 959 *bis;* j'y reviens ici pour dire qu'elle ne doit pas paraître douteuse. Notre article déclare en effet que l'acquéreur est libéré en payant le prix *à ceux qui sont en ordre de le recevoir.* Il faut donc que le crédirentier ou le créancier de la créance éventuelle lui donne *décharge,* conformément à l'art. 772 du Code de procédure civile. Il est vrai que ces créanciers n'ont pas touché effectivement *le montant de leur collocation;* mais il n'importe! l'acquéreur est libéré puisqu'il a vidé ses mains à qui de droit. Le paiement effectif n'est pas le mode unique d'extinction des obligations.

Il en serait de même si le tiers détenteur avait consigné, comme notre article lui en donne le droit. La consignation lui donnerait le droit d'exiger la radiation des inscriptions des crédi-rentiers et autres créanciers éventuels (1).

ARTICLE 2187.

En cas de revente sur enchères, elle aura lieu suivant les formes établies, pour les expropriations forcées, à la diligence soit du créancier qui l'aura requise, soit du nouveau propriétaire.

Le poursuivant énoncera dans les affiches le prix stipulé dans le contrat ou déclaré, et la somme en sus à laquelle le créancier s'est obligé de la porter ou faire porter.

SOMMAIRE.

_____

(1) *Suprà*, n° 720. M. Tarrible, Saisie immobil., p. 314, col. 2.

charges. Mais il y a des cas où le surenchérisseur n'est pas tenu de tenir toutes les charges portées au contrat, par exemple, lorsque des créanciers hypothécaires viennent absorber la portion du prix déléguée à des créanciers chirographaires.

961 *ter*. On peut vendre par lots l'immeuble sur lequel se poursuit la surenchère. Dissentiment avec un arrêt de Rouen.

COMMENTAIRE.

960 *bis*. Lorsque le créancier requérant a fait son enchère du dixième en sus du prix stipulé dans le contrat ou déclaré par le nouveau propriétaire, il ne doit pas s'en tenir là ; il doit provoquer d'autres enchères pour voir si la sienne sera ou non couverte, c'est-à-dire qu'il doit requérir la vente publique de la chose, conformément à ce qui est prescrit pour les expropriations forcées. Le nouveau propriétaire a également droit à poursuivre la revente. Car il peut vouloir couvrir l'enchère qui vient d'être faite, et se porter adjudicataire. D'ailleurs, il a intérêt à ne pas rester sous le coup de la surenchère, et à faire marcher les choses avec célérité (1). Enfin, s'il y a négligence de la part du créancier requérant et du nouveau propriétaire, chaque créancier inscrit poursuivra l'adjudication (art. 2190).

960 *ter*. Mais à quel point doit-on commencer à suivre la procédure pour expropriation forcée ? Il est évident que les premières formalités de

(1) Delvinc., t. 3, p. 372, n° 2. Souvent, par le fait, il serait exposé à y rester long-temps. V. l'espèce d'un arrêt de Bordeaux du 17 mars 1828 (Dal., 28, 2, 104).

l'expropriation forcée ne peuvent convenir à la revente par surenchère. Il ne faut ni commandement, ni dénonciation, ni autres formalités qui se rattachent à ces deux points capitaux de la procédure.

Le poursuivant doit seulement commencer par l'apposition des affiches. Ces placards doivent contenir : 1° *le prix stipulé dans le contrat ou déclaré, et la somme en sus à laquelle le créancier s'est obligé de la porter ou faire porter* (art. 2187); 2° les formalités prescrites par les art. 684 et 682 du Code de procédure civile; 3° l'indication du jour de la première publication, qui ne peut avoir lieu que quinzaine après apposition (art. 836 du Code de procédure civile).

L'apposition des placards est constatée conformément à l'art. 685.

Le procès-verbal en est notifié au nouveau propriétaire, si c'est le créancier qui poursuit, et au créancier surenchérisseur, si c'est l'acquéreur (837 Code de procédure civile).

Le public étant ainsi averti, on a voulu, dans la procédure en expropriation forcée, qu'il fût dressé un cahier des charges contenant l'énonciation du titre en vertu duquel la saisie est faite, la désignation des objets saisis, les conditions de l'adjudication et une mise à prix, et que ce cahier des charges fût déposé au greffe pendant quinza ne avant la première publication, afin que toute partie intéressée eût la faculté d'en prendre connaissance (697 Code de procédure civile). C'est à la suite de la mise à prix et sur le cahier des charges que

les diverses publications et adjudications doivent
être mises, en sorte que le cahier des charges sert
de minute à cet égard (art. 699 Code de procédure civile).

Dans la procédure pour revente sur enchères,
il ne doit pas être dressé de cahier des charges. Le
contrat d'aliénation en tient lieu; c'est sur le contrat d'aliénation que doivent être mises les diverses
publications et adjudications; en un mot, c'est lui
qui sert de minute d'enchères d'après l'art. 838 du
Code de procédure civile, et le prix porté dans
l'acte et la somme de surenchère tiennent lieu de
mise à prix (même article).

Ce contrat d'aliénation doit donc être déposé
au greffe par l'acquéreur, non pas seulement pour
qu'on le consulte, mais pour qu'il y serve de minute.

Si l'acquéreur ne déposait pas son contrat au
greffe, M. Pigeau pense avec raison qu'on pourrait
faire déclarer la notification comme non avenue,
et le poursuivre comme tiers détenteur qui ne fait
pas purger (1).

Quinzaine après l'apposition des placards, on
procède à la première publication (art. 836 Code
de procédure civile, 702 même Code).

Enfin, le reste de la procédure, pour parvenir
à l'adjudication préparatoire et à l'adjudication
définitive, se suit comme pour l'expropriation
forcée (2).

(1) T. 2, p. 437, n° 7.
(2) V. sur tout ceci MM. Pigeau, t. 2, p. 437 et suiv.;
Carré, t. 3, p. 182; Tarrible, Répert., Transcript., p. 123;
Delvinc., t. 3, p. 176; Grenier, t. 2, n° 466.

961. Puisque l'adjudication sur enchères est assimilée à celle qui se fait sur saisie immobilière, peut-on faire la surenchère du quart permise par l'art. 710 du Code de procédure civile?

L'art. 710 du Code de procédure civile porte ce qui suit : « Toute personne pourra, dans la hui-
» taine du jour où l'adjudication aura été prononcée, faire au greffe du tribunal, par elle-même,
» ou par un fondé de procuration spéciale, une
» surenchère, pourvu qu'elle soit du quart au
» moins du prix principal de la vente. »

Cet article est sous le titre des saisies immobilières. Il introduit un droit exorbitant : il permet de détruire une adjudication définitive faite avec toutes les garanties de publicité. Mais un motif puissant dominait le législateur. Il est possible que des manœuvres aient été pratiquées pour écarter les enchérisseurs. Le saisi n'a pas toujours les moyens de prévenir ces inconvéniens, puisque la vente est forcée. Il fallait donc que toute personne pût, dans ce cas, faire tomber l'adjudication définitive en faisant une surenchère du quart.

Mais peut-on dire que le même droit existe, lorsqu'il y a eu adjudication définitive à la suite d'une procédure d'enchère sur vente volontaire ? Peut-on troubler l'adjudicataire définitif par une surenchère du quart?

Quelques personnes ont opiné pour l'affirmative (1).

(1) Lepage, Quest., p. 562. Cour de Grenoble, 11 février 1818.

Mais c'est confondre la forme avec le fond : l'art. 2187 du Code civil ne renvoie aux expropriations forcées *que pour la forme*. Or, la surenchère du quart n'est pas une forme de procéder : c'est un droit qui touche au fond, et un droit tout-à-fait exorbitant et insolite. Il ne faut donc pas l'étendre d'un cas à un autre, d'autant plus qu'on ne trouve pas ici les mêmes motifs que pour l'expropriation forcée. Le vendeur ne peut se plaindre de ce que la surenchère du quart n'a pas lieu, car il a lui-même vendu la chose pour un prix inférieur au taux de l'adjudication. Les plaintes des créanciers seraient aussi sans fondement ! Ils pouvaient faire une surenchère plus forte que du dixième ; s'ils ne l'ont pas faite, c'est qu'ils ont considéré l'immeuble comme étant porté à sa véritable valeur.

C'est du reste en ce sens que la cour de cassation s'est prononcée par arrêt du 22 juin 1819, portant cassation d'un arrêt de Grenoble (1). Cette décision importante est appuyée sur des motifs de la plus grande force, et devrait mettre fin à une controverse qu'on est étonné d'avoir vu s'élever (2). Cependant M. Delvincourt ne se rend pas à l'autorité de cet arrêt, et il pense que la surenchère du quart est admissible (3). Mais on regrette de voir

(1) Den., 19, 1, 520.

(2) La doctrine consacrée par la cour de cassation est conforme à celle de M. Pigeau, t. 2, p. 438, n° 11 ; de M. Crenier, t. 2, p. 180 et 181 ; de M. Carré, t. 3, p. 183, n° 2856.

(3) T. 3, p. 373, note 5.

cet auteur éclairé persister dans une si grande aberration.

961 *bis*. J'ai dit au numéro antépénultième que le contrat d'aliénation sert de cahier des charges. Il est dès-lors inutile d'en dresser un, à moins que ce ne soit pour expliquer des clauses du contrat; l'on ne devrait pas admettre un cahier des charges qui imposerait des charges nouvelles, ou contrarierait et éteindrait celles qui résultent du contrat (1).

Voilà le principe général. Cependant on peut demander ici s'il n'y a pas quelques cas où le su-enchérisseur n'est pas tenu de remplir toutes les charges contenues dans le contrat d'aliénation volontaire.

Un exemple fera sentir l'importance de cette question.

Pierre vend une maison à Bruno pour le prix de 20,000 francs, à charge de payer en sus une somme de 10,000 francs à des créanciers délégués non hypothécaires.

Par là, Bruno a acquis pour 30,000 francs une maison qui en vaut au moins 35, et il a cru faire une affaire d'autant meilleure qu'il n'a vu qu'un seul créancier hypothécaire, Primus, inscrit pour une somme de 20,000 francs.

Bruno transcrit, et notifie à Primus.

Mais pendant la quinzaine de la transcription, plusieurs inscriptions inconnues jusque-là arrivent; Secundus s'inscrit pour 5,000 francs, Tertius

(1) M. Carré, t. 3, p. 185.

pour pareille somme, et *Quartus* pour 8,000 fr.,
de telle sorte que voilà 38,000 francs hypothéqués
sur la maison acquise par Bruno : Tertius, qui veut
être payé de son dû, et qui ne le serait pas si les
choses restaient dans l'état où la vente volontaire
a mis le prix, requiert une surenchère du dixième,
offrant de faire porter le prix à 33,000 francs.
Mais devra-t-il offrir en même temps d'acquitter
la charge imposée à l'acquéreur au profit des délégataires ?

Telle est notre question (1).

On doit la résoudre pour la négative. En effet,
Bruno, acquéreur direct, ne s'était chargé de payer
10,000 francs aux créanciers chirographaires, que
parce qu'il supposait que ces 10,000 francs ne seraient pas arrêtés dans ses mains par des créanciers hypothécaires toujours préférables. Mais dès
l'instant que ceux-ci apparaissent, et font une sorte
de saisie-arrêt pour le montant des délégations et
au-delà, il doit être déchargé de ces délégations,
car il ne peut être tenu de payer deux fois. Ecou-
tons Bourjon : « L'acquéreur est obligé de payer
» les créanciers délégués, parce qu'il est par son
» contrat obligé envers eux. Mais il n'est obligé
» envers eux que *conditionnellement* et à cause de
» son acquisition et de son prix seulement. En
» effet, si les créanciers délégués étaient *postérieurs*
» *en hypothèque aux opposans*, *la délégation ne leur*
» *donnerait aucune action* contre lui. Il ne serait

(1) Je n'ai pas vu que nos nouveaux auteurs l'aient examinée.

»tenu de rien envers eux, l'action personnelle
»contre lui n'étant qu'accessoire à l'hypothèque.
»Ainsi, le prix étant absorbé par des créanciers
»antérieurs, ces créanciers délégués n'ont plus
»aucune action contre l'acquéreur. Il reste donc
»constant que ce dernier n'est tenu envers eux,
»en conséquence des délégations, qu'autant que
»les créanciers délégués priment les autres oppo-
»sans au décret par la force de l'hypothèque.
»C'est cette priorité d'hypothèque qui décide,
»tant par rapport à l'acquéreur, contre lequel
»l'action est plus réelle que personnelle, que par
»rapport aux créanciers (1). »

Ceci, étant admis à l'égard de l'acquéreur, doit
l'être à plus forte raison à l'égard du surenchérisseur, qui n'agit que pour se procurer son paiement, et pour faire porter l'immeuble à son juste
prix. Il n'est donc tenu d'accomplir les charges
qu'à la condition qu'il y aura des fonds suffisans
et non absorbés par les créanciers hypothécaires ;
il n'est pas obligé de payer des délégataires dont
la place se trouve prise par des créanciers préférables. La clause de délégation contenue dans le
contrat de vente se trouve donc modifiée, ou même
paralysée : c'est avec ce tempérament raisonnable
qu'il faut admettre le principe que le contrat *sert
de cahier des charges.* On voit que par le fait il
n'est pas toujours vrai de dire que le surenchérisseur est obligé de satisfaire à toutes les charges
du contrat.

(1) Droit commun, t. 2, p. 753, col. 2, n° 35.

961 *ter.* On a demandé si l'on peut diviser par lots l'adjudication des immeubles soumis à la sur-enchère.

Un arrêt de la cour de Rouen, du 15 juillet 1807, a décidé négativement cette question (1). Elle a considéré que le droit de surenchérir n'est pas celui de dénaturer le contrat, mais seulement d'en débattre le prix ; que là où il n'y a qu'un seul contrat de vente, il ne peut y avoir qu'une seule et même adjudication ; qu'admettre la division par lots, ce serait forcer l'acquéreur primitif à abandonner son acquisition ou à n'en retirer que des lambeaux, et exposer le vendeur à des recours de l'acquéreur.

Cette décision est désapprouvée avec raison par les auteurs qui ont écrit sur la procédure civile (2). En effet, la vente par lots peut procurer un grand bénéfice aux créanciers. Dans l'espèce jugée par la cour de Rouen, l'adjudication par loties avait excédé de 174,000 fr. le prix stipulé dans le contrat volontaire. Or, la surenchère a été établie pour tirer de la chose le plus grand avantage possible dans l'intérêt des créanciers. Cet intérêt passe évidemment avant celui de l'acquéreur, qui est ici tout-à-fait secondaire, et que le droit de sur-enchère a pour but de faire plier entièrement à la supériorité du droit de suite. D'ailleurs, si cet acquéreur tient à conserver l'immeuble par lui acquis, il n'a qu'à se porter dernier et plus offrant

---

(1) Sirey, 7, 2, 171.
(2) Demiau, p. 518. Carré, t. 3, p. 187.

enchérisseur pour chaque lot mis en vente. Quant à l'intérêt du vendeur, il est singulier que la cour de Rouen le trouve en opposition avec la vente par lots. Car quel est son plus grand intérêt, si ce n'est à voir ses immeubles vendus au plus haut prix possible, afin de mieux désintéresser ses créanciers?

ARTICLE 2188.

L'adjudicataire est tenu, au-delà du prix de son adjudication, de restituer à l'acquéreur, ou au donataire dépossédé, les frais et loyaux coûts de son contrat, ceux de la transcription sur les registres du conservateur, ceux de la notification, et ceux faits par lui pour parvenir à la revente.

SOMMAIRE.

962. Lorsque l'acquéreur est dépossédé, il doit être indemnisé par l'adjudicataire, des frais, loyaux coûts, impenses et améliorations.
963. L'adjudicataire n'est pas tenu de transcrire.

COMMENTAIRE.

962. Notre article suppose que le nouveau propriétaire n'a pas voulu ou n'a pas pu se rendre adjudicataire, et qu'il s'est laissé supplanter par un autre.

Alors il est dépossédé, et son contrat est résolu, de manière qu'il est tout-à-fait déchargé vis-à-vis de son vendeur, et que les hypothèques qu'il a constituées pendant son acquisition sont et demeurent éteintes (1).

C'est parce qu'il y a résolution complète du contrat primitif que notre article exige que l'adjudicataire paie au précédent propriétaire dépossédé, les frais et loyaux coûts de son contrat, ceux de transcription, ceux de notification et ceux qu'il peut avoir faits pour la revente (2). L'acquéreur évincé doit sortir absolument indemne (3). Il faut même dire que l'adjudicataire doit rembourser à l'acquéreur les impenses et améliorations qui ont donné une plus-value à l'immeuble (4). Sur quoi je dois faire observer qu'un arrêt de la cour de Paris, du 10 mars 1808 (5), a décidé que l'acquéreur qui prétendait avoir des répétitions à exercer contre l'acquéreur pour le montant de cette plus-value, devait en déterminer la quotité avant l'adjudication, attendu que, pour favoriser les enchères, il importait de lever d'avance toute incertitude.

(1) On peut consulter un arrêt de la cour de cassation du 12 novembre 1834, rapporté par Dalloz, 35, 1, 23.

(2) On sait que, d'après l'art. 1593 du Code civil, ces frais sont à la charge de l'acquéreur. Voyez mon commentaire sur le titre *de la Vente*, n° 164. J'y expose les raisons de ce point de droit.

(3) M. Delvinc., t. 3, p. 373, note 8.

(4) Conf., t. 2, p. 236. M. Grenier, t. 2, n° 471. Carré, t. 3, p. 185. V. *suprà*, n°ˢ 838 et suiv., plusieurs questions applicables ici.

(5) Sirey, 15, 2, 200.

963. L'adjudicataire doit-il faire transcrire son contrat d'adjudication ?

On pourrait penser l'affirmative par un argument *à contrario*, tiré de l'art. 2189 du Code civil. Mais l'on sait que l'argument *à contrario* est souvent vicieux.

M. Tarrible soutient, par des raisons qui paraissent inexpugnables, que l'adjudicataire ne doit pas transcrire (1). C'est aussi l'avis de M. Grenier, quoiqu'il reconnaisse que cette opinion n'est pas suivie dans la pratique. Je renvoie pour l'examen des raisons de M. Tarrible à l'article suivant.

ARTICLE 2189.

L'acquéreur ou le donataire qui conserve l'immeuble mis aux enchères, en se rendant dernier enchérisseur, n'est pas tenu de faire transcrire le jugement d'adjudication.

SOMMAIRE.

964. L'acquéreur originaire qui se rend adjudicataire ne doit pas faire transcrire.
965. Disparate que forme notre article. Erreur de M. Delvincourt et de la cour de Paris.

COMMENTAIRE.

964. Notre article dispose dans une hypothèse inverse de celle qui a fait l'objet de l'article précédent. Il suppose ici que c'est l'acquéreur ou le donataire qui s'est rendu adjudicataire.

(1) Transcript., p. 124, n° 3. *Suprà*, n° 909.

Dans ce cas, ce n'est pas l'adjudication qui forme le véritable titre de l'acquéreur ou du donataire. Son droit de propriété émane toujours de la précédente acquisition, qui reçoit sa confirmation et se trouve purifiée (1). Auparavant, l'acquéreur n'avait acquis qu'une propriété résoluble sous condition ; par l'adjudication, elle est devenue incommutable, et toutes les charges hypothécaires qui la grevaient sont éliminées.

965. Il est si vrai que c'est toujours le contrat primitif d'aliénation qui forme le véritable titre de l'acquéreur ou donataire devenu adjudicataire, que l'art. 2189 le dispense de faire transcrire le jugement d'adjudication. Le motif en est que ce contrat originaire, dont le jugement d'adjudication ne fait qu'opérer la confirmation, a déjà été transcrit, et qu'une nouvelle transcription ferait une formalité surabondante.

Au surplus, on a lieu de s'étonner de la disposition de notre article. Dispenser le donataire ou acquéreur de faire transcrire parce que le contrat primitif l'a déjà été, c'est supposer que tout autre que l'acquéreur ou le donataire doit faire transcrire le jugement d'adjudication. Mais quelle serait l'utilité de cette transcription? de parvenir au purgement des hypothèques? Elles sont purgées par le jugement même d'adjudication. La transcription serait un pléonasme inutile et dispendieux, à la suite d'une procédure où l'on a épuisé tous les moyens de publicité.

(1) M. Grenier, t. 2, n° 467.

On ne peut expliquer l'art. 2189 qu'en disant qu'il y a disparate dans les dispositions de la loi. Sans cela cet article serait inintelligible (1).

A l'époque de l'émission du Code civil, la loi du 11 brumaire an 7, sur les expropriations forcées, était encore en vigueur. L'art. 22 de cette loi portait que l'adjudication devait être transcrite à la diligence de l'adjudicataire dans le mois de sa pronconciation, et qu'il ne pouvait, avant l'accomplissement de cette formalité, se mettre en possession des biens adjugés. Après l'expiration d'un mois, le même article accordait aux créanciers non remboursés la faculté de faire procéder contre l'adjudicataire, et à sa folle enchère, à la revente et adjudication des biens, dans les mêmes formes et délais qu'à l'égard du saisi, sauf que le commandement était remplacé par une dénonciation du certificat délivré par le conservateur, que la transcription du jugement d'adjudication n'avait pas été faite.

Peut-être entrait-il alors dans le dessein des auteurs du Code de maintenir cette disposition et de l'insérer dans le Code de procédure civile, qui ne fut décrété qu'un an après. Si cette disposition eût été conservée, elle aurait été dans une parfaite harmonie avec le texte de notre article; mais, comme on ne la trouve pas dans le Code de procédure civile, on ne peut douter que la formalité n'ait été supprimée. L'art. 2189 est donc tout-à-fait inutile. Disons-mieux! mal entendu, il peut

(1) M. Tarrible, Répert., Transcript., p. 124, n° 3.

donner lieu aux plus grandes erreurs, et l'on voit qu'il a entraîné la cour de Paris à décider que non seulement l'adjudicataire étranger doit transcrire, mais encore qu'un créancier non inscrit dans la quinzaine de la vente primitive peut remplir cette formalité dans la quinzaine de la transcription du jugement d'adjudication, et recommencer dans cette quinzaine tout ce qui aurait été fait dans la quinzaine de la transcription de la vente (1). On peut bien penser que cet arrêt ne peut faire aucune autorité (2), et il est étonnant que M. Delvincourt le représente comme juste et bien rendu (3).

ARTICLE 2190.

Le désistement du créancier requérant la mise aux enchères ne peut, même quand le créancier paierait le montant de la soumission, empêcher l'adjudication publique, si ce n'est du consentement exprès de tous les autres créanciers hypothécaires.

SOMMAIRE.

966. La procédure en surenchère appartient à tous les créanciers. Le poursuivant ne peut se désister que du consentement de tous les hypothécaires.

(1) 3 avril 1812. Denev., 14, 2, 31.
(2) M. Grenier, t. 2, p. 387.
(3) T. 3, p. 374, note 8.

COMMENTAIRE.

966. La procédure en surenchère appartient à tous les créanciers inscrits. Le poursuivant n'est, en quelque sorte, que leur *negotiorum gestor;* son désistement ne peut donc leur nuire, et quand même il paierait le montant de sa soumission du dixième, il ne pourrait empêcher les créanciers hypothécaires d'exiger que l'on en vienne à l'adjudication publique, et de s'emparer d'une procédure qu'il a abandonnée contre leur gré. Le créancier poursuivant n'a droit à se désister que du consentement de tous les créanciers inscrits.

C'est parce que le poursuivant est censé être le mandataire de tous les créanciers hypothécaires que je disais, au n° 950, que la nullité d'une surenchère obtenue contre le poursuivant est acquise contre tous les autres créanciers hypothécaires.

Notre article n'est que la conséquence de ce même principe.

ARTICLE 2191.

L'acquéreur qui se sera rendu adjudicataire aura son recours, tel que de droit, contre le vendeur, pour le remboursement de ce qui excède le prix stipulé par son titre, et pour l'intérêt de cet excédant, à compter du jour de chaque paiement.

SOMMAIRE.

967. Du recours en garantie de l'acquéreur *évincé* contre le vendeur.

COMMENTAIRE.

967. J'ai parlé sous l'art. 2178 du recours en garantie que l'acquéreur évincé peut avoir contre le vendeur. Cette garantie n'est à la vérité assurée à l'acquéreur, par l'art. 2178, que dans le cas où il délaisse, ou dans celui où il subit l'expropriation par suite de l'action hypothécaire; et l'on voit que cet article est étranger à hypothèse où l'acquéreur est dépossédé par suite des combinaisons du purgement des hypothèques, et en vertu de l'appel, qu'il a en quelque sorte adressé aux créanciers inscrits, pour faire mettre la chose vendue en adjudication.

Mais il n'y a pas de doute que l'éviction, même en ce cas, ne produise garantie pleine; car elle procède d'une cause antérieure à la vente et personnelle au vendeur, qui pouvait faire cesser le trouble (1); et si l'acquéreur n'eût pas recouru au purgement des hypothèques, qui est toujours très-favorable, l'éviction n'en eût pas moins été infaillible, puisque les créanciers auraient agi par

_____

(1) V. mon commentaire sur *la Vente*, n° 416.

l'action hypothécaire. Tenons donc pour constant que l'acquéreur évincé par une surenchère a son recours contre le vendeur (1).

Ainsi supposons que l'acquéreur ait acheté pour 50,000 fr. la terre de Beauregard , et qu'il l'ait payée ; si ensuite il veut purger et qu'il soit évincé par une surenchère , le bon sens dit que le vendeur sera obligé de lui restituer les 50,000 fr. par lui déboursés.

Il faut même aller plus loin. Supposons que la terre de Beauregard valût en 1817 la somme de 50,000 fr. L'acquéreur n'a pas payé parce qu'il a voulu purger. Mais il se trouve qu'en 1820, époque à laquelle une surenchère le dépossède , la terre de Beauregard valait 60,000 fr., par suite d'un accroissement dans le prix des terres. L'acquéreur évincé pourra-t-il agir en garantie contre son vendeur pour lui payer, à titre d'indemnité, les 10,000 francs qui font la différence entre la valeur lors de l'acquisition, et la valeur lors de l'aliénation?

M. Tarrible (2) se prononce pour l'affirmative, et il est suivi par M. Grenier (3), qui rapporte une opinion fort juste de M. Dumont, ancien professeur de droit à Bourges (4). Pour soutenir la négative, on pourrait dire que l'acquéreur serait très-défavorable à prétendre cette indemnité ; car il a connu les hypothèques qui grevaient l'immeuble

(1) M. Tarrible , Répert., Transcript., § 6, n° 4.
(2) Répert., Transcript., p. 126.
(3) T. 2, p. 380.
(4) Je reviens sur cette question dans mon commentaire sur le titre *de la Vente*, n°s 426 et 427.

acquis; il a dû s'attendre à des recherches, et
il a bien voulu en courir les éventualités : il ne
doit donc pas lui être accordé d'indemnité à titre
d'éviction. Il ne peut justement réclamer que ce
qu'il a déboursé, et c'est ce qu'a jugé la cour de
Paris par arrêt du 25 prairial an 12 (1). On pourrait ajouter, dans l'opinion consacrée par cette
décision, qu'il y a de l'injustice à traiter le vendeur
avec cette dureté que les auteurs cités font sortir
des principes généraux. Car, le plus souvent, le
vendeur est dans une position digne d'intérêt : il ne
vend que pour payer ses créanciers, et prévenir des
saisies ruineuses. S'il se voit exposé à des recours
en indemnité pour des dommages, qui ne sont que
le *lucrum cessans* et auxquels l'acquéreur s'est exposé volontairement, il aura plus de répugnance
à se libérer, et il en résultera des inconvéniens et
pour lui et pour ses créanciers.

Mais ces raisons ne sont que spécieuses, et l'on
peut facilement y répondre, en opposant qu'à la
vérité la surenchère est une voie de droit à laquelle l'acquéreur a dû s'attendre, mais qu'il a dû
espérer aussi que le vendeur ferait cesser le trouble en indemnisant les créanciers hypothécaires.
L'éviction procède donc tout entière du fait du
vendeur, qui doit en garantir l'acquéreur et qui
ne le fait pas. Donc, celui-ci a droit aux dommages
et intérêts, conformément à l'art. 1630 du Code
civil (2).

(1) Sirey, 7, 2, 953.
(2) Voyez les principes que je développe sur ce point dans

Je n'ignore pas que, pour combattre ce résultat,
on a quelquefois cherché à argumenter de ce qui

mon commentaire sur le titre *de la Vente*, n.ᵒˢ 502 et suiv.
Je m'aperçois que les raisons que je donne de l'obligation où
est le vendeur de garantir l'acquéreur, sont combattues par
M. Duvergier, qui prétend (n° 321) *que je suis tombé dans
une double erreur.* Suivant lui, le non-paiement par le vendeur n'est qu'une omission, et j'ai tort de prétendre que c'est
là un fait ; de plus, cette omission peut être involontaire ; *car
n'a pas toujours qui veut de quoi payer ses créanciers.* Or,
continue M. Duvergier, *un fait personnel est un acte spontané
et entièrement libre.* Cet écrivain prétend donc que l'éviction
n'a pas lieu par le fait du vendeur.

Je réponds que, dans la langue du droit, une négligence,
une omission qui portent préjudice à autrui est un fait, et même
un fait tout aussi grave qu'un acte affirmatif (V. mon commentaire *de la Vente*, t. 2, n₀ 941). J'ajoute qu'il est assez
indifférent pour l'acquéreur évincé que le vendeur ait eu ou
non en main les fonds nécessaires pour faire cesser la poursuite hypothécaire. Le vendeur est obligé à procurer une jouissance paisible à l'acheteur, et cependant il le laisse déposse-
der ! ! ! Il n'en faut pas davantage pour engager sa responsabilité et pour motiver le recours de l'acheteur. Il n'en faut
pas davantage surtout pour démontrer l'erreur de ceux qui
ont comparé la surenchère au retrait lignager. Car je prie
M. Duvergier de considérer que c'est pour faire ressortir la
différence qui existe entre ces deux causes d'éviction que j'ai
parlé du fait du vendeur ; je voulais faire toucher au doigt
l'énorme distance qui sépare le retrait lignager, qu'aucune
puissance ne pouvait engager, et la surenchère que le vendeur doit prévenir par ses diligences.

M. Duvergier, qui arrive à la même solution que moi, tout
en me combattant, a cru trouver une raison tout à la fois nouvelle et meilleure, en disant que le principe de l'éviction a
précédé la vente, et que, quoique l'acheteur en ait eu con-

avait lieu en matière de retrait lignager. En effet,
le retrait lignager ne donnait pas lieu à la garantie,
parce que l'acquéreur avait dû s'y attendre. Il
ne pouvait répéter que les sommes par lui dé-
boursées, mais point d'indemnité ni de dommages et intérêts.

Mais il n'y a pas parité entre les deux cas. Le
vendeur ne pouvait jamais arrêter l'effet du retrait
lignager. Il n'était pas en son pouvoir de le faire
cesser. L'acquéreur le savait, et s'y soumettait.
Mais lorsqu'il y a surenchère, il dépend toujours
du vendeur d'en empêcher l'effet en payant la
dette, et l'acquéreur espère qu'il le fera.

Cette opinion est consacrée par un arrêt de la
cour de cassation du 11 mai 1808, portant cassation d'un arrêt par lequel la cour de Paris avait
persévéré dans sa jurisprudence (1).

Au surplus, le vendeur qui veut se mettre à
l'abri de ces recours peut y parvenir par des sti-
pulations qui modifient la garantie légale. C'est le
conseil que donne M. Tarrible.

naissance, *il a dû supposer que le vendeur paierait les créanciers inscrits, et que la surenchère n'aurait jamais lieu.* —
Mais comment M. Duvergier n'a-t-il pas vu que c'est ce que
je n'ai cessé de dire moi-même avec tous les jurisconsultes anciens et modernes qui ont traité la question ? (V. mon comm.
de la Vente, t. 1, nᵒ 426.)

Enfin, puisque M. Duvergier reconnaît que l'acheteur a droit
à des dommages et intérêts, n'est-il pas en contradiction avec
lui-même lorsqu'il prétend que le vendeur ne se rend coupable
d'aucun fait répréhensible ? Peut-il y avoir lieu à dommages
et intérêts sans un fait de l'homme qui porte préjudice à autrui ?

(1) Sirey, 8, 1, 359.

968. J'ai raisonné jusqu'ici dans l'hypothèse où l'acquéreur a été dépossédé par le jugement d'adjudication.

Venons au cas où il s'est rendu adjudicataire, et où par conséquent il a été obligé de payer une somme plus forte que celle stipulée dans son contrat. Notre article donne, dans ce cas, à l'acquéreur son recours tel que de droit contre le vendeur pour le remboursement de ce qui excède le prix stipulé par son titre, et pour l'intérêt de cet excédant à compter du jour de chaque paiement.

Ainsi, la terre de Beauregard, vendue à Pierre 60,000 francs, est portée par l'adjudication à 80,000 francs, et c'est à ce prix que Pierre s'est rendu adjudicataire. Pierre pourra exiger que son vendeur lui rembourse les 20,000 francs qu'il a payés au-delà de son contrat. Le vendeur ne saurait le trouver mauvais, puisque cette somme a servi à payer ses créanciers, et que son acquéreur s'est fait son *negotiorum gestor* en payant une dette à son acquit. C'est donc moins en vertu de l'action *ex empto* que par suite de subrogation, que le vendeur est tenu de payer les surenchères.

Si l'on réfléchit néanmoins que, si un étranger se fût rendu adjudicataire et eût acheté la chose pour le prix de 80,000 francs, le vendeur n'aurait rien eu à débourser, on pourra peut-être penser, au premier coup d'œil, qu'il est injuste que les obligations du vendeur soient plus ou moins onéreuses, suivant qu'il plaît ou non à l'acquéreur de se rendre adjudicataire.

Cependant cette injustice n'est qu'apparente.

Le vendeur a promis de laisser la chose à l'acquéreur pour la somme de 60,000 francs. C'est une
obligation qu'il a consentie, et au-delà de laquelle
il ne peut rien exiger. Pour le surplus, l'acquéreur n'est qu'un prêteur de fonds qui paie pour
lui.

Mais si c'est un étranger qui se rend adjudicataire, le vendeur n'a pas contracté avec lui d'engagement antérieur et les positions sont toutes
différentes.

Il sera donc de l'intérêt du vendeur de fixer le
prix de la chose à sa véritable valeur dans le contrat d'acquisition, afin qu'il paraisse satisfactoire
à tous les intéressés, et que l'acquéreur ne soit pas
exposé à des chances de surenchère toujours déterminées par la vilité du prix.

969. Lorsqu'il s'agit d'un objet donné, voici la
distinction que fait Pothier (1).

Si les créanciers hypothécaires payés sur le prix
de l'adjudication étaient créanciers personnels du
donateur, le donataire aura un recours contre ce
dernier pour la totalité de ce qu'il aura payé. Le
donataire aura fait l'office de *negotiorum gestor*,
en payant la dette du donateur; il sera subrogé
aux droits des créanciers. Car le donateur est censé
avoir donné la chose gratuitement, c'est-à-dire
sans aucun intérêt pour lui, sauf l'exécution des
charges précisées dans la donation.

Mais si le donateur n'était pas obligé personnellement, s'il n'était tenu qu'hypothécairement,

_____

(1) Orléans, t. 15, n° 65.

et que l'argent du donataire eût servi à payer les créanciers des propriétaires qui ont transmis l'immeuble au donateur, alors ce dernier ne serait pas obligé à indemniser le donataire, puisque l'argent payé n'aurait pas tourné à son profit.

Cette double décision est bien fondée. A la vérité le donateur n'est pas tenu de garantir le donataire du trouble qu'il éprouve (1). Mais ici ce n'est pas à titre de garantie que le donataire, dont l'argent aura payé les créanciers personnels du donateur, aura recours contre ce dernier ; c'est à titre de subrogation. Il aura contre le donateur la même action qu'ont contre un débiteur ceux qui ont acquitté pour lui sa dette. C'est ce qui s'autorise de l'art. 874 du Code civil, portant : « Le légataire » particulier qui a acquitté la dette dont l'immeu- » ble légué était grevé, demeure subrogé aux droits » du créancier contre les héritiers et successeurs » à titre universel. » Tel est aussi, sur notre cas particulier, l'avis de M. Delvincourt (2) et de M. Grenier (3).

970. La distinction de Pothier avait déjà été faite par d'autres jurisconsultes pour le cas de vente.

Par exemple, Primus achète de Jean un immeuble hypothéqué à Caïus. Primus revend cet immeuble à Secundus, qui purge. Mais, Caïus ayant requis la mise aux enchères, Secundus se rend adjudicataire pour le prix de 60,000 francs,

(1) L. Arist., 18, § 3, Dig. *De donat.*
(2) T. 3, p. 373, note 7.
(3) Donat, t. 1, n° 97,

c'est-à-dire 20,000 francs de plus que le prix fixé dans son contrat. Ces 60,000 francs servent à payer Caïus. Mais Secundus pourra-t-il répéter contre Primus les 20,000 francs montant de la surenchère? Ces 20,000 francs n'ont pas servi à payer un créancier de Primus; car Caïus était uniquement créancier de Jean. Il n'y a donc pas de subrogation, et c'est contre Jean que Secundus devra exercer son recours, comme ayant les droits que Primus aurait eus contre le même Jean, s'il s'était porté adjudicataire sur la revente publique.

Mais si Caïus, au lieu d'être créancier de Jean, eût été le créancier de Primus, alors c'est contre ce dernier que le recours aurait dû s'exercer, puisque l'argent de secundus aurait servi à payer sa dette (1).

971. Si, après que l'acquéreur devenu adjudicataire a payé tous les créanciers inscrits, il reste quelques fonds, c'est lui qui doit en profiter, et ils lui appartiennent légitimement, sans que les créanciers chirographaires y puissent prétendre des droits. Car ceux-ci n'ont rien à prétendre sur le prix de la surenchère, qui n'a pas été faite dans leur intérêt, et qu'ils n'auraient pu demander. Ils n'ont de droit que sur le prix tel qu'il a été fixé par le contrat. Mais ce prix leur a été enlevé par les créanciers hypothécaires qui leur étaient préférables (2).

(1) V. dans le Traité des Hyp. de M. Grenier, t. 2, p. 380, un fragment emprunté à M. Dumont, professeur de droit de l'ancienne université de Bourges.

(2) M. Grenier, t. 2, n° 469.

ARTICLE 2192.

Dans le cas où le titre du nouveau propriétaire comprendrait des immeubles et des meubles, ou plusieurs immeubles, les uns hypothéqués, les autres non hypothéqués, situés dans le même ou dans divers arrondissemens de bureaux, aliénés pour un seul et même prix, ou pour des prix distincts et séparés, soumis ou non à la même exploitation, le prix de chaque immeuble frappé d'inscriptions particulières et séparées sera déclaré dans la notification du nouveau propriétaire, par ventilation, s'il y a lieu, du prix total exprimé dans le titre.

Le créancier surenchérisseur ne pourra, en aucun cas, être contraint d'étendre sa soumission ni sur le mobilier, ni sur d'autres immeubles que ceux qui sont hypothéqués à sa créance et situés dans le même arrondissement, sauf le recours du nouveau propriétaire contre ses auteurs pour l'indemnité du dommage qu'il éprouverait, soit de la division des objets de son acquisition, soit de celle des exploitations.

SOMMAIRE.

et des immeubles, des immeubles hypothéqués et des immeubles non hypothéqués.

973. Nécessité d'une ventilation. Par qui doit-elle être faite ? Par qui peut-elle être contestée ?

974. Conséquences de l'omission de la ventilation.

COMMENTAIRE.

972. Notre article s'occupe d'un cas qu'il était important de prévoir, et sur lequel il était nécessaire de donner des règles certaines.

Lorsque plusieurs objets sont vendus à la fois pour un seul et même prix, il est possible qu'un seul soit hypothéqué. Que devra faire alors l'acquéreur qui veut notifier? Quel prix assignera-t-il dans sa notification? Satisfera-t-il à la loi en se bornant à déclarer le prix porté en bloc dans son contrat de vente? Ou bien devra-t-il faire une distraction du bien hypothéqué et lui assigner un prix spécial?

Ce n'est pas tout. Le créancier qui voudra surenchérir devra-t-il faire porter la soumission sur la totalité des objets compris dans la vente, ou bien suffira-t-il qu'il soumissionne l'immeuble hypothéqué ?

Telles sont les difficultés qui sont résolues par notre article.

Il exige que l'acquéreur qui veut purger détermine par ventilation la valeur de l'immeuble hypothéqué qu'il cherche à dégager, abstraction faite du prix total assigné en masse pour les objets hypothéqués et non hypothéqués; et, en effet, qu'importe aux créanciers hypothécaires le prix

et la valeur d'objets non soumis à leur hypothèque? Ce prix n'est pas destiné à être versé entre
leurs mains.

Par la même raison, le créancier qui veut surenchérir ne doit faire porter la soumission du
dixième en sus que sur l'immeuble hypothéqué.
Car la soumission a pour objet de porter l'immeuble à sa véritable valeur. Or, le créancier n'a d'intérêt à surenchérir que relativement à l'immeuble soumis à son hypothèque.

Il peut arriver que, dans une vente qui comprend
des biens hypothéqués et d'autres non hypothéqués, on ait fixé un prix spécial pour chacun des
immeubles. Alors la ventilation se trouve toute
faite. C'est sur le prix spécial attribué au lot hypothéqué que doit tomber la notification et la
surenchère.

Enfin il peut arriver que les biens vendus, quoique soumis à la même hypothèque, soient situés
dans différens arrondissemens. Si le prix a été assigné en bloc, la ventilation doit être faite pour
chaque immeuble et notifiée séparément aux créanciers aux domiciles élus dans leurs inscriptions.
La raison en est qu'on ne peut purger dans l'arrondissement A, par exemple, des hypothèques
situées dans l'arrondissement B, et qu'il faut faire
autant de procédures en purgement qu'il y a d'arrondissemens différens (1); et comme le nouveau

_____

(1) MM. Tarrible, Répert., Transcript., p. 127; Dalloz,
Hyp., p. 372, n° 27. Arrêt de Lyon du 13 janvier 1836 (Dal.,
36, 2, 130. Sirey, 36, 2, 334).

propriétaire, évincé par suite d'une surenchère, peut éprouver du dommage de cette division des objets compris dans son acquisition ou de la division des exploitations, notre article lui réserve son recours contre le vendeur qui ne l'a pas préservé de l'action hypothécaire des créanciers.

973. Mais par qui la ventilation doit-elle être faite? C'est évidemment par l'acquéreur, sauf à être contestée par le vendeur ou les créanciers (1).

Je dis qu'elle peut être contestée par le vendeur, quoique M. Delvincourt soit d'un avis différent (2). En effet, le vendeur a intérêt à ce qu'on délègue à ses créanciers le véritable prix résultant du contrat, afin d'éviter, si cela est possible, une procédure en surenchère qui pourrait occasioner des frais en pure perte, et qu'on aurait peut-être pu empêcher en déclarant la valeur réelle.

Les créanciers ont le même motif. Vainement dirait-on qu'ils n'ont pas besoin de contester la ventilation, puisqu'ils peuvent surenchérir : mais si, en contestant la ventilation, ils peuvent arriver au même résultat à moins de frais et sans contracter des obligations souvent onéreuses, on ne pourra pas le leur interdire.

674. Il est de la plus haute importance pour le nouveau propriétaire qui notifie d'établir une ventilation dans son acte de notification. Cette ventilation est la base des surenchères que les

(1) Tarrible, *loc. cit.*
(2) T. 3, p. 370, note 5.

créanciers ont droit de former. S'il n'y avait pas de ventilation, la surenchère devrait être déclarée nulle. C'est ce qui a été jugé par la cour de cassation le 19 juin 1815 (1).

En effet, la ventilation ordonnée par notre article est aussi nécessaire que la déclaration du prix dans l'espèce de l'art. 2183. Or, l'art. 2183 exige que la déclaration du prix soit faite, à peine de nullité. La même peine de nullité est donc inhérente à l'art. 2192, qui ne fait qu'exposer un cas particulier rentrant dans les dispositions de l'art. 2183.

(1) Dal., Hyp., p. 377. Delvincourt, t. 3, p. 371, note 5. Grenier, t. 2, n° 456, p. 343. Dans le même sens, arrêt de Douai du 18 mai 1836 (Sirey, 37, 2, 328. Dalloz, 37, 2, 172) et l'arrêt de Lyon, cité au n° 972, *suprà*.

CHAPITRE IX.

DU MODE DE PURGER LES HYPOTHÈQUES QUAND IL N'EXISTE PAS D'INSCRIPTIONS SUR LES BIENS DES MARIS ET DES TUTEURS.

ARTICLE 2193.

Pourront, les acquéreurs des immeubles appartenant à des maris ou à des tuteurs, lorsqu'il n'existera pas d'inscription sur lesdits immeubles à raison de la gestion du tuteur ou des dot, reprises et conventions matrimoniales de la femme, purger les hypothèques qui existaient sur les biens par eux acquis.

SOMMAIRE.

975. Mode de purger les hypothèques dispensées d'inscription.

COMMENTAIRE.

975. Un nouvel ordre de choses se présente à nous. Jusqu'ici nous avons vu comment l'on doit procéder pour purger les hypothèques *inscrites* sur les immeubles.

Mais les hypothèques légales des femmes et des mineurs sont dispensées d'inscription. Si elles n'ont pas été rendues publiques, il est évident qu'elles ne peuvent être atteintes par les moyens de purgement qui effacent les hypothèques inscrites. Il fallait donc créer une procédure spéciale pour arriver jusqu'à elles. C'est ce qui fait l'objet de ce chapitre. Le législateur y déclare expressément qu'il n'a en vue que les hypothèques légales *pour lesquelles il n'existe pas d'inscription.* Il annonce bien formellement son intention, soit dans l'intitulé du chapitre, soit dans le corps même de l'art. 2193; c'est un point qui mérite attention. De là sort une conséquence importante, c'est que l'épuisement de toutes les formalités prescrites par les art. 2181 et suivans du Code civil, pour purger les hypothèques *inscrites*, laisse subsister dans toute leur force les hypothèques légales *non inscrites.* Vainement l'immeuble a-t-il été l'objet d'une surenchère, d'une vente sur adjudication publique à la requête des créanciers!! les personnes dont s'occupe le législateur, dans le chapitre 9, sont censées avoir ignoré tout cela : c'est pour elles *res inter alios acta.* Et l'adjudicataire, malgré toute la publicité qui a présidé à son acquisition, reçoit l'immeuble à la charge de l'hypothèque légale non inscrite, sauf à la purger par les formalités qui vont être détaillées.

Voici quelle est la division que je suivrai dans le commentaire de ce chapitre.

D'abord j'envisagerai l'hypothèque légale lorsqu'elle n'est pas inscrite, et j'analyserai les formes tracées par l'art. 2194 et les articles suivans, pour en procurer le purgement.

J'examinerai ensuite si, lorsque le bien soumis à l'hypothèque légale non inscrite a été vendu par expropriation forcée, il est nécessaire ou non de recourir aux formalités contenues dans ce chapitre pour le purgement. Ce qui me donnera lieu d'examiner la question controversée de savoir si l'expropriation forcée purge de plein droit les hypothèques non inscrites.

Je considérerai en troisième lieu l'hypothèque comme inscrite. Et ici je distinguerai si l'inscription a été prise avant la transcription, ou dans la quinzaine de la transcription. J'expliquerai si cette inscription dispense dans tous les cas de recourir aux formalités qui font la matière de ce chapitre.

ARTICLE 2194.

A cet effet ils déposeront copie, dûment collationnée, du contrat translatif de propriété au greffe du tribunal civil du lieu de la situation des biens, et ils certifieront, par acte signifié, tant à la femme ou au subrogé-tuteur qu'au procureur du roi près le tribunal, le dépôt qu'ils auront fait; extrait de ce contrat, contenant la date, les noms, prénoms, professions et domiciles des contractans, la désignation de la nature et de la situation des biens, le prix et les autres charges de la vente, sera et restera affiché pendant deux mois dans l'auditoire du tribunal ; pendant lequel temps les femmes, les maris, tuteurs, subrogés-tuteurs, mineurs, interdits, parens ou amis, et le procureur du roi, seront reçus à requérir, s'il y a lieu, et à faire faire, au bureau du conservateur des hypothèques, des inscriptions sur l'immeuble aliéné, qui auront le même effet que si elles avaient été prises le jour du contrat de mariage ou le jour de l'entrée en gestion du tuteur ; sans préjudice des poursuites qui pourraient avoir lieu contre les maris et les tuteurs, ainsi qu'il a été dit ci-dessus, pour hypothèques par eux consenties au profit de tierces personnes, sans leur avoir déclaré que les immeubles étaient déjà grevés d'hypothèques, en raison du mariage ou de la tutelle.

SOMMAIRE.

977. Procédure spéciale organisée pour purger les hypothèques légales dispensées d'inscription. Supériorité de cette procédure sur celle qui sert à faire appel aux hypothèques soumises à l'inscription. Formalité du dépôt au greffe du contrat d'aliénation.

978. Signification de ce dépôt à la femme, au subrogé-tuteur et au procureur du roi.

979. *Quid* lorsque la femme et le subrogé-tuteur ne sont pas connus ? Formalités spéciales. Attention pour qu'on n'en abuse pas.

980. Affiche d'un extrait du contrat dans l'auditoire pendant deux mois.

981. C'est pendant ces deux mois qu'il faut prendre inscription. De quelle époque courent-ils ?

982. C'est aussi pendant ces deux mois qu'il faut serenchérir.
Opinion contraire de M. Pigeau repoussée.

982 *bis*. L'édit de 1771 a servi de type aux dispositions prescrites par notre article.

982 *ter*. La procédure établie par le ch. 9 suppose que l'hypothèque légale sommeille : elle n'est pas une exception contre l'action en délaissement.

COMMENTAIRE.

977. Ce n'est plus par la transcription que l'acquéreur d'un bien appartenant à un tuteur ou à
un mari doit préluder au purgement des hypothèques des mineurs et des femmes. Dans la procédure spéciale que le Code organise ici, la transcription se trouve remplacée par le dépôt au greffe
du tribunal civil du lieu de la situation des biens,
de la copie dûment collationnée de l'acte translatif
de propriété (1).

Ce dépôt au greffe, accompagné des formalités
dont nous parlerons tout à l'heure, doit être considéré comme un moyen beaucoup plus efficace
pour faire appel aux inscriptions que la formalité
assez obscure de la transcription (2). Mais l'on sait
par quelle combinaison imprévue la transcription
a été appelée à jouer le rôle que lui assignent les
art. 834 et 835 du Code de procédure civile. Née
d'un amendement inopiné et du choc d'opinions

(1) M. Delvinc., t. 3, p. 375, note 6. M. Pigeau, t. 2,
p. 440, n° 3, § 1.

(2) *Suprà*, n° 900.

rivales, elle a dû nécessairement présenter des disparates et des imperfections dont se trouve plus affranchi le chapitre 9, qui a été conçu d'un seul jet. Il faut, en général, se défier des lois tourmentées à coups d'amendemens.

978. Le dépôt étant ainsi opéré, l'acquéreur est obligé de le certifier par acte signifié tant à la femme ou au subrogé-tuteur qu'au procureur du roi près le tribunal. Cette disposition fut ajoutée à notre article sur la demande officieuse du tribunat.

La signification doit être faite par un huissier ; mais aucune loi n'impose l'obligation de faire faire cette notification par un huissier commis ; l'article 832 du Code de procédure civile ne se réfère qu'aux art. 2183 et 2185 du Code civil, et nullement à l'art. 2194 (1).

La signification doit être faite *à la personne de la femme*, et non à la personne du mari ; car le mari est ici en opposition d'intérêt avec sa femme, et il pourrait ne pas vouloir prendre inscription, afin de n'être pas exposé à un recours de la part de son acquéreur évincé par une surenchère.

C'est ce qu'a jugé un arrêt de la cour de Paris, du 25 février 1819 (2). La cour de Rouen a cependant décidé, par arrêt du 15 février 1828 (3), que la signification, dont est question dans notre article, peut être faite à la femme *parlant à son mari*, quand le mari et la femme, quoique séparés

(1) M. Grenier, t. 2, p. 306. M. Pigeau, t. 2, p. 441, n° 3.
(2) Dalloz, Disp. test., p. 578.
(3) Dal., 28, 2, 55.

de biens, *habitent la même maison*. Il y a beaucoup de danger pour la femme dans une telle manière de procéder ; je sais bien qu'on peut, à la rigueur, l'appuyer sur la lettre de l'art. 68 du Code de procédure civile ; mais j'aimerais mieux dire avec la cour de Paris que, lorsque la femme n'a pas d'autre représentant que son mari, c'est comme si elle n'en avait point, et que la notification doit être faite d'après les autres formes supplétives autorisées par la loi.

Lorsqu'il s'agit de l'hypothèque légale du mineur, la signification doit être faite au subrogé-tuteur et non pas au tuteur ; le même motif se présente à l'égard du tuteur que pour le mari (1).

Enfin, la signification doit être faite au procureur du roi, qui est le gardien des intérêts des femmes et des mineurs, afin qu'il puisse prendre une inscription conservatrice de leurs droits (2). Dans cette signification, on observera les formalités prévues par les art. 69 et 1039 du Code de procédure

---

(1) S'il n'y a point de subrogé tuteur à qui puisse être faite la notification, l'acquéreur devra-t-il en faire nommer un, ou bien lui suffira-t-il, pour purger, de remplir les formalités prescrites par l'avis du conseil d'état ?

C'est dans ce dernier sens que la question a été résolue par la cour de Grenoble, le 20 août 1834, dans une espèce où l'acquéreur connaissait l'existence d'enfans mineurs (Sirey, 36, 2, 390. Dall., 37, 2, 53).

(2) Ceci fut introduit sur la proposition de M. Tronchet, Conf., t. 7, p. 241. V. l'art. 2138 du Code civil. Mais les officiers du parquet négligent presque toujours de venir au secours de la femme, et rendent inutile cette règle de prudence.

civile, c'est-à-dire que l'original de la notification doit être visé par le procureur du roi.

Je remarque ici que le nouveau propriétaire ne doit pas manquer de cumuler la signification à faire à la femme ou au mineur avec la signification au procureur du roi. L'une ne peut suppléer l'autre, et si la femme, par exemple, ne recevait pas d'avis, elle ne serait pas en demeure de prendre inscription, et ses droits sur l'immeuble subsisteraient toujours.

979. Lorsque la femme ou les personnes qui la représentent, et le subrogé-tuteur, ne sont pas connus (1) de l'acquéreur, celui-ci devra déclarer dans la signification à faire au procureur du roi, que, ceux du chef desquels il pourrait être formé des inscriptions pour raison d'hypothèques légales n'étant pas connus, il fera publier ladite signification dans les formes prescrites par l'art. 683 du Code de procédure civile (2).

Ensuite, il devra opérer cette publication, ainsi qu'il l'a annoncé. Cependant, s'il n'y avait pas de journal dans le département, la publication ne pourra pas avoir lieu; mais l'acquéreur se fera

_____

(1) Cela peut souvent arriver, lorsqu'on craint, par exemple, que d'*autres* hypothèques légales, procédant du chef de femmes et pupilles non connus, n'aient grevé l'immeuble avant qu'il ne parvînt entre les mains des propriétaires actuels. (M. Pigeau, t. 2, p. 441, note 1).

(2) Ceci a été prescrit par un avis du conseil d'état du 6 mai et 1er juillet 1807. Voyez-le dans le recueil de Dal., Hyp., p. 387.

délivrer par le procureur du roi un certificat constatant qu'il n'en existe pas (1).

Dans l'hypothèse spéciale que nous examinons ici, le délai de deux mois dont il sera parlé *infrà* ne devra courir que du jour de la publication faite conformément à l'art. 683 du Code de procédure civile, ou du jour de la délivrance du certificat du procureur du roi, portant qu'il n'existe pas de journal dans le département (2).

Au surplus, il faudra s'assurer s'il est bien vrai que l'acquéreur ne connaissait pas la femme ou le subrogé-tuteur, et s'il ne s'est pas fait un prétexte de son ignorance prétendue, pour éluder l'accomplissement de formalités protectrices. Si le tiers détenteur connaissait la femme ou le subrogé-tuteur, et qu'il ne leur eût pas fait la signification du dépôt au greffe, il ne les aurait pas mis en demeure de prendre inscription, et il y aurait absence absolue de purgement (3).

980. Après le dépôt et la signification de l'acte de dépôt, notre article exige une nouvelle formalité qui tend toujours à amener la plus grande publicité sur les opérations du purgement.

Le nouveau propriétaire doit faire afficher dans l'auditoire du tribunal un extrait du contrat translatif de propriété; cet extrait devra contenir 1° les

_____

(1) Même avis du conseil d'état. C'est ici que le procureur du roi doit se faire un devoir plus étroit de prendre inscription, s'il connaît les personnes.

(2) Même avis du conseil d'état.

(3) Arrêt de la cour de cassation du 14 janvier 1817 (Dal., Hyp., p. 153, 154).

noms, prénoms, professions et domicile des contractans; 2° la désignation de la nature et de la
situation des biens ; 3° le prix et les autres charges
de la vente.

Cet extrait restera affiché dans la salle d'audience pendant deux mois.

981. C'est pendant les deux mois qui s'écoulent
depuis l'apposition de cette affiche, que les femmes, maris, tuteurs, subrogés-tuteurs, mineurs,
interdits, parens ou amis, et le procureur du roi,
sont recevables à requérir inscription.

Toutes les personnes qui ont qualité pour prendre inscription sont censées mises en demeure par
l'affiche dans l'audience du tribunal. Le délai de
deux mois court du jour de l'apposition de l'affiche.
Mais à l'égard des femmes et subrogés-tuteurs
inconnus, on a vu ci-dessus, n° 979, que l'avis
du conseil d'état du 1er juin 1807 a fixé un autre
délai.

L'inscription, étant prise dans ce délai, produit
un effet rétroactif au jour du mariage ou du contrat de mariage et de l'entrée en gestion du tuteur (1).

982. Ce délai de deux mois accordé pour prendre inscription du chef de la femme ou du mineur,
est aussi celui pendant lequel il faut se pourvoir
pour faire suivre l'inscription de la réquisition de
surenchère. La loi n'a pas exigé une notification
semblable à celle qui est prescrite par l'art. 2183

(1) *Suprà*, t. 2, n₀ 579. Cette inscription est spéciale. *Infrà*,
n° 991.

du Code civil; car on a pensé que le mineur ou la femme étaient suffisamment avertis et mis en demeure par le dépôt, la signification de ce dépôt, et l'affiche dans le prétoire du tribunal. Depuis le jour de l'affiche, le mineur et la femme ont donc deux mois pour prendre inscription et surenchérir (1). Ils sont plus favorisés, comme on le voit, que les autres créanciers ordinaires.

Néanmoins M. Pigeau est d'un autre avis. Il pense qu'indépendamment du délai pour prendre inscription, le mineur ou la femme doivent toujours avoir quarante jours pour surenchérir, et que ce délai court à compter de leur inscription (2).

Je ne puis partager cette opinion. Le délai de quarante jours n'est imparti que par l'art. 2185 du Code civil, qui est placé dans un chapitre destiné à organiser une procédure autre que la nôtre (2).

La preuve qu'il n'a pas été dans l'intention du législateur d'accorder d'autre délai que celui de deux mois, à compter de l'apposition du contrat translatif de propriété, c'est que l'art. 775 du Code de procédure civile dit « que l'ordre sera provo-

(1) M. Tarrible, Répert., Transcript., p. 116, col. 2. M. Grenier, t. 2, p. 350. Grenoble, 27 décembre 1821 (Sirey, 22, 2, 364).

(2) T. 2, p. 442, n° 7.

(3) D'après l'édit de 1771, qui avait de si grands rapports avec notre article (voy. 982 bis), c'était aussi dans les deux mois de l'exposition du contrat qu'il fallait surenchérir. Cette analogie est décisive.

» qué après l'expiration des trente jours qui sui-
» vent les délais prescrits par les art. 2185 et 2194
» du Code civil. » Donc, tout est consommé à l'expiration des deux mois; et dans les trente jours
qui suivent on doit procéder à l'ordre. Les deux
mois de l'art. 2194 sont mis sur la même ligne
que les quarante jours de l'art. 2185. De même
qu'on doit surenchérir dans les quarante jours de
l'art. 2185, de même aussi la surenchère doit, à
peine de déchéance, être requise dans les deux
mois de l'art. 2194. Cet argument, tiré de l'art.
775 du Code de procédure civile, me paraît sans
réplique (1).

982 *bis*. Avant d'aller plus loin, je ferai remarquer l'analogie qui existe entre les formalités or-
ganisées par notre article, et celles de l'édit de
1771 ; c'est absolument le même système avec de
légères améliorations.

Le dépôt au greffe, l'affiche dans l'auditoire,
l'exposition pendant deux mois, l'obligation de
faire opposition au sceau des lettres de ratification
et de surenchérir dans les deux mois, toutes ces
dispositions, créées par l'édit de 1771 (2), ont
évidemment servi de type aux articles qui composent le chapitre 9.

982 *ter*. Il faut remarquer aussi que la procédure
en purgement établie par le chapitre 9, ne se lie
en aucune manière au chapitre 6, et qu'elle n'est
pas une exception contre une action en délaisse-

(1) *Infrà*, n° 995.
(2) Art. 8 et 9.

ment actuellement intentée. Dans le chapitre 9, le législateur suppose que l'hypothèque légale ne s'est pas mise en jeu, et qu'elle sommeille, pour ainsi dire. Le tiers détenteur vient la provoquer à se manifester par une inscription (1).

ARTICLE 2195.

Si, dans le cours des deux mois de l'exposition du contrat, il n'a pas été fait d'inscription du chef des femmes, mineurs ou interdits, sur les immeubles vendus, ils passent à l'acquéreur sans aucune charge, à raison des dot, reprises et conventions matrimoniales de la femme ou de la gestion du tuteur, et sauf le recours, s'il y a lieu, contre le mari et le tuteur ;

S'il a été pris des inscriptions du chef desdites femmes, mineurs ou interdits, et s'il existe des créanciers antérieurs qui absorbent le prix en totalité ou en partie, l'acquéreur est libéré du prix ou de la portion du prix par lui payée aux créanciers placés en ordre utile, et les inscriptions du chef des femmes, mineurs ou interdits, seront rayées en totalité ou jusqu'à due concurrence ;

Si les inscriptions du chef des femmes, mineurs ou interdits, sont les plus anciennes,

(1) *Suprà*, n° 778 *ter.*

l'acquéreur ne pourra faire aucun paiement
du prix au préjudice desdites inscriptions,
qui auront toujours, ainsi qu'il a été dit ci-
dessus, la date du contrat de mariage ou de
l'entrée en gestion du tuteur; et, dans ce
cas, les inscriptions des autres créanciers
qui ne viennent pas en ordre utile seront
rayées.

SOMMAIRE.

983. Ou il est pris des inscriptions ou il n'en est pas pris dans
le délai de deux mois. S'il n'en est pas pris, l'immeuble passe exempt de charges à l'acquéreur.

984. Mais le droit de la femme ou du mineur subsiste-t-il sur
le prix? Opinions diverses sur cette question difficile.
La cour de cassation embrasse le système le plus rigoureux. Dissertation contre sa jurisprudence, qui sacri-
fie, *sans utilité*, les droits sacrés des femmes et des mineurs.

984 *bis*. Réponse à un argument qu'on pourrait tirer des dispositions de l'édit de 1771. Différences entre l'opposition au sceau des lettres de ratification et l'inscription.

985. Réponse à l'objection tirée de ce que le défaut d'inscription, purgeant l'immeuble et éteignant l'hypothèque,
doit éteindre par contre-coup le droit de préférence.
Véritable théorie du purgement. Différence entre le
droit de suite et le droit de préférence. Cas où le droit
de préférence subsiste, quoique le droit de suite soit
perdu.

986. Réponse à une objection de la cour de cassation, qui
veut que la femme et le mineur soient nécessairement
inscrits pour avoir le droit de suite et pour être colloqués sur le prix. Distinctions importantes sur le droit
de suite. Preuves que les hypothèques légales dispensées

d'inscriptions ne doivent pas être inscrites pour avoir droit de préférence *entre créanciers*.

987. Réponse à l'objection que, pour être admis à l'ordre, il faut être inscrit.

988. Conclusion que le droit de préférence subsiste. Mais cela n'est vrai qu'autant que les choses sont encore entières et que le prix n'est pas distribué.

989. Examen de quelques arrêts de la cour de cassation, et preuve que tous n'ont pas résolu la question.

990. Suite.

991. Effets de l'inscription prise par la femme ou le mineur en cas de purgement. Cette inscription est spéciale.

992. Qu'arrive-t-il si le rang de la femme ou du mineur est postérieur aux autres inscriptions hypothécaires?

993. Si, au contraire, il est antérieur, aucun paiement ne peut être fait par l'acquéreur *au préjudice de la femme ou du mineur*. Conséquences de ceci. Mode de collocation de la femme ou du mineur dans un ordre. Dissentiment avec M. Tarrible.

994. Règles pour la radiation des inscriptions postérieures à celles de la femme ou du mineur.

995. Les formalités prescrites par le ch. 9 se suffisent à elles-mêmes; et c'est une erreur de croire que, pour les compléter, il faille leur ajouter les formalités prescrites par le chap. 8. Mauvaise jurisprudence de la cour de Caen.

996. L'adjudication sur expropriation forcée purge de plein droit les hypothèques de la femme ou du mineur. Les opinions sont cependant divisées sur cette question entre les cours royales et la cour de cassation. Changement de jurisprudence de cette cour. Critique de son arrêt rendu en audience solennelle.

997. Mode de purger les hypothèques légales des femmes et des mineurs lorsqu'elles ont été inscrites. Sous quelque rapport il y a désavantage à la femme ou au mineur de s'inscrire dans la quinzaine de la transcription. Disparate dans la législation.

COMMENTAIRE.

983. Pendant le délai de deux mois dont parle notre article (1), il est pris des inscriptions ou il n'en est pas pris. L'art. 2195 se place dans ces deux hypothèses pour en tirer des conséquences qu'il est important d'apprécier. Suivons l'ordre qu'il a tracé, et examinons d'abord le cas où il n'y a pas d'inscription du chef des femmes.

Le défaut d'inscription dans les deux mois produit le purgement de la chose hypothéquée, *qui passe à l'acquéreur exempte de charges hypothécaires.* Ainsi, toute action hypothécaire est éteinte contre le tiers détenteur. Ni la femme ni le mineur ne peuvent le troubler par la surenchère ou l'action en délaissement.

Mais résulte-t-il de là que le mineur ou la femme soient tellement déchus qu'ils ne puissent pas se présenter sur le prix?

984. Cette question est l'une des plus importantes et l'une des plus controversées du régime hypothécaire. Elle partage les meilleurs esprits.

M. Grenier a varié dans son opinion. Après avoir enseigné que la femme et le mineur conservent toujours leur droit sur le prix (2), il a changé d'avis et soutenu qu'ils ne peuvent ni rechercher l'acquéreur ni concourir sur le prix avec les créanciers (3); et ce qu'il y a de singulier, c'est que ce

(1) Origine, édit de 1771, art. 9, 19.
(2) T. 1, n° 266.
(3) T. 2, n° 490, p. 427.

qui a fait revenir M. Grenier, ce sont deux arrêts
qui n'ont pas précisément jugé la question!!

M. Persil (1) et M. Delvincourt (2) pensent au
contraire que c'est en faveur de l'acquéreur seul
que s'accomplissent les formalités pour le purgement des hypothèques légales, et que les créanciers hypothécaires ne peuvent en profiter, et
M. Dalloz se range à ce sentiment, sans le discuter (3).

La jurisprudence offre aussi de nombreux dissentimens.

La cour de cassation a pris parti contre la femme
et le mineur par plusieurs arrêts (4) qui, quoiqu'on en dise, ne sont pas tous également déci-
sifs (5). Un certain nombre de cours royales ont
aussi adopté ce système de rigueur (6). Mais d'au-

(1) Rég. hyp., t. 2, p. 80.
(2) T. 3, p. 376, note 1.
(3) Hyp., p. 388.
(4) 30 août 1825 (Dal., 25, 1, 367, rejet). 8 mai 1827
(Id., 27, 1, 233, et infrà, n° 991). 11 août 1829 (Id., 29,
1, 331, cassation de Grenoble). 15 décembre 1829 (30, 1, 7,
rejet). 26 juillet 1831 (Id., 31, 1, 251, rejet).
(5) L'arrêt solennel du 22 juin 1833, que j'ai cité infrà
n° 996, ne change rien à cette jurisprudence. Il juge une
question toute différente. Seulement on verra, par les conclusions de M. Dupin, procureur-général, que ce magistrat
soutenu, avec la puissance bien connue de son talent, l'opinion qu'on trouvera développée ici.
(6) Grenoble, 8 juillet 1822 (Dal., Hyp., p. 392). Metz,
5 février 1823 (Id.). Caen, 15 janvier 1827 (Dal., 29, 2,
121). Nîmes, 10 décembre 1828 (Id., 29, 2, 171). Bordeaux,
28 mai 1830 (Id., 31, 2, 120).

les arrêts, en plus grand nombre, ont décidé que
la perte du droit de suite n'entraîne pas la perte
du rang sur le prix, et, dans cette foule de décisions, on voit des cours se déjuger et passer d'une
opinion à l'autre, ce qui annonce les doutes dont
cette grande question est environnée. (1).

J'ajouterai que lorque M. de Vatismenil était
avocat général à la cour de cassation, il s'est pro-

(1) Toulouse, 6 décembre 1824 (Dal., Hyp., p. 393).
Montpellier, 19 mai 1824 (Id.), et 15 avril 1826 (Dal., 28,
2, 117). Idem, 21 août 1828 (Id., 29, 2, 143). Douai,
14 avril 1820 (Id., p. 392). Colmar, 24 mai 1821 (Id.).
Idem, 23 mai 1820 (Id.). Grenoble, 4 février 1824 (Den.,
24, 2, 167). Idem, 31 août 1827 (Dal., 28, 2, 144). Riom,
15 avril 1826 (Id., 28, 2, 55). Bordeaux, 31 juillet 1826
(Id., 27, 2, 8). Caen, 22 juin 1816 et 5 mai 1823 (Id., 25,
2, 2). Autre du 16 janvier 1820 (Dal., 29, 2, 5). Lyon,
28 janvier 1825 (Id., 25, 2, 129). Pau, 23 août 1825 (Id.,
27, 1, 233, note 1). Besançon, 17 mars 1827 (Id., 27, 1, 233,
note 1). Paris, 2 juillet 1828 (Id., 28, 2, 178). Rouen,
17 mars 1827 (Id., 27, 1, 233).

Voici de nouveaux arrêts : Paris, 15 février 1832 (Dal.,
34, 1, 338). La cour de cassation, saisie d'un pourvoi contre
cet arrêt, n'a pas abordé la question. Idem, 12 janvier 1834
(Dal., 34, 2, 131). Nîmes, 12 février 1833, et Riom, 8
mars 1834 (Dal., 34, 2, 130 et 131).

Depuis la seconde édition de cet ouvrage, de nouveaux
arrêts sont intervenus sur cette grave question.

Pour la déchéance. Cass., 1er août 1837 (Dal., 37, 1, 416.
Sirey, 37, 1, 662).

Contre la déchéance. Angers, 3 avril 1835 (Sirey, 35, 2,
226. Dal., 35, 2, 93. Orléans, 2 mars 1836 (Sirey, 36, 2,
412. Dal., 37, 2, 57. Paris, 3 décembre 1836 (Sirey, 37, 2,
273. Dall., 37, 2, 58). Bordeaux, 17 août 1837 (Journal des
arrêts de cette cour, 37, p. 525).

noncé pour cette dernière opinion (1), et c'est aussi contre les conclusions de M. Cahier qu'à été rendu l'arrêt du 30 août 1825.

A notre égard, nous croyons que le système de la cour de cassation n'est pas destiné à prévaloir, et si les cours royales veulent mettre dans le jugement de cette difficulté la fermeté et l'indépendance dont elles ont fait preuve en d'autres circonstances, elles finiront par faire écarter une jurisprudence dont la fausseté est d'autant plus intolérable, qu'elle blesse des intérêts sacrés, que la loi a voulu favoriser d'une manière spéciale.

Lorsqu'on discuta au conseil d'état la question de savoir si l'hypothèque légale des femmes et des mineurs devait subsister indépendamment de l'inscription, les efforts réunis du premier consul, de MM. Portalis, Tronchet, Bigot, Malleville, etc., firent décider que *la sûreté des femmes et du mineur devait être préférée à celle des acquéreurs et des prêteurs* (2). On voulut donc que l'hypothèque de la femme et du mineur ne dépendît pas de l'inscription, sauf à l'acquéreur à la purger par la procédure particulière qui fait l'objet de ce chapitre (3).

Cette procédure est bien évidemment dans l'intérêt exclusif du tiers détenteur. Elle n'intéresse nullement les créanciers, à l'égard desquels l'hypothèque légale prend rang sans inscription. Elle

(1) Gazette des Tribunaux, 24 mai 1827.
(2) Conf., t. 7, p. 142.
(3) Le Premier Consul, Conf., t. 7, p. 140.

n'a été introduite que pour le repos des acquéreurs; *c'est leur sûreté* qu'on a eue en vue, comme
le disait le consul Cambacérès (1). On a voulu qu'ils
pussent se libérer en connaissance de cause et sans
crainte d'être troublés par la suite. Pour atteindre
ce but, il fallait nécessairement que l'hypothèque
de la femme et du mineur se montrât au tiers
détenteur, désireux de pourvoir à sa sûreté et de
savoir s'il pouvait payer aux créanciers hypothécaires inscrits, ou bien s'il devait garder les fonds
par devers lui, ou en faire emploi dans l'intérêt
des hypothèques légales non apparentes. Voilà
quel est le but de l'inscription ordonnée par notre
article. C'est une manifestation requise pour le seul
avantage du tiers détenteur, et bien indifférente
d'ailleurs aux autres créanciers, à l'égard desquels
l'hypothèque légale produit tous ses effets sans
le secours de l'inscription. Si donc l'hypothèque
légale ne se montre pas au tiers détenteur dans
le délai de deux mois, l'immeuble acquis en sera
purgé. Mais le droit de la femme et du mineur
sur le prix sera maintenu intact; car, en dispa-
raissant de dessus l'immeuble, il s'est, de plein
droit, converti en action sur le prix, et là, l'inscription ne lui est pas nécessaire, là le droit de
la femme subsiste indépendamment de toute inscription. Ceci résulte bien clairement de la comparaison de l'art. 2135 avec l'art. 2195, qui, se
bornant à dire que l'immeuble passe à *l'acquéreur
exempt de toute charge*, laisse subsister dans toute
sa force le principe de l'article 2135.

(1) T. 7, p. 141.

Et quel est donc cet amour de déchéance qui pourrait porter à déclarer la femme et le mineur privés de tout droit sur le prix ? Est-ce que le droit du tiers acquéreur n'est pas différent du droit des créanciers ? Où est le tort de l'absence de l'in-scription fait aux créanciers ? Ainsi donc ce serait *sans la moindre utilité*, et par suite d'une assimi-lation entièrement fausse, qu'on sacrifierait les droits des femmes et des mineurs, et qu'on leur enleverait un patrimoine dont la *conservation im-porte à l'état*, ainsi que le disait M. Portalis en discutant les bases de l'art. 2135 (1). Ce serait par un caprice aveugle que, contre le vœu du conseil d'état, on leur préférerait la *sûreté des prêteurs*, à qui l'absence d'inscription n'a porté aucun grief !!!

984 *bis*. Venons maintenant à l'examen de plu-sieurs objections qui nous donneront occasion de fortifier le système que nous embrassons, et, pour mettre ici une entière franchise, abordons un ar-gument que nous n'avons encore trouvé ni dans les arrêts ni dans les écrits qui nous sont opposés, et qui cependant semble, au premier coup d'œil, donner un appui invincible à leur doctrine.

Nous avons parlé ci-dessus (2) de l'analogie exis-tant entre les dispositions du chapitre 9 et celles de l'édit de 1771. Cette dernière loi admettait pen-dant les deux mois de l'exposition du contrat les oppositions au sceau des lettres de ratification. Faute d'opposition dans ce délai, l'immeuble était

(1) T. 7, p. 121.
(2) N° 982 *bis*.

purgé; l'acquéreur, dit l'art. 7, en demeurait *pro-priétaire incommutable, sans être tenu des dettes des précédens propriétaires, en quelque sorte et sous quelque prétexte que ce soit.*

Mais était-ce tout? Y avait-il seulement cessation du droit de suite, et le rang hypothécaire subsistait-il sur le prix? L'art. 19 prévenait cette difficulté, et il décidait que les créanciers non opposans seraient traités comme de simples chirographaires. « Entre les *créanciers opposans*, les » privilèges seront les premiers payés sur le prix » desdites acquisitions : après les privilèges ac- » quittés, les hypothécaires seront colloqués sui- » vant l'ordre et le rang de leurs hypothèques; et » s'il reste des deniers après l'entier paiement des- » dits créanciers privilégiés et hypothécaires, la » distribution s'en fera par contribution entre les » créanciers chirographaires *opposans, par pré-* » *férence aux créanciers privilégiés ou hypothécaires* » *qui auraient négligé de faire leurs oppositions.* »

De plus, l'art. 17 déclarait *déchus de leurs hy-pothèques* tous les créanciers, de quelque qualité qu'ils fussent, qui n'auraient pas formé opposition dans la forme prescrite par l'édit (1).

Et ce n'était pas là une innovation; car, sous le régime des décrets volontaires, quiconque ne faisait pas opposition au décret perdait non seule-

_____

(1) Dans la pensée primitive de l'édit de 1771, les dispositions dont nous avons parlé s'appliquaient *à toutes les hy-pothèques légales* (art. 17 et 32). Mais une déclaration du 9 février 1772 décida qu'elles ne devaient pas s'étendre aux hypothèques pour dot pendant le mariage.

ment le droit de suite, mais encore le droit de préférence sur le prix (1).

Or, peut-on dire, il y a parité à peu près complète entre ce système et le nouveau. Autrefois l'hypothèque était occulte, comme le sont aujourdhui les hypothèques des femmes et des mineurs, dont s'occupe notre article; mais, autrefois comme aujourd'hui, il y avait un moment où ces hypothèques devaient se montrer : deux mois, à compter du dépôt et de l'exposition du contrat, étaient accordés, autrefois comme aujourd'hui, pour les mettre en demeure. C'est dans ces deux mois qu'elles devaient se manifester. Dans l'ancienne jurisprudence, elles s'annonçaient par des oppositions au sceau des lettres de ratification; sous le Code civil, elles s'annoncent par l'inscription : voilà toute la différence. Mais puisque les textes et les auteurs s'accordaient à décider, avant les lois nouvelles, que le défaut d'opposition anéantissait le droit de suite et le droit de préférence, il faut nécessairement décider aujourd'hui que le défaut d'inscription produit le même résultat.

Voilà l'objection sérieuse que m'a suggérée la comparaison de l'ancienne jurisprudence avec le Code civil; je la livre à la discussion. On jugera par les observations suivantes si elle vient au secours de l'opinion que je cherche à refuter.

Il y a dans le parallèle des deux législations deux

(1) Bourjon, t. 2, p. 753, n₀ 36, et 718, nᵒˢ 59, 60, 65. Pothier, Procédure civile, p. 275, et Orléans, t. 21, nᵒ 172.

points à éclaircir : 1° Est-il vrai que l'opposition au sceau des lettres de ratification fût un moyen semblable à l'inscription? 2° L'intention du législateur moderne a-t-elle été de reproduire la sévérité de l'édit de 1771 et la déchéance complète qu'il prononçait?

Sur le premier point, je pense que quand on ne veut pas s'en tenir à l'écorce des choses, on demeure convaincu que l'opposition au sceau des lettres de ratification se distingue de l'inscription par des caractères essentiellement différens.

L'inscription, nous l'avons dit plusieurs fois, n'est que la manifestation de l'hypothèque. Mais elle n'est pas un acte d'exécution (1). Elle conserve le droit; souvent elle lui donne le rang (2); toujours elle le met en évidence, mais jamais elle ne le met en action.

Au contraire, l'opposition au sceau des lettres de ratification était un acte d'exécution; elle n'avait pas été introduite pour fixer le rang des opposans hypothécaires. Elle équivalait *à une saisie-arrêt* sur le prix de la vente entre les mains de l'acquéreur (3). Ces oppositions, disait Bourjon (4) (en parlant du décret volontaire qui avait donné au législateur de 1771 le type des oppositions au sceau des lettres de ratification), *ces oppositions se convertissent en saisie-arrêt sur le prix, comme on l'a déjà*

(1) T. 2, n° 443 *bis*, t. 4, 883 *bis*.
(2) On sait qu'en matière d'hypothèque légale le rang ne dépend jamais de l'inscription.
(3) Houard, Dict. de droit normand, v° Hypothèque.
(4) T. 2, p. 751, n° 23. V. aussi p. 719, n° 68, 69.

observé sur le décret forcé. Elles s'adressaient plus
au prix qu'à l'immeuble. C'était une voix exécutive
pour empêcher le prix de passer dans les mains
du vendeur. Or, l'on sait que, par l'ancienne jurisprudence, le créancier arrêtant était préféré à
ceux qui n'avaient pas agi exécutivement (1). Cette
règle de droit commun ne fléchissait que dans le
cas de déconfiture. Mais la vente volontaire n'était
pas un cas de déconfiture; il n'y avait que la vente
forcée qui en fût un indice certain (2). Et d'ailleurs,
même dans le cas de déconfiture, la contribution
entre opposans n'avait lieu que lorsque ces opposans étaient chirographaires; mais, s'ils étaient
privilégiés ou hypothécaires, le principe de la préférence des opposans sur les non-opposans ne recevait pas d'exception (3). Il fallait donc, dans cet
ordre d'idées, qu'une opposition vînt arrêter le
prix entre les mains du tiers détenteur. Mais, par
suite, une barrière insurmontable devait s'élever
entre les opposans et les non-opposans. Car, si
l'hypothèque était conservée à son rang de date,
quand elle s'appuyait sur une opposition, elle
était privé de toute énergie quand l'opposition
lui manquait, et l'opposition sans hypothèque
était plus forte que l'hypothèque sans opposition.
Par l'opposition, un créancier chirographaire pouvait s'élever au dessus d'un créancier hypothécaire
non-opposant. Sans opposition, un créancier hy-

(1) Pothier, Procéd. civ., p. 302, et sur Orléans, t. 20,
art. 448, 449. V. aussi art. 179, Cout. de Paris.
(2) Bourjon, t. 2, p. 718, n° 61.
(3) Pothier, sur les art. cités. Bourjon, *loc. cit.*

pothécaire rentrait dans la classe des chirographaires. La raison de tout ceci, c'est que l'opposition était un *acte d'exécution sur le prix*, une
sorte de main-mise sur ce même prix, et une
cause de préférence absolument indépendante de
l'hypothèque.

Maintenant il est aisé d'apercevoir combien il
est difficile d'établir une parité entre l'inscription
commandée par notre article et l'opposition au
sceau. L'inscription n'est qu'un acte conservatoire,
l'opposition était à la fois un acte conservatoire et
un fait d'exécution ; l'inscription ne peut être prise
que par celui qui a hypothèque : l'opposition pouvait être faite par celui qui n'était que chirographaire. L'inscription n'assure de préférence qu'entre créanciers hypothécaires ; l'opposition au sceau
déterminait une préférence entre créanciers chirographaires.

Ces différences sont graves, et, au milieu de tant
de divergences dans les causes, dans le but, dans
les effets, il y aurait infiniment de péril à argumenter de l'édit de 1771 au Code civil (1). Ce système d'*opposition sur le prix*, ce système de préférence du saisissant sur le non-saisissant, consacré
par les dispositions des coutumes et le droit commun de la France, n'a plus lieu dans notre législation moderne. Les rangs sur le prix se détermi-
nent par d'autres règles dont nous parlerons tout
à l'heure. Il n'est plus nécessaire de *saisir-arrêter*

(1) En ceci seulement ! ! ! car, pour le surplus, v. *infrà*,
p. 34o et suiv.

le prix entre les mains de l'acquéreur. Les créanciers hypothécaires tirent de leurs hypothèques elles-mêmes, lorsqu'elles sont régulières et complètes, un droit à se le partager (1). Ils sont les délégués de la loi pour le mettre en distribution entre eux. Leur droit ne va pas emprunter une force étrangère au système des saisies : il se suffit à lui-même. Il est donc clair que l'opposition, étant une cause de préférence entre chirographaires, avait un caractère spécial, et apportait à l'hypothèque une force subsidiaire qu'il ne faut pas confondre avec les effets de l'inscription.

Maintenant, voyons si le Code civil a voulu reproduire les dispositions de l'édit de 1771.

La première raison pour établir la négative, c'est qu'il ne l'a pas fait : il avait cependant sous les yeux cet édit de 1771 (2) : il a calqué les dispositions du chapitre que nous analysons sur celles de cet édit. Et néanmoins il ne répète pas la déchéance portée dans l'art. 17 de l'édit de 1771 ; il ne dit pas que le défaut d'inscription fera perdre le droit de préférence sur le prix, comme l'édit de 1771 le disait pour le défaut d'opposition.

Et pourquoi ne le dit-il pas? est-ce un oubli, une omission? Nullement. C'est par suite d'une volonté bien réfléchie. « *La forme de déchéance*, disait » M. Bigot en discutant les bases du nouveau ré-

(1) Cela est clair, surtout à l'égard des hypothèques légales, puisque, quoiqu'elles ne soient pas inscrites, le tiers détenteur ne peut se libérer du prix sans observer les formalités prescrites par les art. 2194, 2195.
(2) V. Conf., t. 7, p. 40 à 142.

» gime hypothécaire, *la forme de déchéance établie*
» *par l'édit de 1771 était sans doute sujette à des in-*
» *convéniens, les rédacteurs du projet de Code civil*
» *sont les premiers à désirer que de meilleurs moyens*
» *lui soient substitués* (1). »

Et lorsque le chap. 9 eut été rédigé, M. Grenier,
en le proposant à l'adoption du tribunat, disait :
« Le projet de loi actuel a pris un juste milieu
» entre la disposition de l'édit du mois de mars
» 1673, qui, en exceptant simplement de ses dis-
» positions les hypothèques légales, laissait une
» vaste lacune dans la formation d'un régime hy-
» pothécaire, et de l'édit de 1771, qui prononçait
» *trop légèrement la déchéance de ces hypothèques par*
» *le seul effet du défaut d'oppositions aux lettres de ra-*
» *tification* (2). »

Il est donc certain que le Code civil n'a pas voulu
entrer dans un système de rigueur ausi étendu
que l'édit de 1771. On achevera de s'en convaincre
en comparant les textes des deux lois ; elles ne
s'accordent que dans un point unique, à savoir,
l'affranchissement de la propriété entre les mains
du tiers détenteur. Mais lorsqu'il s'agit du prix,
leurs dispositions sont diamétralement opposées.
L'édit de 1771 exige des oppositions sur ce prix
à peine de déchéance. Au contraire, l'art. 2135
décide que l'hypothèque légale des femmes et des
mineurs produit tout son effet *entre créanciers*
se disputant le prix, indépendamment de toute
inscription.

(1) Conf., t. 7, p. 41.
(2) Fenet, t. 15, p. 503.

IV.   20

Cette première objection écartée, entrons dans l'examen de celles que nous trouvons dans l'arrêt de la cour de cassation, du 11 août 1829, le plus important de tous ceux que nous rencontrons dans le système opposé.

985. Les dispositions des art. 2193, 2194 du Code civil purgent, dit cet arrêt, les hypothèques légales des femmes et des mineurs, et à défaut d'inscription dans les deux mois de l'exposition du contrat, elles *sont éteintes ;* donc tous les effets qui y sont attachés, et, par contre, le droit d'être colloqué sur le prix, *sont éteints* avec elle ; *cessante causâ, cessat effectus.*

Voici la réponse à cet argument qui, ce me semble, tient à une confusion d'idées facile à éclaircir.

Quand l'hypothèque s'éteint par le purgement, il s'opère une conversion des droits sur l'immeuble en droits sur le prix. Les rangs fixés sur la chose s'en détachent et vont s'asseoir sur la somme d'argent qui la représente. L'immeuble est affranchi ; mais le prix demeure affecté, à moins qu'il ne manque à l'hypothèque quelques unes de ses conditions pour se réaliser *entre créanciers.* Telle est la théorie du purgement. Il n'éteint pas l'hypothèque purement et simplement, il ne l'éteint que pour lui faire produire toute son utilité sur le prix.

La preuve de cette vérité est écrite dans l'art. 2186 du Code civil : l'acquéreur vient de remplir toutes les formalités nécessaires pour purger. Il consigne le prix ; l'immeuble est désormais libéré ; et *l'hypothèque est éteinte.* Mais cet anéantissement

n'opère pas une extinction radicale et absolue
des avantages de l'hypothèque ; il ne fait que les
transporter sur le prix. C'est bien une extinction
de l'hypothèque *quant à l'immeuble ;* mais *quant
aux créanciers,* c'est une substitution d'un droit à
un autre.

De là résulte une conséquence digne de toutes
nos méditations ; c'est que le droit de préférence ,
loin de périr avec le droit de suite sur l'immeuble, est, au contraire, destiné à lui survivre ; il
suffit qu'en se reportant sur le prix , il soit investi
de toutes les conditions nécessaires pour y réaliser
ses effets.

Il y a même plusieurs cas où il ne perdrait rien
de ses avantages , quand même ces conditions ne
seraient pas encore accomplies au moment du
purgement, pourvu toutefois qu'elles fussent encore dans le délai pour être accomplies.

En voici quelques exemples :

1° Le trésor a pour le recouvrement des frais de
justice criminelle un privilége sur les immeubles,
qui doit être inscrit dans les deux mois du jugement. Eh bien ! supposons que l'immeuble grevé
par ce privilége vienne à être vendu , et que le
trésor n'ait pas pris inscription dans la quinzaine
de la transcription arrivée avant les deux mois ; il
arrivera que l'immeuble sera purgé, que le droit
de suite sera éteint, que l'hypothèque n'existera
plus sur la chose ; et néanmoins le trésor conser-
vera son droit de préférence sur le prix en s'inscrivant dans les deux mois (1) !

(1) *Suprà*, t. 1, n° 94 *ter.* Ici l'inscription est nécessaire ;

2ᵇ Le co-partageant a soixante jours pour s'inscrire. Mais si la vente du fonds affecté à la soulte est faite et transcrite pendant ces soixante jours, et que le privilége ne soit pas inscrit dans la quinzaine, l'immeuble est purgé, il passe à l'acquéreur exempt de charges hypothécaires. Mais le droit de préférence survit, et, pour qu'il s'exerce, il suffit que le co-partageant s'inscrive dans les soixante jours (1).

3° La vente des biens héréditaires purge de plein droit le privilége de séparation des patrimoines; mais, pourvu qu'il y ait inscription dans les six mois, le droit de préférence subsiste sur le prix non distribué (2).

Or, je le demande, si une telle survivance du droit de préférence a lieu sans contestation alors que l'hypothèque est encore incomplète, et qu'il lui reste quelque chose à faire pour acquérir sa perfection, combien, à plus forte raison, ne doit-elle pas avoir lieu, lorsque l'hypothèque, détachée de l'immeuble, se suffit à elle-même, et a tout son complément? Car encore une fois, entre créanciers, l'hypothèque légale n'a pas besoin d'inscription. (Art. 2135).

On voit donc combien il serait faux de conclure de la perte du droit de suite à la perte du droit de préférence. Partout le législateur a tracé une ligne de démarcation profonde entre les deux droits.

car le trésor ne peut prendre rang entre créanciers qu'à l'aide d'inscription; en quoi il diffère de l'hypothèque légale.
(1) *Suprà*, t. 1, n₀ 317.
(2) *Suprà*, t. 1, n° 327 *bis.*

Nous venons d'en voir des preuves nombreuses. L'art. 2198 en fournit une nouvelle. Il décide en effet que le créancier omis dans le certificat délivré par le conservateur à l'acquéreur qui veut purger, perd bien son droit de suite à l'égard de cet acquéreur, mais conserve cependant le droit de se faire colloquer à l'ordre à son rang, pourvu que le paiement du prix n'ait pas été consommé par l'acquéreur, ou que l'ordre n'ait pas été homologué. Or, il y a parité complète entre ce créancier omis et la femme ou le mineur. L'ignorance de son inscription n'a pas pu nuire à l'acquéreur : aussi l'immeuble est-il purgé, de même que l'absence d'inscription de la part du mineur ou de la femme purge l'immeuble et laisse l'acquéreur libre de payer à qui de droit. Mais, comme il n'y a eu aucune cause d'erreur ou de préjudice pour les créanciers, le droit de préférence du créancier omis subsistera, de même que nous voulons faire subsister entre créanciers la préférence du mineur ou de la femme, parce que l'absence d'inscription n'a causé aucun préjudice à ces créanciers et n'a apporté aucun changement à leur position.

Je sais bien que la cour de cassation croit répondre victorieusement à l'argument d'analogie que fournit l'art. 2198, en disant qu'il forme une exception. Mais les citations que nous avons faites, d'autres cas où la perte du droit de suite ne nuit en rien au droit de préférence, prouvent bien que la règle générale est là où la cour de cassation ne veut voir qu'une exception. Cette règle, c'est que le droit de préférence peut survivre au droit de

suite et s'exercer à d'autres conditions ; que l'un
de ces droits peut subsister sans l'autre , et que
l'absence de l'un ne doit pas nécessairement conduire à la privation de l'autre. Faut-il donc rappeler, pour prouver cette vérité si élémentaire,
que les priviléges sur les meubles produisent *un
droit de préférence* sans produire de *droit de
suite* (1), et que dans l'ancienne jurisprudence il
y avait des hypothèques qui avaient le droit de
préférence sans avoir le droit de suite (2) ?

Je ne nie pas que , dans certains cas, le purgement de l'hypothèque n'éteigne à la fois le droit
de suite et le droit de préférence. Cela arrive
toutes les fois que l'extinction du droit de suite
survient à une époque où l'hypothèque manque
d'une de ses conditions, pour valoir *entre créanciers*, et où l'on n'est plus à temps de la remplir.
Mais que manque-t-il à l'hypothèque des femmes
et des mineurs pour valoir entre créanciers? N'est-
elle pas complète sans inscription? L'art. 2135
répond à cette question.

986. Ici la cour de cassation nous oppose un
argument qui est la pensée principale de son arrêt, mais dont la faiblesse nous paraît palpable.
Elle s'empare de l'art. 2166, pour soutenir que
lorsque l'immeuble sort des mains du débiteur
pour passer dans celles d'un tiers acquéreur,
*l'hypothèque légale des femmes et des mineurs doit
être inscrite, et que ce n'est qu'à cette condition
qu'elle peut prendre rang sur le prix.*

(1) *Suprà*, t. 2, n° 386, note, et n° 415.
(2) T. 2, 396, 397.

Mais n'est-ce pas forcer le sens de l'art. 2166 et en faire une fausse application?

L'art. 2166 contient deux parties distinctes. Dans la première, il s'explique sur le droit de suite, qui est son objet principal, puisqu'il est placé sous la rubrique *de l'effet des priviléges et hypothèques contre les tiers détenteurs;* dans la seconde, il parle du droit de préférence entre créanciers, comme la conséquence et le terme des poursuites dirigées contre le tiers acquéreur pour lui enlever le gage hypothécaire.

En parlant de ce droit de préférence, qui est hors de son sujet, il dit que les priviléges et hypothèques *inscrites* suivent l'immeuble en quelque main qu'il passe *pour être payé suivant 'ordre de leurs créances ou inscriptions.*

Mais ces expressions, suivant *l'ordre de leurs inscriptions*, d'où l'on voudrait inférer qu'il faut être inscrit pour avoir droit à une collocation, ne sont nullement applicables aux hypothèques légales, puisque les hypothèques légales ne viennent pas à la date de leurs inscriptions, alors même qu'elles sont inscrites (1). Il n'y a donc rien à en conclure contre elles.

On ne peut appliquer aux hypothèques légales que ces mots : *Pour être payé suivant l'ordre de leurs créances.* Mais ici il n'est pas question d'inscription : l'inscription n'est pas une condition nécessaire de la collocation. On rentrerait donc dans les principes posés par l'art. 2135, si l'art. 2166

(1) *Suprà*, t. 2, n° 571.

ne faisait pas de l'inscription une condition nécessaire du droit de suite, et par conséquent une
condition de la collocation.

Mais nous avons prouvé ailleurs (1) que l'article 2166 n'avait jamais eu pour but de faire dé-
pendre de l'inscription le droit qu'ont les hypothèques légales d'accompagner l'immeuble en quelques mains qu'il passe. Nous avons démontré
par les textes les plus positifs que cet article avait
reçu de la cour de cassation une interprétation
vicieuse.

Achevons de mettre le dernier trait à cette démonstration par quelques observations.

Il y a un droit de suite actif et qui se réalise par
des poursuites. Il y a un droit de suite purement
oisif, qui charge l'immeuble sans agir contre
celui qui le détient.

Le droit de suite actif a lieu lorsque l'hypothèque se met en mouvement et veut forcer le tiers
détenteur à délaisser (art. 2169, ou bien lorsqu'elle prétend exercer une surenchère (art. 2185).
Alors, il faut une inscription quand même l'hypothèque serait légale. Il faut une inscription pour
agir en délaissement ; nous en avons donné ailleurs
les raisons (2). Il faut une inscription pour surenchérir. On l'a vu *suprà* au n° 982.

Mais l'hypothèque légale n'a pas toujours besoin de ces moyens d'exécution et d'action. Elle
peut sommeiller : elle peut vouloir rester oisive.

(1) T. 3, n° 778 *ter*.
(2) N° 778 *quat.*

Elle n'en suit pas moins l'immeuble en quelques mains qu'il passe, encore bien qu'elle ne soit pas inscrite. En veut-on la preuve? Elle est déposée en toutes lettres dans l'art. 2193, qui porte que les tiers détenteurs d'immeubles grevés d'hypothèques légales *non inscrites* peuvent purger ces *hypothèques existantes sur les biens acquis par eux.* Donc, elles suivent les immeubles en quelques mains qu'ils passent, quoique privé d'inscription; et il faut bien que cela soit ainsi, puisque le Code civil autorise à les purger, et que l'on ne peut pas concevoir la nécessité de purger une hypothèque à laquelle le droit de suite manquerait. Qu'est-ce, en effet, que le purgement, sinon un moyen de dégager l'immeuble des hypothèques qui l'accompagnent dans les mains du tiers possesseur?

Il y a donc des degrés à considérer dans le droit de suite, et l'on voit combien il est faux de prétendre que ce droit ne peut jamais exister qu'avec les secours de l'inscription.

Ceci posé, tant que l'hypothèque légale n'aura pas cherché à provoquer le délaissement, tant qu'elle aura renoncé à surenchérir, tant qu'elle se sera maintenue dans son repos, attendant l'heure de la distribution; il n'y aura pas d'objection à lui faire : car, sans inscription, elle aura été imprimée sur l'immeuble entre les mains du tiers détenteur (art. 2193), et sans inscription aussi elle aura droit à passer de l'immeuble sur le prix et à y prendre part entre créanciers (art. 2135).

Or, comme nous nous occupons ici de fixer le sort d'une hypothèque qui n'a pas cherché à déposséder le tiers détenteur, et qui n'a que la prétention de faire valoir ses droits *entre créanciers.* nous nous trouvons forcément reportés à l'article 2135, qui reste dans toute sa puissance.

987. Une autre objection est présentée par la cour de cassation : elle veut que, pour requérir un ordre ou y être admis, il faille être nécessairement inscrit. Mais les argumens qu'elle tire des art. 752, 753, 774, 775 du Code de procédure civile me paraissent peu concluans. Aucun de ces articles ne décide que, pour profiter du bénéfice d'un ordre, il faut une inscription à l'appui d'une hypothèque que la loi elle-même en déclare indépendante. Et pourquoi donc une inscription serait-elle nécessaire? L'ordre n'a-t-il pas pour objet de régler les rangs des créanciers entre eux? Et l'art. 2135 ne dit-il pas que les rangs hypothécaires de la femme et du mineur subsistent indépendamment de toute inscription? Sans doute il résulte bien de l'art. 753 du Code de procédure civile, que pour être *appelé* à l'ordre il faut être inscrit. Mais la seule conséquence qui résultera de là, c'est que le créancier à hypothèque légale qui ne se sera pas fait inscrire courra la chance d'ignorer ce qui se passe et de rester étranger à l'instance. Mais s'il en a une connaissance indirecte, il est évident que rien ne l'empêche d'intervenir spontanément. L'art. 2135 est toujours le point auquel il faut en revenir, à moins qu'on ne veuille faire de cet article une disposition inerte et inapplicable toutes les fois qu'elle serait utile.

988. Concluons donc que la femme ou le mi-

neur ont droit à se présenter sur le prix, malgré le défaut d'inscription sur la chose.

Mais remarquons bien que ceci n'est entièrement vrai que lorsque les choses sont entières et que le prix est encore existant.

Car, si le prix était distribué, la femme et le mineur ne seraient pas reçus à inquiéter les créanciers qui ont reçu leur dû. De deux choses l'une : ou il y aurait eu un ordre, ou il n'y en aurait pas eu.

S'il y avait eu un ordre, et que la femme ou le mineur ne s'y fussent pas présentés avant la clôture, ils seraient déchus. (Art. 759 du Code de procédure civile.)

S'il n'y avait pas eu d'ordre, parce qu'il n'y avait que trois créanciers inscrits (art. 775 du Code de procédure civile), on ne pourrait faire un reproche aux créanciers payés d'avoir reçu leur dû de quelqu'un qui venait le leur offrir. Un créancier use de son droit en recevant; et, quant à l'acquéreur il n'y aurait pas lieu de se plaindre de ce qu'il aurait vidé ses mains; car il ne l'aurait fait qu'après avoir mis la femme ou le mineur en demeure de se montrer (1). L'art. 2195 sera là pour le faire absoudre.

989. Je crois devoir terminer ces observations par un dernier aperçu sur les autres arrêts émanés de la cour de cassation. Je veux établir que toutes ses décisions sur cette matière ne sont pas également-

_____

(1) V. *infrà*, n° 1005, de nouvelles explications sur les cas où l'ordre est censé accompli.

ment opposées à notre opinion, et qu'il y a beaucoup à retrancher sur le nombre de celles qu'on
représente comme ayant désormais fixé la jurisprudence sur des bases invariables.

La première est un arrêt du 21 novembre
1821 (1). Mais, quoique cet arrêt ait paru à M. Grenier assez ponctuel pour l'amener à un changement d'opinion, je pense qu'il laisse la question
tout-à-fait intacte.

Comme la cour de Montpellier l'a très-justement
observé dans son arrêt du 19 mai 1824, ci-dessus
cité, « il s'agissait, dans l'espèce jugée par la cour
» de cassation, d'une femme qui n'était pas inter-
» venue dans l'ordre, qui l'avait laissé se consom-
» mer sans y paraître, et qui l'attaquait par voie de
» tierce opposition. On lui répondait que, faute
» par elle d'avoir produit en temps utile, elle était
» déchue du droit d'être colloquée; de son côté,
» elle combattait cette objection, en soutenant que,
» quoique l'adjudication des biens eût eu lieu à la
» suite d'une saisie immobilière, l'adjudicataire
» n'en avait pas moins été tenu de lui faire les no-
» tifications prescrites par l'art. 2194 du Code civil,
» et que le défaut de ces notifications avait laissé
» ses droits intacts. En sorte que le seul point à
» résoudre était de savoir si le grand nombre, la
» longue durée et l'extrême publicité des formalités
» à observer dans la procédure sur saisie immobi-
» lière, ne devaient pas tenir lieu, par rapport à la
» femme, des notifications exigées par l'art. 2194
» du Code civil. »

(1) Dal., Hyp., 389.

C'est précisément cette seule et unique question que la cour jugea contre la femme. Dès-lors, il en résultait que l'adjudicataire n'avait pas dû lui faire de notification, que l'ordre n'avait pas été ouvert prématurément, qu'elle n'avait pas dû être appelée, et qu'elle était déchue pour n'y être pas intervenue spontanément. On voit que, dans cette espèce, tout avait été consommé pendant que la femme gardait le silence. Cet arrêt confirme ce que je disais ci-dessus pour le cas où les deniers sont distribués. Mais telle n'est pas notre difficulté : elle roule sur une hypothèse où les fonds sont encore entre les mains de l'adjudicataire ou dans la caisse des dépôts et consignations, sans avoir servi à payer les créanciers hypothécaires.

Un second arrêt, rendu par la cour de cassation, le 30 août 1825, est encore dans le cas où la distribution des deniers avait été consommée sans que la femme se montrât (1). En se pénétrant bien de l'espèce et des motifs de cet arrêt, on voit que la cour de cassation n'a rejeté le pourvoi que parce que la veuve Nicole *avait laissé l'adjudicataire disposer du prix de l'adjudication*, sans lui montrer son hypothèque.

990. Le troisième arrêt (2), en date du 8 m a 1827, semble rendu dans la même hypothèse que les précédens : c'est toujours une femme qui arrive quand tout est consommé, et qui veut forcer à

_____

(1) Dal., 25, 1, 367.
(3) Gazette des Tribunaux, 10 mai 1827, n° 517. Dalloz, 27, 1, 233.

revenir sur des opérations qu'elle a laissé achever sans son concours.

Le sieur Tardif avait vendu un immeuble pour 38,000 francs, à son frère. Il en avait transporté le prix à la dame Dufour, par acte authentique dument notifié à l'acquéreur. Celui-ci remplit toutes les formalités pour purger l'hypothèque légale de . la dame Tardif; et, aucune inscription n'étant survenue, la dame Dufour, cessionnaire du prix, réclame le paiement des 38,000 francs. Mais la femme du vendeur forma saisie-arrêt, prétendant que le prix était demeuré toujours affecté à l'hypothèque de sa dot. La cour de Rouen adopta ce système, décidant que le vendeur n'avait pu transmettre à l'acquéreur que le prix avec les charges qui le grevaient.

Mᵉ Odilon-Barrot, chargé de soutenir le pourvoi contre cet arrêt, commença par établir que le laps de deux mois sans inscription privait la femme de toute action non seulement sur l'immeuble, mais encore sur le prix. Aucun des moyens qu'il déduisait n'est susceptible de me faire modifier l'opinion que j'ai émise ci-dessus en sens contraire.

Puis il proposa un second moyen, qui, à mon avis, était le véritable moyen de la cause, et qu'il exposait ainsi :

« J'arrive à la seconde question. *Je suppose* » *l'existence de ce privilége mobilier sur le prix de* » *l'immeuble...* On paraît d'accord que le privilége » s'évanouit *lorsque le prix est distribué.* Mais lors- » que, comme dans l'espèce, les créanciers in-

» scrits sont désintéressés, qu'il n'y a pas d'ordre,
» le prix restera-t-il *toujours* grevé entre les mains
» de l'acquéreur ? Le vendeur ne pourra-t-il l'exi-
» ger ? Ne pourra-t-il en disposer par un transfert ?
» Énoncer cette question, c'est la résoudre. Il est
» incontestable que lorsque l'acquéreur a rempli
» les formalités de la purge, et qu'il n'est pas sur-
» venu d'inscription, il ne peut plus retenir le prix.
» Le vendeur a le droit de le contraindre à le
» payer..... Si l'acquéreur peut et doit verser son
» prix entre les mains du vendeur, celui-ci, au
» lieu de le recevoir, peut bien le céder, le trans-
» porter à un tiers, qui en notifie le transport à
» l'acquéreur, et devient invariable et incontestable
» propriétaire... La cour royale de Rouen, en ju-
» geant le contraire, a essentiellement violé la
» loi..... »

Ces moyens étaient victorieux. Mais, qu'on y
fasse attention, ils plaçaient la cause dans une hypothèse différente de la nôtre, puisque c'était repousser la femme parce que tout avait été consommé avant qu'elle ne se fît connaître.

Voici l'arrêt de la cour de cassation :

« Vu les art. 1689, 1690 et 2180 du Code civil ;
» Attendu que l'hypothèque légale de la femme
» qui n'a point été inscrite pendant les deux mois
» de l'exposition du contrat, a été éteinte par l'ac-
» complissement des formalités de la purge ;
» Que, par conséquent, dans l'espèce, la dame
» Tardif ne pouvait former d'opposition entre les
» mains de l'acquéreur que comme aurait pu le
» faire un simple créancier chirographaire ;

» Que déjà, lorsque cette opposition a été for-
» mée, le sieur Tardif *s'était dessaisi de la pro-*
» *priété du prix* à lui dû par un transport authen-
» thique non argué de fraude et valablement si-
» gnifié ;

» Que, par conséquent, l'opposition était nulle...

» Casse l'arrêt de la cour de Rouen. »

Je ne disconviens pas que les motifs de cet arrêt
ne soient en opposition avec mon opinion. Néanmoins, je crois qu'au fond l'arrêt est juridique,
surtout si l'on considère le dernier motif, duquel
il résulte que tout avait été consommé avant l'opposition de la femme.

Restent les deux arrêts des 15 décembre 1829
et 26 juillet 1831. Ils sont rendus dans la même
hypothèse que l'arrêt du 11 août 1829, que j'ai
réfuté plus haut; mais ce sont de simples arrêts
de rejet, et leur importance est beaucoup moindre
que celle de cette dernière décision.

991. Nous venons d'épuiser tout ce que nous
avions à dire pour le cas où la femme et le mineur
ne prennent pas inscription.

Venons au cas où ils manifestent leur hypothèque par une inscription.

D'abord cette inscription n'est que spéciale. Elle
ne protége l'hypothèque de la femme que pour
l'immeuble soumis au purgement, et formant
l'objet du contrat dont l'exposition est dénoncée.
Ce n'est pas une inscription couvrant tous les immeubles que grève l'hypothèque générale de la
femme ou du mineur (1).

(1) Arg. de ce que disait M. Bigot, Conf., t. 7, p. 132.

992. Ceci posé, si, de la part de la femme ou du mineur, il y a eu inscription prise dans les deux mois de l'acquisition du contrat, il peut arriver deux cas :

Ou la femme et le mineur sont primés par des créanciers antérieurs, ou bien la femme et le mineur priment tous les créanciers inscrits.

Dans le premier cas, l'acquéreur est libéré du prix en le payant aux créanciers antérieurs à l'hypothèque légale. Les inscriptions de la femme ou du mineur sont rayées. Si les créanciers antérieurs n'absorbent le prix que pour partie, l'acquéreur n'est libéré que jusqu'à due concurrence; il doit compte du restant à la femme ou au mineur.

Si, au contraire, la femme ou le mineur sont plus anciens en rang, l'acquéreur, dit notre article, *ne peut faire aucun paiement à leur préjudice.*

993. Mais quel est le vrai sens de ces expressions ?

Elles signifient d'abord que l'acquéreur, étant prévenu qu'il existe des hypothèques légales, ne peut plus purger son immeuble qu'en prenant les mesures nécessaires pour que le prix soit employé à désintéresser la femme ou le mineur. Je ne dirai pas que le prix est *saisi-arrêté* dans les mains du tiers détenteur; car ce mot de *saisie-arrêt* rappelle des idées *d'exécution* qui n'existent pas ici (1); mais le tiers détenteur contracte implicitement l'obligation de le faire tourner au profit des droits

(1) *Suprà*, n° 984 *bis.*

IV.   21

dont il a sollicité la manifestation , et qui lui sont déclarés.

Ceci posé, une conséquence importante ressort des expressions dont nous cherchons à préciser le sens. C'est que l'acquéreur ne doit pas vider ses mains dans celles du mari ou du tuteur. Car ce serait là un paiement préjudiciable à la femme ou au mineur. L'argent appartenant à ces personnes privilégiées irait ainsi se fondre dans les mains du débiteur lui-même, et le purgement de l'immeuble, en faisant disparaître la garantie hypothécaire, ne serait qu'un piége pour enlever successivement à la femme ou aux mineurs leurs sûretés. Un pareil paiement ne purgerait donc pas l'immeuble.

A qui l'acquéreur doit-il donc payer? car le mineur est personnellement incapable de recevoir. Il en est de même de la femme non séparée de biens. Elle n'a capacité qu'à la dissolution du mariage.

De cet état de choses M. Tarrible a conclu que le paiement doit rester suspendu , et que le prix doit être déposé dans les mains de l'acquéreur jusqu'à ce que le moment soit venu de payer légalement (1). Il s'appuie sur ce que M. Treilhard disait au conseil d'état (2), que les fonds, qui répondent des droits non ouverts des femmes ou des mineurs, *demeurent dans la main de l'acquéreur où ils sont déposés.* M. Tarrible va même

(1) Rép., Transcript., § 7, n° 7, p. 132, col. 2.
(2) Conf., t. 7, p. 242, 243.

jusqu'à dire que l'acquéreur ne peut consigner.

Cette opinion me paraît trop exclusive.

Le projet primitif du conseil d'état ne contenait pas les deux derniers paragraphes qui terminent aujourd'hui l'art. 2195. Il ne s'occupait pas du paiement à faire par l'acquéreur en cas d'inscription prise par la femme ou le mineur.

C'est alors que M. Tronchet éleva la question de savoir si l'acquéreur pourrait *purger* les hypothèques répondant des droits *éventuels* des femmes ou mineurs; car, disait-il, les contrats de mariage contiennent souvent des donations éventuelles qui peuvent ne jamais s'ouvrir et dont il est impossible d'évaluer à l'avance le montant. M. Treilhard répondit que l'acquéreur, pour prendre ses sûretés, devait garder par devers lui le prix de son acquisition. Le conseil d'état pensa, après un débat dans lequel furent entendus MM. Bigot, Jollivet, Malleville, etc., que l'article devait contenir sur ce point une règle de conduite, et il fut renvoyé à la section pour être rédigé de nouveau. C'est après cette refonte que l'art. 2195 reparut à peu près tel qu'il est aujourd'hui. On voit qu'il est loin de dire que *l'acquéreur gardera les fonds par devers lui;* il se borne à déclarer qu'*aucun paiement du prix ne doit être fait au préjudice des droits de la femme et du mineur;* ce qui n'exclut aucun mode de libération, aucune combinaison, pourvu qu'il n'y ait rien de préjudiciable aux hypothèques légales.

Ainsi, l'on pourra sans doute ordonner dans l'ordre que les fonds resteront déposés dans les mains de l'acquéreur (1). Mais un autre emploi ne sera pas défendu (2).

On pourra ordonner le versement des fonds entre les mains des créanciers venant immédiatement après la femme et le mineur, à charge de fournir caution pour la restitution des deniers le cas échéant (3).

Ou bien, l'acquéreur sera autorisé à consigner. Cette mesure, quoi qu'en dise M. Tarrible, ne peut en aucune manière préjudicier aux hypothèques légales : Elles y trouvent au contraire toute sûreté, et d'un autre coté, le nouveau propriétaire y gagne de se débarrasser du paiement d'intérêts onéreux (4).

994. Notre article porte que lorsque la femme ou le mineur sont antérieurs en rang, les inscriptions des créanciers qui ne viennent pas en ordre utile doivent être rayées.

Ceci demande une observation.

La radiation ne souffre aucune difficulté lorsque les créances de la femme et du mineur sont fixes et qu'on sait précisément quelles seront les répétitions à exercer par eux lorsque leurs droits seront ouverts.

Mais le plus souvent ces créances sont indéterminées. Celles de la femme peuvent être modifiées

(1) Arrêt de Grenoble, cité *suprà*, t. 2, n° 627.
(2) V. arrêt de cassation cité, t. 2, n° 612.
(3) *Suprà*, n° 958 *bis. Junge* le recueil de M. Dalloz, Hyp., p. 398, n° 14, et 373, n° 35.
(4) *Suprà*, n° 958 *bis* et suiv. *Junge* le recueil Dalloz, Hyp., p. 373, n° 35.

par les combinaisons diverses dont se complique le régime de la communauté. A l'égard du mineur, il faut même dire que sa présence est toujours indéterminée, puisqu'elle dépend de la gestion du tuteur. Il serait très-imprudent par conséquent de faire radier les inscriptions des créanciers venant après la femme et le mineur, et sur lesquels on pourrait croire au premier abord que les fonds manqueront. Il est possible que, par le résultat, les prétentions de la femme ou du mineur soient singulièrement diminuées : les fonds se reporteront alors d'une manière naturelle sur les créanciers subséquens. Loin donc de les obliger à consentir radiation de leurs hypothèques, on devra les colloquer conditionnellement, c'est-à-dire pour le cas où il y aurait des fonds restant après la collocation de la femme et du mineur (1).

995. Tels sont les moyens tracés par la loi pour amener le purgement des hypothèques légales non inscrites lors de l'aliénation.

Mais comme l'esprit de système est fertile en inventions, on a imaginé de soutenir que, lorsque la femme et le mineur, mis en demeure de se montrer par l'accomplissement des formalités prescrites par l'art. 2194 du Code civil, ont pris une inscription, l'acquéreur doit alors procéder comme si leurs hypothèques eussent été inscrites *ab initio,* c'est-à-dire faire la notification dont parle l'art. 2183, et attendre pendant quarante

(1) M. Tarrible, v° Transcript., p. 134. M. Delvinc., t. 3, p. 376, note 4.

jours qu'il se fasse ou non une réquisition de surenchère. La cour de Caen a adopté (1) cette opinion par arrêt du 12 avril 1826.

Tout le fondement de ce système roule sur ce que l'art. 2194 et l'art. 2195 portent que les inscriptions prises par la femme et par le mineur ont le même effet que si elles avaient été prises du jour de l'association conjugale ou de l'entrée en gestion. Donc, ajoute-t-on, cette inscription doit jouir de tous les avantages attribués à celles existant au moment même de l'aliénation et avant la transcription du contrat. Donc, dans le cas où une inscription a été prise, les art. 2183 et 2184 du Code civil doivent servir de complément arx art. 2194 et 2195. Donc il faut notifier, et le délai de la surenchère ne peut courir que du jour de cette notification.

Je ne crois pas que cette opinion puisse trouver de nombreux partisans. Déjà, j'ai montré (n° 982) que le délai accordé à la femme ou au mineur pour surenchérir est de deux mois, qui courent du jour de l'exposition du contrat. J'ajoute les observations suivantes :

Le chapitre 9 a été fait pour se suffire à lui-même ; il établit une ligne de démarcation insurmontable entre le mode de purge qu'il adopte, et celui qui fait la matière du chapitre 8.

L'art. 2195 porte avec lui la preuve de cette vérité. Si après l'inscription l'acquéreur devait no-

---

(1) Dal., 27, 2, 31. Autres arrêts de la même cour. Dal., Hyp., p. 388.

tifier et attendre les quarante jours de la suren-
chére, la loi n'aurait pas manqué de s'en expliquer
d'une manière formelle. Au contraire, nous voyons
qu'après l'expiration des deux mois pour prendre
inscription, l'art. 2195 ne suppose aucune formalité au-delà. Il veut même que si la femme ou le
mineur ne sont pas en rang utile, l'acquéreur
paie aux créanciers antérieurs. Est-il possible que
la loi eût donné d'une part, à l'acquéreur, l'autorisation de payer et de se libérer, et que de
l'autre elle l'eût laissé sous le coup d'une surenchère à redouter de la part de la femme ou du
mineur, et dont le résultat pourrait être de le déposséder ?

Que répondre ensuite à l'art. 775 du Code de
procédure civile, qui veut qu'il soit procédé à
l'ordre dans les trente jours qui suivent le délai
de deux mois dont parle l'art. 2194? Comment
concilier cette disposition avec l'opinion qui accordé, après ces deux mois, un nouveau délai
de quarante jours? N'y aurait-il pas antimonie
choquante?

D'ailleurs, à quoi bon la notification? Le dépôt du contrat, la signification de cet acte de dépôt, l'exposition d'un extrait de ce même contrat
dans la salle d'audience, tout cela ne tient-il pas
lieu, et au-delà, de la notification? La loi aurait-elle voulu accumuler les unes sur les autres
des formalités destinées à se suppléer mutuel-
lement.

Il faut donc repousser l'arrêt de la cour de Caen

et l'opinion de ceux qui s'en appuient. Tout concourt à en démontrer l'erreur (1).

996. Je dois examiner maintenant si celui qui se rend adjudicataire, à la suite d'expropriation forcée, d'un immeuble soumis à l'hypothèque légale, le reçoit virtuellement purgé, ou s'il est obligé de satisfaire aux formalités prescrites par les articles 2194 et 2195 du Code de procédure civile.

Cette question est fortement controversée.

La cour de cassation a jugé par de nombreux arrêts (2), que l'adjudication sur expropriation forcée purge virtuellement l'hypothèque non inscrite de la femme, de telle sorte que l'adjudicataire n'est pas tenu de remplir les formalités de l'art. 2194. C'est aussi ce qu'ont décidé plusieurs cours royales, Grenoble, Caen, Paris, Metz, etc., (3), et l'opinion de M. Grenier est conforme à cette jurisprudence (4).

Mais d'autres cours, en plus petit nombre, ont

(1) *Junge* M. Tarrible, Transcript., p. 116.

(2) 21 novembre 1821 (Dal., Hyp., p. 390). 11 août 1829 (Dal., 29, 1, 331). 26 juillet 1831 (Dal., 31, 1, 251), etc.

(3) Metz, 5 février 1823 (Den., 24, 2, 48). Grenoble, 4 février 1824 (Id., 24, 2, 167). Montpellier, 19 mai 1824 (Id., 24, 2, 167). Caen, 22 mars 1825 (Dal., 25, 2, 211), et autres rapportés par M. Dalloz, Hyp., p. 390. Plus récemment, Bordeaux, 28 mai 1830 (Dal., 31, 2, 120). Paris, 15 juillet 1829 (Dal., 29, 2, 226). Nîmes, 10 décembre 1828 (Dal., 29, 2, 171). Caen, 16 juillet 1826 (Dal., 29, 2, 5).

(4) T. 2, n° 490.

adopté une opinion contraire (1), qui a aussi pour partisans MM. Delvincourt (2) et Dalloz (3).

Tel était l'état des choses, lorsqu'un arrêt de la cour de cassation du 22 juin 1833, rendu en audience solennelle (4), abandonnant les erremens d'une jurisprudence de neuf années, est venu tout à coup se ranger au dernier système, qui comptait le moins de défenseurs (5), et a décidé que

(1) Bordeaux, 31 juillet 1826 (Dal., 27, 2, 9). Toulouse, 6 décembre 1824 (Dal., 26, 2, 106, et 27, 2, 8) Montpellier, 12 janvier 1828 (Dal., 28, 2, 117).

(2) T. 3, p. 361, note.

(3) Hyp., p. 388, n₀ 8.

(4) C'est celui dont j'ai parlé *suprà*, n₀ 984, en note (Voy. Dal., 33, 1, 234). Il a été suivi de plusieurs arrêts de rejet conformes. 30 juillet 1833; 27 août 1833; 30 avril 1834 (Dal., 34, 1, 173). 26 mai 1836 (Dalloz, 36, 1, 375. Sirey, 36, 1, 775).

(5) Je m'étonne que les collaborateurs que M. Dalloz emploie à la rédaction de son journal aient attribué à l'opinion que cet auteur a embrassé dans l'article *Hypothèque* de sa Jurisprudence générale, la cause d'une opposition plus vive de la part des cours royales contre la première jurisprudence de la cour de cassation. En effet, il serait assez difficile que les tribunaux se soient laissé influencer par le sentiment de M. Dalloz, puisqu'il se borne à l'énoncer sans entrer dans aucune discussion (Hyp., p. 388, n° 8). De plus, je ne connais, depuis 1829, époque de la publication du recueil de M. Dalloz, aucun arrêt qui se soit rangé à son avis, si ce n'est celui de la cour de Lyon, que la cour de cassation vient de confirmer, tandis qu'au contraire il y en a en sens opposé un assez grand nombre. Il est même remarquable qu'en 1830, la cour de Bordeaux se soit déjugée pour passer à l'opinion que nous défendons. Je persiste donc à dire que la première jurispru-

l'adjudicataire sur expropriation forcée doit nécessairement remplir les formalités de l'art. 2195,
s'il veut s'affranchir des hypothèques légales des
femmes et des mineurs. Ainsi, la cour de cassation est passée d'une extrémité à l'autre. Après
s'être armée d'une rigueur outrée contre les femmes et les mineurs, rigueur qui allait jusqu'à
les priver de tout droit sur le prix faute d'inscription, elle pousse maintenant la faveur jusqu'à assimiler, à leur égard, l'adjudication sur
expropriation forcée à une simple vente volontaire. Elle exagère les précautions, comme jadis
elle exagérait les déchéances. Grande preuve qu'il
n'y a rien de plus difficile que de se conformer au
précepte de la sagesse : *Inter utrumque tene.*

L'arrêt de la cour de cassation a causé une
surprise d'autant plus générale, qu'il n'avait pas
la question à juger d'une manière précise. M. Dupin, procureur-général, va nous en donner la
preuve :

« Il y a une différence immense entre la ques-
»tion de purge et la question d'ordre... C'est une
»erreur de croire que la question de l'ordre em-

dence de la cour de cassation réunissait plus de partisans, et
que même ce point de droit finissait par n'être plus aussi généralement contesté. Néanmoins, hâtons-nous de reconnaître
que la minorité comptait dans ses rangs de puissans auxiliaires,
puisque nous y trouvons M. le procureur-général Dupin, dont
l'autorité a, sans aucun doute, influé fortement sur l'arrêt du
22 juin. C'est pour nous un avertissement que tout se réduit,
ici comme toujours, à peser les argumens, et non à compter
leurs défenseurs.

» piète sur celle de la purge. L'arrêt attaqué a fait
» porter ses considérans sur les deux. IL Y A LUXE
» DE MOTIFS. Mais c'est par le dispositif seul que vous
» jugez s'il y a lieu ou non de casser. OR, LE DISPO-
» SITIF NE DÉCIDE QUE DE LA QUESTION D'ORDRE. Il con-
» firme purement et simplement le premier juge-
» ment qui n'avait accordé au mineur qu'un droit
» sur le prix. VOUS N'AVEZ DONC QUE LA SECONDE
» QUESTION A JUGER!!! »

Quel est donc le motif qui a pu déterminer la
cour de cassation à sortir de sa réserve habituelle,
pour se jeter dans des difficultés éloignées du
fond du débat qui lui était soumis?

Je n'en ai trouvé qu'un seul. Dans les arrêts
que la cour de cassation a rendus sur la question
de préférence, elle s'est toujours laissé préoccuper par une idée dominante, c'est que le purgement éteint l'hypothèque, et que par conséquent
il entraîne avec lui la perte du droit à être colloqué; *cessante causâ, cessat effectus* (1). Quelque
fausse que soit cette idée (2), il est probable que
la cour de cassation n'a pu s'en affranchir. Elle a
répugné à admettre avec M. Dupin qu'une hypothèque purgée ait droit à une préférence quelconque; elle a vu quelque chose d'incompatible
entre l'extinction à l'égard du détenteur et l'effica-
cité pour venir à l'ordre. Dès-lors, il lui a paru
indispensable et logique de changer les termes de
la question, et d'examiner, avant tout, s'il y avait

(1) *Suprà*, n° 985.
(2) Je l'ai démontré, *loc. cit.*

purgement. Mais je crains bien que la frayeur chimérique d'un mauvais argument ne l'ait jetée dans une mauvaise solution.

Il y a beaucoup d'esprits indépendans pour qui un arrêt ne vaut pas une raison, et qui, sous le point de vue doctrinal, pensent qu'une décision, même solennelle, ne fait pas faire un pas à une difficulté (1). J'avoue que je suis du nombre. Aussi, je dirai, avec une franchise de langage que la cour suprême est digne d'entendre par sa haute impartialité et par son amour pour la vérité, que son dernier arrêt m'a laissé avec une conviction conforme à sa première jurisprudence. Il porte atteinte au crédit, il surcharge les mutations de propriétés de frais et de longueur, il fatigue les acquéreurs par un luxe de formalités interminables, il irrite les prêteurs et les adjudicataires contre les priviléges déjà si grands des femmes et des mineurs, tellement qu'on finira, tant l'animadversion sera grande, par être forcé d'enlever à ces personnes des garanties qui sont infiniment utiles et salutaires. Pour mon compte, je désire vivement que les cours royales s'arment d'une résistance courageuse, qui seule pourra rétablir les vrais principes, ou forcer le législateur à intervenir.

Il y avait dans l'ancienne jurisprudence une règle incontestable et aussi antique que le droit français. C'est que le décret forcé purgeait les hypothèques, même celles des femmes et des mi-

(1) Bretonnier sur Henrys, *passim.*

neurs (1), et que l'adjudicataire ne pouvait être inquiété pour les créances même les plus privilégiées; un *décret*, disait Loisel (2), *nettoie toutes hypothèques*. Cet important résultat, fondé par les coutumes sur la solennité du décret et sur la sûreté des ventes opérées par justice, parut si favorable à la stabilité des acquisitions, que, dans l'absence de toute procédure pour purger les hypothèques dans les aliénations volontaires, on eut l'idée de simuler un décret, afin de procurer à celles-ci un avantage dont les ventes forcées jouissaient seules encore (3). De là, le décret volontaire, qui fut la première tentative pour dégager les propriétés vendues de gré à gré. Ainsi, c'est l'expropriation qui a été l'origine et le type de la procédure en purgement, à laquelle on voudrait la soumettre aujourd'hui!! C'est elle qui en a fait naître la pensée et qui en a donné le modèle. Elle est le mode de libération des hypothèques le plus ancien. Elle forme le droit primitif; le reste n'est qu'une pure imitation.

Les décrets volontaires, ayant été trouvés incommodes, furent remplacés par le système organisé par l'édit de 1771. Mais ce système n'avait pour but que de perfectionner le purgement sur aliénation volontaire. Il laissait subsister le décret forcé avec tous ses effets originaires, avec cette puissance virtuelle qui, sans formalités spéciales,

(1) Merlin, Répert., Oppos. aux criées, p. 788, col. 2.
(2) Liv. 6, t. 5, n° 15.
(3) M. Bigot de Préameneu (Fenet, t. 15, p. 227).

détachait les hypothèques de l'immeuble et les reportait sur le prix. L'art. 31 en est la preuve. Ainsi venait-on à mettre en vente forcée un immeuble sur lequel il n'y avait pas d'opposition de la part de la femme ou du mineur, rien n'obligeait à leur dénoncer la saisie; la procédure poursuivait sa marche sans leur concours, l'adjudication transmettait à l'acquéreur une propriété franche et quitte, et ce dernier n'était nullement tenu de déposer et exposer son contrat et de prendre des lettres de ratification. Car, encore une fois, les lettres de ratification n'étaient qu'un procédé perfectionné pour procurer aux ventes volontaires l'élimination des hypothèques, que le décret forcé assurait de plein droit aux adjudicataires.

Lorsque la loi de l'an 7 eut soumis toutes les hypothèques à l'inscription, l'expropriation forcée fut plus que jamais un moyen *sui generis* de purger les hypothèques. Car, de deux choses l'une, ou les hypothèques n'étaient pas inscrites, et elles manquaient de vitalité ; ou elles étaient inscrites, et alors les créanciers étaient appelés à la saisie (1), et dès lors il eût été absolument inutile de remplir les formalités tracées par les art. 26 et suiv. pour purger et consolider les aliénations. Ainsi, là où il y avait adjudication sur saisie réelle, il y avait incompatibilité avec la procédure *ad hoc* établie pour le purgement.

Enfin, est venu le Code civil, qui a dispensé d'inscription les hypothèques légales des femmes

_____

(1) Art. 6 de la 2e loi du 11 brumaire an 7.

et des mineurs, et qui les a à peu près rétablies dans les droits et prérogatives dont elles jouissaient sous l'édit de 1771 (1). Ce retour aux anciens principes n'a pu que confirmer le principe invariable suivi sans difficulté pendant la durée de cet édit; savoir, que les formalités du purgement n'ont été inventées que pour les ventes volontaires; mais qu'elles sont inutiles pour les adjudications sur saisie, qui purgent de plein droit; et comment pourrait-on croire que le Code civil a entendu changer cette éternelle maxime du droit français, lorsqu'on le voit adopter, dans le chap. 9, des formes presque semblables à celles de l'édit de 1771? Au milieu de tant de points de contact, n'y aurait-il que sur les effets de l'adjudication qu'il y aurait divergence?

Il y a, dans le droit, des idées qui se perpétuent malgré les changemens les plus profonds, et qui, érigées en principes par l'usage et par la tradition, ont la même force que si elles étaient formulées en loi. De ce nombre est la règle que l'expropriation purge les hypothèques. Elle n'est nulle part explicitement écrite dans nos nouveaux codes. Mais elle domine toute la jurisprudence, et le législateur l'a toujours eue présente à la pensée, comme une de ces vérités admises si généralement, qu'il est inutile de les promulguer.

Établissons ce point par quelques observations.

(1) Il a été dit positivement au conseil d'état, par le premier consul et par M. Berlier, que le chapitre 9 n'était qu'une imitation de l'édit de 1771 (Fenet, t. 15, p. 302 et 318).

qui confirmeront l'argument que nous venons de tirer de l'origine du purgement sur vente volontaire.

Et d'abord faisons attention que, dans le chap. 9, le législateur ne se sert jamais que d'expressions qui, dans l'usage, ne s'appliquent point à une adjudication sur saisie réelle. Il parle de l'*acquéreur*, et nullement de l'*adjudicataire*, quoique ce dernier mot soit exclusivement consacré par le Code de procédure civile pour désigner celui qui achète sur expropriation forcée. Il parle du *contrat* et nullement du *jugement d'adjudication*, quoique ces expressions soient seules usitées pour indiquer le titre de celui qui acquiert sur saisie réelle. M. Dupin croît, à la vérité, que tout ceci n'est qu'*une vaine dispute de mots*. Mais je ne saurais partager cet avis, quand je réfléchis que les locutions que je relève dans les art. 2193, 2194 et 2195, sont empruntées (de même que le mode de procéder) à l'édit de 1771, et que cette dernière loi n'avait en vue que le purgement des hypothèques assises sur des biens vendus volontairement. Envisagée de ce point de vue, la question de mots me paraît avoir une grande et décisive influence.

Allons plus loin. Lorsque le législateur a organisé les formalités destinées à opérer l'élimination de l'hypothèque, il a divisé la matière en deux chapitres (les chap. 8 et 9), qui marchent parallèlement au même but et sont destinés à produire les mêmes effets. Ce que le chap. 8 fait pour les hypothèques soumises à inscription, le chap. 9 le fait, de son côté, pour les hypothèques qui en sont

dispensées. Or, je ne crois pas qu'il y ait aujour-
d'hui personne qui veuille soutenir qu'un adjudicataire sur saisie réelle soit obligé de se conformer,
pour affranchir l'immeuble acheté, aux conditions
prescrites par le chap. 8 (1); l'on reconnaît généralement que les art. 2181 et suiv. ne concernent que
l'élimination des hypothèques posées sur des biens
vendus volontairement. Il y a à cela une raison
puissante, mais toute d'induction. C'est que les
formalités du purgement feraient double emploi
avec celles de la saisie, qui ont suffi pour mettre
en éveil les créanciers inscrits ou non inscrits. Ainsi
donc, j'ai une hypothèque sur l'immeuble B et
j'attends pour la faire inscrire la quinzaine de la
transcription. Mais bientôt l'immeuble est saisi, et
l'adjudication a lieu sans que je me sois fait inscrire. Sous le Code civil comme sous l'édit de 1771
(art. 31), l'immeuble passera à l'adjudicataire
exempt de mon hypothèque. Ce dernier ne sera
pas tenu de faire transcrire, de me faire les notifications prescrites par l'art. 2183 du Code civil,
l'adjudication aura opéré le purgement de plein
droit. Cela est si vrai, que l'art. 750 du Code de
procédure civile autorise l'adjudicataire à se libérer dans le mois de la signification du jugement
d'adjudication. N'est-ce pas là proclamer haute-
ment que l'adjudication confirme tout, et qu'il
faut rejeter comme oiseuses des formalités qui
perpétueraient la procédure bien au-delà du
mois fixé par l'art. 750? Enfin, ce qui complète
la démonstration, c'est que les art. 832 et suiv. du

(1) *Suprà*, n° 905.

IV.   22

Code de procédure civile, qui rappellent et complètent les dispositions du chap. 8, sont placées sous une rubrique intitulée de *la surenchère* SUR ALIÉNATION VOLONTAIRE.

Eh bien! si le chapitre 8 est étranger aux expropriations forcées, n'est-il pas impossible d'y appliquer le chapitre 9, qui est le produit de la même pensée, et qui poursuit au profit d'autres personnes le même résultat? Où trouver une raison, un texte, un mot même, qui démontre que le chapitre 9 a plus d'extension que le chapitre 8? Où trouver tout cela, en présence du langage qu'à tenu le législateur, et de la filiation du chapitre 9, si visiblement empreint des traces d'une origine qui remonte à l'édit de 1771 (1)? Comment surtout faire taire tous ces argumens d'analogie, toutes ces preuves données par les mots, par les choses, par le retour aux anciens principes, par l'histoire du purgement, lorsqu'on rencontre devant soi ce même art. 750 du Code de procédure civile, qui vient si à propos pour les confirmer, et qui, rapproché de l'art. 775, démontre d'une manière si éclatante que l'art. 2194 ne trouve sa place que dans le cas d'aliénation volontaire? Citons en effet cet art. 775.

« En cas d'aliénation *autre que celle par expro-*
» *priation*, l'ordre... sera provoqué par le créan-
» cier le plus diligent ou l'acquéreur (2), après

---

(1) J'ai rappelé ci-dessus, p. 340, le langage du premier Consul et de M. Berlier.

(2) Remarquez le contraste du mot *acquéreur*, employé dans l'art. 775, avec le mot *adjudicataire*, employé dans l'art. 750.

» l'expiration des trente jours qui suivent les dé-
» lais prescrits par les art. 2185 et 2194 du Code
» civil. »

Quelque décisif que cet article soit par lui-même,
il le devient bien plus encore, si on le rapproche
des art. 749 et 750. Y a-t-il en effet vente volontaire? L'ordre ne peut être provoqué que trente
jours après les deux mois déterminés par l'art. 2194
pour le dépôt et l'affiche du contrat, et pour la
prise de l'inscription par la femme et le mineur.
Et pourquoi cette disposition? Parce que l'acheteur ne peut délivrer le prix aux créanciers et se
libérer qu'autant qu'il a purgé. Mais, au contraire,
s'agit-il d'une adjudication sur saisie immobilière;
l'ordre s'ouvre trente jours après la signification
du jugement d'adjudication, et le législateur se
garde bien de renvoyer à l'art. 2194 du Code civil
qu'il avait sous les yeux en formulant l'art. 775;
car, une fois l'adjudication définitive opérée, la
propriété est purgée, l'hypothèque disparaît, rien
ne saurait retarder la libération. En un mot,
l'adjudication est placée, par les art. 749 et 750
du Code de procédure civile, sur la même ligne
que le contrat d'aliénation volontaire exposé pendant deux mois, conformément à l'art. 2194 du
Code civil.

A des argumens si pressans, il n'y aurait peut-
être rien à ajouter, si d'une part l'autorité de la
cour de cassation, et de l'autre la puissance de
l'esprit lumineux de M. Dupin n'étaient là pour
les contrebalancer. Examinons donc leurs argumens.

Dès que l'hypothèque existe, dit M. Dupin, elle ne peut s'éteindre que par un moyen légal d'extinction. L'art. 2180 du Code civil, qui procède par énumération, indique et prescrit quatre causes d'extinction : l'expropriation forcée ne s'y trouve pas.

Je répondrai que, pour que l'objection fût victorieuse, il faudrait qu'elle allât jusqu'à établir que jamais, et dans aucun cas, l'expropriation n'éteint virtuellement les hypothèques. Or, lorsqu'il s'agit d'hypothèques ordinaires, il est reconnu de tout le monde que l'adjudicataire n'a pas besoin de se conformer aux dispositions du chapitre 8 pour recevoir l'immeuble franc et quitte. Voilà donc l'expropriation classée parmi les causes d'extinction de l'hypothèque. Eh bien! si elle a cette vertu dans un cas, il n'y a pas à argumenter de l'article 2180 pour établir qu'elle ne saurait l'avoir dans un autre. Remarquons d'ailleurs que l'art. 2180 ne renvoie pas limitativement aux modes de paiement contenus dans les chapitres 8 et 9 ; il admet tout système de purgement, pourvu qu'il soit légal, et nous avons prouvé que le Code de procédure (de même que le Code civil) suppose comme principe dominant que l'expropriation est un mode de libération des immeubles, ayant par une vertu nécessaire la même énergie que la procédure organisée par les chapitres 8 et 9.

M. Dupin, après avoir interrogé les dispositions du Code civil, n'est pas éloigné de croire qu'il y a lacune dans la loi ; mais il veut qu'on la comble en faveur du droit commun non abrogé, c'est-à-dire

par l'exécution des art. 2193, 2194 et 2195 du
Code civil. Pour mon compte, je ne saurais admettre cette hypothèse. Le système de la loi me paraît
complet et parfaitement lié. Mais enfin je ne
refuse pas de me prêter à la supposition du savant
magistrat : il me semble qu'elle doit tourner contre lui. Si, en effet, il y a lacune, si les art. 2193
et suivans ne parlent que pour le cas de vente volontaire, si le législateur a laissé en oubli les ventes
forcées, que faut-il faire pour suppléer à son
silence? Appliquer les anciens principes toujours
vivans, puisque le Code ne les a pas abrogés,
puisqu'une lacune n'a pu leur enlever leur force.
Les anciens principes seront le supplément du
Code, comme ils le sont dans une foule de cas où
la loi a gardé le silence. Quant au droit commun,
auquel nous renvoie M. Dupin, je ne saurais le
voir dans les art. 2194 et suiv., qui ne concernent
que la vente volontaire. Le droit commun pour
les expropriations forcées est tout entier dans
cette maxime de Loisel : « *Un décret nettoie toutes*
hypothèques. »

Les partisans du système que je défends ont
cherché à l'expliquer en insistant sur la solennité,
sur la publicité de l'expropriation. M. Dupin ré-
siste à cette raison qu'il appelle *cérébrine*, et il ne
veut pas qu'une notoriété vague puisse suppléer
aux avertissemens personnels sur lesquels s'appuie le purgement. Mais prenons garde que ce que
M. Dupin repousse ici comme une supposition
capricieuse de notre part, n'est autre chose qu'un
fait qui a traversé tout l'ancien droit, et qui est

arrivé jusqu'à nous sans soulever aucune résistance. Assurément, l'ancienne jurisprudence était aussi attentive que la nouvelle à conserver les droits des femmes et des mineurs, et cependant l'expropriation y était considérée comme entraînant après elle une telle présomption de notoriété, que nulle personne, quelque favorable qu'elle fût, n'avait qualité pour inquiéter l'adjudicataire pour des droits hypothécaires qui ne s'étaient pas révélés dans le cours de la poursuite. Cette présomption, consacrée par les siècles, a-t-elle perdu de son autorité aujourd'hui que les journaux de départemens secondent, par leur action redoublée, tous les besoins de la publicité? Si la saisie immobilière a été simplifiée sur quelques points, il ne faut pas croire que cela lui ait rien enlevé de l'éclat qui l'environnait. Bien loin de là, elle a gagné en notoriété par la propagation des journaux, et la pensée de l'ancien droit trouve plus que jamais sa place dans le nouveau.

Lorsque le Code de procédure fut discuté au tribunat, on posa la question de savoir si on devait ramener la saisie réelle aux formes simples qui, dans quelques localités, telles que la Lorraine et la Provence, présidaient à son organisation. Mais cette idée fut écartée, parce qu'on pensa que, là saisie réelle devant par elle-même procurer l'élimination des hypothèques (1), on ne pouvait se dispenser de recourir à un mode qui multipliât les

_____

(1) M. Grenier, organe du tribunat, dans Locré, t. 22, p. 637 et suiv.

formes dans une juste mesure. Voilà la raison pour laquelle le Code de procédure s'est compliqué de nombreuses solennités. Mais si, oubliant la cause de cette complication, on y ajoute encore les obligations contenues dans les art. 2194 et suivans, l'équilibre sera rompu, la forme tuera le droit, les frais absorberont le patrimoine du saisi, et le crédit sera de plus en plus compromis. Quoi donc! il y a eu adjudication préparatoire, adjudication définitive, surenchère du quart, et cependant rien ne tout cela ne serait suffisant! La femme pourrait encore requérir une surenchère du dixième, et faire revendre la chose, d'après les formalités de l'expropriation! car c'est là la condition de toute procédure en purgement. Ma raison se refuse à admettre un tel résultat, et rien ne prouve mieux que les deux modes de procéder ne peuvent être cumulés. Maintenant que, sous d'autres rapports, on fasse le procès à la loi, qu'on lui reproche d'avoir admis trop légèrement des présomptions insuffisantes de notoriété. Peut-être pourra-t-elle se défendre par une longue expérience et de bonnes raisons; mais toujours est-il que sa volonté est claire, et qu'on ne peut en appeler qu'au législateur.

Reste à dire un mot des considérans de la cour de cassation. On lit dans les motifs, que le Code de procédure *garde le silence sur les hypothèques légales*, et qu'il est tout-à-fait étranger à l'établissement, à la conservation et à l'extinction des hypothèques, de telle sorte que c'est dans le Code civil seul qu'il faut aller puiser des motifs de décision sur ce qui concerne ces trois points. — Dire que le Code de procédure civile garde le silence sur les hypothèques légales, est une proposition qui me semble un peu forte en présence de l'art. 775, que j'ai cité ci-dessus, et ce ne sera certainement pas avec un considérant si entaché d'erreur que la cour de cassation retranchera de la discussion une disposition qui vient y jeter une si vive lumière.

Et puis qu'importe en définitive que la cour de cassation nous emprisonne dans le Code civil, sans nous permettre de nous éclairer par les dispositions du Code de procédure civile (1)? Nous trouvons encore sur ce terrain de quoi résister à sa nouvelle doctrine; car les art. 2194 et suivans seront toujours pour nous le pendant des art. 2181 et suivans, qui ne parlent que pour le cas de vente volontaire; toujours ils nous apparaîtront avec le cortége des anciens principes, et avec cet adage de Loisel : *Un décret nettoie toutes hypothèques.* Jamais nous ne pourrons les séparer de l'édit de 1771, dont ils sont l'imitation, et, par une transition graduelle, force sera de les rattacher au décret volontaire, image du décret forcé; en sorte qu'ils seront le dernier perfectionnement d'un système de purgement imaginé pour les aliénations de gré à gré, marchant à côté du purgement opéré par l'expropriation, mais tenant un rang à part, et ne se confondant jamais avec lui.

(1) M. Dupin parlait bien mieux lorsqu'il disait : *C'est par l'ensemble des textes seulement qu'on peut connaître le droit.* P. 285, col. 2.

Toutes ces raisons peuvent se couronner par l'argumentation vigoureuse et serrée que contient l'arrêt de cassation du 21 octobre 1821. Pour porter le dernier coup au système de la cour suprême, nous ne pouvons mieux faire que de lui opposer sa propre doctrine.

• Attendu que, loin qu'aucune loi assujettisse » l'adjudicataire sur expropriation forcée à purger » les hypothèques dont pouvait être grevé l'im- » meuble qui lui a été adjugé, il résulte en premier » lieu, de la combinaison du chapitre 8 avec le » chapitre 9 du tit. 18 du Code civil, que ce Code, » en traitant des hypothèques, quelles qu'elles » soient, légales ou autres, n'a eu en vue que *la* » *vente volontaire*, ou la donation de l'immeuble » grevé ;

» Qu'il résulte, en deuxième lieu, des art. 749 » et 750 du Code de procédure civile, que cet ad- » judicataire, après la signification du jugement » d'adjudication ou de l'arrêt confirmatif, s'il y a » eu appel, n'a plus rien à faire avant de requérir » qu'il soit procédé à l'ordre et à la distribution » du prix ;

» Qu'il résulte en troisième lieu, et d'une ma- » nière explicite, de l'art. 775 du même Code, que » l'art. 2194 du Code civil n'est point applicable à » l'expropriation forcée, puisque cet art. 775 dé- » clare positivement que ce n'est que dans le cas » d'aliénation autre que celle par expropriation, » que l'ordre sera provoqué par l'acquéreur, après » l'expiration des trente jours qui suivront les délais » prescrits par les art. 2185 et 2194 du Code civil ;

» Attendu que l'on ne peut pas argumenter de
» ce qui se pratique dans le cas de la vente par
» licitation, ou de celle par cause d'utilité publi-
» que, parce que ces ventes, quoique judiciaires,
» étant considérées comme volontaires, ne sont
» pas soumises à toutes les formalités requises pour
» les ventes par expropriation forcée;

» Attendu que l'exécution de toutes ces forma-
» lités suffit pour éveiller l'attention des créanciers
» qui ont une hypothèque légale, indépendante
» de toute inscription, et que la multitude et la
» multiplicité de ces formalités jointes à la longue
» durée de la procédure et au grand nombre de
» personnes chargées par la loi de prendre inscrip-
» tion pour les femmes et les mineurs, ont déter-
» miné le législateur à regarder comme surabon-
» dantes et superflues, dans le cas de vente sur
» saisie immobilière, les formalités prescrites par
» l'art. 2194 du Code civil (1). »

(1) Je ne sache pas que jusqu'à ce jour on ait répondu à un seul des argumens qu'on vient de lire. M. Dalloz m'oppose, pour toute raison, *la généralité des dispositions touchant les formalités de la purge de l'hypothèque légale* (34, 1, 173); mais c'est une méprise. Le chapitre 9, comme je l'ai dit, ne parle jamais de *l'adjudication* ni de *l'adjudicataire*; il ne parle que des *contrats*, de *l'acquéreur*, langage qui n'a trait qu'aux ventes volontaires. M. Isambert défend l'arrêt de la cour de cassation, auquel il a coopéré, en disant qu'il est dans l'intérêt de la publicité (*Constitutionnel* du 23 mai 1834). J'aurais bien mieux compris s'il eût dit dans l'intérêt du fisc et des gens d'affaires. Quant à la publicité, il serait singulier que la femme qui profite du bénéfice de tenir son hypothèque occulte vînt s'en prévaloir, et qu'elle voulût avoir, sous le ré-

997. Pour compléter ce qui concerne le mode de purger les hypothèques légales des femmes et des mineurs, je parlerai du cas où ces hypothèques ont été inscrites spontanément sans l'accomplissement des formalités ordonnées par l'article 2194.

Si l'inscription a été prise avant la transcription, on doit suivre évidemment toutes les formalités prescrites par le chapitre 8. Alors il n'y a plus de différences entre les hypothèques légales et celles qui ne le sont pas (1).

Quid si l'inscription a été prise dans la quinzaine de la transcription?

Il est certain que l'acquéreur ne sera pas tenu de remplir les obligations retracées par les articles 2194 et 2195. Car, comme l'indique l'intitulé du chapitre, ces obligations n'ont été imposées à l'acquéreur que pour le cas où il n'y a pas encore d'inscription.

Il faudra donc se reporter au chapitre 8, qui règle ce qui concerne les hypothèques inscrites. L'on sait que ce chapitre a été modifié sur un point important par les art. 834 et 835 du Code de procédure civile, dont il ne faut pas le séparer.

gime du Code civil, plus de garanties qu'elle n'en avait sous le régime ancien, basé sur le secret de l'hypothèque auquel elle a voulu rester fidèle. Mon opinion, au surplus, a trouvé l'acquiescement de M. Paillard de Villeneuve, dans le compte qu'il a bien voulu rendre de la première édition de mon Commentaire *des Hypothèques* (*Gazette des Tribunaux* des 6 et 7 janvier 1834).

(1) *Suprà*, nᵒˢ 894, 921, 975.

Or, l'art. 835 décide que le nouveau propriétaire n'est pas tenu de faire aux créanciers, dont l'inscription n'est pas antérieure à la transcription de l'acte, les significations prescrites par les articles 2183 et 2184 du Code civil. L'acquéreur est donc dispensé de remplir aucune formalité à l'égard des femmes et des mineurs inscrits dans la quinzaine de la transcription. Ceux-ci pourront seulement surenchérir. En un mot, ils seront assimilés à tout créancier quelconque qui se serait fait inscrire dans la quinzaine de la transcription.

Mais dans quel délai devront-ils surenchérir? Il faut dire que c'est dans les quarante jours de la notification, conformément à l'art. 2185. Dès qu'il y a eu inscription prise, il ne faut aller chercher aucune disposition dans le chapitre 9, qui est fait pour le cas où il n'y a pas d'inscription (1).

Ainsi, sous beaucoup de rapports, il est désavantageux à la femme ou au mineur de prendre inscription dans la quinzaine de la transcription. Mais cet état de choses, qui forme une espèce de disparate, est la conséquence forcée des art. 834 et 835, qui, introduits après coup et avec des idées d'innovation dans un système déjà complet, en ont singulièrement troublé l'harmonie, et ont amené des résultats souvent extraordinaires.

(1) M. Grenier, t. 2, p. 369.

CHAPITRE X.

DE LA PUBLICITÉ DES REGISTRES ET DE LA RESPONSABI-LITÉ DES CONSERVATEURS.

ARTICLE 2196.

Les conservateurs des hypothèques sont tenus de délivrer, à tous ceux qui le requiè-rent, copie des actes transcrits sur leurs re-gistres, et celles des inscriptions subsistantes, ou certificat, s'il n'en existe aucune.

SOMMAIRE.

997. Origine de la conservation des hypothèques. Son orga-nisation par la loi du 21 ventose an 7.
998. Les registres des conservateurs sont ouverts au public.
999. Le conservateur ne peut être ministre dans sa propre cause.

COMMENTAIRE.

997. Les conservateurs des hypothèques furent créés dans chaque bailliage et sénéchaussée, par l'édit du mois de juin 1771, pour recevoir les op-positions des créanciers prétendant droit d'hypo-thèque ou privilége sur les immeubles réels et fic-tifs de leurs débiteurs.

Déjà un édit du mois de mars 1673 avait créé

des conservateurs des hypothèques, chargés de la conservation des hypothèques, que les particuliers pouvaient avoir sur les rentes dues par le roi à leurs débiteurs (1).

La loi du 21 ventose an 7 a mis la conservation des hypothèques en harmonie avec les besoins du nouveau régime hypothécaires. C'est celle qui continue à régir encore aujourd'hui cette institution (2).

998. La publicité étant le fondement de tout notre régime hypothécaire, il était nécessaire d'ouvrir au public les registres dont les conservateurs ont la tenue (3). C'est par ce motif que notre article exige que ces fonctionnaires délivrent, à tous ceux qui le requièrent, copie des actes transcrits sur leurs registres, copie des inscriptions subsistantes, ou certificat qu'il n'en existe pas (4).

999. Mais le conservateur pourrait-il lui-même délivrer copie des inscriptions qui le greveraient personnellement, ou faire la transcription d'un acte qu'il aurait consenti?

M. Persil décide la négative (5); et l'on ne peut que se rendre à cette opinion, qui d'ailleurs est appuyée d'un arrêt de Paris du 22 janvier 1810 (6).

(1) Répert., v° Conservateur.
(2) On la trouve dans le recueil de M. Dal., Hyp., p. 453.
(3) Art. 24, édit de 1771.
(4) Le décret du 21 septembre 1810 fixe le salaire de ces délivrances.
(5) Art. 2196, n° 5.
(6) Dal., Hyp., p. 456, n° 4, et 453, n° 2.

Un notaire ne pourrait être ministre des conventions qui le concerneraient principalement : il y a même raison pour le conservateur.

M. Persil propose dans ce cas de faire remplacer le conservateur, conformément à l'art. 12 de la loi du 21 ventose an 7, portant : « En cas d'absence » ou d'empêchement d'un préposé, il sera suppléé » par le vérificateur ou l'inspecteur de l'enregis- » trement dans le département, ou bien, à son » défaut, par le plus ancien surnuméraire du bu- » reau. »

ARTICLE 2197.

Ils sont responsables du préjudice résultant :

1° De l'omission sur le registre des transcriptions d'actes de mutation et des inscriptions requises en leurs bureaux ;

2° Du défaut de mention dans leurs certificats d'une ou de plusieurs des inscriptions existantes, à moins, dans ce derniers cas, que l'erreur ne provînt de désignations insuffisantes qui ne pourraient leur être imputées.

SOMMAIRE.

1002. Marche à suivre pour rectifier les omissions échappées
aux conservateurs.
1003. Les conservateurs peuvent être poursuivis pour omission, *rectâ viâ*, et sans autorisation. Leur responsabilité dure dix ans après l'expiration de leurs fonctions.
Domicile du conservateur pour les actions auxquelles
sa responsabilité donne lieu.

COMMENTAIRE.

1000. Si le conservateur omet de faire sur son
registre les transcriptions dont il est requis, ou
l'inscription qu'il doit porter sur ses livres, soit
d'office (1), soit à la diligence des parties, il est
juste qu'il soit soumis à une responsabilité qui
mette les créanciers hypothécaires à l'abri des
pertes que de pareilles erreurs pourraient leur
causer (2).

Le conservateur répond aussi des radiations
d'inscription qu'il aurait faites légèrement (3). C'est
pourquoi il a qualité pour discuter la légalité des
actes qui lui sont remis pour obtenir radiation; et
par exemple, la cour de Pau a jugé, par arrêt du
21 janvier 1834, qu'il est recevable à opposer la
péremption d'un jugement par défaut qui ordon-
nait la radiation d'une inscription (4).

Le conservateur est également responsable du

(1) Notre article ne parle pas de la responsabilité pour défaut d'inscription d'office. Mais voyez, art. 2108 et *suprà*,
n° 286.
(2) Art. 21 et 24, édit de 1771.
(3) Lyon, 13 avril 1832 (Dal., 33, 2, 168).
(4) Dal., 34, 2, 188. Palais, 1825, t. 1, p. 201.

défaut de mention dans les certificats d'une ou de plusieurs des inscriptions existantes. En effet, lorsqu'un individu veut faire un prêt ou acheter un immeuble, son premier besoin est de se faire donner, par le conservateur, un certificat des inscriptions existantes, afin de juger de la solvabilité du débiteur ou de l'avantage de l'acquisition. Si le certificat était inexact, le prêteur ou l'acquéreur seraient le plus souvent conduits à une détermination qu'ils n'auraient pas prise s'ils eussent eu connaissance de toutes les obligations hypothécaires de l'emprunteur ou du vendeur. Le conservateur doit donc être tenu, sous sa responsabilité personnelle, de l'exactitude des certificats qu'il délivre.

Néanmoins, si l'erreur provenait de désignations insuffisantes qu'on ne pourrait reprocher au conservateur, et qui ne seraient pas de son fait, alors on sent qu'il devrait être à l'abri de toute garantie.

1001. M. Grenier pose en principe (1) que les conservateurs ne doivent pas être traités trop sévèrement : « Les devoirs qui leur sont imposés, » dit-il, sont très-pénibles ; et les suites en seraient » funestes pour eux, si on n'apportait un juste » tempérament dans l'application des lois et des » réglemens qui les concernent. On doit d'autant » plus être animé de cet esprit, que la responsa- » bilité est une espèce de peine qui, de sa nature, » mérite plutôt d'être adoucie que d'être aggravée.

(1) T. 2, n° 53.

IV.   23

» Ainsi, les conservateurs ne doivent subir une
» condamnation en garantie qu'autant que l'omis-
» sion ou la négligence qu'on leur impute est une
» contravention positive à ce qui leur est prescrit,
» et qu'il en résulte une déchéance irréparable
» contre un créancier ou un acquéreur.

Cette opinion est très-sage (1); elle doit servir
de règle pour apprécier les différens cas de responsabilité qui peuvent se présenter. Je n'examinerai pas du reste les arrêts qui ont été rendus sur
cette matière, parce qu'ils sont toujours subordonnés à l'influence des cas particuliers. Je renvoie aux recueils qui les contiennent, et notamment à un arrêt de la cour de cassation du 22
avril 1808 (2), et à un arrêt de la cour d'Angers
du 16 août 1826 (3).

Je me bornerai à faire remarquer, afin de confirmer la proposition de M. Grenier, qu'il a été
jugé avec raison, par un arrêt de la cour de cassation du 4 avril 1810 (4), qu'un conservateur, coupable d'omission dans une inscription, avait pu
se défendre de l'action en garantie intentée contre
lui, en soutenant que cette inscription contenait
en elle une nullité radicale imputable au créancier
qui s'en prévalait. Il est clair, en effet, que le fait
du conservateur n'avait pas occasioné de dommage
à ce créancier dont l'inscription était insuffisante
pour lui assurer un droit positif.

(1) V. en effet, *suprà*, t. 1, n° 286.
(2) Dal., Hyp., p. 458.
(3) Sirey, 26, 2, 322.
(4) Dal., Hyp., p. 454, 455.

Enfin, lorsque la responsabilité d'un conservateur est réellement engagée, elle est limitée aux
sommes pour lesquelles, sans sa faute, le créancier aurait été utilement colloqué (1). L'indemnité doit en effet être proportionnée au dommage
souffert.

1062. Du reste, il est bon de connaître un avis
du conseil d'état du 26 décembre 1810, qui indique la marche à suivre pour la rectification des
erreurs commises par les conservateurs. En voici
le texte :

« Considérant qu'une transcription inexacte des
» bordereaux remis au conservateur des hypothè-
» ques, par un créancier requérant l'inscription,
» donne à celui-ci, s'il en a souffert quelque préju-
» dice, une action en garantie contre le conser-
» vateur; mais, qu'à l'égard des tiers, la valeur de
» l'inscription se réduit à ce qui a été transcrit sur
» le registre, parce que ce registre est la seule pièce
» que les intéressés soient appelés à consulter, et
» que le créancier qui a acquis l'inscription a plus
» spécialement à s'imputer de n'avoir pas veillé à
» ce que la transcription fût exacte ;

» Que, du reste, au moment même où l'on dé-
» couvre soit des erreurs, soit des irrégularités
» dans la transcription faite au registre du conser-
» vateur, il doit sans doute y avoir des moyens
» pour empêcher que ces effets de l'erreur ne se
» prolongent; mais que, sans recourir à l'autorité

_____

(1) Bordeaux, 24 juin 1813 (Dal., Hyp., p. 457) Grenoble, 21 août 1822 (Id., p. 460, n° 2).

» des tribunaux, lesquels ne pourraient autoriser
» à faire, sur des registres publics, des corrections
» qui léseraient des droits antérieurement acquis
» à des tiers, le conservateur n'a qu'une voie légi-
» time d'opérer la rectification, en portant sur ses
» registres, et seulement à la date courante, une
» nouvelle inscription ou seconde transcription
» plus conforme aux bordereaux remis par les
» créanciers ;

» Qu'en cet état, néanmoins, et pour obvier à
» tout double emploi, la seconde transcription,
» constituant la nouvelle inscription, doit être
» accompagnée d'une note relatant la première
» inscription qu'elle a pour but de rectifier, et que
» le conservateur doit donner aux parties requé-
» rantes des extraits, tant de la première que de la
» deuxième inscription ;

» Est d'avis, qu'au moyen de ces explications, il
» n'y a pas lieu de recourir à une autorisation so-
» lennelle, ni de faire intervenir l'autorité judi-
» ciaire en chaque affaire où il écherra de rectifier
» une inscription fautive. »

1003. Lorsque les conservateurs des hypothèques sont poursuivis pour omission de leur fait en
dommages et intérêts, ils sont actionnés dans la
même forme que les simples particuliers. — Décision du ministre des finances et du ministre de
la justice du 2 décembre 1807 (1).

Le domicile du conservateur est, de droit, dans

(1) Sirey, 8, 2, 188, et 10, 2, 331. M. Grenier, t. 2,
n° 536.

le bureau où il exerce ses fonctions, pour les actions auxquelles sa responsabilité pèut donner lieu. Ce domicile dure aussi long-temps que sa responsabilité, dont le terme a été fixé à dix ans après la cessation de ses fonctions (1). Toutes poursuites à cet égard peuvent y être exercées contre lui, quand même il serait sorti de place, ou contre ses ayant-cause (2).

ARTICLE 2198.

L'immeuble à l'égard duquel le conservateur aurait omis, dans ses certificats, une ou plusieurs des charges inscrites, est de même, sauf la responsabilité du conservateur, affranchi dans les mains du nouveau possesseur, pourvu qu'il ait requis le certificat depuis la transcription de son titre ; sans préjudice néanmoins du droit des créanciers de se faire colloquer, suivant l'ordre qui leur appartient, tant que le prix n'a pas été payé par l'acquéreur, ou tant que l'ordre fait entre les créanciers n'a pas été homologué.

SOMMAIRE.

1004. Résultat de l'omission échappée au conservateur à l'égard du créancier qui en est victime. Si le certificat

(1) Arrêt de Bruxelles du 11 juin 1812, relatif à la durée de cette responsabilité (Dal., Hyp., p. 461, 462).

(2) Art. 8 et 9, loi du 21 ventose an 7. M. Grenier, t. 2, p. 478.

dans lequel a eu lieu l'omission a été requis après la transcription, le créancier omis perd son droit de suite. Mais il peut être colloqué à l'ordre si les choses sont encore entières.

1005. Qu'entend-on par homologation de l'ordre ? Quand les choses sont-elles encore entières ?

1006. Mais si le certificat a été requis avant la transcription, alors l'immeuble n'est pas affranchi. Raison de cela. Recours du nouveau propriétaire contre le conservateur.

1007. Le créancier omis dans le certificat requis depuis la transcription peut requérir la surenchère, s'il signifie son inscription au tiers détenteur dans la quinzaine.

1007 *bis*. Mais, passé la quinzaine, il n'a plus le droit de surenchérir.

COMMENTAIRE.

1004. Notre article supposant que, par une erreur imputable au conservateur, il y a eu des omissions dans le certificat d'inscription qu'il a délivré à l'acquéreur, distingue le cas où le certificat a été requis depuis la transcription, de celui où ce certificat a été requis auparavant.

Un immeuble vient d'être vendu. L'acquéreur veut le purger des hypothèques et priviléges. Il commence par faire transcrire ; puis, afin de faire la notification conformément à ce qui est prescrit par l'art. 2183, il se fait donner un certificat des inscriptions, qui lui est nécessaire.

Si le conservateur omet l'une des créances inscrites, l'acquéreur sera dans l'impossibilité de remplir à son égard les formalités du purgement. Ici, la loi avait à choisir : ou elle pouvait ordonner que la procédure en purgement ne nuirait pas au

créancier omis et non appelé, ou elle pouvait décider que l'omission profiterait à l'acquéreur, qui
serait dispensé de remplir de nouvelles formalités.
Elle s'est prononcée pour ce dernier parti. L'avantage qu'il y a à dégager les propriétés des hypothèques qui les grèvent, et à rendre par conséquent leur circulation plus facile, a fait décider
que l'immeuble passerait entre les mains de l'acquéreur franc et quitte des charges omises dans le
certificat (1).

Seulement, le créancier omis conserve le droit
de se faire colloquer à l'ordre à son rang d'inscription, pourvu que l'ordre ne soit pas encore homologué, ou que le prix n'ait pas été payé par le
tiers détenteur. D'où il suit (pour le dire en passant) qu'un immeuble peut être purgé à l'égard
de l'acquéreur, sans que pour cela l'extinction du
droit de suite anéantisse le droit à la préférence
entre créanciers, ainsi que je l'ai dit ci-dessus,
n° 988.

1005. Mais quand l'ordre est-il censé homologué? Si les créanciers se sont réglés entre eux
amiablement, le créancier ne pourra se présenter
que jusqu'à la signature du règlement convenu.
S'il a fallu un règlement judiciaire, deux cas doivent
être distingués : ou après le règlement provisoire
il n'est pas survenu de difficulté, ou, au contraire,
les créanciers ont contesté; dans le premier cas,
le créancier omis ne pourra réclamer que jusqu'à
la clôture du procès-verbal d'ordre, que l'art. 759

(1) M. Tarrible, Transcription, p. 136, col. 2.

oblige le juge commissaire à rédiger. S'il y a eu des contestations, il faut encore distinguer entre les créanciers antérieurs aux créanciers contestans et ceux qui viennent immédiatement. A l'égard des premiers, l'intervention des créanciers omis ne pourrait nuire qu'autant que le juge commissaire n'aurait pas encore arrêté l'ordre dans lequel ils doivent passer, ce qu'il doit faire en même temps qu'il renvoie les contestans à l'audience (art. 758). Enfin, à l'égard des créanciers postérieurs aux créances contestées, celui dont l'inscription a été omise pourrait se présenter, tant que, conformément aux jugemens et arrêts qui vident les difficultés, le juge commissaire n'aura pas encore arrêté l'ordre définitif (article 767) (1).

1006. Mais si l'acquéreur a requis son certificat avant la transcription, alors l'immeuble ne demeure pas affranchi et purgé des créances omises dans le certificat.

Quel peut être le motif de cette différence entre le cas où le certificat est requis avant la transcription et celui où il est requis après ?

M. Tarrible répond en ces termes : « Il est per- » mis de présumer que le législateur a voulu ba- » lancer l'intérêt du créancier dont l'inscription » a été omise avec celui de l'acquéreur; qu'il a » considéré que cette omission ne devait nuire » au créancier qu'autant que l'acquéreur vou-

(1) J'ai copié M. Persil, art. 2198, n° 6, ainsi que l'a fait M. Grenier, t. 2, p. 314.

» drait user de la faculté de purger toutes les hy-
» pothèques; et que, la volonté de l'acquéreur sur
» ce point ne pouvant se manifester que par la
» transcription, il ne fallait lui accorder le bé-
» néfice de l'affranchissement d'une inscription
» omise qu'autant qu'il aurait transcrit son contrat
» avant de requérir le certificat ou l'état des in-
» scriptions (1). »

Ainsi, l'immeuble ne sera pas affranchi dans les
mains du nouveau propriétaire; mais ce dernier
aura un recours contre le conservateur pour raison du préjudice résultant de l'omission (2).

1007. Au surplus, comme l'art. 835 a modifié
le Code civil et a permis de prendre inscription
dans la quinzaine de la transcription, le créancier
omis dans le certificat délivré depuis la transcription, pourrait, pendant cette quinzaine, faire
connaître à l'acquéreur l'inscription préexistante,
et requérir la mise aux enchères dans le délai
voulu (3).

1007 bis. On demande même si le créancier omis
dans le certificat délivré depuis la transcription,
et qui, dans la quinzaine, n'aurait pas averti l'acquéreur de l'omission, pourrait surenchérir dans
le délai de quarante jours depuis la transcription.

M. Tarrible (4) s'est prononcé pour l'affirmative.
Il soutient que pour surenchérir il suffit d'être in-

(1) Répert., Transcript., p. 136, col. 1.
(2) Grenoble, 21 août 1822 (Dal., Hyp., p. 460, n° 2).
(3) M. Tarrible, Transcript., p. 137.
(4) Loc. cit.

scrit ; que l'omission dans le certificat n'empêche pas l'inscription d'exister.

Mais il faut répondre avec M. Grenier (1) que cette opinion heurte de front le texte de notre article, qui dit positivement que l'immeuble est *affranchi*, ce qui est bien exclure le droit de surenchère.

On sent d'ailleurs que le système de M. Tarrible serait extrêmement funeste pour les acquéreurs.

J'achète un immeuble, et je fais transcrire mon contrat. Le conservateur me délivre un certificat négatif d'inscriptions, quoique Pierre ait une inscription hypothécaire. Assuré par ce certificat que l'immeuble est libre d'hypothèques, je paie le prix entre les mains du vendeur. Serait-il raisonnable que l'hypothèque de Pierre, que je devais ignorer, vînt tout à coup se déclarer par une surenchère tendant à me déposséder ?

Au reste, l'opinion de M. Tarrible a été condamnée par un arrêt de la cour de cassation du 9 nivose an 14 (2). Néanmoins, M. Dalloz pense que cet arrêt ne peut faire autorité (3).

ARTICLE 2199.

Dans aucun cas, les conservateurs ne peuvent refuser ni retarder la transcription des actes de mutation, l'inscription, des droits

(1) T. 2, p. 316, n° 443.
(2) Dal., Hyp., p. 376.
(3) Hyp., p. 371, n° 16.

hypothécaires, ni la délivrance des certificats requis, sous peine de dommages et intérêts des parties ; à l'effet de quoi, procès-verbaux des refus ou retardemens seront, à la diligence des requérans, dressés sur-le-champ, soit par un juge de paix, soit par un huissier audiencier, soit par un autre huissier, ou un notaire assisté de deux témoins.

SOMMAIRE.

1008. Les inscriptions et transcriptions ne doivent pas souffrir de délai. Si le conservateur était cause du retard d'une inscription, il serait responsable.

COMMENTAIRE.

1008. Les inscriptions des hypothèques ou les transcriptions ne doivent pas souffrir de délai. Le plus léger retard peut souvent avoir des inconvéniens. Le conservateur doit donc déférer avec la plus grande célérité aux réquisitions qui lui sont faites. Sans cela, il s'expose à des dommages et intérêts, et ses refus ou retardemens sont constatés par des procès-verbaux tracés conformément à la marche tracée par notre article.

Cependant il peut arriver qu'un concours simultané de réquisitions ne permette pas au conservateur d'y déférer en même temps. C'est pour tracer au conservateur une règle de conduite qui ne lèse aucun intérêt qu'a été fait l'article suivant, dont les dispositions sont extrêmement sages (1).

Afin de remplir la mission d'exactitude et de célérité qui lui est imposée par notre article, le conservateur doit tenir ses bureaux ouverts huit heures au moins par jour, c'est-à-dire quatre heures le matin, quatre heures l'après-midi, et les heures des séances doivent être affichées à la porte extérieure (2).

Néanmoins, les bureaux sont fermés ls jours fériés (3). Mais une inscription ne serait pas nulle, si elle était faite un jour de fête légale. En effet, il a été jugé par la cour de cassation (4) que l'art. 63 ne défend pas à peine de nullité de donner un exploit un jour férié. Si un exploit n'est pas nul, combien, à plus forte raison, une inscription, qui n'est qu'un acte conservatoire?

ARTICLE 2200.

Néanmoins, les conservateurs seront tenus d'avoir un registre sur lequel ils inscriront, jour par jour, et par ordre numérique, les remises qui leur seront faites d'actes de mu-

(1) Rép., Transcript., p. 138.

(2) Art. 11 de la loi du 27 mai 1791, et art. 14 des ordres généraux de la régie.

(3) Art. 57 de la loi du 18 germinal an 10. Décision de la régie du 22 décembre 1807, instruct., n° 362.

(4) 23 février 1825 (Dal., 25, 1, 74). La jurisprudence de la cour de Nancy est conforme; arrêt (inédit) de la deuxième chambre, entre le domaine C° Millet de Chevert.

tation pour être transcrits, ou de bordereaux pour être inscrits. Ils donneront au requérant une reconnaissance sur papier timbré, qui rappellera le numéro du registre sur lequel la remise aura été inscrite, et ils ne pourront transcrire les actes de mutation ni inscrire les bordereaux sur les registres à ce destinés, qu'à la date et dans l'ordre des remises qui leur en auront été faites.

SOMMAIRE.

1009. Précautions à prendre pour prévenir la confusion résultant de l'apport simultané d'un grand nombre de bordereaux d'inscription au conservateur.

COMMENTAIRE.

1009. Cette disposition n'existait pas dans la loi de brumaire an 7. Elle a été introduite pour prévenir la confusion qui pourrait naître de l'apport simultané d'un certain nombre de bordereaux contre le même débiteur (1).

Avant de constater les remises indiquées dans l'art. 2200, le conservateur doit examiner si les pièces présentées peuvent être inscrites ou transcrites. Cet examen a pour objet de prévenir des erreurs et d'éviter des frais inutiles.

Ainsi le conservateur serait fondé à ne pas admettre des bordereaux d'inscription qui contien-

(1) Répert., Inscript., p. 225, col. 1. Transcript., p. 138.

draient une désignation d'immeubles qui ne serait
pas dans le titre.

Toutes les fois que le conservateur fait sur-le-
champ une transcription ou une inscription en
présence de la partie qui attend que la formalité
soit donnée pour remporter l'acte transcrit, ou le
double du bordereau inscrit, on ne peut obliger
cette partie à prendre une reconnaissance du dépôt de ses pièces : mais si des circonstances quelconques exigent que les pièces restent au bureau,
quand ce ne serait que du matin au soir, celui qui
les y laisse *doit nécessairement prendre la reconnaissance et en payer le timbre.* Le conservateur est en
droit de l'exiger avant de faire mention de la remise des pièces sur le registre à ce destiné, non
seulement parce que la loi l'oblige à donner cette
reconnaissance, mais aussi parce qu'elle est nécessaire pour le remettre sur la voie, lorsqu'on vient
réclamer l'acte inscrit ou transcrit (1).

Il n'est besoin que d'une reconnaissance pour
toutes les pièces qu'un même individu dépose simultanément.

ARTICLE 2201.

Tous les registres des conservateurs sont
en papier timbré, cotés et paraphés à cha-

(1) Décision des ministres de la justice et des finances des
14 et 28 ventose an 13. Autre du ministre des finances du 8
août 1821. Jugement du tribunal de Poitiers du 19 août 1829.
M. Baudot, *Traité des formalités hypothécaires*, t. 1, p. 109,
n° 157 (2ᵉ édit.).

que page, par première et par dernière, par l'un des juges du tribunal dans le ressort duquel le bureau est établi. Les registres seront arrêtés chaque jour, comme ceux d'enregistrement des actes.

SOMMAIRE.

1010. Forme extérieure du registre du conservateur.

COMMENTAIRE.

1010. Cet article détermine la forme extérieure des registres du conservateur. Ils doivent être en papier timbré. De plus, ils doivent être cotés à chaque page, par première et dernière, par l'un des juges du tribunal dans le ressort duquel le bureau est établi (1). Enfin ils doivent être arrêtés chaque jour comme ceux qui sont destinés à l'enregistrement des actes.

Quelques conservateurs avaient pensé qu'il n'était pas nécessaire que les registres des inscriptions et des transcriptions fussent clos chaque jour; il leur avait semblé que l'arrêté quotidien du registre de dépôt de pièces à inscrire ou à transcrire était suffisant pour assurer aux parties la priorité de date. Mais une instruction de la régie a proscrit cette opinion, qui allait contre la généralité des termes de notre article. « La loi, en » prescrivant l'arrêté journalier *de tous les registres*

(1) Origine, art. 21, édit de 1771.

» des formalités hypothécaires indistinctement, a
» eu en vue de prévenir tout abus, toute irrégula-
» rité. Elle a également voulu multiplier pour le
» public les moyens de conserver le rang et le pri-
» vilége des hypothèques; toutes les formalités
» qu'elle a prescrites sont donc de rigueur, et les
» conservateurs ne peuvent s'en écarter sous quel-
» que prétexte que ce soit (1). »

Il faut même noter que l'obligation où se trouve
le conservateur d'arrêter jour par jour les registres,
le soumet, par une conséquence inévitable, à affir-
mer par sa signature que le registre est réellement
arrêté; le défaut de cette formalité lui ferait en-
courir la peine portée par l'article 2202 (2).

ARTICLE 2202.

Les conservateurs sont tenus de se conformer, dans l'exercice de leurs fonctions, à
toutes les dispositions du présent chapitre,
à peine d'une amende de 200 à 1,000 francs
pour la première contravention, et de desti-
tution pour la seconde; sans préjudice des
dommages et intérêts des parties, lesquels seront payés avant l'amende.

SOMMAIRE.

1011. Amendes encourues par le conservateur en cas de contravention aux dispositions du présent chapitre.

(1) Inst., n° 316.
(2) Arrêt de la cour d'appel de Bruxelles du 17 juillet 1833
Palais, 1835 (t. 1, p. 205).

COMMENTAIRE.

1011. Indépendamment des dommages et intérêts auxquels les conservateurs peuvent être condamnés pour omissions préjudiciables, la loi prononce contre eux une amende de 200 à 1,000 francs pour contraventions aux dispositions réglementaires contenues dans ce chapitre (1), et, en cas de récidive, ils peuvent être destitués de leurs fonctions.

Notre article décide que les dommages et intérêts doivent être payés avant l'amende; car, comme je l'ai dit ci-dessus (2), le fisc n'a pas de privilége pour la répétition des peines, et les créances priviléges lui sont préférées.

ARTICLE 2203.

Les mentions de dépôts, les inscriptions et transcriptions sont faites sur les registres, de suite, sans aucun blanc ni interlignes, à peine, comme le conservateur, de 1,000 à 2,000 francs d'amende, et des dommages et intérêts des parties, payables aussi par préférence à l'amende.

(1) L'amende était de 1,500, par l'édit de 1771, art. 21 et 24.

(2) T. 1, n° 95 ter.

FIN.

IV.   24

TABLE DES MATIÈRES

CONTENUES DANS CE VOLUME.

FIN DE LA TABLE DES MATIÈRES.

TABLE ANALYTIQUE
DES MATIÈRES

PAR ORDRE ALPHABÉTIQUE.

Nota. Les chiffres romains indiquent le volume ; les chiffres arabes indiquent le numéro de série.

A.

ABSENT. Il n'a pas d'hypothèque légale par le Code civil, mais il l'avait par la loi du 11 brumaire an 7. II, 433.

Le jugement qui nomme les administrateurs des biens des absens ne produit pas d'hypothèque judiciaire. II, 433 et 440.

Les envoyés en possession provisoire des biens des absens ne peuvent hypothéquer. II, 486.

ACQUÉREUR. L'acquéreur à réméré a droit de rétention pour ses impenses et améliorations. *Quid* à l'égard des créanciers hypothécaires ? I, 261.

L'acquéreur qui paie les créanciers hypothécairés ou privilégiés sur l'immeuble leur est subrogé, en cas qu'il vienne à être évincé. I, 358. — Cette subrogation s'étend à tous les immeubles auxquels les créanciers payés avaient droit. I, 359.

Celui qui, pendant la communauté, achète du mari un acquêt de communauté, doit avoir soin de faire assister la femme à l'acte de vente. II, 433 *ter.*

L'acquéreur qui achète d'un héritier apparent est exposé à être évincé en cas que le vrai héritier reparaisse. Nécessité, quand on achète, de prendre des précautions pour s'assurer que le vendeur est l'héritier le plus proche. II, 468.—L'acquéreur qui achète de celui à qui on a fait une donation simulée sous l'apparence d'une vente, est exposé à être inquiété en cas que la donation soit excessive. II, 468 *bis*.

L'acquéreur est l'ayant-cause du vendeur et doit entretenir tous les faits de son auteur antérieurs à la vente. II, 524, 550.—Il ne peut, par conséquent, opposer au créancier hypothécaire, que le débiteur n'était pas propriétaire de la chose hypothéquée, si, lorsqu'il a acheté, le débiteur est déjà devenu propriétaire légitime. II, 522, 523, 524.

L'acquéreur, par acte sous seing privé non enregistré, ne peut se plaindre des hypothèques consenties par son vendeur après la date apparente de l'acte. Erreur de M. Toullier sur ce point. II, 529 et suiv.

Cas où l'imperfection de la loi compromet les droits des acquéreurs. II, 565, et préface, p. xxx et suiv.

L'acquéreur qui achète du mari dans l'intervalle qui s'écoule entre le contrat de mariage et la célébration du mariage, s'expose, s'il ne prend pas ses précautions, à être primé par la femme. II, 584.

L'acquéreur qui se fait céder l'hypothèque que la femme avait sur l'immeuble, écarte tous les créanciers hypothécaires que la femme aurait primés. II, 609 *bis*.

L'acquéreur d'un bien grevé d'hypothèque légale ne peut faire aucun paiement au préjudice de l'inscription de la femme, si le droit de la femme est antérieur aux inscriptions des autres créanciers. II, 610; IV, 922, 923. — L'acquéreur peut consigner, quoi qu'en dise M. Tarrible; car la consignation ne fait aucun tort à la femme ou au mineur premiers en hypothèque. IV, 922, 923.

Moyens qu'a l'acquéreur pour se libérer quand il y a des créances éventuelles et des rentes viagères hypothéquées sur l'immeuble qu'il acquiert. IV, 959, 959 *bis*, 960.

seing privé. I, 292.—A Rome, l'acte authentique l'emportait sur l'acte sous seing privé pour la constitution de l'hypothèque. II, 5o3. — Dissentiment avec MM. Grenier et Dalloz, qui pensent que par le droit romain le dernier état de la jurisprudence voulait que l'hypothèque fût établie par acte public. II, 5o3. — Examen de la question de savoir si l'acte sous seing privé peut être opposé à ceux qui tiennent leur droit d'un auteur commun et s'il fait preuve de sa date à leur égard. II, 529. — Reconnaissance des actes sous seing privé. II, 443.—Hypothèque que produit le jugement de reconnaissance d'écriture. II, 443. Voy. *Hypothèque judiciaire.*

ACTION EN RÉMÉRÉ. Voy. *Réméré.*

ACTION EN RESCISION. Voy. *Rescision.*

ACTION HYPOTHÉCAIRE ET D'INTERRUPTION. De l'action hypothécaire personnelle et de l'action hypothécaire proprement dite. III, 779, 779 *bis.*—L'action hypothécaire ou en déclaration d'hypothèque n'a pas lieu sous le Code civil. III, 779 *bis.* — Mais l'action d'interruption a toujours lieu. III, 780.

ACTION MIXTE. III, 732.

ACTIONS. Les actions tendant à recouvrer un immeuble ne peuvent être grevées de privilége. I, 108, ni d'hypothèque. II, 406, 435. — Les actions dans les sociétés de commerce ne peuvent être hypothéquées. II, 410. — Les actions de la banque de France sont susceptibles de l'hypothèque quand elles sont immobilisées. II, 411. — Actions relatives aux inscriptions, soit pour les faire radier, soit pour les faire réduire. Compétence. III, 732 et suiv.

ADJUDICATION. L'adjudication sur expropriation forcée ne purge pas l'immeuble de la clause résolutoire qui l'affecte. I, 223. —Elle met les intérêts du prix à la charge de l'adjudicataire. III, 698 *bis.* — Fixe-t-elle le sort des inscriptions? III, 720 et suiv.—Un jugement d'adjudication ne produit pas d'hypothèque sur les biens de l'adjudicataire. II, 441 *ter.* —

ANTICHRÈSE. L'antichrèse ne peut être opposée aux créanciers hypothécaires. III, 778.

APPARTENIR. Sens de ce mot. II, 468 *ter*, et 520.

ARBITRES. Voy. *Hypothèque judiciaire* et *Jugemens rendus en pays étrangers*.

ARCHITECTES ET OUVRIERS. Du rang que doit avoir l'architecte quand il concourt avec le vendeur ou le co-partageant. I, 80 et suiv. — Origine de ce privilége. I, 241. — Son étendue dans le droit romain. I, 241, 242.

Le droit français l'a organisé sur des bases plus larges. I, 242.

Le privilége des architectes n'a lieu que pour travaux d'art, ayant servi à réparer ou à reconstruire. Il a lieu aussi pour dessèchement et recherches de mines. I, 242 *bis*.—Le privilége des ouvriers n'a lieu que pour la plus-value. I, 243.

Rejet d'une distinction proposée par Pothier entre ceux qui font des travaux d'amélioration et ceux qui font des travaux de conservation, de telle sorte que ces derniers seraient privilégiés sur la totalité de la chose , et les autres seulement sur la plus-value. I, 243, et III, 838 *bis*.

Comment l'on calcule la plus-value. I, 244. — Dommage qui en résulte pour les ouvriers. I, 244. Voy. *Impenses*.

Expertise pour dresser procès-verbal de l'état des lieux avant les travaux. Autre pour constater la réception des travaux. I, 245.

Les intérêts dus aux ouvriers ne sont pas privilégiés. I, 246.

Comment doit-on procéder quand ce qui est dû à l'architecte est au dessous de la plus-value ? I, 246 *bis*.

L'architecte doit conserver son privilége par une double inscription. I, 319.

Délai pour prendre cette double inscription en cas d'aliénation de l'immeuble. I, 320, 321.

Le privilége de l'architecte prend-il date du jour de l'inscription du premier procès-verbal ? I, 322.

A l'égard des travaux faits sur les meubles par des ouvriers, voy. *Conservateur de la chose.* Voy. aussi *Impenses.*

ARRÉRAGES. Voy. *Intérêts.*

ARRÊTISTES. Services qu'ils rendent à la jurisprudence. IV, 882,
note.

Cependant il y a souvent de l'inexactitude dans l'exposé
des faits qu'ils donnent d'une affaire. Nécessité de soigner
davantage cette partie des notices. Les faits sont si importans dans l'appréciation des arrêts qu'on ne saurait faire trop
d'attention à n'en rien retrancher. IV, 882.

Les arrêtistes des parlemens donnaient des détails de fait
et de droit très-utiles pour l'intelligence des arrêts et les
progrès de la jurisprudence. IV, 882.

Voy. les rubriques *Dalloz* et *Sirey.*

ARRÊTS et JURISPRUDENCE. Dissentiment avec un arrêt de la
cour de Paris du 27 novembre 1814, qui décide que les
priviléges spéciaux doivent l'emporter sur les priviléges
généraux, et que l'on n'a *jamais prétendu* que les frais funéraires fussent préférables au droit du propriétaire locateur. I, 76.

Dissentiment avec un arrêt de la même cour du 13 mai
1815, sur le concours du vendeur et de l'architecte. I, 80 *bis.*

Erreur d'un arrêt de la cour royale de Paris du 27 mars
1824, qui a décidé qu'entre créanciers de divers frais de justice, on devait établir une hiérarchie de préférence. I, 89 *bis.*

Dissentiment avec un arrêt de Paris du 25 novembre 1814,
et un arrêt de la cour de Lyon du 14 septembre 1825, qui
ont donné la préférence au locateur sur le créancier de frais
de scellés et d'inventaire. I, 124.

Dissentiment avec un arrêt de la cour de cassation du 20
août 1821, et un arrêt de la cour de Paris du 18 juillet 1828,
sur la question de savoir si le privilége du locateur doit l'emporter sur celui des frais de syndicat pour faillite. I, 129.

Erreur de la cour de cassation qui dit, dans les considérans

d'un arrêt du 22 juillet 1823, que le privilége du propriétaire ne porte que sur ce qui appartient au locataire ou au
fermier. Contradiction de cette cour avec elle-même sur ce
point .I, 151.

Dissentiment avec un arrêt de la cour de Bordeaux du 12
juin 1825, sur la question de savoir quel est le nombre d'années de loyers privilégiées quand le bail est verbal ou sous
seing privé. I, 156.

Autre avec un arrêt de la même cour du 12 janvier 1825,
sur la question de savoir si, en cas de tacite reconduction, le
propriétaire a privilége pour les loyers échus. I, 157.

Dissentiment avec un arrêt de la cour de Paris du 2 octobre 1806 et un arrêt de la cour de Poitiers du 28 janvier
1819, sur la question d savoir si le locateur peut enlever
quelques uns des objets qui garnissent les lieux lorsque ce
qui reste est suffisant. I, 164.

Critique des considérans d'un arrêt de la cour de Poitiers
du 30 septembre 1823, sur le déplacement des fruits de la
ferme. I, 165 *bis*.

Critique d'un arrêt de la cour de Colmar du 7 mars 1812
et d'un arrêt de la cour de Rouen du 18 juin 1825, sur le
privilége de l'ouvrier qui a remis la chose par lui amélio-
rée. I, 178.

Critique d'un arrêt de la cour de Paris du 18 mai 1825,
qui refuse privilége au vendeur de droits incorporels. I, 187.

Critique d'un arrêt de la cour de Paris du 24 décembre
1816, qui a décidé que la dation de billets produit novation
alors même qu'ils ne sont pas payés. I, 199 *bis*.

La cour de cassation juge le pour et le contre sur la même
question. I, 199 *bis*, notes, et 303, 308.

Inclination prononcée de la cour de cassation pour les rejets. I, 207 *bis*, note; II, 390, note, 439, et 468 *bis*. Par
suite de cette tendance, elle juge le pour et le contre. I, 303,
308, et II, 536 *bis*.

Efforts de la cour de cassation pour arriver à un rejet.
II, 399, 404 *bis*.

Dissentiment avec un arrêt de la cour de cassation du 11 novembre 1824 sur l'étendue du privilége de l'ouvrier qui a conservé l'immeuble. I, 243.

Erreur de la cour de Grenoble qui a décidé, par arrêt du 8 février 1810, que sous le Code civil la revente de l'immeuble faisant perdre au vendeur originaire son privilége non inscrit, lui conservait sa préférence entre créanciers. I, 279.

Erreurs de la cour de Liége du 9 mai 1818, sur le privilége du co-partageant. I, 291.

Quand on pèse la valeur des documens que la jurisprudence fournit, il ne faut pas avoir un grand égard aux considérans étrangers à l'espèce. Exemple d'une proposition avancée par la cour de cassation hors de son sujet, et qui porte l'empreinte de l'irréflexion. I, 303.

La cour de Paris a jugé le pour et le contre sur la question de savoir si un cessionnaire peut prendre inscription en son nom avant la signification du transport. I, 365.

Critique d'un arrêt de la cour de Bruxelles du 14 janvier 1817, approuvé par M. Merlin, et qui décide que l'inscription prise sur le vendeur ne peut servir au créancier indiqué contre un créancier hypothécaire de l'acquéreur. I, 369.

Erreur de la cour de Douai qui, par arrêt du 3 janvier 1815, a décidé que des objets mobiliers placés dans une usine et *réputés immeubles* pouvaient être vendus à part de l'usine, mais que le prix devait en être affecté aux créanciers hypothécaires. II, 399.

Erreur de la cour de Turin qui décide, par arrêt du 24 avril 1810, que les fermages représentent l'usufruit même, et que l'hypothèque sur l'usufruit s'étend de plein droit sur les fermages. II, 400.

Erreur de la cour de Toulouse, qui a décidé, par arrêt du 23 décembre 1818, que le père qui, durant le mariage, administre les biens propres de ses enfans, est soumis à l'hypothèque légale. II, 424.

Vice de la jurisprudence de la cour de cassation qui attribue l'hypothèque judiciaire à un jugement de reddition de compte, et abus auxquels donne lieu cette jurisprudence fondée sur de prétendues condamnations implicites. II, 439 et 440.

Dissentiment avec un arrêt de la cour de cassation du 19 février 1818, sur la question de savoir si un créancier chirographaire, au moment de l'ouverture de la succession, peut acquérir l'hypothèque judiciaire sur les biens héréditaires. II, 459 *bis*.

Critique de la jurisprudence de la cour de cassation et de la cour de Caen sur la question des ventes faites par l'héritier apparent. II, 468.

Critique d'un arrêt de la cour de cassation du 14 décembre 1826, sur la validité d'une hypothèque consentie par un donataire dont la donation fut ensuite réduite pour excès de la portion disponible. La cour de cassation a sacrifié les légitimaires par suite de sa tendance pour les rejets. II, 468 *bis*.

Critique d'un arrêt de la cour de Besançon du 22 novembre 1823, sur la question de savoir si celui qui a sur l'immeuble un droit de réméré peut l'hypothéquer. II, 469.

Dissentiment avec un arrêt de la cour de Nancy du 1er mai 1812, qui décide qu'une hypothèque concédée par un mineur et ratifiée en majorité prend date du jour de la ratification, et non du jour de la constitution. II, 498.

Dissentiment avec un arrêt de la cour de cassation du 6 janvier 1824, sur la question de savoir si le mariage d'un Français et d'une étrangère contracté en pays étranger ne peut produire hypothèque contre les tiers qu'autant qu'on s'est conformé à l'article 171 du Code civil. II, 513 *bis*.

Dissentiment avec un arrêt de la cour de Bruxelles du 11 juin 1817, sur la question de savoir si l'hypothèque constituée par quelqu'un qui n'est pas encore propriétaire de l'immeuble, mais qui le devient ensuite, est validée. II, 524 *bis*.

Dissentiment avec la cour de cassation et avec la cour de Lyon, sur la question des ayant-cause. II, 534 et 535.

Dissentiment avec un arrêt inédit de la cour de Nancy, du 16 août 1831, sur la question de savoir si celui qui n'a

qui décident que la femme peut *être forcée* à la radiation de son hypothèque légale. II, 641.

Critique d'un arrêt de la cour de Dijon confirmé par la cour de cassation le 9 janvier 1822, qui confond une renonciation d'hypothèque faite par une femme au profit d'un tiers, avec une réduction faite au profit du mari. II, 643 *bis.*

Critique d'un autre arrêt de la cour de cassation du 20 avril 1826, qui tombe dans la même confusion. II, 643 *bis.*

Critique d'un arrêt de la cour de Paris du 13 août 1831, qui décide que les hypothèques obtenues et inscrites dans le temps écoulé entre l'ouverture de la faillite et la déclaration de la faillite sont valables. III, 656.

Erreur d'un arrêt de la cour de Bruxelles qui décide qu'on ne peut s'inscrire sur un individu non négociant déconfit. III, 661.

Mauvaise direction de la jurisprudence primitive de la cour de cassation, en fait de nullité d'inscription hypothécaire. III, 666. — Incertitude de sa jurisprudence sur la question de savoir quelles sont, dans l'article 2148, les formalités substantielles et les formalités accidentelles. III, 669. — Elle favorise tour à tour les systèmes les plus divers, et manque dans cette matière de principes arrêtés. III, 669. — Preuves de contradictions dans ses arrêts a cet égard. III, 669. — C'est la cour de cassation qui a consacré le système des équipollens en matière d'inscription, système qui n'est qu'un subterfuge. III, 669, 686.

Dissentiment avec un arrêt de Poitiers et un arrêt de la cour de cassation du 8 septembre 1806, qui décident que l'indication du créancier est substantielle dans l'inscription. III, 679.

Critique d'un arrêt de la cour de cassation du 27 août 1828, qui décide que l'indication du domicile élu est substantielle. III, 679.

Contradiction de deux arrêts de la cour de cassation sur

caires une quittance de loyers payés par avance. III, 777 *ter.*

Critique d'un arrêt de la cour de cassation du 3 novembre 1813, sur les cessions de loyers à échoir. III, 778 *bis.* — Cet arrêt décide à tort que la seule inscription immobilise les fruits. III, 778 *bis.*

Erreur manifeste de la cour de Nîmes qui a jugé qu'on pouvait sommer un tiers détenteur de purger. III, 793 *ter.*

Arrêt de la cour de Poitiers rendu en matière de délaissement et qui, pour arriver à une bonne conclusion, s'appuie sur de mauvais motifs. III, 814. — Sur le pourvoi, la cour de cassation n'a pas donné une meilleure direction à la manière d'envisager l'affaire. III, 814.

Erreur d'un arrêt de la cour de Riom du 17 avril 1820, qui juge que, quand le délaissement est abandonné par les créanciers qui s'en désistent, le vendeur est tenu de reprendre l'héritage. III, 826.

Critique d'un arrêt de la cour de cassation du 21 novembre 1824, qui décide que le délaissant doit répéter toutes les impenses nécessaires, sans égard à la plus-value. III, 838 *bis.*

Dissentiment avec un arrêt (inédit) de la cour de Nancy, sur la question de savoir si l'hypothèque de celui qui a reçu une dation en paiement revit alors qu'il est évincé de l'objet donné en paiement. IV, 859, 860.

Erreur énoncée dans un arrêt de la cour de Bourges, qui prétend que la connaissance de l'inscription au moment de l'acquisition, n'exclut pas la bonne foi. IV, 882.

Dissentiment avec un arrêt de Grenoble, qui a décidé que l'accomplissement des formalités pour purger n'était pas une renonciation à la prescription. IV, 887 *ter.*

Erreur extraordinaire consacrée par un arrêt de Colmar et par un arrêt de Rouen. IV, 890.

Observations critiques sur un arrêt de cassation rendu sur la question de savoir si, lorsqu'il y a eu plusieurs ventes sue-

Ayant-cause. L'ayant-cause représente son auteur. En quoi l'acquéreur représente-t-il le vendeur? II, 524.—En quoi le créancier hypothécaire représente-t-il le débiteur? II, 53o, 524, 524 *bis*.

Signification du mot *ayant-cause*. Réfutation d'une opinion de M. Toullier sur les ayant-cause. II, 53o. — Cette opinion est nouvelle et isolée, tandis que M. Toullier la croit ancienne et générale. II, 531.

Les créanciers ne tiennent pas leur rang du débiteur, bien qu'ils tiennent leur droit de lui. II, 568.—Ils sont tiers pour opposer le défaut de rang et empêcher d'injustes préférences. II, 568.

B.

Bail. Quand le bail peut-il être opposé aux créanciers incrits? III, 777 *ter*, et II, 404.—Des cessions anticipées de loyers. III, 778 *bis*.

Peut-on opposer aux créanciers un bail qui dépasse la durée des baux ordinaires? III, 777 *bis*. — Peut-on leur opposer un bail qui donne quittance de loyers payés d'avance? III, 777 *bis*.

Pour d'autres détails, voy. *Loyers*, et aussi *Suite par hypothèque*.

Basnage. Cet auteur est un guide peu sûr. II, 490.
Son défaut de critique, II, 562.

Bénéfice de discussion. Tout ce qui est relatif à cette matière est rapporté au mot *Suite*, l'exception de discussion étant un moyen d'arrêter le droit de *suite*.

Bénéfice d'inventaire. Voy. *Héritier bénéficiaire* et *Succession*.

Bestiaux. Sont compris sous le mot *effets* et peuvent être saisis par l'aubergiste. I, 204. — Peuvent être saisis par le locateur comme objet garnissant la ferme. I, 151.

Bigot de Préameneu (M.). Approbation qu'il donne à une assertion absurde de Basnage. II, 562.

Billets négociables ayant affectation hypothécaire. Mode de purger dans ce cas. IV, 927, note; et II, 595, note.

C.

Canonistes. Ils ont introduit dans le droit une foule de chicanes et de pratiques vicieuses. III, 783.

Cadré (M.). Dissentiment avec cet auteur. IV, 933, note.

Cambacérès (M.). Erreur de ce jurisconsulte. II, 601, note.

Carrière. Une carrière forme un objet distinct de la surface et susceptible d'hypothèque. II, 404 bis.

Causes des obligations. Dans certains cas leur faveur donne naissance au privilége. I, 29.

Caution. Le créancier surenchérisseur doit offrir de donner caution. IV, 940. — Utilité de cette caution. IV, 940. — Le trésor, qui est toujours solvable, en est dispensé. IV, 940 bis.
— La réquisition de surenchère ne doit pas contenir une offre vague de donner caution; mais il faut la désigner nominativement. IV, 940 ter. — Mais les pièces justificatives de la solvabilité de la caution peuvent n'être fournies que jusqu'au jugement définitif. IV, 940 ter. — Si le surenchérisseur ne peut trouver de caution, il peut fournir un gage suffisant ou consigner la somme. IV, 941. — L'offre d'une hypothèque ne suffirait pas. IV, 941. — Le gage offert peut être mobilier. IV, 941. — La caution doit être solvable dans l'origine, sans quoi il y a nullité de la réquisition de surenchère. IV, 942, 945. — Il ne servirait de rien qu'elle fût solvable après coup. IV, 942, 945. — Mais si la caution était solvable ab initio et qu'elle devînt insolvable ex post facto, cela ne nuirait pas à la validité de la réquisition. IV, 943. — Le suren-

392   TABLE ANALYTIQUE

CLAUSES RÉSOLUTOIRE TACITE. Son origine est du droit français. Ses différences avec la revendication. I, 190, 191, 192. — Ses inconvéniens dans le régime hypothécaire. I, 223. — Dans quel cas on peut y recourir quand on a demandé le prix sans succès. Distinctions importantes. I, 225. Voy. *Condition.*

CODE CIVIL. A imité l'ancienne jurisprudence sur la nature des priviléges et les règles de préférence entre eux. I, 26. — A limité peut-être à tort la loi *privilegia.* I, 83 et suiv. — Le Code civil, en organisant la publicité du privilége du vendeur, est resté trop indifférent sur les droits des créanciers de l'acquéreur. I, 219. — Inconvéniens de la faculté accordée au vendeur non payé de demander la résolution de la vente. I, 223. — Vice de rédaction de l'article 2103 du Code civil, I, 238. — Imperfection du Code civil en ce qui concerne l'organisation de la publicité du privilége. I, 254 *bis* et 278. — L'inscription du privilége peut se faire à une époque tellement reculée, que les créanciers n'en ont pas eu connaissance. I, 267. — Défaut d'uniformité des délais pour inscrire les priviléges. I, 270. — Mauvaise rédaction de l'article 2106. I, 266 *bis.*— Imperfections sous certains rapports de l'article 834 du Code de procédure civile. I, 281. — Omission dans l'article 2108. I, 286. Omission dans l'article 2109. I, 291. Imperfection du système du Code civil et du Code de procédure civile à l'égard du co-partageant. I, 316,317.— C'est à tort que le Code civil appelle la séparation des patrimoines un privilége. I, 323. — Imperfection de la définition que le Code civil donne de l'hypothèque. II, 386. — Trop grande rigueur du Code civil sur la spécialité. II, 514, 536 *bis.* — Imperfection du Code civil dans l'organisation de son système de publicité, et dangers qu'il fait courir aux créanciers hypothécaires et aux acquéreurs. II, 565; et préface, p. xl et suiv.— Imperfection de l'art. 2136 du Code civil. II, 633 *bis.*—Imperfection de l'art. 2146 du Code civil et de l'art 443 du Code de commerce, relatifs aux priviléges et hypotthèques en matière de faillite. III , 649, 653 *bis*. — Omission dans l'art. 2146. III, 659 *ter*. — Erreur dans l'art. 2167. III, 781, 782 — Désaccord entre l'article 2169 et l'article 2183. III, 793. — Imperfection de la transcription pour faire un appel aux inscriptions. IV, 900. Imperfection de l'article 2183. IV, 917. — Disparate de l'article 2189. IV, 965. — Imperfection et vice de rédaction de l'article 2166. III, 778 *bis.*

COHÉRITIER. Voy. *Co-partageant.*

COLLOCATION. Contestation d'une mauvaise collocation. Frais de justice à cet égard. I , 127. — Mode de colloquer une femme qui se présente à l'ordre sur le prix des biens de son mari pour se faire indemniser de la vente du fonds dotal. II , 627. — Autres règles pour colloquer une femme pour ses droits éventuels pendant le mariage. IV, 993; et II, 610.

Mode de colloquer les créances conditionnelles et éventuelles. IV, 759. Et les rentes perpétuelles et viagères. IV, 959 *bis.*

COMMUNES. Ne peuvent donner hypothèque conventionnelle sur leurs biens sans ordonnance du roi. II, 463 *bis.*

Voy. *Hypothèque légale.*

COMPÉTENCE. Tribunal compétent pour statuer sur les actions auxquelles donnent lieu les inscriptions. III, 732. — *Quid* s'il y a litispendance. III, 733. — *Quid* si l'inscription ne contient pas de domicile élu. III, 735.

Voy. *Radiation, Réduction, Actions, Action mixte.*

COMPTABLES. Privilége du trésor sur leurs biens. I, 92, 92 *bis.*

Privilége du fisc sur leur cautionnement. I, 93.

Privilége du trésor de la couronne sur ses comptables. I, 93 *bis.*

Sens du mot *Comptable.* II, 430.

L'état a hypothèque légale sur leurs biens. II, 430.

Un fermier d'hospice n'est pas un comptable. II, 430.—
Un percepteur n'est pas un comptable. II, 430 *bis.*

Les communes, les hospices ont hypothèqne légale sur
les biens de leurs comptables. II, 430.

Voy. *Hypothèque légale.*

CONDAMNÉS. Privilége du trésor sur leurs biens. **Voy.** *Privilége*, *Trésor public*, *Mort civil.*

CONDITIONS. Effet de la condition résolutoire sur l'immeuble
grevé d'hypothèque. II, 465 à 468 *bis*; IV, 888. — Différence élémentaire entre la condition suspensive et la condition résolutoire. Confusion reprochée à M. Grenier. II, 468
quater. — La clause du réméré est une condition résolutoire
pour l'acheteur, et suspensive pour le vendeur. II, 469.—
La condition résolutoire contient toujours quelque chose de
suspensif. Mais ce qui est suspendu, c'est, non la disposition,
mais la résolution. II, 469. — Influence d'une obligation
conditionnelle sur l'hypothèque. II, 470.—Lorsque la condition est pendante, l'hypothèque l'est aussi. Mais on peut prendre inscription. II, 472. Voy. *Hypothèque conventionnelle.*

La condition *de se marier* est mixte. Elle produit effet
rétroactif. II, 580. — La condition non accomplie n'empêche pas la prescription de courir à l'égard du tiers détenteur. IV, 886.

Voy. *Clause résolutoire.*

CONFUSION. La confusion est un moyen d'extinction de l'hypothèque. IV, 846 et suivans; et III, 841, 726 *bis.*

Voy. *Extinction de l'hypothèque.*

CONSERVATEUR DES HYPOTHÈQUES. Causes qui donnent lieu à la
responsabilité du conservateur. I, 286; et IV, 1000 et
1008. — Règles pour apprécier cette responsabilité. IV,
1002. — Pourquoi il est rare qu'il y ait dommage. I, 286;
et IV, 1001. — La responsabilité du conservateur dure dix
ans après la cessation de ses fonctions. IV, 1003. — On peut
le poursuivre en réparation de dommage sans autorisation.
IV, 1003.

tinctions et limitations. I, 176. — Celui qui améliore n'a qu'un droit de rétention. Celui qui conserve a un privilége. I, 176, 177, 257 *bis*. — Celui qui conserve a un privilége, bien qu'il n'ait pas la possession de la chose. I, 177. — Explication de quelques arrêts. I, 178.

Voy. v° *Architecte*, plusieurs questions sur ce privilége, quand il frappe sur les immeubles.

CONSIGNATION. Procédure pour consigner le prix d'un immeuble en cas de vente volontaire. IV, 958. — Si l'acquéreur peut consigner alors qu'il y a des crédi-rentiers viagers ou des femmes. IV, 958 *bis*.

CONTRAINTE PAR CORPS. Réserve avec laquelle on en use dans la législation des peuples civilisés. I, 2.

CONTRATS DE MARIAGE. Produisent hypothèque au profit de la femme. II, 585, 578.

Voy. *Hypothèque légale* et *Conventions matrimoniales*. Contrats de mariage passés en pays étrangers. II, 513.

CONTRATS passés en pays étrangers. Leur valeur hypothécaire. II, 512, 512 *bis*, 513.

CONTRIBUTIONS DIRECTES ET INDIRECTES. Privilége des contributions personnelle, mobilière et patentes. I, 32, 33 et 96. — Privilége des contributions indirectes. I, 34 *bis* et 99.

CONTRIBUTION (distribution par). Voy. *Frais de justice*.

CONTRÔLE. Son effet sur les hypothèques anciennes. II, 507.

Voy. *Enregistrement*.

CONVENTIONS MATRIMONIALES. Sens de ces mots. II, 585. — Douaire, gain de survie, donation par contrat de mariage, ce sont là les conventions matrimoniales : elles ont hypothèque du jour du contrat de mariage. II, 585.

Voy. *Hypothèque légale*.

CO-PARTAGEANT. Son privilége, I, 236. — Quel rang a-t-il quand il concourt avec l'architecte ? I, 80 et suiv. — Et avec le vendeur. I, 81. — Origine de ce privilége. I, 236.

faits par le débiteur à raison de l'immeuble *avant* son hypothèque. II, 524 à 530. — Précautions à prendre quand le créancier stipule une hypothèque sur *les biens à venir* du débiteur. II, 537, 537 *bis* et suiv., et 540 *bis.* —Cas où le créancier peut demander supplément d'hypothèque. II,541et suiv. — Précautions qu'il doit prendre pour évaluer au plus juste la créance. Car son évaluation le lie envers le tiers. II, 550.— Différens cas où l'imperfection du Code compromet les droits des créanciers. Préface , p. xlvij et suiv. — Les rangs *entre créanciers* sont déterminés par l'inscription. II, 566.—Tous les créanciers sont tiers les uns à l'égard des autres pour opposer le défaut de rang. II, 568. — Le créancier qui ne veut pas être inquiété par l'épouse, doit prendre des mesures de précaution quand il traite avec le mari, dans le temps qui s'écoule entre le contrat de mariage et le mariage. II, 584. — Le créancier cessionnaire de l'hypothèque légale de la femme fera bien de se faire inscrire, de peur que la femme ne s'entende avec son mari pour faire restreindre son hypothèque. II, 609 et 644 *bis.* — Danger que court le cessionnaire s'il ne s'inscrit pas en son nom personnel. II, 644 *bis.* — Le créancier peut perdre le droit de suite s'il néglige de renouveler son inscription. III, 716 *bis.*

Le créancier qui prend en paiement la chose sur laquelle il a hypothèque, doit avoir soin d'entretenir son inscription jusqu'à ce que l'immeuble soit purgé. III, 726 *bis.*

Le créancier qui n'a qu'une hypothèque spéciale et qui veut éviter le concours dangereux d'une hypothèque générale, doit éviter la réduction de cette dernière. III, 764.

Il est souvent plus avantageux pour un créancier d'être précédé par une hypothèque générale que par une hypothèque spéciale. III, 763.

Moyen subtil employé par un créancier dernier en date pour devenir le premier. III, 757.—Le créancier est exposé à voir le débiteur diminuer l'hypothèque par des servitudes, droits d'usage. III, 777 *bis.* Et par des baux dont les loyers sont payés par anticipation. III, 777 *ter.*

Le créancier premier en rang n'a pas droit de s'emparer de l'immeuble à dire d'experts. III, 795 *bis*. Ni d'exiger que les créanciers inférieurs, requérant l'adjudication, donnent caution de faire porter l'immeuble à si haut prix qu'il sera payé de son dû. III, 795 *quat*.

En est-il autrement, si le créancier le plus ancien est en même temps tiers détenteur? III, 804.

Le créancier qui poursuit un obligé personnel doit se garder de conclure au délaissement. III, 813.

Les créanciers à qui on a fait le délaissement de l'immeuble ne sont tenus que de la plus-value de l'immeuble, sans distinction des impenses *utiles*, *nécessaires* ou *voluptuaires*. III, 838 *bis*.

Précautions à prendre par le créancier hypothécaire à qu son débiteur fait une dation en paiement, surtout s'il y a crainte d'éviction relativement à la chose reçue en engagement. IV, 858.

Le créancier qui n'a pas surenchéri peut néanmoins attaquer la vente pour vilité du prix. IV, 957. — Position du créancier omis dans le certificat des inscriptions. Cas où il perd son droit de suite. IV, 1006 et suiv.

Voy. *Inscription*, *Séparation de patrimoines*, *Dation en paiement*, *Hypothèque*, etc.

CRÉMIEUX (M.). Dissentiment avec cet avocat sur l'intelligence de la loi *uniç.* au C. *de rei uxoriæ act.*, § dernier. Cette loi n'a pas abrogé la loi 30 au C. *de jure dot.*, comme il l'a soutenu devant la cour de Nîmes. II, 615.

Dissentiment avec lui sur la question de savoir si la femme dotée, dont le fonds n'est pas aliéné, peut préférer pendant le mariage une collocation sur le prix des biens du mari à l'action en révocation. II, 612 et 624.

Exagération que M. Crémieux prête, à tort, au système contraire au sien. II, 624.

Voy. *Hypothèque légale*.

CURATEURS. Les curateurs ne sont pas soumis à l'hypothèque

légale pour fait de minorité, absence, prodigalité, etc. II,
423. — Le curateur à succession vacante peut-il délaisser?
III, 819.

D.

Dalloz (M.). Points sur lesquels il y a dissentiment avec cet
auteur. I, 29, 54, 75, 97, 136, 154, 207, 214, 220, 229
note, 243, 326, 327. — II, 424, 439, 440, 445 note, 499,
502, 513 ter, 538 bis, 551, 581, 587, 588 bis.—III, 655,
662, 682, 698 ter, 720, 724, 768, 777 bis, 777 ter, 798,
800 bis, 821 note, 833, 838 bis, 843. — IV, 890, 913,
959 bis, 996.

Dans sa collection alphabétique, il ne donne pas toujours
le texte des arrêts qu'il cite. I, 364, 366, 369; II, 573; III,
725, etc.

Souvent aussi il ne donne pas la notice des faits. I, 369, etc.

Dans l'exposé des faits d'un arrêt, M. Dalloz rend compte
des faits d'une manière et M. Merlin d'une autre. I. 369.

Variation de M. Dalloz sur une question. II, 606 note.

Sa collection contient deux opinions contraires sur la
question de savoir si la signification d'un jugement peut être
faite à domicile élu. III, 739.

Observations sur le sens qu'il donne à quelques arrêts.
III, 725.

Distinction fort juste qu'il propose sur la question de savoir si l'hypothèque judiciaire découle d'un jugement qui,
en rejetant une opposition, ordonne que les poursuites seront
continuées. II, 442 ter.

Dation en paiement. Conditions nécessaires pour que la dation
en paiement éteigne la dette. III, 726 bis; et IV, 861. —
Si l'éviction fait revivre la dette, la créance reprend toute sa
force. Mais il faut que le créancier ait entretenu son inscription. III, 726 bis.

Voy. plus amples détails, v° Extinction d'hypothèque.

Déclaration d'hypothèque. L'action en déclaration d'hypothèque n'a pas lieu sous le Code civil. III, 779 *bis.* Voy. *Action hypothécaire.*

DÉCONFITURE. La déconfiture d'un individu non négociant n'empêche pas de prendre inscription sur ses biens. III, 662.

DECOURDEMANCHE (M.). Cet écrivain prétend à tort que l'hypothèque est un privilége injuste. I, 11. Il a écrit dans l'intérêt de l'école *Saint-Simonienne.* I, 11, et préface, p. vj.

DÉCRET FORCÉ. A donné l'idée d'un système spécial pour purger les immeubles vendus de gré à gré. IV, 996.— Il purgeait, de plein droit, toutes les hypothèques, même les plus privilégiées. IV, 996.

DÉCRET VOLONTAIRE. Sa définition. II, 563. Inconvéniens qu'il présentait. II, 563; et IV, 892. — Il fut le premier moyen connu en France pour purger les hypothèques en cas de vente volontaire. IV, 892.

DÉFENSE. Les frais de défense de l'accusé sont préférés au privilége du trésor pour frais de justice. I, 36. — Manière de les régler.

DÉGUERPISSEMENT. Ce que c'était. III, 786. Ses différences avec le délaissement. III, 786.

DÉLAI. Le jour *ad quem* est compris dans le délai de soixante jours, donné au co-partageant pour prendre inscription. I, 293. — Dissertation sur la question de savoir si en général le jour *à quo* est exclu du délai. I, 293. — État des choses par le droit romain. Le jour *à quo* était inclus. I, 294. — Controverses parmi les interprètes pour échapper à cette règle. I, 295. — On finit par déroger au droit romain. Droit canonique, auteurs, coutumes, jurisprudence. I, 295. — On excluait le jour *à quo,* alors surtout que le législateur se servait d'expressions exclusives, telles que *abs, à, ex.* I, 296. Ou en français, telles que *depuis, de, à compter.* I, 296. — Les lois nouvelles n'ont pas reproduit le droit romain. I, 297. — Opinion contraire de M. Merlin, I,

298. — Réfutation de cette opinion, I, 298. — Généralité de l'usage qui exclut le jour *à quo.* I, 299. — Les coutumes ne parlaient de l'*an et jour* que pour exprimer l'année, non compris le jour de l'acte. I, 299. — La jurisprudence, depuis 1789 jusqu'à nos Codes, ne lui est pas aussi favorable qu'il paraît le croire. I, 300. — Jurisprudence depuis le Code civil. I, 302 et suiv. — Pour calculer un délai, il est indifférent que la loi dise *à compter de tel acte* ou *à compter du jour de tel acte.* I, 306. — Les textes de nos Codes ne confirment pas le système de M. Merlin. I, 309, 310 et suiv. — Exemple en matière de prescription. I, 313. — Règle pour calculer les dix ans de la durée des inscriptions. III, 716. — Le jour *à quo* n'y est pas compris. III, 714. — Le jour *ad quem* y est compris. III, 714. — Quand même il serait férié. III, 714. — De combien de jours est composé *le mois* dans les délais légaux. III, 793. — Délai pour surenchérir. IV, 933. — Fraction de distance dans le calcul des délais. IV, 933. — Délai pour exproprier le tiers détenteur sommé de déclarer. III, 763.

DÉLAISSEMENT PAR HYPOTHÈQUE. Véritable conclusion de l'action en délaissement. II, 390 ; et III, 781. — Celui qui a la plus faible partie d'un immeuble hypothéqué, doit délaisser ou payer toute la dette. III, 775. — Définition du délaissement. III, 784. — Différence du déguerpissement et du délaissement. III, 786. — Le délaissement se résout en expropriation forcée. III, 785. — Il ne dépouille le tiers détenteur que de la possession, tant qu'il n'y a pas adjudication. III, 785, 825. — Pour arriver au délaissement, il faut que les créanciers fassent un commandement au débiteur principal et une *sommation* de délaisser ou de payer au tiers détenteur. III, 790. — Dans quel délai peut-on procéder à l'expropriation du tiers détenteur. III, 793.

Le délaissement a pour but d'épargner au tiers détenteur la honte d'une expropriation. III, 811. — Mais, pour pouvoir délaisser, il ne faut pas être obligé personnellement. III,

812. — Cas où l'on est en même temps débiteur et obligé personnel. III, 812 et suiv. — Le créancier poursuivant, qui est en même temps débiteur personnel et tiers détenteur, ne doit pas conclure au délaissement ; sans cela il pourrait être pris au mot. III, 813, 822, 823. — Cas remarquable où le délaissement peut être fait par celui qui a constitué l'hypothèque. III, 816.

Capacité pour délaisser. Héritier bénéficiaire. III, 818. — Curateur à succession vacante. III, 819. — Syndics provisoires et définitifs. III, 819. — Envoyés en possession provisoire. III, 819. — De celui qui est placé sous assistance d'un conseil. III, 819. — Du tuteur. III, 820. — Du mari, III, 821. Le délaissement n'est pas une vente. III, 820. — Résultat du délaissement fait par un incapable. III, 821.

Il est faux que, pour être admis à déclarer, il faille avoir payé le vendeur. III, 822. — Mais lorsque le prix n'est pas payé, les créanciers peuvent préférer exercer l'action personnelle du chef du débiteur. III, 822, 823.

Genre de résolution qui résulte du délaissement. III, 822.

Celui qui n'a reconnu l'obligation que comme tiers détenteur peut délaisser. III, 824.

Le tiers détenteur qui a délaissé peut reprendre la chose en payant toute la dette et les frais. III, 825. — Alors il devient débiteur personnel des créanciers inscrits. III, 826 *bis*.

Le délaissement, non encore suivi d'adjudication, n'opère pas de mutation. III, 825. — Si l'immeuble délaissé périt avant l'adjudication, il périt pour le compte du délaissant. III, 825. — Si, après l'adjudication de l'héritage délaissé, il reste plus d'argent qu'il n'en faut pour payer tous les créanciers inscrits, le surplus appartient au délaissant. III, 825. — En cas que les créanciers renoncent au délaissement, le délaissant ne peut forcer le vendeur à reprendre la chose. III, 826.

Forme du délaissement. III, 827. — L'expropriation se poursuit sur un curateur afin d'éviter l'infamie d'une dis-

diffère de l'indication du paiement et de la cession. I, 345.

La délégation parfaite éteint les priviléges de l'ancienne créance au lieu de les conserver, à moins de réserve. I, 346, 376. — Délégation virtuelle opérée par le purgement au profit des créanciers. IV, 961 *bis*.

Différence entre la délégation et la subrogation. I, 349.

Voy. *Subrogation, Cession.*

DE LUCA (le cardinal de). On l'appelle en Italie *Doctor vulgaris*. Il y a la même réputation que M. Merlin en France. II, 600.

DELVINCOURT (M.). Dissentimens avec cet auteur. I, 154, 165, 207, 219 note, 282, 291. — II, 406 note, 426, 443 *bis*, 480, 491, 506, 538 *bis*, 577 *bis*, 588 *bis*. — III, 813, 822, 838 *bis*. — IV, 887, 888, 906.

DÉPENS. Dépens pour séparation des biens sont hypothéqués sur les biens du mari. II, 418 *ter*. III, 702. — Frais pour reddition de compte de tutelle, le sont aussi sur les biens du tuteur. II, 427. — Rang hypothécaire des dépens. III, 702.

Voy. *Frais de justice.*

DÉPÔT. Le déposant na pas besoin de privilége pour ravoir sa chose. *Quid*, si elle est déposée chez un locataire? I, 173. — Droit de rétention du déposant. I, 257.

Voy. *Droit de rétention.*

DÉTÉRIORATIONS. *Quid?* III, 631, 833, 834.

DETTES. Voy. *Héritier.*

DEUIL. Le deuil de la veuve et des domestiques ne compte pas dans les frais funéraires privilégiés. I, 136.

Voy. *Frais funéraires.*

DISCUSSION. *Voy. Exception.*

DISTRIBUTION. Frais pour distribution. I, 52. — En quoi consistent-ils? I, 65. Leur privilége. I, 65.

DOMICILE. Voy. *Inscription.*

Élection de domicile dans les inscriptions. III, 677 et 735.

Une signification de jugement et d'appel peut être faite à domicile élu. Réfutation d'opinions contraires. III, 739.

E.

EFFET RÉTROACTIF. La loi ne doit pas en avoir. I, 90. — Effet rétroactif de l'inscription du vendeur. I, 299 et suiv. — Le Code civil, qui ordonne l'inscription du privilége de séparation, ne s'applique pas aux successions ouvertes sous la loi de l'an 7. I, 328. — La loi de brumaire an 7 a aboli l'hypothèque sur les meubles existant avant sa promulgation. II, 398. — Effet rétroactif dans les obligations conditionnelles. II, 472. — Effet rétroactif des ratifications. II, 488. — *Les fictions* ne produisent pas d'effet rétroactif à l'égard des tiers. II, 498. — Les mineurs dont la tutelle a été finie à la promulgation du Code civil n'ont pu profiter de la dispense d'inscription prononcée par le Code civil. Mais cette dispense a profité à ceux que le Code civil a trouvés mineurs, bien que la tutelle fût commencée sous la loi de l'an 7. II, 573.— L'article 2135 vaut inscription pour les femmes inscriptives. Mais cela ne nuit pas aux créanciers inscrits sous la loi de l'an 7, et avant la promulgation de l'article 2135. Ils conservent leur préférence. II, 628. — L'article 2135 a profité aux femmes mariées sous la loi de l'an 7, mais sans préjudice des droits inscrits. II, 629. — L'article 2135, qui place la date de l'hypothèque pour remploi de propres aliénés ou pour indemnité de dettes à l'époque de la vente ou de l'obligation, ne doit pas nuire à la femme mariée avant le Code civil. II, 630. — L'article 2135 ne s'applique pas aux mariages dissous lors de sa promulgation, mais il s'applique aux femmes séparées. II, 631 *bis*. — L'acceptation d'une succession produit une effet rétroactif. III, 658 *ter*. — On ne peut appliquer aux hypothèques antérieures au Code civil la disposition de l'art. 2161, qui permet de réduire les inscriptions. III, 768.

EFFETS DE COMMERCE. Le paiement en effets de commerce n'opère libération que s'il y a encaissement. I, 199 *bis*.

ÉLECTION DE DOMICILE. Voy. *Domicile* et *Inscription*.

ÉMIGRÉS. Voy. *Indemnité des émigrés.*

EMPHYTÉOSE est susceptible d'hypothèque. II, 405. Et du droit de suite. III, 776.

ENCHÈRE. Voy. *Surenchère.*

ENREGISTREMENT. Discussion de la question de savoir si les actes notariés ne peuvent avoir de date certaine que par l'enregistrement dans les délais. Résolution que la formalité de l'enregistrement n'est pas nécessaire pour la date ni pour l'hypothèque. II, 507.

ÉTABLISSEMENT PUBLIC. Les établissemens publics ne peuvent donner hypothèque sur leurs biens sans ordonnance du roi. II, 463 *bis.* — Quant à leur hypothèque légale, voy. *Hypothèque légale* et *Administrateur.*

ÉTAT. Son hypothèque légale. Voy. *Hypothèque légale.*

ÉTRANGER. Peut avoir hypothèque en France. Raison de cela. II, 263 *ter*, 392 *bis.* — La tutelle, quoique déférée en pays étranger, donne hypothèque en France. De plus, le mineur *étranger* a hypothèque sur les biens de son tuteur sis en France. Le père étranger a l'usufruit des biens de son fils mineur sis en France. La femme étrangère a hypothèque légale pour son *remploi* sur les biens de son mari sis en France. II, 429. — Les jugemens rendus en pays étranger ne produisent hypothèque judiciaire qu'autant qu'ils sont rendus exécutoires par un tribunal français, et cette exécution ne doit se donner qu'en connaissance de cause. II, 451. — Voy. plusieurs questions, v° *Jugemens rendus en pays étranger.* L'étranger ne doit pas être assimilé au mort civil. II, 463 *ter.* — Voy. *Acte passé en pays étranger.* La femme étrangère a hypothèque sur les biens de son mari situés en France. II, 513 *ter.*

ÉVICTION. Voy. *Extinction* et *Délaissement.*

EXCEPTIONS (aux règles générales). Priviléges qui, par exception, viennent après les hypothèques. I, 28. — Priviléges généraux qui, par exception, viennent après les spéciaux. I, 77. — *Amendes* privilégiées contrairement au droit

commun. I, 95 et 96 *ter.* — Droit de suite accordé sur les
meubles par exception. I, 161. — Exception à l'article
1583 du Code civil., 193. — M. Delvincourt prétend,
à tort, que c'est par exception que les intérêts sont privilégiés comme le principal, I, 219. — Exception à la règle
que l'accessoire suit le principal. I, 219. — Exception à la
règle *qui s'oblige oblige le sien.* II, 488.— Cas d'exception
où le délaissement peut être fait par celui qui a constitué
l'hypothèque. III, 816.

EXCEPTION, *cedendarum actionum.* En quoi elle consiste au-
jourd'hui. III, 788 *bis,* 789 *bis* et 807.
  De discussion. III, 796. Voy. *Suite par hypothèque.*
  De garantie. III, 806. Voy. ces mots.

EXIGIBILITÉ. Une reconnaissance d'écriture faite en jugement
ne produit hypothèque *judiciaire* qu'autant que la somme
est *exigible.* II, 443.—Mention de l'exigibilité de la créance
dans les inscriptions. Voy. *Inscription.*

EXPERTS. Mode de procéder pour évaluer les améliorations.
III, 838, 839 *bis,* 839 *ter.*

EXPROPRIATION. C'est un moyen de contrainte pour l'acquitte-
ment des obligations. I, 16. — Elle est la fin de l'hypothèque. Différence à cet égard dans le droit romain. I, 16. L'expropriation est le nerf du privilége et de l'hypothèque. I, 108.
—On ne peut hypothéquer l'immeuble pendant la saisie. II,
413 *bis.*—L'expropriation purge. III, 722 ; et IV, 905, 996.
—C'est en expropriation forcée que se résout le droit de suite.
Moyens employés par quelques notaires pour ne pas recourir
à ce moyen dispendieux de convertir l'hypothèque en prix.
III, 795 *ter* et 795 *quat.* — Délai pour saisir sur un tiers
détenteur. III, 793. — Quand on exproprie après délaissement, la saisie se poursuit sur un curateur. Raison de cet
usage. III, 828.— L'expropriation est infamante. III, 828.
— A qui doit-on faire le commandement quand on poursuit l'expropriation sur le curateur? Distinctions. III, 829.

F.

la faillite. On ne peut non plus *acquérir* privilége et hypothèque dans ce délai. Raison de cela. III, 649. — La déclaration de 1702 n'avait proscrit que les *hypothèques conventionnelles* et *judiciaires* acquises dans les dix jours antérieurs à la faillite. III, 650. — L'art. 2148 va plus loin, puisqu'il proscrit l'inscription des priviléges sujets à inscription, etc. Raison pour faire rejeter cette extension. Raison pour la faire admettre. III, 650. —L'art. 2146 ne s'applique pas au privilége de séparation des patrimoines. III, 651.—Il ne s'applique pas non plus au privilége des articles pour travaux faits depuis la faillite et dans l'intérêt de la masse. III, 652. — L'art. 2146 ne prohibait pas les priviléges non soumis à inscription *acquis* dans les dix jours de la faillite, ni les hypothèques légales dispensées d'inscription. Embarras que l'art. 443 du Code de commerce est venu jeter sur leur existence. III, 653 *bis*. — Sens du mot *acquérir*. 653 *bis*.—Dans quel sens l'emploie l'art. 443? Il le prend dans le sens de ce qu'on *acquiert* par un *acte volontaire*. III, 653 *bis*. — Ainsi il ne proscrit pas les priviléges généraux ni les priviléges spéciaux qui découlent de la loi et non d'une stipulation des parties, tel que le privilége de l'aubergiste, du vendeur, du locateur. III, 654. — Il ne proscrit que le privilége du gagiste. III, 654. — Il ne proscrit pas l'hypothèque légale de la femme ou du mineur. III, 655.—Valeur de l'inscription prise au nom de la masse sur les biens du failli. Elle a pour but d'avertir les tiers de la faillite. III, 655 *bis*.—On peut s'inscrire sur le failli quand il n'est tenu que comme tiers détenteur. III, 655 *ter*.—On peut s'inscrire dans les dix jours sur l'immeuble du failli, passé à titre onéreux entre les mains d'un tiers détenteur. III, 655 *ter*. — Examen de la question de savoir si les dix jours dont parle l'art. 2148, et pendant lesquels il défend de s'inscrire, sont les dix jours antérieurs à la faillite *déclarée* ou les dix jours antérieurs à la faillite *remontée*. III, 656. — Différence entre *l'ouverture* de la faillite et la *déclaration* de la faillite. III, 656. — Rejet d'un arrêt de la cour de Paris, qui décide que ce sont les dix jours antérieurs à la

faillite *déclarée*. III, 656.—La faillite n'empêche pas de renouveler une inscription. III, 660 *bis*. — Critique du système adopté par le Code civil et le Code de commerce, en ce
qui concerne l'influence de la faillite sur l'hypothèque. Préface, p. lxxij.

Voy. *Inscription hypothécaire*.

FEMME MARIÉE. Son hypothèque légale. II, 416, 417 et suiv.
Voy. *Hyp. légale*.—Quelle est sa capacité pour hypothéquer
son bien? II, 461 et suiv. — Elle peut faire annuler les hypothèques qu'elle a concédées sans autorisation. II, 462.—
Ses créanciers ont le même droit. II, 462.—Si la femme ra-
tifie l'hypothèque qu'elle a donnée sans autorisation, quelle
est la date de l'hypothèque? Est-ce du jour du contrat primitif ou du jour de la ratification? II, 463, 487 et suiv.—
De l'effet de la ratification donnée par la femme aux actes
qu'elle a passés pendant son incapacité. II, 501. Voy. *Minorité*.—La femme peut, pendant le mariage, faire des actes
conservateurs de ses droits. II, 610.—L'acquéreur des biens
grevés de son hypothèque ne peut faire aucun paiement au
préjudice de son inscription. II, 610.—La femme peut-elle,
pendant le mariage et lorsqu'elle est dotée, préférer l'action
hypothécaire à l'action en révocation de la vente de ses biens
dotaux? II, 612 et suiv. —La femme commune ne peut renoncer à son inscription sur l'immeuble sans l'autorisation
de son mari. III, 738 *bis*. —Il lui suffit aussi de l'autorisation
de son mari pour renoncer, *au profit d'un tiers*, à son hypothèque sur les biens de sondit mari. III, 738 *bis*. — Mais
pour donner main-levée de son hypothèque à son mari, elle
doit prendre l'avis de ses parens. III, 738 *bis* ; II, 635 *bis*,
643 *bis*.—La femme *séparée* peut donner main-levée de son
hypothèque à un tiers sans l'autorisation du mari. III, 738
bis.—Pouvoir de la femme pour *surenchérir*. IV, 952 et suiv.
Pouvoir de la femme pour délaisser. III, 821. = La femme
est opposée d'intérêt avec son mari quand il s'agit de purger
son hypothèque légale. IV, 978. —Mode de collocation de

lége. I. 122.—Ce privilége n'est pas absolu : il varie suivant les circonstances. I, 122, 128. —Les frais de *saisie* et de *vente* sont *toujours* frais de justice. I, 123. — Distinction de ces frais en *ordinaires* et *extraordinaires*. I, 123.—Des frais de *scellés* et d'*inventaires*. Ils ne sont *frais de justice* qu'à l'égard de ceux à qui ils ont profité. I, 124.—Variété des espèces à cet égard. I, 124.—Frais *ordinaires* de distribution du prix. I, 65, 125.—Frais *extraordinaires* de distribution. En quoi ils consistent et quand ils sont privilégiés. I, 126.—Frais de *radiation* et de *poursuite d'ordre.* I, 127.—Frais de *contestation* d'une mauvaise collocation. I, 128. —Ils n'ont de privilége qu'autant que le contestant réussit. I, 128.—L'huissier qui exploite pour les contestans est-il privilégié pour son dû ? I, 128.—Frais d'*administration d'une faillite.* Fondement de leur privilége. I, 129. — Examen de quelques arrêts. I, 129. — Frais de *curateur à succession vacante* ou pour un *présumé absent.* I, 130.—Véritable acception des mots *frais de justice.* Il ne faut pas les confondre avec les *dépens.* I, 130.—Fondement de ce privilége. I, 131.—En quel sens *il est général.* Quelquefois il est spécial. I, 131.— Si les créanciers hypothécaires profitent des frais de scellés et inventaire- I, 131. Voy. *Dépens.*

FRAIS FUNÉRAIRES. Faveur attribuée à ces frais par l'ancienne jurisprudence. I, 34, 132, 134.—Leur privilége est fondé sur un motif de piété. I, 132.—Difficulté qu'a eue à s'établir le privilége des frais funéraires. I, 133. — Quelles sommes sont comprises dans les mots de *frais funéraires.* I, 135.— Les habits de deuil de la veuve et des domestiques comptent-ils dans les frais funéraires? I, 136. — Le privilége est accordé à la chose, *aux frais*, et non à la personne. Le prêteur de fonds pour payer celui qui a fait les frais est subrogé de droit. I, 136 *bis.*
Voy. *Deuil.*

FRUITS. Ordre des priviléges sur les fruits. I, 63. Voy. *Loyers* et *Récoltes.*—Les fruits ne représentent pas plus l'usufruit

qu'ils ne représentent l'immeuble hypothéqué. II, 400. —
Celui qui fait saisir les fruits sans le fonds hypothéqué n'a
pas de rang hypothécaire sur eux. II, 400.—Les fruits pendans par racines sont frappés de l'hypothèque qui grève le
sol. Mais seulement tant qu'ils restent attachés au sol. II,
404. — On ne peut hypothéquer les fruits pendans sans le
sol. II, 404. — On ne peut hypothéquer une futaie sans le
sol. II, 404. — Les fruits pendans vendus *à charge d'être
coupés*, sont meubles, et sont mobilisés par distinction. II,
404.—Quand il y a lieu à couper *une futaie*, le propriétaire
peut le faire sans que le créancier hypothécaire puisse s'en
plaindre. II, 404 ; et III, 834.—Les fruits sont immobilisés
par la saisie, et les créanciers ont droit, dans l'ordre de leur
hypothèque, aux revenus perçus depuis la saisie. II, 404; III,
777 *bis*.—Fruits des *paraphernaux* et fruits de la dot, sont
hypothéqués sur les biens du mari. II, 418, 418 *ter*. — Le
propriétaire débiteur a droit aux fruits de la chose hypothéquée; il peut la louer. III, 777 *bis*.—Transport de *fruits*,
faits par bail, antichrèse, cession, peuvent-ils être opposés
aux créanciers hypothécaires? III, 777 *ter* et suiv.—Les fruits
sont immobilisés sur le tiers détenteur par la sommation de
délaisser ou de payer. III, 778 *bis* et 840 ; IV, 882.—Mais
ils ne le sont pas tant que l'hypothèque ne se met pas en action. III, 778 *bis*.—L'hypothèque n'empêche pas le propriétaire de jouir des fruits : ils ne lui sont enlevés que lorsqu'ils sont immobilisés, IV, 882.

Voy. *Suite par hypothèque.*

FUTAIE. Voy. *Fruits.*

G.

GAGE. Du gage tacite, reconnu par l'art. 2093 Code civ. En
quoi diffère du gage conventionnel. I, 4.—Le gage tacite
n'est utile au créancier que tant que les biens sont en possession du débiteur. I, 4. — Sûreté du gage conventionnel.
Il fortifie l'obligation personnelle, I, 5 et 6, — Mais il a des

incommodités, surtout à l'égard des immeubles. I, 7. — Irrégularité de certains droits de gage, par exemple de celui du locateur et de l'aubergiste. Il ne faut pas leur appliquer les principes en matière de gage. I, 44. — Avec qui concourt le créancier gagiste. I, 47. — Ordre des priviléges sur la chose mise en gage. I, 68. — Examen approfondi du privilége du gagiste. I, 168. — Il faut que le gagiste soit saisi. I, 169. — Mais cette saisine ne le rend pas préférable aux privilégés généraux. I, 169 bis. — Le contrat de gage doit être prouvé par écrit. I, 170. — Mais cela n'est nécessaire qu'autant que le gage est contracté d'une manière principale. C'est ainsi que le propriétaire peut saisir, même en vertu d'un bail verbal, les choses déposées chez lui. I, 170. — La nécessité de l'écriture a lieu même pour les matières de commerce. I, 170. — Si le vendeur peut exercer privilége ou revendiquer la chose sur le créancier à qui l'acheteur l'a mise en gage. I, 171, 185. — Il ne faut pas confondre le dépositaire avec le gagiste. I, 172. — Qui, du gagiste ou du débiteur, a la véritable possession de la chose mise en gage? I, 169 bis et 185. — Du droit de rétention du gagiste. Voy. Droit de rétention.

GAGES DES SERVITEURS. Leur privilége. I, 34. Voy. Gens de service.

GARANTIE. Voy. Extinction, Délaissement, Co-partageant.

GENS DE SERVICE. Leurs salaires sont privilégiés. I, 34, 142. — Origine de ce privilége. I, 142. — Ce qu'il faut entendre par gens de service. Il ne faut pas les confondre avec les ouvriers et journaliers. I, 142. — Il n'y a de privilégiés que ceux qui sont à l'année. I, 142, 143. Voy. Gages des serviteurs et Privilége.

GRENIER (M.). Dissentimens avec cet auteur. I, 80 bis; 97, 112, 146, 154, 155, 162, 169 bis, 176, 199, 213, 222, 227, 234, 239, 280, 325, 327, 356, 369. — II, 386 note, 403, 405, 418, 421, 429, 434 bis, 435 bis, 439, 459 bis,

468 *bis*, 479, 491, 498, 502, 503, 513 *ter*, 507, 524 *bis*,
575, 581, 612, 630, 631.—III, 659, 662, 684, 739, 749,
783, 788, 820. — IV, 859, 860, 864, 881, 924, 929.
Contradictions échappées à M. Grenier. I, 162, 364.

H.

HABITATION (droit d'). N'est pas susceptible d'hypothèque. II,
423.

HÉRITIER. Raison de la règle que les héritiers sont tenus hypothécairement pour le tout. II, 390.—L'héritier n'est pas
tenu hypothécairement sur ses propres biens. II, 390. —
On n'a d'hypothèque sur lui pour les dettes du défunt, que
quand on obtient jugement contre lui. II, 390. — L'héritier
qui accepte peut ensuite se faire restituer contre son acceptation. Mais les hypothèques qu'il a consenties pendant son
acceptation, tiennent. II, 467.—Avant le partage, l'héritier
peut constituer hypothèque sur l'immeuble indivis : mais le
partage fixe l'hypothèque sur la portion échue au débiteur.
II, 469 *bis*.—L'héritier peut délaisser pour le surplus de son
obligation personnelle : il peut user aussi, pour le surplus,
du bénéfice de discussion. III, 812, 798.
Voy. *Héritier apparent*, *Héritier bénéficiaire*.

HÉRITIER APPARENT. Discussion de la question si les hypothèques constituées par l'héritier apparent doivent tenir quand
il est évincé par le véritable héritier. II, 468.

HÉRITIER BÉNÉFICIAIRE. S'il a capacité pour délaisser. Caractère
de l'héritier bénéficiaire. III, 818.
Voy. *Succession*.

HUISSIER. Voy. *Frais de justice* et *Cautionnement*.

HYPOTHÈQUE. Origine et utilité de l'hypothèque. Elle est une
imitation du gage conventionnel. I, 7, 8; II, 385. — Elle
assure au créancier hypothécaire une préférence sur le

créancier purement personnel. I, 9 et 10. — Elle affecte la chose. I , 9. — Raison de la prééminence de l'hypothèque sur l'obligation personnelle. I , 10 et 11. — Attaques des Saint-Simoniens contre l'hypothèque. I, 10, et préface, p. v.—L'hypothèque a pour fin l'expropriation. I, 16, et II , 386.—Chez les Romains, l'hypothèque primait le privilége. I, 19. — La préférence entre hypothèques se règle par le temps. Raison de cela. I, 21.—En France, l'hypothèque est primée par le privilége. Raison de cela. I, 23. — Elle ne frappe que sur les immeubles ; ce qui la différencie du privilége. I, 100. — Les créanciers hypothécaires ont souvent intérêt à ce que les scellés soient apposés sur les meubles. I, 131. — Le droit de surenchère est le nerf de l'hypothèque. I, 283. — Définition de l'hypothèque par le Code civil. Omissions qu'on y remarque. Péril des définitions. II, 385, 386. — L'hypothèque est un droit réel. Elle suit la chose. Elle n'a lieu que sur les immeubles. Elle est indivisible. Elle n'empêche pas que le débiteur ne conserve la possession de la chose. Elle a pour fin et pour but la vente de cette chose. II, 386. — Détails sur l'indivisibilité de l'hypothèque. Voy. ce mot. L'hypothèque est du *droit des gens.* Elle n'est du droit civil que *quant à la forme,* c'est-à-dire à la manière de l'acquérir. II, 392. — Étant du droit des gens, l'étranger peut l'acquérir en France, en se conformant aux formalités prescrites par nos lois. II, 392 *bis.* 426, 463 *ter* et 513 *ter.* — Par le droit romain, les meubles pouvaient être hypothéqués, et ils étaient soumis au droit de suite. II , 394, 396. — En France , le droit commun était qu'on ne pouvait hypothéquer les meubles. II, 395. — Quelques coutumes cependant le permettaient. Mais cette hypothèque n'engendrait pas droit de suite. Elle ne produisait qu'un droit de préférence sur la chose saisie entre les mains du débiteur. II, 396, 397. — Par le Code civil, point d'hypothèque sur les meubles. II, 398.—La loi du 11 brumaire an 7 a dégagé les meubles qui, par l'ancienne jurisprudence, pouvaient être hypothéqués. II, 398.

Sur la publicité de l'hypothèque, voyez *Inscription*.
Sur la réduction de l'hypothèque, voyez *Réduction*.

HYPOTHÈQUE CONVENTIONNELLE. § *Capacité pour la constituer et des conditions qui influent sur sa constitution.* Il
faut être capable d'aliéner. II, 46b. — La femme mariée
sous le régime dotal ne peut hypothéquer sa dot, mais
bien ses paraphernaux. La femme commune peut hypothéquer ses biens dotaux. II, 461. — Si la femme hypothèque sans l'autorisation du mari, il n'y a que le mari
et elle qui puissent faire annuler cette hypothèque, ainsi que
les héritiers. II, 462. — *Quid* des créanciers de la femme?
II, 462. — Les communes et établissemens publics ne peuvent
hypothéquer sans ordonnance du roi. II, 463 *bis*. — *Quid*
des morts civilement? Dissentiment avec M. Merlin. II, 463
ter. — On ne peut hypothéquer *la chose d'autrui*. II, 464. —
Quid de ceux qui n'ont sur l'immeuble qu'un droit *suspendu*
par une condition, ou résoluble, ou sujet à rescision? L'é-
poque qu'ils accordent est soumise aux mêmes conditions.
II, 465. — Explication de la maxime « *Resoluto jure dantis*, etc. » II, 466. — Son application à divers cas particuliers. II, 466, 467, 468. Voy. *Résolution.*—*Quid* de l'héritier qui, pendant son acceptation, constitue des hypothèques, et qui ensuite se fait restituer contre cette acceptation.
II, 467. — *Quid* de l'héritier apparent qui constitue hypothèque, et qui est ensuite évincé par l'héritier réel? II, 468.
— Si le donateur, dont la donation a été déguisée sous
forme de vente, a constitué des hypothèques pendant sa
jouissance, ces hypothèques doivent disparaître lorsque l'héritier légitime fait réduire la donation comme excessive, et
reprend les biens donnés. II, 468 *bis*. — Dissentiment à cet
égard avec la cour de cassation. II, 468 *bis*. — Examen de
la question de savoir si l'on peut constituer hypothèque sur
un immeuble qu'on ne possède pas, mais sur lequel on a un
droit *suspendu* par une condition. II, 468 *ter*. — Erreur de
M. Grenier, qui confond la condition suspensive avec la

§. *Formes de l'hypothèque conventionnelle.* Chez les Romains, elle pouvait s'établir verbalement. Mais, entre créanciers, celle qui était stipulée dans un acte public avait préférence sur celle qui était portée dans un acte sous seing privé, quoique antérieur. II, 503.—En France, sauf quelques exceptions, l'hypothèque était attachée de droit aux actes authentiques. II, 504. — D'après le Code civil, l'hypothèque doit être *convenue* dans un acte notarié. II, 505. — Les actes publics administratifs ne peuvent contenir stipulation d'hypothèque. Jurisprudence intermédiaire. II, 505 *bis*. — Les actes sous seing privé ne peuvent produire hypothèque. II, 506. — Mais la reconnaissance ou le dépôt chez un notaire produit hypothèque. II, 506. — L'hypothèque existe-t-elle avant l'enregistrement de l'acte notarié? Opinions diverses. Discussion. Résolution affirmative. II, 507. — Les *quittances* qui servent à prouver l'accomplissement d'une obligation accompagnée d'hypothèque, ne doivent pas être authentiques. Opinion contraire de M. Persil. II, 508. — Le mandataire qui a hypothèque pour ses indemnités, etc., n'a pas besoin de prouver par pièces authentiques le montant de sa créance. II, 509. — L'hypothèque conventionnelle peut être consentie *par procureur*, et le mandat ne doit pas être authentique. II, 510. — Les actes passés en pays étranger ne peuvent donner hypothèque en France. II, 511. — A moins que les traités n'aient dérogé à cette règle. II, 512. — Celui qui est porteur d'un acte passé en pays étranger doit obtenir hypothèque judiciaire en France s'il veut réparer l'insuffisance de son acte. II, 512 *bis*. — *Quid* à l'égard du contrat de mariage? II, 513 et suiv.

§. *Spécialité de l'hypothèque conventionnelle.* II, 513.— La spécialité prépare l'inscription, et l'inscription assure la publicité. II, 513.—Le législateur a été très-loin dans les mesures qui prescrivent la spécialité. II, 514. — Il ne faut pas s'attacher trop judaïquement aux énonciations de la nature et de la situation des immeubles exigées par l'art. 2129.

En cette matière, il faut considérer s'il y a eu des intérêts lésés. II, 536 *bis*. — L'hypothèque générale conventionnelle, *comprenant les biens présens et à venir*, est prohibée. II, 515. — La nullité de l'hypothèque sur les *biens présens et à venir* peut être invoquée par le débiteur et par ses héritiers, et on ne peut les forcer à donner l'hypothèque spéciale. II, 515. — Dans le droit romain et dans l'ancienne jurisprudence, on pouvait hypothéquer tous les biens présens et à venir. II, 516. — Cas où le Code permet l'hypothèque des biens à venir. II, 516 et 537. — Esprit de l'article 2130. Il a voulu venir au secours du débiteur qui n'a pas de biens suffisans et qui peut en espérer. Alors il permet l'hypothèque des biens à venir. II, 537, 538 *bis*. — Mais il n'est pas vrai que l'art. 2130 soit inapplicable au cas où le débiteur ne possède rien. Il est, à plus forte raison, applicable. II, 538 *bis*. — L'hypothèque des biens à venir, quand elle est permise, subsiste sans connexité avec celle des biens présens. II, 538 *bis*. — Si le débiteur a fait une fausse déclaration d'insuffisance des biens, les tiers peuvent faire détruire l'hypothèque sur *les biens à venir*, II, 539. — Et le créancier qui s'en est contenté ne peut pas en obtenir sur les biens présens, II, 539. — L'hypothèque des biens à venir ne frappe qu'à mesure des acquisitions. II, 540. — On ne peut hypothéquer, dans le cas de l'art. 2130, les biens d'une succession future. II, 540 *bis*.

§. *Hypothèque conventionnelle de la chose d'autrui.* II, 517. — Elle était nulle par le droit romain. II, 518. — Raison de cela. II, 519. — Sens de ces mots, *chose d'autrui et appartenant à.* II, 520. — Celui qui n'était pas propriétaire d'une chose quand il l'a hypothéquée, ne pouvait se prévaloir de cette nullité quand il devenait propriétaire *ex post facto*, par le droit romain. II, 521. — L'acheteur ne pouvait non plus opposer la nullité quand il avait acheté *après la consolidation de la propriété.* II, 522. — Cela était ainsi dans l'ancienne jurisprudence française. II, 523. — Et doit être le même par le Code civil. II, 524. — Ce qu'on a dit de l'acquéreur s'applique au créancier qui n'a eu hypothèque que *depuis* la consolidation de la propriété. II, 524 *bis* et suiv. — Mais l'hypothèque ne serait pas valable au regard d'un créancier hypothécaire du *véritable propriétaire*. II, 526. — Quand même ce serait le véritable propriétaire qui aurait ratifié l'hypothèque donnée par le faux propriétaire, car la ratification n'aurait pas d'effet rétroactif. II, 526. — Effet de l'hypothèque donnée par le faux propriétaire quand le vrai propriétaire devient son héritier. II, 527. — L'hypothèque vaut, et les acquéreurs et créanciers *postérieurs à la consolidation* ne peuvent la faire déclarer nulle. II, 527. — On peut consentir l'hypothèque sur une chose dont on n'est pas propriétaire, *à condition qu'on le deviendra*. II, 528. — L'acquéreur, par acte sous seing privé non enregistré, ne peut dire que les hypothèques constituées par son vendeur après cette vente, ont hypothéqué la chose d'autrui. II, 529 et suiv.

§. *Diminution du gage hypothécaire conventionnel*, et *supplément d'hypothèque*. Il y a lieu à remboursement ou supplément d'hypothèque si le gage hypothécaire a diminué ou a péri. II, 541. — L'option du remboursement appartient au créancier quand les sûretés ont diminué par le fait du débiteur. Mais elle appartient au débiteur quand elles ont diminué par *force majeure*. II, 542. — Le supplément d'hypothèque constitue une hypothèque nouvelle et ne remonte pas au jour de la convention primitive. II, 543. — Il faut interpréter avec équité le cas où l'hypothèque a diminué. II, 544. — Il y a diminution lorsque le créancier est obligé de morceler sa créance et de recevoir le paiement par parties. Ce qui arrive lorsque le débiteur vend *une partie* des biens hypothéqués et que l'acquéreur purge. II, 544.

§. *Spécification de la somme ayant hypothèque*. Nécessité de faire connaître la somme aux tiers. II, 545. — Quand la quotité dépend d'événemens ultérieurs, on en fait une appréciation approximative. II, 546. — Si l'estimation est trop forte, le débiteur peut la faire réduire. II, 548. — La preuve de l'existence de la somme peut se faire par acte privé. II, 549. — Le créancier se lie envers les tiers par son évaluation. Il doit donc le faire avec précaution. II, 550.

§. *Extension de l'hypothèque aux améliorations de la chose principale.* L'hypothèque s'étend à *l'alluvion*, quelque considérable qu'elle soit. II, 551, 553.—Elle s'étend à l'usufruit quand il se réunit à la propriété. II, 551. — Elle s'étend aux constructions et bâtimens faits sur le sol hypothéqué. II, 551, et III, 689.—Opinion contraire de M. Dalloz réfutée. II, 551. — *Quid* à l'égard des fruits? II, 404. Peut prétendre à l'hypothèque sur le sol quand il y a consolidation. Cette consolidation met fin à l'hypothèque. II, 553 *bis.*

§. *Irréductibilité de l'hypothèque conventionnelle*, alors même qu'elle comprend les biens présens et à venir. III, 749, et II, 390.

Voy. *Hypothèque, Réduction, Inscription, Purgement, Suite, Indivisibilité*, etc.

HYPOTHÈQUE GÉNÉRALE. L'hypothèque légale des femmes, des mineurs et de l'état est générale. II, 433 *bis.* — Il en est de même de l'hypothèque judiciaire. II, 433 *bis.* — L'hypothèque générale embrasse les immeubles que le mari a acquis pendant la communauté, et qu'il a ensuite revendus. II, 433 *ter.* — Elle ne s'étend pas aux immeubles d'une société dont le mari fait partie. Elle ne saisit les immeubles qu'après la dissolution de la société et le partage. II, 434. — L'immeuble qui entre dans le domaine du débiteur par voie d'échange est saisi par l'hypothèque générale. II, 437 et 434 *ter.*—L'hypothèque générale embrasse tous les biens à venir du débiteur. II, 434 *bis.* — L'hypothèque générale de la femme comprend les biens donnés à son mari par contrat de mariage, avec clause de retour. II, 434 *ter.*—Mais cette hypothèque n'est que subsidiaire. II, 434 *ter.*—*Quid* des biens grevés de substitution? II, 434 *ter.*—L'hypothèque générale ne s'étend pas sur l'immeuble sur lequel le débiteur n'a qu'un simple droit de réméré. II, 435. — Une seule inscription suffit pour couvrir tous les biens présens et à venir situés dans l'arrondissement du bureau. II, 436. — L'hypothèque judiciaire s'étend-elle aux biens dotaux de la femme condamnée? II, 436 *bis*. — Elle s'étend aux biens des *mineurs*. II, 436, 481, 482 *bis*. — Elle frappe les conquêts de communauté et les suit dans le lot de la femme. II, 436 *ter*. — Limitation, même numéro.

Dans l'inscription d'une hypothèque générale, il n'est pas nécessaire de spécifier la nature et la situation des immeubles. III, 690. — Les biens à venir sont atteints à la date de l'inscription. III, 691. — Du concours de l'hypothèque générale avec l'hypothèque spéciale. III, 750. — Lorsque le même créancier a une hypothèque spéciale et une hypothèque générale, on peut le renvoyer à discuter préalablement son hypothèque spéciale. III, 762. — L'hypothèque spéciale affecte quelquefois l'immeuble d'une manière plus étroite que l'hypothèque générale. III, 768. — L'hypothèque *conventionnelle*, quoique *générale* parfois, est toujours spéciale. III, 808.

Voy. *Indivisibilité de l'hypothèque, Hypothèque judiciaire et légale.*

HYPOTHÈQUE JUDICIAIRE. Généralité de l'hypothèque judiciaire. Voy. *Hypothèque générale.*

L'origine de l'hypothèque judiciaire n'est pas du droit romain. Dissentiment avec M. Grenier. II, 435 *bis*. — Elle vient de l'ordonnance de Moulins. II, 435 *bis*.—Nos principes sur le résultat de l'hypothèque judiciaire sont différens de ceux que les Romains faisaient découler du *pignus prætorium et judiciale*. II, 436. — Dès le moment de la sentence, tous les biens présens et à venir du condamné sont affectés à l'exécution. II, 436. — Mais il faut qu'elle soit inscrite. II, 436.—Une seule inscription suffit. II, 436; III, 691.—Elle couvre tous les biens présens et à venir sis dans l'arrondissement du bureau, *Ib.* — Quand un jugement or-

donne l'exécution d'une obligation par laquelle il y a promesse de donner hypothèque spéciale, il y a hypothèque
judiciaire, et par conséquent générale, jusqu'à ce que l'hypothèque spéciale soit fournie. II, 437 *bis*; III, 767.—Tout
jugement portant *condamnation* produit hypothèque générale. II, 437 *bis* et 438. — En d'autres termes, tout jugement qui porte obligation, soit *de faire*, soit *de ne pas faire*,
pourvu qu'il soit définitif ou provisoire, emporte hypothèque générale pour l'accomplissement de cette obligation. II,
438. — Un jugement d'instruction ou préparatoire ne produit pas hypothèque. II, 438. — Un jugement qui ordonne
de rendre compte produit-il hypothèque judiciaire? Controverse. Distinction. II, 439. — Un jugement qui nomme
un curateur à succession vacante ou à un absent ne produit
pas hypothèque judiciaire. II, 440. — Abus du système des
condamnations *implicites* imaginé par la cour de cassation,
II, 439, 440. — Le jugement qui reçoit une caution judiciaire ne procure pas hypothèque légale sur ses biens. II,
441. — Mais il en est autrement du jugement qui ordonne
au débiteur de donner caution. II, 441. — Limitation, II,
441. — Le jugement qui homologue un concordat produit
hypothèque. II, 441 *bis.*—Mais il n'en est pas de même du
jugement d'adjudication. II, 441 *ter.*—Ni du jugement qui
ordonne le réglement d'un mémoire. II, 442. — Un jugement portant prohibition d'aliéner des immeubles produit
hypothèque. II, 442 *bis.* — *Quid* d'un jugement qui, en
rejetant une opposition, ordonne que les poursuites seront
continuées? Distinction fort juste proposée par M. Dalloz.
II, 442 *ter.* — Des jugemens emportant *reconnaissance* ou
vérification d'écritures. II, 443.— Mais l'hypothèque n'en
résulte immédiatement qu'autant que l'obligation est exigible. II, 443.—Le *jugement* d'où l'on veut faire résulter
l'hypothèque judiciaire n'a pas besoin d'être levé, ou signifié, ou enregistré. II, 443 *bis.* — On peut prendre inscription en vertu d'un jugement de première instance, bien
qu'il y ait appel. L'hypothèque est subordonnée au sort de

d'appel. Si le jugement est confirmé, l'hypothèque remonte au jugement en premier ressort. II, 443 *ter*. — A l'égard des jugemens par défaut, dans l'ancienne jurisprudence, ils ne produisaient hypothèque qu'autant qu'ils étaient signifiés. Mais aujourd'hui, l'hypothèque n'est plus subordonnée à la signification. II, 444. — *Quid* des jugemens rendus par des juges *incompétens*? Opinion de Ferrières. Opinion contraire de d'Héricourt. Moyen de les concilier. L'hypothèque résulte d'un jugement rendu par juges incompétens, *ratione personæ*, ou dont la juridiction, quoique bornée, *ratione materiæ*, pouvait être prorogée. Mais si la juridiction ne pouvait être prorogée, le juge n'est plus qu'arbitre, et sa décision ne produit pas hypothèque. II, 445. — Application de ceci aux reconnaissances d'écritures privées. II, 446. — Le juge de paix, quand il prononce judiciairement, rend des sentences produisant hypothèque. Mais les *actes de conciliation* ne la produisent pas. II, 448. — Les sentences *arbitrales* n'emportent hypothèque qu'autant qu'elles sont revêtues de *l'ordonnance judiciaire* d'exécution. II, 449. — Le crime ne produit pas hypothèque : c'est le jugement de condamnation qui la produit. II, 450. — Des jugemens rendus en *pays étranger*. Ils n'ont pas hypothèque, à moins qu'ils ne *soient rendus exécutoires* par un tribunal français. II, 451. — Cet exécutoire doit toujours être donné avec connaissance de cause, soit qu'il s'agisse d'un jugement rendu entre Français, entre Français et étrangers, ou entre étrangers. II, 451. — Les jugemens rendus par *nos consuls* à l'étranger n'ont pas besoin d'être rendus exécutoires en France. II, 452. — Il n'y a aucune différence entre les arbitres français et les arbitres étrangers pour l'exécution de leurs jugemens en France. II, 452.

Voy. pour le surplus, *Jugement rendu en pays étrangers.*

De l'effet hypothécaire d'un jugement obtenu par un créancier chirographaire contre la succession du débiteur. Distinction. Si la succession est acceptée sous bénéfice d'inventaire, il n'y a pas lieu à hypothèque. II, 459 *bis*. —

Mais si elle est acceptée purement et simplement, l'hypothèque a lieu. Explication de cela. Dissentiment avec un arrêt de cassation et avec M. Grenier. II, 459 *bis*.

Dans l'inscription des hypothèques judiciaires, il n'est
pas nécessaire d'évaluer le montant de la créance. III, 684.
— Ni de spécifier les immeubles, car l'hypothèque judiciaire est générale. III, 690.

HYPOTHÈQUE LÉGALE. Définition de l'hypothèque légale. La loi
ne la donne que parce qu'elle feint qu'il y a eu convention
entre les parties. II, 416. — 1ʳᵉ *cause d'hypothèque légale.*
Celle des femmes. Son origine. Extension injuste que Justinien lui avait donnée. L'art. 1572 est rentré dans de justes
bornes. II, 417.—Il y a quelques pays, cités par Voët, où
les femmes n'ont pas d'hypothèque légale. II, 417, note.—Il
est plus juste qu'elles en aient. II, 417, et préface, p. lxiv. —
Par le droit romain, la femme avait hypothèque pour sa dot,
son augment de dot, sa donation *propter nuptias*, ses paraphernaux. II, 418.—Par le Code civil, l'hypothèque légale
couvre aussi tous les droits de la femme, soit qu'elle soit
dotée ou mariée sous le régime de la communauté. II, 418.
— Erreur de M. Planel, professeur de droit, qui exclut de
l'hypothèque légale les paraphernaux. II, 418. — Quoi
qu'en dise M. Grenier, les intérêts des paraphernaux ont
même hypothèque. II, 418. — Les *alimens* dus à la femme
n'ont pas d'hypothèque légale. II, 418 *bis.* — Les intérêts
et fruits de la dot ont hypothèque, de même que les frais et
dépens pour séparation. II, 418 *ter;* et III, 702.

La femme mariée en pays étranger a hypothèque légale
en France. Cette hypothèque découle du mariage. II, 513.
— Il n'est pas nécessaire d'observer les formalités voulues
par l'art. 171 du Code civil. II, 513 *bis.* — Les femmes
étrangères mariées en pays étranger peuvent réclamer hypothèque légale sur les biens de leur mari situés en France.
II, 513 *ter.*

Toutes les créances de la femme sont dispensées d'inscrip-

dotée peut, si son mari a aliéné sa dot, exercer pendant le mariage ses droits hypothécaires sur l'immeuble du mari, sauf, à la dissolution du mariage, à opter pour l'action révocatoire. II, 612 et suiv. — Par le droit romain, la femme avait hypothèque sur le fonds dotal et sur les immeubles du mari. II, 614, 615.

L'hypothèque de la femme, pour indemnité des dettes qu'elle contracte avec son mari, n'a lieu que du jour de l'obligation. II, 588. — L'ancienne jurisprudence, qui faisait rétrograder l'hypothèque, était vicieuse. II, 588. — La convention par laquelle la femme stipulerait que son indemnité des dettes aurait hypothèque du jour du mariage, est contraire aux lois. II, 588 *bis*.

Hypothèque de la femme pour remploi de propres aliénés. Son origine. Inconvéniens de l'ancienne jurisprudence, qui la faisait remonter au mariage. II, 589. — Aujourd'hui, elle ne prend date qu'à compter de la vente du propre. II, 589. — M. de Lamoignon pensait que si la vente des propres se faisait en vertu d'une clause du contrat qui aurait permis l'aliénation au mari pour ses affaires, la femme pourrait réclamer hypothèque du jour du contrat. Raison pour laquelle ceci ne peut être admis par le Code civil. II, 589. — Mais si le mari vendait le fonds dotal, il n'en serait pas de même : l'hypothèque remonterait au jour du contrat. II, 589 *bis*.

L'hypothèque pour paraphernaux date du jour où le mari s'est immiscé dans leur gestion. II, 590. — Par quel moyen la femme peut prouver la réception par son mari des sommes extradotales. II, 591.

Des quittances tendant à prouver que le mari a reçu les sommes appartenant à la femme, et des quittances de dot. II, 593.

Sur les renonciations à l'hypothèque légale de la femme, voyez *Renonciation*.

2e *cause*. Hypothèque légale des *mineurs* et *interdits*. Son origine. II, 420; 421. Elle a lieu sur les biens du

tuteur régulièrement nommé et du tuteur de fait. II, 421.
— Le protuteur y est aussi soumis. II, 421. — Le père
qui administre les biens de son enfant émancipé, n'étant
pas tuteur, n'est pas grevé d'hypothèque légale. II, 421 bis.
—L'enfant a hypothèque légale contre son père tuteur. II,
421 bis.—Il n'y a pas d'hypothèque contre le subrogé-tuteur, même lorsqu'il gère. II, 422. — Les curateurs aux
mineurs émancipés, les conseils donnés aux prodigues, les
curateurs à succession vacante, ne sont pas grevés d'hypothèque légale. II, 423. — Le père qui, durant le mariage,
administre la fortune des enfans, n'est pas atteint par l'hypothèque légale. Différence entre la tutelle et la puissance
paternelle. II, 424. Voy. *Tutelle*. — L'hypothèque légale
des mineurs et interdits a lieu sans inscription. II, 571. —
Elle s'étend à tous les actes de gestion. II, 420, 572.—
Elle a lieu du jour de l'acceptation de la tutelle. II, 428,
572.—Elle subsiste avec privilége de dispense d'inscription, même après la fin de la tutelle. II, 572. —L'hypothèque pour prix d'aliénation des biens du mineur remonte
au jour de l'acceptation de la tutelle, elle n'a pas lieu seulement du jour de la vente. II, 572.—La loi de l'an 7
voulait que l'hypothèque du mineur fût inscrite. II, 573.
—La dispense d'inscription n'a pas profité aux individus
sortis de tutelle à la promulgation du Code civil. II, 573.—
Mais le Code civil a profité aux individus étant mineurs
lors de sa promulgation, bien que la tutelle fût commencée
avant, sauf le droit des tiers. II, 573.

*Observations communes aux hypothèques légales des fem-
mes et des mineurs.* Pour agir en délaissement, il faut inscrire ces hypothèques. III, 778 ter; et IV, 982 et 996.—
Entre créanciers, ces hypothèques valent sans inscription.
IV, 984. — Quoique non inscrites, elles obligent les tiers
détenteurs, puisqu'ils doivent les purger. IV, 984 bis.—
Elles valent sur le prix sans inscription. IV, 984. — La
perte du droit de suite ne les prive pas du droit de préférence. IV, 984. Voy. *Purgement*.

: 3ᵉ *cause.* Hypothèque légale *de l'état*, *des communes*, *des établissemens publics* sur les biens de leurs receveurs, administrateurs, comptables. II, 43o.—Son origine. Sens du mot *comptable.* II. 43o.—Le fermier d'un hospice n'est pas son *comptable.* II, 43o. — Un percepteur n'est pas un comptable. II, 43o *bis.*—Cette hypothèqque ne s'étend pas sur ceux qui font, par *intérim*, les fonctions de comptables. II, 43o *bis.* — L'hypothèque légale sur les comptables doit être inscrite, II, 431.

Voy. *Inscription.*

4ᵉ *cause.* Le légataire a hypothèque légale pour le paie-ment de son legs. II, 432 *ter.* — Hypothèque de la masse sur les biens du failli. II, 433.—Les absens n'ont pas d'hy-pothèque légale, comme les mineurs. II, 433. — L'adition d'hérédité ne produit pas d'hypothèque légale sur les biens de l'héritier. II, 432 *bis.*

Voy. *Purgement*, *Réduction*, *Indivisibilité*, *Hypothèque générale*, *Intérêts.*

I.

IMMEUBLE. Mode d'estimation des immeubles. III, 774. — Transformations dont les immeubles sont susceptibles, et changemens qui en résultent à l'égard des priviléges qui y sont assis. I, 117 et suiv. — Immeubles par destination. I, 103, 399.

Voy. *Meubles*, *Fruits*, *Hypothèque*, *Alluvion*, *Améliorations*, *Impenses* et *Réduction d'hypothèque.*

IMPENSES. Définition de ce mot. III, 837. — Combien de sortes d'impenses. III, 838 *bis*, et II, 551.—Que doit-on répéter quand l'impense excède l'amélioration, ou que l'amélioration excède l'impense? III, 838. — Quand l'im-pense n'a pas produit d'amélioration, peut-on la répéter contre le créancier hypothécaire à qui se fait le délaissement? III, 838 *bis.*—Doit-on dire que, quand il s'agit d'impenses nécessaires, on ne peut répéter que la plus-value? ou bien faut-il dire qu'il faut répéter tout ce qu'on a déboursé? La maxime que l'impense se répète jusqu'à concurrence de la plus-value doit-elle s'appliquer aux impenses nécessaires, ou seulement aux impenses utiles? La différence entre les impenses *nécessaires*, *utiles* et *voluptuaires* est-elle applicable en cas de délaissement? Dissentiment avec MM. Delvincourt et Dalloz, et avec un arrêt de la cour de cassation. III, 838 *bis.*—Les impenses voluptuaires sont toujours *utiles* quand la chose est destinée à être vendue. III, 838 *bis.*—L'estimation des impenses doit ordinairement se faire par experts. Comment doivent procéder les experts. III, 839 *bis* et 839 *ter.*

Voy. *Améliorations.*

IMPERFECTIONS. Voy. *Code civil.*

IMPÔTS. L'impôt foncier est une charge des fruits. IV, 936.

IMPUBÈRES. Voy. *Mineur.*

INCENDIE. Voy. *Extinction de l'hypothèque,* et *Suite par hypothèque.*

INDEMNITÉ D'ÉMIGRÉ. Rang hypothécaire sur l'indemnité. Exception aux principes. IV, 890 *bis.*

INDICATION DE PAIEMENT. Différence avec la cession. Cas où elle peut devenir cession. I, 344. — On l'appelle aussi délégation imparfaite. I, 345. Différence entre l'indication de paiement et la délégation parfaite. I, 345. — Différence entre l'indication de paiement et la subrogation. I, 349. — Le créancier *indiqué* ne peut prendre inscription en son nom personnel. I, 368. — Il peut se prévaloir de l'inscription prise par son auteur, et la faire valoir contre les créanciers de l'acquéreur. I, 369. — Mais il ne peut s'en prévaloir contre les créanciers du débiteur commun. I, 369. — Si l'indication était acceptée, on rentrerait dans les termes de la cession. I, 370.

Voy. *Cession, Délégation, Subrogation.*

INDIVISIBILITÉ DE L'HYPOTHÈQUE. L'hypothèque n'est pas indivisible de sa nature. Elle n'est indivisible que parce que les conditions ne peuvent être scindées. II, 388. — L'indivisibilité de l'hypothèque a lieu *passivement* et *activemement*. II, 389. — C'est elle qui a fait établir le principe que les héritiers sont tenus hypothécairement pour le tout. II, 390. — L'hypothèque étant indivisible, celui qui a hypothèque générale peut se faire payer sur les biens qu'il juge convenable, quand même il en résulterait quelque préjudice pour ceux qui ont des hypothèques spéciales postérieures. III, 750, 751, 752. — Moyen qu'ont les créanciers à hypothèque spéciale pour se garantir de l'exercice de l'hypothèque générale qui les prime. III, 752. — Divers cas examinés et résolus. III, 753 et suiv. — Mais lorsque le même créancier a en même temps une hypothèque générale et une hypothèque spéciale, l'indivisibilité de l'hypothèque ne s'oppose pas à ce qu'on le renvoie à discuter préalablement son hypothèque spéciale. III, 762. — Influence de l'indivisibilité de l'hypothèque en matière de prescription. IV, 884.

Voy. *Réduction.*

INSCRIPTION D'OFFICE à prendre par le conservateur pour le vendeur. I, 286. — L'omission ne peut nuire au vendeur. I, 286. Mais les tiers peuvent, s'il y a lieu, se faire indemniser du dommage par le conservateur. I, 286. — Rareté des cas où il y a dommage. I, 286. — Le conservateur doit prendre l'inscription aussitôt après la transcription. I, 286. — L'inscription d'office doit être renouvelée dans les dix ans. I, 286 *bis.* — Inscription d'office en faveur du prêteur de deniers pour achat d'immeuble. I, 380.

Voy. *Conservateur.*

INSCRIPTION HYPOTHÉCAIRE ET DES PRIVILÉGES. Le privilége du
trésor sur les immeubles acquis par les comptables ou leurs
épouses, doit être inscrit dans les deux mois de l'acquisition. I, 92.—*Quid* si dans l'intervalle le comptable revend,
et si le nouvel acquéreur transcrit? I, 92. — Inscription
dans les deux mois du jugement du privilége du trésor sur
les immeub'es du condamné pour frais de justice criminelle.
I, 94 *ter.*—L'inscription de ce privilége ne peut être prise
qu'en vertu du *jugement.* 1, 95. — Embarras si l'acquéreur transcrit avant la quinzaine de ce jugement. Le trésor,
ne pouvant prendre inscription dans la quinzaine, puisque
le jugement ne sera pas rendu, ne pourra pas surenchérir. I,
95. — L'inscription du privilége du vendeur n'a pas tout-à-
fait pour but d'éclairer les créanciers sur la position de l'acquéreur. I, 219.—L'inscription ne fait pas le privilége. Elle
ne fait que lui donner la manifestation. I, 266. — Le privilége ne prend pas date de l'inscription; il prime les hypothèques inscrites avant lui, pourvu que son inscription
soit prise dans les délais. I, 266 *bis.* — L'inscription est
nécessaire pour que le privilége puisse être opposé *entre
créanciers.* I, 267. — Mais il y a une foule de cas où l'inscription est suffisante pour éclairer les créanciers sur la
position du débiteur. I, 267. — Cependant ils peuvent
demander la nullité du privilége non inscrit, bien que cette
omission ne leur ait pas préjudicié. I, 267. — Le défaut
d'inscription est d'*ordre public.* — I, 267. Il peut être
opposé par les créanciers chirographaires. I, 268. — Les
priviléges sur les meubles, et ceux sur les *meubles* et les *immeubles*, ne sont pas soumis à l'inscription. I, 269. — Défaut d'unité dans les délais exigés pour inscrire les priviléges.
Différens délais pour opérer cette inscription. I, 270. —
Les priviléges généraux sur les meubles et les immeubles,
quoique dispensés d'inscription, doivent cependant être inscrits dans la quinzaine de la transcription, si l'on veut
avoir droit de suite. I, 273. — Mais le défaut d'inscription
ne les prive pas du droit sur le prix. I, 274. — D'après la

loi de brumaire an 7, la transcription arrêtait le cours des inscriptions. I, 276. — Par le Code civil, les inscriptions étaient arrêtées par la revente. I, 279 et 280; IV, 895. — Par le Code de procédure, elles ne sont arrêtées que par l'expiration de la quinzaine de la transcription. I, 281; IV, 896 et suiv. — M. Delvincourt soutient à tort que le vendeur conserve ses droits de préférence entre créanciers, lors même qu'il s'inscrit après la quinzaine de la transcription. I, 282. — On ne peut s'inscrire sur un immeuble purgé. I, 282. — Exceptions. Voy. *Purgement.* — Le vendeur a droit de préférer l'inscription à la transcription. I, 285 *bis.*—Le vendeur peut prendre inscription en vertu d'un acte sous seing privé. I, 285. — Quand on veut contracter avec un individu, il ne suffit pas de consulter le registre des inscriptions, il faut consulter aussi celui des transcriptions. I, 286. — Le privilége du vendeur doit recevoir une nouvelle publicité dans les dix ans par le renouvellement de l'inscription. I, 286 *bis.* — Faute d'avoir renouvelé, le vendeur peut encore s'inscrire à nouveau dans la quinzaine de la transcription. I, 286 *ter.* — Mais si la quinzaine de la transcription est écoulée, le vendeur est déchu. I, 286 *ter.* — *Quid* si l'inscription, étant encore valable lors de la transcription, n'était tombée en péremption qu'après? Le vendeur pourrait-il s'inscrire? Son inscription produirait-elle un effet rétroactif, ou n'aurait-elle qu'un rang d'hypothèque? I, 286 *ter.* — La péremption de l'inscription n'affecte pas le fond du droit. I, 286 *ter.* — Exception à la règle qu'on ne peut prendre inscription sur un immeuble dégagé du droit réel. I, 317, 327 *bis.* — Le co-partageant a droit de prendre inscription pendant soixante jours, quand même les quinze jours de la transcription seraient écoulés. Mais cette inscription ne lui donne pas droit de suite; elle ne fait que maintenir sa préférence entre créanciers. I, 315 *bis* et suiv. — Pour exercer le droit de suite, il faut être inscrit. I, 316, 317, 366; II, 566; III, 722, 725, 778 *ter*; IV, 982, 996.

Le *cessionnaire* profite de l'inscription du cédant. Il n'a
pas besoin d'en prendre une en son nom personnel. Mais,
par prudence, et afin que le cédant ne donne pas main-levée
frauduleuse de son inscription, le cessionnaire fera bien d'en
prendre une à lui propre. I, 363. — Quand il n'y a pas
d'inscription au moment de la cession, le cessionnaire peut
en prendre une en son nom personnel, en vertu du titre du
cédant. I, 364. — Et cela quand même le transport ne
serait pas signifié. I, 365. — Le créancier *indiqué* ne peut
prendre inscription en son nom personnel. I, 368. — L'inscription ne peut être considérée comme acceptation faite
par le créancier *indiqué*. I, 368. — Le créancier indiqué
peut se prévaloir de l'inscription prise par son auteur contre
les créanciers de son acquéreur. I, 369. — Mais il ne peut
s'en prévaloir contre les créanciers de son auteur. I, 369. —
Celui qui est subrogé par le créancier profite de son inscription. I, 377. — Il peut s'inscrire en son nom personnel. I,
377. — L'inscription du vendeur conserve le droit du prêteur
de deniers pour achat d'immeubles. I, 380.

Cas où l'on peut s'inscrire avant que le lien de l'obligation d'où dépend l'hypothèque ne soit réciproquement formé. Mais l'inscription n'est valable qu'autant que l'accomplissement de la condition potestative rend impossible d'attaquer l'obligation. II, 480.

La spécialité prépare l'inscription. II, 513. — L'inscription est le moyen d'assurer la publicité. II, 554. — Elle a
été établie pour la première fois par la loi de l'an 3. II, 564.
— Maintenue par la loi de l'an 7 et le Code civil. II, 564
bis, 565. — L'inscription ne fait pas l'hypothèque. Elle lui
donne la manifestation et le rang à l'égard des tiers. II,
566, 645. — Elle n'est pas requise à l'égard du débiteur.
II, 567. — Les créanciers chirographaires peuvent opposer
le défaut d'inscription. II, 568. — Tout créancier peut opposer le défaut d'inscription, quand même il aurait connu
qu'il y avait hypothèque. II, 569. — L'obligation d'inscrire
s'étend aux hypothèques judiciaires, conventionnelles et lé-

cette surenchère. III, 726. Il faut avoir inscription subsistante jusqu'à l'adjudication. III, 726. — Dissentiment avec la cour de cassation. III, 726. — L'exercice de l'action hypothécaire n'empêche pas l'inscription de devoir être renouvelée. III, 726. — Le créancier hypothécaire qui achète l'immeuble, doit renouveler son inscription jusqu'à ce que cet immeuble soit à l'abri d'éviction. III, 726 *bis*. — Lorsque l'acquéreur, qui d'abord avait délaissé, déclare vouloir reprendre la chose, il n'est plus nécessaire de renouveler les inscriptions à son égard. III, 726 *ter*.—Mais le simple délaissement ne dispense pas les créanciers de renouveler. III, 727. — Il en est de même de la transcription suivie de quinzaine. III, 727 *bis*. — *Quid* en cas de faillite? III, 727 *ter*, et 660. — Autres questions de renouvellement. I, 364 et 368.

Frais d'inscription. Ils sont à la charge du débiteur. III, 729. — Mais le créancier en doit l'avance au conservateur. III, 729. — En matière d'hypothèque légale, le conservateur a son recours contre le débiteur direct, et ne peut rien exiger de celui qui requiert l'inscription. III, 729. — L'inscription conserve les frais d'inscription quand on les mentionne. III, 730. — Tarif des frais d'inscription. III, 730 *ter*.

Actions auxquelles les inscriptions peuvent donner lieu. III, 731. — Tribunal compétent. III, 732. — Conciliation de deux opinions contraires des auteurs. III, 732. — *Quid* s'il y a litispendance? III, 733. — Formes de demandes. III, 735. — *Quid* si l'inscription ne contient pas de domicile élu? III, 735.

Radiation de l'inscription. Voy. *Radiation* et *Main-levée.*

Différence entre l'inscription prescrite aux femmes et aux mineurs en cas de purgement, et l'opposition au sceau des lettres de ratification prescrite par l'édit de 1771. IV, 984 *bis*. — Utilité de l'inscription de la femme et du mineur en cas de purgement. Elle a pour but d'avertir le tiers détenteur. Mais elle est indifférente entre créanciers. IV, 984 et suiv. — Dissertation sur la question de savoir si le défaut

depuis l'adjudication ou depuis la notification, la limitation des deux années d'intérêt. III, 599 *bis*. — La limitation des intérêts à deux ans et à la courante ne s'applique pas aux hypothèques légales des femmes et des mineurs. III, 701. — Mais elle s'applique aux *arrérages* de rente viagère. III, 700. — Et au cas où la convention défend au créancier de percevoir les intérêts avant le remboursement du capital. III, 700 *bis* et suiv.—Et aux hypothèques légales sujettes à inscription. III, 701 *bis*.—Critique d'un arrêt de la cour de cassation sur ce dernier point. III, 701 *bis*. — Le tiers détenteur n'est obligé de payer que les intérêts conservés par les inscriptions. III, 788. — Le tiers détenteurs qui veut purger doit-il des intérêts avant la notification? IV, 929. — La surenchère du dixième doit-elle porter sur les intérêts comme sur le principal? IV, 937.

Voy. *Surenchère.*

IPSO JURE. Signification de ces mots. II, 488, note.

J.

JOLLIVET (M.). Erreur de ce conseiller d'état. II, 405.

JUGEMENT. Voy. *Hypothèque judiciaire.*

JUGEMENS RENDUS EN PAYS ÉTRANGERS. Ne produisent hypothèque qu'autant qu'ils sont revêtus de l'ordonnance d'exécution du juge français, et celui-ci ne doit la prononcer qu'en connaissance de cause. II, 451. — Un jugement rendu à l'étranger par un consul français n'a pas besoin d'*exequatur*. II, 452. — Un jugement rendu par des arbitres *étrangers*, en pays *étranger*, est assimilé à un jugement rendu par des arbitres français, et n'a besoin que d'une ordonnance d'*exequatur* sans connaissanse de cause. II, 453. — Ce qui a été dit sur l'*exequatur* des jugemens rendus en pays étranger, peut être modifié par les traités. II,

454. — Un jugement rendu par le tribunal français, entre un Français et un étranger, n'est pas exécutoire de plein droit contre cet étranger si son pays vient à être réuni à la France. II, 456. — Il en serait de même d'un jugement rendu en pays étranger contre un Français, si ce pays était réuni à la France. II, 457. — *Quid* d'un jugement rendu par un tribunal français, mais devenu étranger lors de l'exécution? II, 458. — Les arrêts rendus au nom du conquérant sont valables, et doivent être exécutés après que la conquête a cessé. II, 459.

Voy. *Acte passé en pays étranger, Statuts*, etc.

JUGE DE PAIX. Ses jugemens comme juge contentieux produisent hypothèque légale; mais non pas ses actes de conciliation. II, 448. — Sa juridiction peut être prorogée dans certains cas, même lorsqu'il est incompétent, *ratione materiæ*. II, 445. — Une reconnaissance d'écriture peut être faite devant le juge de paix, quelle que soit la somme, pourvu que les parties consentent à proroger sa juridiction; et alors le jugement de reconnaissance produit hypothèque. II, 446.

Voy. *Hypothèque judiciaire*.

L.

LÉGATAIRE, LEGS. Le légataire a hypothèque légale sur les biens de la succession pour paiement de son legs. Il doit inscrire. II, 432 *ter*.

Voy. *Hypothèque légale, Inscription, Séparation de patrimoines*.

LETTRES DE RATIFICATION. Leur but était de purger les immeubles des hypothèques. IV, 892. — Édit de 1771 relatif aux lettres de ratification, a servi de type à plusieurs dispositions du Code. IV, 982 *bis*. — Différences entre l'opposition au sceau des lettres de ratification et l'inscription prescrite à la femme et au mineur en cas de purgement. IV, 984 *bis.*

Voy. *Purgement, Inscription, Hypothèques.*

Loi. Principes pour son interprétation. Il faut concilier l'esprit avec le texte, et amender l'un par l'autre. Les discours des orateurs du gouvernement ne sont pas des guides sûrs. Le préambule de la loi trompe souvent. III, 671.—Il faut prendre l'ensemble des textes. IV, 996.

Loyers et Fermages. Loyers de six mois passent avant le privilége de la douane, mais après les priviléges généraux sur les meubles. I, 34. — Privilége des loyers. Avec qui ils peuvent concourir. I, 43, 44. — Rang du privilége des loyers. Interprétation des art. 661 et 662 du Code civil. I, 65. — Le locateur peut-il être payé sans attendre l'organisation de la faillite? 1, 129. — Origine du droit du locateur sur les loyers et les fruits. I, 149. — Différences entre l'ancienne jurisprudence et le droit romain. I, 150. — Ce que comprend le privilége sur les *meubles* garnissant la maison ou la ferme. I, 151. — Il faut que les meubles soient *apparens.* Sans cela, ils ne sont pas censés *garnir* les lieux. Il faut qu'ils y soient *à demeure. Quid* des meubles appartenant à un tiers? Erreur de la cour de cassation. I, 151. — Le privilége du locateur sur les meubles est fondé sur l'occupation. I, 151 *bis.* — Le propriétaire a privilége sur les meubles du sous-locataire. I, 151 *bis.* — Tous ceux qui louent peuvent se prévaloir du privilége, soit qu'ils soient propriétaires ou non. I, 152. — De la nature de l'objet livré. Sens du mot *maison.* I, 153. — Le privilége a lieu pour tout ce qui se rapporte à l'exécution du bail, pour dégradation, etc. I, 150. — Il a lieu même pour les *avances* faites après le bail pour en faciliter l'exécution. I, 154. — Pour qu'il y ait privilége, il n'est pas nécessaire que le bail soit authentique. I, 154 *bis.* — Mais le privilége a plus ou moins d'étendue, selon qu'il est authentique ou non. I, 154 *bis.* — Le bail authentique produit privilége

pour tout ce qui est *échu* et *à échoir.* I, 155. — Quand il
est sous seing privé, le privilége a lieu pour loyers *échus*,
pour l'année courante, et les loyers de l'année à partir de
la courante. I, 156. — Dissentiment sur ce point avec quelques auteurs. I , 156. — Le privilége du locateur a lieu
pour le cas de tacite reconduction. I, 157. — Privilége du
locateur sur les fruits. I, 158 et suiv. Voy. *Récoltes.* —
Droit de *revendication* du locateur. Voy. *Revendication.* —
Conseils au locateur qui a des craintes pour la solvabilité de
son fermier. I, 165 *ter.* — Vigilance pour ne pas se laisser
primer par un autre locateur qui aurait fourni des bâtimens
pour engranger les récoltes. I , 165 *ter.* — Le nouveau locateur est-il préférable à l'ancien sur les meubles déposés
dans son appartement? I, 167. — Le locateur a-t-il privilége sur les meubles mis *en dépôt* chez le locataire? I, 173.
— Les cessions anticipées de loyers peuvent-elles être opposées aux créanciers inscrits? III, 777 *ter.*
    Voy. *Privilége.*

M.

MAIN-LEVÉE. La main-levée d'inscription peut être volontaire
ou forcée. III, 736. — La main-levée d'une inscription peut
être accordée sans que le droit d'hypothèque soit compromis.
La radiation ne fait que priver du rang hypothécaire. III,
737. — Il y a cependant des cas où la renonciation à l'inscription entraîne nécessairement rénonciation à l'hypothèque. III, 738 *bis.*—La main-levée volontaire est-elle un acte
unilatéral ou synallagmatique? III , 738. — Quelles personnes peuvent consentir à la main-levée d'une inscription?
III, 738 *bis.*
    Voy. *Radiation.*

MAÎTRES DE PENSION. Leur privilége pour fournitures de subsistances. I, 34, 139, 144, 145, 146, 147 *bis.* Voy. *Fournitures de subsistances.*

Malleville (M.). Dissentiment avec cet auteur. I, 80.

Mandataire et **Procureur**. L'hypothèque peut être consentie par procureur. II, 510. — Le mandat pour la consentir ne doit pas être authentique. II, 510. — Le mandataire qui a hypothèque pour le montant de ses indemnités, n'a pas besoin de prouver par pièces authentiques le *montant* de sa créance. II. 509. Voy. *Hypothèque conventionnelle.*

Marais. Privilége pour desséchement de marais. I, 242 *bis.* Voy. *Architecte, Privilége, Inscription, Conservateur de la chose.*

Mari. Qui épouse la veuve, épouse la tutelle. II, 426. Voy. *Tutelle.* — Est obligé de prendre inscription sur ses biens pour faire connaître les droits hypothécaires de sa femme. II, 632. — S'il ne prend pas inscription, il faut qu'en hypothéquant ou vendant un ou plusieurs de ses immeubles, il déclare expressément l'hypothèque dont ils sont chargés; sans cela il est réputé stellionataire. II, 633. Voy. au mot *Stellionat* plusieurs questions à cet égard.

Médecins. Privilége qu'ils ont pour frais de dernière maladie. I, 138 et 139. — Brodeau compare les *médecins aux rois,* pour prouver la justice de ce privilége. I, 139, note 1. Voy. *Frais de maladie.*

Meubles. Privilége sur les meubles. Voy. *Privilége.* L'hypothèque n'a pas lieu aux meubles. I, 100; et II, 395. — Meubles n'ont pas de suite. I, 101; et II, 396, 484. — Meubles devenus immeubles par destination. I, 103; II, 399. — Ce qui est immeuble par destination dans un cas, peut être meuble dans un autre. I, 105, 158. — Changemens qu'ils éprouvent par spécification, et effet de ces changemens sur les priviléges qui les grèvent. I, 109. — Sens et portée des mots *meubles* et *mobilier* en matière de privilége. I, 165. — Latitude des mots *effets mobiliers.* I, 187. Voy. *Hypothèque.* Les meubles accessoires d'un fonds peuvent être hy-

Le mineur ne peut renoncer à son inscription, sans autorisation. III, 738 *bis*. — *Quid* du mineur émancipé ? III, 738 *bis*.

Si en fait de *prescription* de l'hypothèque, le mineur relève le majeur. IV, 884.

Voy. *Tuteur, Radiation, Purgement, Inscription.*

Mois. Voy. *Délai.*

Mort civil. Peut-il hypothéquer ? Dissentiment avec M. Merlin. II, 463 *ter*. — Tout ce qui emprunte quelque chose du droit civil lui est interdit. II, 463 *bis*.

Mutation par décès. Privilége du fisc pour droit de mutation par décès. I, 97.

N.

Nantissement (Pays de). Le nantissement, moyen de publicité des hypothèques. II, 559. — Affection des peuples de ce pays pour cette forme. II, 563.

Nantissement. Voy. *Gage.*

Navires. Sont meubles. II, 415 *bis*. — Leur vente forcée est de la compétence des tribunaux civils. II, 415 *bis*.

Negotiorum gestio. Cause de préférence entre privilégiés. I, 58, 59.

Notaires. Précautions de quelques uns pour empêcher le moyen dispendieux de l'expropriation forcée. III, 795 *ter* et 795 *quater*.

Notification par l'acquéreur aux créanciers inscrits, met les intérêts du prix à la charge de l'acheteur. III, 698 *bis*. Voy. *Purgement, Inscription.*

Novation. Le paiement en billets n'opère pas de novation, à

O.

ORDRE. Il est déclaratif des rangs fixés hors de la purge. III, 720.—Il se réfère aux droits fixés lors de l'adjudication. III, 720. — Manière de colloquer dans les ordres les femmes mariées, les crédi-rentiers viagers, les porteurs de créances éventuelles. Voy. *Collocation.* — Quand l'ordre est-il censé clos et homologué? IV, 1005.

OUVRIER. Voy. *Architecte, Conservateur de la chose, Impenses, Droit de rétention.*

P.

PAIEMENT. Voy. *Subrogation* et *Extinction de l'hypothèque.*

PARAPHERNAUX (BIENS). Sont protégés par l'hypothèque légale, tant pour capitaux que pour intérêts. II, 418. Et il ne faut pas d'inscription. II, 575. — L'hypothèque date de la réception faite par le mari. II, 590.
Voy. *Hypothèque légale.*

PARDESSUS (M.). Dissentimens avec ce jurisconsulte. I, 36; III, 655, 656 *bis*, 660 *bis*.

PARTAGE. Voy. *Co-partageant.* Différence entre la vente et le partage. I, 240 et 291. — Le partage fixe l'hypothèque sur la portion échue au débiteur. II, 469 *bis*.

PARTAGE D'ASCENDANT. Doit être inscrit pour produire privilége. I, 315. — A compter de quelle époque? I, 315.
Voy. *Privilége, Inscription.*

PARTIE CIVILE. N'a pas privilége pour le recouvrement de ses frais. I, 94.

PERCEPTEUR. Il n'est pas comptable, et n'est pas soumis à l'hypothèque légale. II, 430 *bis*.

PÈRE. (Puissance paternelle.) Le père *tuteur* est soumis à l'hypothèque légale. II, 421 *bis*. — Le père qui, *pendant le*

PRÉSOMPTION. Présomption sur laquelle est fondé le privilége du fisc sur les biens des comptables et sur les biens de leurs femmes. A l'égard de ces dernières, ce n'est pas une présomption *juris et de jure*. I, 92.

Voy. *Faillite*, *Succession Bénéficiaire*.

PRÊTEURS DE DENIERS. §. Privilége du prêteur de deniers pour *cautionnement* Voy. *Cautionnement*.

§. Privilége du prêteur de deniers pour acquisition d'un immeuble. Droit romain. I, 227. — Pour que le privilége existât, il fallait qu'il y eût convention sur la destination et preuve de l'emploi. I, 228. — Modifications apportées par le droit français au droit romain. I, 229. — Conditions requises par le Code civil. Elles sont les mêmes que dans l'ancienne jurisprudence. I, 230. — Le prêt doit être fait par acte authentique. I, 231. — Du temps qui doit s'écouler entre le prêt et l'emploi. I, 232. — Rang du bailleur de fonds. Il est primé par le vendeur, qui, pour ce qui lui reste dû, a le pas sur lui. I, 233. — Espèce difficultueuse proposée par Renusson. Fausse application faite par cet auteur de la maxime *nemo videtur cessisse contra se*. I, 234. — Tous les prêteurs de deniers pour l'acquisition d'un immeuble viennent par concurrence. I, 235, 279. — Celui qui prête des deniers pour payer un immeuble acheté sur expropriation forcée, n'a de rang qu'après les créanciers inscrits lors de l'aliénation. I, 235 *bis*. — Conservation, par la publicité, du privilége du prêteur de deniers pour achat d'immeubles. I, 289, 380.

§. Privilége du prêteur de deniers pour *réparations* et *constructions*. I, 231 et 248. — La destination doit être justifiée par quittance des ouvriers. I, 248. — Conservation de leur privilége. I, 380. Voy. *Architecte*.

Tous les prêteurs du même débiteur concourent entre eux. I, 381.

Voy. *Privilége*.

IV. 30

PRIVILÉGES SUR LES MEUBLES ET LES IMMEUBLES. I, 249, 250. — Ils ne peuvent s'exercer sur les immeubles qu'à défaut de mobilier. Moyen de protéger tous les intérêts lorsque le créancier se présente sur les immeubles avant d'avoir discuté les meubles. I, 251. — Si le créancier a laissé perdre par sa faute ses droits sur le mobilier, il ne doit pas exercer de droits au préjudice des créanciers privilégiés sur les immeubles. I, 551 *bis*. — Rang de ces priviléges quand ils concourent avec les priviléges spéciaux sur les immeubles. I, 82 et 253. — Les priviléges généraux sur les meubles et les immeubles ont leur assiette principale sur les meubles. Ils ne sont pas soumis à l'inscription, I, 269.

Publicité des priviléges sur les immeubles, et nécessité de l'inscription. I, 264 *bis*. Voy. *Inscription*, *Séparation de patrimoine*, *Transcription*, *Vente*, *Architecte*, *Co-partageant*.

Le privilége tire son droit non de l'inscription, mais de la nature de la créance. L'inscription lui donne le mouvement. I, 266, 318 *bis*.

Le droit de surenchère est le nerf du privilége. I, 283. — La cession fait passer les priviléges de la créance au cessionnaire. I, 342. — La délégation au contraire les éteint, à moins de réserve expresse. I, 346, 347. — Mais les réserves les plus expresses ne peuvent faire passer le privilége d'un immeuble sur un autre. I, 348. — La subrogation est un moyen de transférer les priviléges. I, 349 et suiv.

Voy. *Cession*, *Subrogation*, *Délégation*, *Indication de paiement*.

PRIX. Sens de ce mot. I, 219, 220, 221. IV, 929 et suiv., et 935. — Intérêts du prix à payer par le tiers détenteur. IV, 929. — Principes sur le droit des créanciers hypothécaires d'attaquer la vente pour simulation dans le prix. IV, 957 et suiv. à 958 *bis*. — C'est le paiement du prix qui opère le purgement. IV, 958 *ter*.

PROPRIÉTÉ. Cause de faveur entre privilégiés. I, 61. — Ses

compagnées de paiement , sans quoi elles ne purgent pas.
III , 723 et suiv.; IV , 958 *ter*.—Le purgement n'éteint l'hypothèque que pour la convertir en droit sur le prix. IV, 985.

Le purgement est volontaire : la loi ne reconnaît pas de *sommation* de purger. Erreur de la cour de Nîmes, III , 793 *bis*. — Le tiers-détenteur qui conserve le droit de purger à l'égard du poursuivant , le conserve à l'égard de tous les créanciers inscrits. De même s'il le perd à l'égard du créancier poursuivant, il le perd à l'égard de tous les autres. III , 795 *bis*. Le purgement ne peut être forcé. Opinion de M. Delvincourt rejetée. III , 822.

Le purgement fait par le tiers-détenteur contient une reconnaissance qui interrompt la prescription. IV, 883 *bis*. — Et qui est même une renonciation à la prescription acquise. IV, 887 *bis*.—Si l'on peut purger l'hypothèque pour rente viagère. IV , 927.

Les Romains n'avaient pas de système organisé pour le purgement des hypothèques établies sur des immeubles vendus volontairement. IV, 892.—Le purgement de ces hypothèques est d'origine française. IV, 892.—Son histoire. IV, 996. — Le décret volontaire fut le premier moyen qu'on employa. IV, 892 et 996.—Louis XV lui substitue les lettres de ratification. IV, 892; II , 563.—Nouveau mode établi par la loi du 11 brumaire an 7. IV, 892, 996.—Système du Code civil. IV, 892, 893, 996.—Pour pouvoir purger, il faut ne pas être obligé personnellement, IV, 903 *bis*.

§. 1° *Mode de purger les hypothèques inscrites, légales ou non légales.* IV, 894.—D'abord, il faut transcrire. Rôle de la transcription sous le Code civil. IV, 894, 895. Voy. *Transcription.* — Dans le système du Code civil , la vente purgeait l'immeuble de toutes les hypothèques *non inscrites.* IV , 895.—Modifications à cela par les art. 834 et 835 du Code de procédure civile , qui purgent l'immeuble de toutes les hypothèques non inscrites dans la quinzaine de la transcription. IV, 896.—L'adjudication sur expropriation forcée purge de plein droit. IV, 905, 996. — A moins toutefois

temps doit-il les offrir? Distinction. Réfutation d'une opinion de M. Grenier, IV, 929, 930.—En cas de donation, d'é-change ou de charge, l'acquéreur doit-il offrir de purger l'évaluation? IV, 930 *bis*. — *Quid* quand la vente est com-plexe? IV, 972.—L'offre de payer forme-t-elle une obliga-tion personnelle? IV, 931. — Quand le tiers-détenteur peut-il se dédire de ses offres? IV, 931 et 931 *bis*.

La notification provoque implicitement la surenchère, IV, 931 *bis*. — Quant à la surenchère en elle-même, voyez ce mot. L'absence de surenchère purge quand l'acquéreur *paie* ou *consigne*. IV, 957.

§. 2° Mode de purger les hypothèques *non inscrites* des femmes et des mineurs. IV, 975. — Accomplissement des formalités pour purger les hypothèques inscrites, laisse sub-sister les hypothèques non inscrites. IV, 975.—Mode spé-cial pour ces dernières. 1° Dépôt au greffe de la copie de l'acte translatif de propriété. IV, 977.—2° Signification de ce dépôt aux personnes intéressées et aux personnes qui veil-lent pour elles. IV, 978.—On ne doit pas signifier ce dépôt à la femme parlant à son mari. IV, 978. — Mode supplétif de signification quand la femme et le subrogé-tuteur ne sont pas connus. IV, 979. — Mais il ne faudrait pas se faire un prétexte de cette ignorance. IV, 979. — 3° Affiches dans l'auditoire de l'extrait du contrat. IV, 980.—Les créanciers à l'hypothèque légale doivent prendre inscription dans les deux mois, à compter de cette affiche. IV, 981.—C'est pen-dant ce délai de deux mois qu'il faut surenchérir après avoir pris inscription. IV, 982. — Opinion contraire de M. Pigeau réfutée. IV, 982. — Analogie de ces formalités de purge-ment avec l'édit de 1771. IV, 982 *bis*, 996. — Ce mode de purgement ne se lie pas au chap. VI, relatif au délaisse-ment. Il suppose l'hypothèque légale inactive. IV, 982 *ter*. — Le défaut d'inscription dans les deux mois purge l'im-meuble. Mais fait-il perdre le droit sur le prix? Dissertation contre la jurisprudence de la cour de cassation. IV, 984.— La procédure en purgement est dans l'intérêt exclusif de l'acquéreur. Les créanciers entre eux y sont indifférens, et cependant la cour de cassation les fait profiter du défaut d'inscription, quoique l'art. 2131 dise qu'entre créanciers l'hypothèque légale vaut sans inscription. IV, 984.—Argument tiré de l'édit de 1771 et de la similitude entre l'inscription et l'opposition au sceau des lettres de ratification. IV, 984. — Réponse à cet argument. IV, 984 *bis*. Réponse à plusieurs autres argumens de la cour de cassation. IV, 985⅞et suiv. — Effet de l'inscription prise par la femme ou le mineur en cas de purgement. Cette inscription est spéciale, IV, 991.—Elle empêche qu'aucun paiement ne soit fait au préjudice des femmes ou mineurs. IV, 922, 923. — Mode de colloquer la femme ou le mineur. IV, 993. — Les formalités prescrites par les art. 2194, 2195 suffisent pour parvenir au purgement, et la cour de Caen est dans l'erreur, lorsqu'elle juge qu'il faut y joindre les formalités prescrites par le chap. VIII. IV, 995.—L'adjudication sur expropriation forcée purge les hypothèques légales non inscrites. IV, 996.

§. 3° Purgement des hypothèques légales des femmes et des mineurs, lorsque ces hypothèques ont été inscrites. **IV, 921 et 997.**

§. 4° Purgement des priviléges non soumis à l'inscription. **IV, 922; et I, 273.**

Voy. *Conservateur, Consignation, Surenchère, Notification, Transcription, Suite par hypothèque.*

R.

RADIATION. La radiation des inscriptions hypothécaires est la conséquence de l'ordre. A la charge de qui sont les frais de radiation. Privilége qui en assure le remboursement à celui qui en a fait l'avance. I, 127; et III, 725 *bis*. Voy. *Frais de justice.*

La radiation est la conséquence d'un fait précédent qui

rend l'inscription *nulle* ou *inutile*. III, 736.— Quoique non
radiée, une inscription peut être comme non avenue. III,
738.—La radiation de l'inscription ne fait pas toujours perdre le droit d'hypothèque. III, 737 ; et IV, 858, 864. —
Quelles personnes peuvent consentir à la radiation. III, 738
bis. — De la radiation volontaire. III, 738. — De la radiation forcée. III, 739. — Caractères du jugement qui l'ordonne. III, 739. — Appel de ce jugement. III, 739 *bis*. —
Radiation forcée ordonnée par le juge-commissaire dans le
cas où les créanciers n'ont pas produit, ou bien dans le cas
où il n'y a pas collocation utile. III, 740. — La radiation
ne peut être opérée par le conservateur que sur pièce authentique. III, 741. — Du tribunal compétent pour connaître
de la demande en radiation. III, 742 et suiv. et 733. —
La demande en radiation est susceptible de deux degrés de
juridiction et est dispensée de préliminaire de conciliation.
III, 744 *bis*. — Par qui peut être intentée la demande en
radiation. III, 745.

Des causes qui peuvent servir de base à une demande en
radiation. III, 746 et 736. — Effets de la radiation à l'é-
gard des tiers. Quoique faite sans cause légale, on ne peut
opposer aux créanciers qui ont contracté postérieurement
l'inscription radiée. III, 746 *bis*. — Le tiers détenteur qui
a consigné peut exiger que les créanciers éventuels fassent
radier leurs inscriptions. IV, 959 *bis* et 960. — Radiation
d'inscriptions appartenant aux femmes ou aux mineurs, en
cas de purgement. IV, 992. — Radiation des inscriptions
postérieures en date aux créances de la femme ou du mineur. IV, 994.

Voy. *Main-levée*.

RANG DES PRIVILÉGES. Voy. *Privilége.*

RATIFICATION. Effet des ratifications à l'égard des hypothèques.
II, 487 et suiv. — Effet rétroactif des ratifications. II, 488
et suiv., 495. — Quand la ratification produit-elle effet ré-

troactif à l'égard des tiers? II, 495 et suiv. — Ratification de l'hypothèque donnée sur la chose d'autrui, par le vrai propriétaire. II, 526.

Voy. *Hypothèque conventionnelle*, *Effet rétroactif*, *Mineur*, etc.

RÉCOLTES. Privilége pour frais de récoltes. I, 45 et 166. — Privilége du trésor sur les récoltes de l'année. I, 96.— Ordre des priviléges sur les récoltes. I, 63. — Privilége du *locateur* sur les récoltes *de l'année*, il dérive *ex jure soli.* I, 158.— Il comprend les fruits *pendans* et les *fruits récoltés.* I, 158. — Il pèse sur les vins produits par la ferme. I, 158. — Le locateur peut même se payer sur les fruits des années précédentes, s'ils garnissent la ferme. I, 159. — Différence cependant entre le privilége sur les fruits de l'année et le privilége sur les fruits des années antérieures, I, 159 et 165 *bis.* — A qui appartient le privilége sur les fruits. I, 160. — Le locateur peut revendiquer les *fruits déplacés* qui garnissaient l'immeuble. Opinions diverses sur cette proposition. I, 165 et suiv. — Pour se payer par privilége sur les *fruits de l'année*, il n'est pas nécessaire qu'ils garnissent la ferme. I, 165 *ter.*

Voy. *Privilége*, *Fruits.*

RECONNAISSANCE D'ÉCRITURE. Voy. *Hypothèque judiciaire.*

RÉDUCTION D'HYPOTHÈQUE ET DES INSCRIPTIONS. Réduction de l'hypothèque légale de la femme par contrat de mariage. II, 635, 636, 637. — La femme doit être *majeure* pour y consentir. II, 637 *bis.* Voy. *Renonciation à l'hypothèque.* — Les parens en conseil de famille peuvent aussi lors de la nomination du tuteur réduire l'hypothèque, art. 2141. II, 644. — De la réduction pendant la tutelle et le mariage. II, 638 et 639.— On ne peut forcer la femme à réduire son hypothèque si elle n'y consent pas. II, 941.— Mais la réduction peut avoir lieu contre l'avis des quatre parens. II, 642 *bis.* — Tribunal compétent de la réduction des inscriptions. III,

747.— La réduction des inscriptions générales est un établissement du Code civil. III, 747.— Motifs de cette innovation. III, 748. — La réductibilité des inscriptions n'a pas lieu pour les hypothèques conventionnelles, elle n'a lieu que pour les hypothèques générales, légales ou judiciaires. III, 749. — Dissentiment avec M. Grenier, qui pense que l'on peut réduire les inscriptions d'hypothèques conventionnelles qui embrassent les biens passés et à venir. III, 749.— L'action en réduction n'est ouverte qu'au débiteur. III, 750. — La réduction est amiable ou judiciaire. III, 765. — Cas où la réduction ne peut être qu'amiable. III, 765.—Compétence pour l'action en réduction. Alors elle doit être portée devant les tribunaux. III, 766.— La réduction ne peut être demandée pour hypothèques antérieures au Code civil. III, 768.— Dans quel cas les inscriptions sont excessives. III, 769.— On peut demander la réduction de l'inscription alors même qu'elle conserverait une créance indéterminée. III, 772.— C'est au juge qu'il appartient d'arbitrer l'excès. III, 773. — Mode d'évaluation des immeubles. III, 774.

Voy. *Inscription*, *Radiation*.

RÉMÉRÉ. L'acheteur à *réméré* n'a pas le privilége du vendeur. I, 214. — Lorsqu'un immeuble a été vendu à *réméré*, le vendeur n'a qu'*une action* qui n'est pas susceptible d'être frappée d'hypothèque. II, 435. — La clause de réméré constitue une double condition, l'une résolutive, l'autre suspensive. II, 469.— Le vendeur à réméré peut hypothéquer le bien sur lequel il peut excéder le rachat. II, 469.

Voy. *Condition*, *Clause résolutoire* et *Hypothèque conventionnelle*.

RENONCIATION EN GÉNÉRAL. Différentes espèces de renonciation. II, 600 *bis* et 643 *bis*.— Si la femme peut renoncer à l'action révocatoire, pour s'en tenir à son hypothèque légale. II, 612 et suiv.— Le vendeur qui demande contre des tiers le paiement du prix, est-il censé renoncer à la clause résolutoire? I, 224.

Voy. *Renonciation à l'hypothèque* et *Prescription.*

RENONCIATION A L'HYPOTHÈQUE OU AU PRIVILÉGE. La femme mariée *sous le régime dotal* peut renoncer, *au profit des tiers*, à son hypothèque légale, quand elle ne préjudicie pas sa dot. II, 596 et suiv. — La femme commune peut, à plus forte raison, y renoncer en faveur des tiers. II, 602. — La renonciation peut être expresse ou *tacite.* Circonstances d'où elle résulte tacitement. II, 599, 603. — La renonciation au profit d'un tiers est une véritable cession. II, 600, 600 *bis* et 603. — Erreur de M. Proudhon, qui pense qu'une *renonciation in favorem* est *extinctive*, et non *translative.* II, 600 *bis.* — Les renonciations postérieures de la femme ne peuvent nuire à celles qui sont autorisées. II, 605. — Les créanciers cédulaires de la femme et du mari, antérieurs à la renonciation, ne peuvent se plaindre si la femme cède son rang de préférence à leur préjudice. II, 606. Le créancier hypothécaire à l'égard du mari, mais cédulaire à l'égard de la femme, est primé par les créanciers postérieurs à qui la femme a cédé son hypothèque. II, 606. — Tous les individus subrogés par la femme viennent par l'ordre de date de leurs cessions. II, 608. — Les actes de cession à l'hypothèque de la femme produisent leur effet sans inscription. II, 609. — L'acquéreur en faveur duquel la femme, a renoncé à son hypothèque légale évince tous les créanciers que la femme aurait primés. II, 609 *bis.* — Le cessionnaire des droits hypothécaires de la femme peut les exercer, quand même il n'y aurait pas séparation des biens. II, 610.

Des renonciations de la femme *au profit de son mari.* Elle ne peut renoncer d'une manière *absolue* à son hypothèque légale par contrat de mariage. II, 635 *bis.*— Mais elle peut restreindre son hypothèque et la spécialiser. II, 637. — Il faut que la femme soit *majeure* pour consentir, par contrat

de mariage, à la spécialisation de son hypothèque. II,
637 *bis.*

De la renonciation partielle de la femme *pendant* le mariage. II, 639. — Elle le peut, quand même elle serait mariée sous le régime dotal. III, 649 ; et II, 635 et suiv. —
On ne peut forcer une femme à restreindre son hypothèque
pendant le mariage. II, 641. — Mais la réduction peut avoir
lieu contre le vœu des parens. II, 642 *bis.* — Après la dissolution du mariage, la femme peut renoncer absolument à
son hypothèque légale. Danger qu'il y a à le faire. II, 643.
— Règles pour savoir distinguer si une renonciation est
dans l'intérêt du mari ou dans l'intérêt des tiers. II, 643 *bis.*
— La renonciation au profit du mari est *extinctive.* Elle ne
transfère rien. La renonciation au profit des tiers est *trans-*
lative. II, 643 *bis.* —Arrêts qui s'y sont trompés. II, 643 *bis.*

La renonciation d'un créancier à une *inscription* n'est pas
une renonciation à l'hypothèque ; elle n'est qu'un sacrifice
du rang. III, 737. — Cas où elle entraîne cependant la
perte de l'hypothèque. III, 738 *bis.* — La renonciation à
l'inscription est-elle extinctive ou translative ? III, 728. —
Qualités nécessaires pour renoncer à une inscription de la
femme commune et séparée, du mineur, du tuteur, etc.
III, 738 *bis.* — Perte de *l'hypothèque elle-même* par la renonciation. Si cette renonciation est unilatérale, IV, 868.
— Cas d'où elle résulte. IV, 870 et suiv. — Cas où l'on
peut douter si l'on renonce à l'hypothèque ou au rang. IV,
871.

RENOUVELLEMENT. On peut et on doit renouveler une inscription prise sur les biens d'une faillite, d'une succession bénéficiaire ou vacante. Raison de cela. III, 660 *bis.* — Inconvéniens du renouvellement décennal des inscriptions.
Préface, p. lxxv.

Voy. *Inscription hypothécaire.*

RENTES. Ne peuvent être hypothéquées par la nouvelle législation. *Quid* par l'ancienne ? II, 408. — On applique aux

arrérages de rentes viagères l'art. 2151. III, 768. — Peut-on purger l'hypothèque pour rentes viagères? IV, 927 et 959 *bis*. — Manière de colloquer les crédi-rentiers viagers. IV, 959 *bis*.

Voy. *Collocation*.

REPRISES MATRIMONIALES. Sens de ce mot. II, 574. Voy. *Hypothèque légale* et *Dot*.

RESCISION. Différence entre la rescision et la nullité. II, 492.

RÉSOLUTION. La résolution du droit du débiteur sur la chose résout les hypothèques. II, 465. — Explication de la maxime *resoluto jure dantis*, etc. II, 466. — Si la résolution se fait *ex causâ necessariâ*, les hypothèques sont résolues, mais non pas si elle se fait *ex causâ volontariâ*. II, 466; IV, 847 et suiv. — Exception à cette règle dans un cas singulier. II, 466, note. — Application de cette distinction à des cas particuliers. II, 466, 467. — Si la résolution des droits de l'héritier apparent fait tomber les hypothèques concédées par lui. Discussion à ce sujet. II, 468. — Si la résolution des droits d'un acquéreur apparent fait tomber les hypothèques qu'il a concédées. Dissentiment avec la cour de cassation. II, 468 *ter*.

Genre de résolution qui résulte du délaissement. III, 822. Le vendeur qui demande contre des tiers le paiement du prix, renonce-t-il à la clause résolutoire? I, 224.

Voy. *Clause résolutoire*, *Renonciation*, *Vendeur*.

RESTITUTION DE FRUITS. Voy. *Fruits* et *Co-partageant*.

RÉTENTION. Voy. *Droit de rétention*.

RÉUNION. Voy. *Statut*, *Jugement*, *Étranger*.

REVENDICATION. Pour pouvoir exercer la revendication, il faut que la chose soit dans le même état. I, 116. — Utilité de la revendication attribuée au locateur. Elle a pour but de replacer la chose dans les conditions de possession où elle se trouvait avant son déplacement. I, 161.—Pour ne pas nuire au commerce des meubles, elle s'exerce dans un temps très-court. I, 161. — La revendication du locateur a lieu même dans le cas de vente des objets garnissant la maison ou la ferme. I, 162.—A moins que ces objets ne soient destinés à être vendus par leur nature, et qu'ainsi il n'y ait consentement présumé du locateur. I, 163, 165. — La revendication n'a pas lieu, s'il y a eu consentement exprès ou tacite du locateur. Exemples d'acquiescement tacite ou présumé. I, 163, 165, 165 ter. — Le locataire peut déplacer certains objets, lorsqu'il n'en résulte pas préjudice pour le locateur. I, 164. — On peut revendiquer les fruits qui garnissent la ferme. I, 165.—La revendication est surtout utile pour les fruits de l'année précédente. I, 165 bis. — Revendication du vendeur. I, 171, 187. — Ne peut revendiquer sa chose sur le gagiste qui l'a reçue de l'acheteur. I, 171. — La revendication est la sanction du droit de propriété; c'est là-dessus qu'est fondée celle du vendeur. I, 187, 190.—Quatre conditions pour l'exercice de la revendication : 1re condition, que la vente soit faite sans terme. I, 194. — 2e condition, que l'acquéreur soit encore en possession. I, 195.— Il n'en était pas ainsi sous la coutume de Paris. I, 195. — 3e condition. Il faut que la chose soit dans le même état. I, 196 et 104. — 4e condition. Il faut que la revendication soit faite dans la huitaine de la livraison. I, 197. — Si le vendeur ne pouvait pas exercer la revendication, il pourrait demander la résolution du contrat. I, 198. — Principes du droit romain sur la revendication du vendeur. I, 188. — Elle n'avait pas lieu, si le vendeur avait suivi la foi de l'acheteur. I, 189. — Signification de ces mots, *fidem sequi emptoris*. I, 189.—Utilité de la revendication dans le droit romain, le vendeur n'ayant ni la ressource du privilège ni celle de la clause résolutoire. I, 190.—Ancien droit français. Introduction de la clause résolutoire tacite. I, 191. — La conservation de la revendication ne fait pas double emploi

avec la clause résolutoire tacite. Différence entre l'une et
l'autre. I, 192. — La revendication est réelle. I, 192.

S.

SAGET (M. de). Magistrat distingué, et jadis l'une des lumières
du barreau de Bordeaux. II, 536 *bis*.

SAISIE. La saisie-gagerie n'a lieu que pour ce qui garnit la
ferme ou la maison. I, 165 *ter*, note.

SAISIE IMMOBILIÈRE. Délai pour y procéder sur un tiers détenteur. III, 793.
    Voy. *Expropriation*.

SCELLÉS. Voy. *Frais de justice*.

SEMENCES. Privilége pour semences. III, 666.
    Voy. *Privilége*.

SÉPARATION DE BIENS. Voy. *Femme mariée*.

SÉPARATION DES PATRIMOINES. Le Code l'appelle à tort un
    privilége. I, 323. — Les créanciers et légataires qui la de-
    mandent doivent prendre des inscriptions sur chaque immeu-
    ble héréditaire dans les six mois à compter de l'ouverture
    de la succession. I, 324. — En quoi l'art. 2111 a modifié
    l'art. 880 du Code civil. I. 325. — Dissentiment avec plu-
    sieurs auteurs. I, 325. — Les créanciers chirographaires
    n'ont pas intérêt à opposer le défaut d'inscription aux de-
    mandeurs en séparation ; car aussitôt ces derniers prendraient
    inscription pour valoir à titre d'hypothèque. I, 325. — Les
    créanciers hypothécaires non inscrits pourraient s'inscrire
    et opposer le défaut d'inscription aux demandeurs, qui n'au-
    raient plus qu'un rang d'hypothèque après eux. I, 325. —
    S'il y a des créanciers hypothécaires, il faut que les deman-
    deurs prennent inscription dans les six mois, sans quoi ils

ne pourraient plus former leur demande. Ils ne seraient plus
que créanciers hypothécaires postérieurs aux créanciers inscrits. I, 325. — Mais, l'inscription une fois formalisée, il
n'est pas nécessaire de demander la séparation dans les six
mois. On peut la demander tant qu'il n'y a pas aliénation.
Dissentiment avec MM. Merlin et autres. I, 325. — Les
biens sont censés être dans les mains de l'héritier, tant que
le prix n'a pas été distribué. I, 226. — Quand il y a vente,
le droit de suite sur l'immeuble est éteint, et il est inutile
que le demandeur s'inscrive dans la quinzaine de la transcription. I, 327. — Entre créanciers, le droit de préférence
se conserve par une inscription prise dans les six mois, quand
même l'immeuble serait aliéné avant l'expiration. Anomalies.
I, 327 *bis.* — L'obligation de s'inscrire, prescrite par le
Code civil, ne s'applique pas aux successions ouvertes sous
la loi de l'an 7. I, 328.

Voy. *Inscription, Priviléges, Purgement.*

SERVITUDES. Ne sont pas susceptibles d'être grevées d'un privilége. I, 108. — Ni d'hypothèque. II, 401, 402. — Ne sont
pas susceptibles du droit de suite. III, 777 *bis.* — Sort des
servitudes constituées par le délaissant. III, 843 *bis.*

Voy. *Délaissement, Suite par hypothèque, Privilége,
Hypothèque.*

SIGNATURE. Voy. *Acte sous seing privé.*

SIMULATION. La surenchère a été établie pour prévenir les si-
mulations dans le prix. IV, 392. — Malgré le défaut de
surenchère, les créanciers peuvent toujours faire déclarer
qu'il y a simulation ou vilité dans le prix. IV, 957. — Explications à cet égard, tant en ce qui concerne les créanciers
hypothécaires que les créanciers chirographaires. IV, 957,
957 *bis,* 957 *ter,* 958. — Compétence pour l'action en simulation. IV, 958 *bis.*

SYREY (M.) Dissentiment avec cet auteur. III, 720.

SOCIÉTÉ. Est un être distinct de ceux qui la composent. II,
434.

SOMMATION. De la sommation de délaisser ou de payer faite au tiers détenteur. III, 790. — On ne peut sommer un tiers-détenteur de purger. III, 793 *bis*.—Formes de la sommation de délaisser. III, 794. — En quoi elle se lie à la procédure en saisie réelle. III, 790.

SOULTE ET RETOUR. Voy. *Co-partageant*.

SOUS-ORDRE. On appelait ainsi le droit que les créanciers avaient de s'emparer de la collocation de leur débiteur, et de s'y faire colloquer suivant leur rang d'hypothèque. II, 407.—Aujourd'hui, il n'y a pas de préférence dans le sous-ordre. II, 407.

SPÉCIALITÉ. Voy. *Hypothèque conventionnelle*.

SPÉCIFICATION. Changement qu'elle opère sur l'assiette du privilége. I, 109 et suiv.

STATUT RÉEL ET PERSONNEL. La loi qui soumet les biens du tuteur à une hypothèque légale, forme statut réel. De même celle qui soumet les biens du fils mineur à la jouissance de son père. De même celle qui donne hypothèque légale à la femme pour le remploi de ses propres. II, 429 et 513 *ter*. —L'exécution des jugemns appartient au *statut réel*. Ainsi, un jugement rendu en pays étranger n'est exécutoire en France, et n'y produit hypothèque, qu'autant qu'il est déclaré exécutoire par un tribunal français, en connaissance de cause. II, 451.

Voy. plusieurs autres questions v^{is} *Jugemens rendus en pays étranger*, et *Acte passé en pays étranger*.

STELLIONAT. Le mari qui hypothèque un immeuble sur lequel il n'a pas pris inscription pour sa femme, et qui ne déclare pas expressément l'hypothèque légale dont il est grevé, est réputé stellionataire. Il en est de même du tuteur. II, 632 *bis*. Le mari et le tuteur échapperaient au stellionat, s'ils étaient *de bonne foi*. La bonne foi consiste à croire que l'immeuble est affranchi. II, 633.—Rareté de cette bonne foi.

II, 633.—Elle n'est pas impossible. II, 633.—La déclaration expresse que l'immeuble est grevé d'hypothèque légale, ne peut pas être remplacée par des inductions tacites. II, 633.

Voy. *Inscription, Hypothèqne légale, Mari, Tuteur.*

SUBROGATION. Subrogation de plein droit de celui qui prête des fonds pour payer les frais funéraires. I, 136 *bis.* — Application de la maxime « *Nemo videtur cessisse contra se.* » I, 233, 234. — La subrogation ne doit pas nuire à celui qui l'a faite. I, 233, 234, 378.—Différences entre la cession, l'indication de paiement, la délégation d'une part et la subrogation de l'autre. I, 349. — Définition de la subrogation. Vices de celle de M. Merlin, empruntée à Renusson. I, 349.—Le mot *subrogation* vient du droit canon. I, 351. — Obscurité de la matière des subrogations. I, 351.— Elle est conventionnelle ou légale. I, 352. — *De la subrogation octroyée par le créancier.* Elle ne peut être donnée *ex intervallo.* I, 353. — Le créancier peut se refuser à donner la subrogation. I, 353. — La subrogation octroyée par le créancier a beaucoup de rapports avec la cession. I, 353. — Le créancier qui consent une subrogation n'est pas obligé de garantir. I, 353 *bis.*— *De la subrogation octroyée par le débiteur.* Difficulté qu'elle eut à s'établir. I, 354. — Subtilité du droit romain sur cette matière, écartée par le Code civil. I, 354 *bis.* — De la subrogation de *plein droit*, I, 355.—1° Au profit de celui qui, étant lui-même créancier, paie un autre créancier qui lui est préférable à raison de ses priviléges ou hypothèques. I, 355.—Le droit d'offrir appartient aujourd'hui au créancier chirographaire. I, 356. —La subrogation n'a pas lieu de droit au profit de celui qui paie un créancier postérieur. Dissentiment avec M. Toullier. I, 357.— 2° Au profit de l'acquéreur d'un immeuble qui emploie le prix de son acquisition au paiement des créanciers hypothécaires ou privilégiés. I, 358; III, 788 *bis.* — Dans ce cas, la subrogation s'étend à tous les immeubles sur lesquels les créanciers payés avaient préférence. Raison de cela. I, 359; III, 789. — 3° Au profit de celui qui, étant tenu avec d'autres ou pour d'autres au paiement de la dette, avait intérêt à l'acquitter. I, 360. — 4° Au profit de l'héritier bénéficiaire qui a payé de ses deniers la dette de la succession. I, 361. — Le subrogé profite de l'inscription prise par le créancier subrogeant. I, 377 et 364. — Il n'a besoin de s'inscrire en son nom personnel que pour prévenir les fraudes du subrogeant, qui pourrait donner main-levée à son insu. I, 377. — Tous les subrogés d'un même créancier viennent par concurrence. Ils sont tous égaux. I, 379. — Celui qui a payé au créancier le résidu de ce qui lui était dû, résidu pour lequel il était préférable à tous ceux qu'il s'était subrogés pour des paiemens particls, conservera-t-il cette préférence, ou viendra-t-il par concurrence avec tous ses co-subrogés? Si le créancier ne fait que recevoir son paiement, point de préférence. Si, au contraire, il vend son droit, la préférence passe au cessionnaire. I, 379. —Moyens pour conserver le privilége dans le cas de subrogation accordée par le débiteur. I, 380. — Quid dans le cas de subrogation légale? I, 382. — Utilité de la subrogation pour mettre d'accord les hypothèques générales et les hypothèques spéciales. III, 752. — L'indemnité accordée par une société d'assurance pour ruine de la chose assurée, ne participe pas aux hypothèques de la chose elle-même. Cette indemnité se partage par distribution au marc le franc. IV, 890.

SUBSISTANCES. Voy. *Fournitures* et *Privilége*.

SUBSTITUTION. Les biens substitués sont-ils soumis à l'hypothèque générale? II, 434 *bis*. Voy. *Hypothèque générale*.

SUCCESSION. On ne peut acquérir hypothèque sur les biens d'une succession vacante ou bénéficiaire. II, 413; III, 657 *ter*, 659 *ter*.
      On ne peut hypothéquer nommément les biens d'une suc-

cession future. Mais les biens peuvent entrer dans la clause
vague d'hypothèque des biens à venir. II, 540 *bis*. — Raisons qui empêchent d'acquérir une hypothèque sur une succession bénéficiaire. III , 657 *ter*, 659. — On ne peut, en
règle générale, acquérir de nouveaux droits sur une succession, abstraction faite de l'héritier qui la représente. II ,
459 *bis;* et III, 657 *ter*. — Mais on peut prendre inscription sur les biens qu'une succession bénéficiaire possède en
qualité de tiers détenteur. III, 658 *bis*. — L'acceptation
bénéficiaire de la succession du défunt n'empêche pas de
prendre inscription sur les biens possédés par un tiers détenteur, et que ledit défunt avait aliénés avant sa mort. III ,
658 *bis*. — Si l'acceptation bénéficiaire n'a lieu que long-
temps après l'ouverture de la succession , comme elle a un
effet rétroactif, elle annule les hypothèques obtenues depuis l'ouverture. III, 658 *ter*. — L'art. 2146 s'applique,
alors même que la succession serait acceptée bénéficiaire-
ment par un mineur. III, 659. — On ne peut inscrire un
privilége sur une succession bénéficiaire. III, 659 *bis*. —
Exception. III, 659 *bis*. — Ce qui vient d'être dit d'une
succession bénéficiaire, s'applique à une succession vacante.
III, 659 *ter*. — On peut s'inscrire sur une succession acceptée purement et simplement. III, 660. — L'acceptation
bénéficiaire ou la vacance d'une succession n'empêche pas
de renouveler une inscription. III, 660 *bis*. — L'héritier
bénéficiaire et le curateur à succession vacante peuvent-ils
délaisser? III , 818, 819.

SUITE PAR HYPOTHÈQUE. Les meubles n'ont pas de suite par hypothèque. I, 161. — Exception en faveur du locateur. I,
161. — La perte du droit de suite peut avoir lieu sans que le
rang sur le prix soit perdu. I, 95 *bis*. 280, 281, 315 *bis*, 316,
317, 327 *bis ;* III, 663 *bis ;* IV, 985. — Dissertation sur la
question de savoir si la perte du droit de suite éteint nécessairement le droit de préférence. Distinction entre ces deux
droits. Le droit de préférence est destiné à survivre au droit

de suite. IV, 985 et suiv. — Les priviléges dont parle l'article 2101 conservent leur rang de préférence, quoique dans certains cas l'absence d'inscription leur ôte le droit de suite. I, 274.—Pour que le droit de suite se convertisse en action sur le prix, il faut que ce droit ait été complet. I, 279, 282; IV, 985.—Exception singulière en faveur du co-partageant et du créancier qui demande séparation des patrimoines. I, 317, 327 *bis.*—Et du trésor public. I, 95 *bis.*

Pour exercer le droit de suite, il faut être inscrit. I, 316, 317, 266; II, 566; III, 725, 778 *ter;* IV, 986.

Nuauce importantes à saisir dans le droit de suite. L'hypothèque légale *suit* et *accompagne* l'immeuble sans inscription ; mais elle ne peut agir pour l'exproprier. IV, 986.

Quoique la femme ou le mineur aient perdu le droit de suite, en ne s'inscrivant pas en cas de purgement, le droit sur le prix reste intact. IV, 984 et suiv.

L'hypothèque peut produire préférence sans produire droit de suite. Exemple emprunté à l'ancienne jurisprudence normande. II, 396, 397. — D'après le Code civil, les priviléges ont droit de préférence et n'ont pas droit de suite. II, 386 et 415. — Priviléges qui ont droit de suite. I, 161; II, 397.

Cas où le droit de suite est perdu par le défaut de renouvellement de l'inscription, III, 716 *bis.*

Le droit de suite est l'auxiliaire le plus utile de l'hypothèque. III, 775. — Le délaissement en est un des effets. III, 775. Voy. *Délaissement.*

Le droit de suite empêche que les aliénations ne préjudicient à l'hypothèque. III, 776. — Il s'exerce sur l'usufruit démembré de la chose hypothéquée. III, 776. — On doit dire la même chose de la superficie, de l'emphytéose. III, 776. —Tout ce qui se *mobilise* par sa séparation d'avec la chose principale, n'est pas susceptible du droit de suite. III, 777. — Les servitudes, droits d'usage ou d'habitation, ne sont pas susceptibles du droit de suite. III, 777 *bis.* — Un bail n'est pas susceptible du droit de suite. III, 777 *ter.* — Cas où le bail peut être opposé aux créanciers. III, 777 *ter.* — Du droit de suite sur les *fruits.* III, 777 *ter.* — Du droit de suite sur les fruits lorsqu'il y a antichrèse. III, 778. — Ou cession de plusieurs années de fruits par anticipation. III, 778 *bis.* — Par le Code civil, le droit de suite était éteint si l'on n'était pas inscrit lors de la vente. Le Code de procédure civile permet de s'inscrire dans la quinzaine de la transcription. III, 778 *ter.*

L'hypothèque sur la chose ne *suit* pas l'indemnité qui la représente en cas d'incendie. IV, 890. — *Quid* en cas d'indemnité pour confiscation exercée sur les émigrés? IV, 890 *bis.*

Celui qui n'est pas inscrit lors de l'adjudication sur expropriation forcée, perd le droit de suite et le droit de préférence. IV, 906.

Actions qui découlent du droit de suite. III, 779. Voy. *Actions hypothécaire.*

Pour exercer le droit de suite, les créanciers inscrits doivent faire un commandement au débiteur principal, et au tiers détenteur un commandement de délaisser ou de payer. III, 790.

C'est par l'expropriation forcée que se résout le droit de suite quand il n'y a pas purgement. III, 795 *ter.* — Moyens employés par quelques notaires pour éviter ce moyen dispendieux. III, 795 *ter* et 795 *quat.*

Exceptions contre l'exercice du droit de suite :

1° Exception de discussion. III, 796. — Le tiers détenteur peut l'opposer. III, 796. — Son origine et son motif. III, 796. — Abolie par la loi de l'an 7, et rétablie par le Code civil. III, 797. — Celui qui est personnellement obligé ne peut opposer l'exception de discussion. III, 797. — Quels sont ceux qui sont obligés personnels ou simplement tiers détenteurs. Acheteurs à charge de payer les dettes, héritiers, légataires, donataires, etc. III, 797, 798. — L'exception de discussion ne peut être opposée contre l'action d'interruption. III, 799. — Elle ne peut être opposée contre celui qui a hypothèque spéciale. III, 799. — Ancien

que ou du privilége. I, 283, 317; IV, 932.—Pour l'exercer, il faut être inscrit, soit que l'hypothèque soit conventionnelle, judiciaire, ou même légale. I, 316, 317; IV,
932. — La réquisition de surenchère est le refus des offres
faites par le tiers détenteur. III, 698 *bis*, 726; IV, 931 *bis*.
— De l'année courante pour fait d'intérêts en cas de surenchère. III, 698 *bis*. — Du renouvellement des inscriptions en cas de surenchère. III, 726.—La notification aux
créanciers inscrits contient une provocation implicite de surenchérir. III, 887 *ter*, et IV, 931 *bis*. — Elle met en demeure de surenchérir dans un délai de quarante jours. IV,
933.—Quel est le délai pour surenchérir à l'égard des femmes et des mineurs? IV, 933, 982.

Formes de la réquisition de surenchère. Sa signification.
IV, 933, 939, 939 *bis*.

Nécessité d'offrir une caution. Voy. *Caution*.

Origine de la surenchère en matière de purgement. IV,
933.

La réquisition de surenchère doit contenir l'offre d'élever
le prix à un dixième en sus. IV, 934.—Raison de cela. IV,
934.

Ce dixième doit être calculé sur tout ce qui constitue le
prix. IV, 935.—La surenchère doit-elle porter sur les portions du prix non évaluées dans la notification? IV, 935 *bis*.

La surenchère doit être d'une somme fixe; car elle sert de
base à toutes les autres enchères. IV, 935 *bis*.

Surenchère, lorsque la vente est complète et contient des
immeubles hypothéqués et d'autres non hypothéqués. IV,
972. — La surenchère du dixième ne doit pas porter sur ce
qui est payé par l'acquéreur à sa propre décharge, et non
à la décharge du vendeur. IV, 636.—Exemple. *Frais* qui,
de droit, sont à la charge de l'acquéreur. *Impôts* échus et
non échus. Difficultés sur ce point. IV, 936. — La surenchère doit-elle porter non seulement sur le prix, mais encore sur les intérêts. IV, 937? — Lorsqu'il y a des charges
qui entrent dans le prix et d'autres qui n'y entrent pas,

ce n'est pas à l'acquéreur à en faire une division méthodique. C'est au créancier à voir sur quoi sa surenchère doit porter. IV, 937 *bis*. — La soumission de surenchère est un véritable engagement. IV, 938. — Le surenchérisseur est tenu de remplir ses offres envers les créanciers hypothécaires. IV, 938. — Mais, tant qu'il n'y a que surenchère, et qu'on n'est pas arrivé à l'adjudication, l'acquéreur reste propriétaire. IV, 938, 948, 949. — Les détériorations par cas fortuit sont aux risques de l'acheteur, et le surenchérisseur peut, pour raison de ces détériorations, être déchargé de la surenchère. IV, 949.

Conséquences de la nullité de la surenchère. La nullité prononcée contre le requérant profite à l'acquéreur contre tous les créanciers. IV, 950. — Des personnes capables de surenchérir. IV, 951, 952, 953. — La réquisition de surenchère n'est pas un simple acte conservatoire ; elle contient un engagement. IV, 951. — L'autorisation donnée à un incapable, après l'expiration des délais de surenchère, couvre-t-elle le vice d'incapacité qui avait présidé à l'acte ? IV, 954. —Si le tiers détenteur peut opposer l'incapacité de la femme qui surenchérit. IV, 955.

L'acquéreur peut toujours empêcher la surenchère, en payant toutes les charges hypothécaires. IV, 956.

Le défaut de surenchère fixe le prix et purge l'immeuble, pourvu que l'acquéreur paie ou consigne. IV, 957.—Néanmoins, le créancier peut opposer la vîlité du prix et la fraude dans l'acte. IV, 957 et suivans.—*Quid* à l'égard des chirographaires ? IV, 957 *ter*.—Procédure pour la consignation. IV, 958. — Manière de payer le prix à certains créanciers. IV, 959 et suiv. Voy. *Collocation*.

La vente par suite de réquisition de surenchère se fait dans la forme des expropriations. IV, 960 *bis*. — Par qui cette vente peut être requise. IV, 960 *bis*. — Le tiers détenteur lui-même peut la solliciter, pour ne pas rester sous le coup de la surenchère. IV, 960 *bis*. — Affiches. Il n'est pas nécessaire de dresser un cahier des charges. La vente en tient lieu. IV, 960 *ter*. — Elle sert de minute d'enchères.' IV, 960 *ter*. — On ne peut ici surenchérir du quart, comme en matière d'expropriation forcée. IV, 961. — Cas où il est nécessaire de s'écarter des charges contenues dans le contrat de vente. — IV, 961 *bis*. — Si l'adjudication peut se faire par lots. IV, 961 *ter*. — L'adjudication faite au profit d'un tiers dépossède le tiers détenteur et résout son contrat; mais le tiers détenteur a droit à être remboursé de ses loyaux coûts et de ses impenses. IV, 962.—Le tiers détenteur peut se rendre adjudicataire. IV, 964. — Étendue de son recours contre le vendeur, soit qu'il soit évincé, soit qu'il se rende adjudicataire. IV, 967 et suiv. — Le tiers détenteur qui s'est rendu adjudicataire doit garder ce qui reste du prix, tous les hypothécaires étant payés. IV, 971.

La procédure en surenchère appartient à tous les créanciers inscrits. Le désistement du poursuivant ne peut nuire aux autres. IV, 966.

Voy. *Adjudication, Expropriation, Suite,* etc.

T.

TARDÉ (M.), avocat-général à Paris. Critique de ses conclusions tendant à établir que l'hypothèque obtenue dans le temps qui s'écoule entre l'ouverture de la faillite et sa déclaration est valable. III, 656.

TARRIBLE (M.). Dissentiment avec cet auteur. I, 43.— Autre. I, 44. — Autre. I, 49.—Autre. I, 136. — Autre. I, 155. —Autre. I, 165. — Autre. III, 662. — Autre. III, 673. — Autre. III, 684. — Autre. III, 756 et suiv. — Autre. IV, 876, note. — Autre. IV, 913. — Autre. IV, 924. — Autre. IV, 946. — Autre. IV, 993.

TERME. Influence de l'obligation à terme sur l'hypothèque. I, 170 *bis*, et II, 584 *bis*.

TIERS. La personne des tiers fait souvent changer la rigueur des

thécaires, mais non pas d'exiger du tiers détenteur qu'il purge. Erreur de la cour de Nimes. III, 793 *bis*.—Le tiers qui conserve le droit de purger à l'égard du poursuivant, le conserve à l'égard de tous les créanciers inscrits. Mais s'il le perd à l'égard du poursuivant, il le perd à l'égard de tous les autres. III, 795 *bis*.

Exceptions que le tiers détenteur peut opposer. Voyez *Suite par hypothèque.*

Pour être *tiers détenteur*, il ne faut pas être obligé personnellement. III, 797.— Quand y a-t-il *obligation personnelle?* De l'obligation de payer les dettes, imposée par la donation ou par le contrat de vente. III, 797, 813.

Les héritiers ne sont obligés personnellement que pour leur part et portion : pour le surplus, ils sont tiers détenteurs. III, 798, 812.

Quid si l'obligation de payer par l'acquéreur n'est qu'une simple délégation? III, 813. — Dissentiment avec M. Delvincourt. III, 813. — L'obligation de purger impose obligation personnelle. III, 814.

Sont tiers détenteurs, sans mélange d'obligation personnelle, le légataire, le donataire particulier, l'acheteur. III, 797. — Le tiers détenteur, qui, lui-même, est créancier plus ancien, peut-il s'opposer à l'expropriation s'il paraît évident que son dû absorbe la valeur du fonds? III, 804.— Peut-il s'y opposer s'il a payé jusqu'à concurrence de la valeur de l'immeuble des créanciers antérieurs au poursuivant? III, 805.

Du délaissement que peut faire le tiers détenteur. III, 810 et suiv. Voy. *Délaissement.*

Qui a capacité pour délaisser. Voy. *Délaissement.*

Le tiers détenteur qui a délaissé peut reprendre la chose en payant tous les frais. III, 825.—Si, après l'adjudication de l'immeuble délaissé, il reste plus d'argent qu'il n'en faut pour payer les créanciers inscrits, le surplus appartient au tiers détenteur. III, 825.

Détérioration dont il est tenu quand il délaisse. III, 830

Par le Code civil, la transcription n'est plus qu'un préliminaire pour arriver à la purge des hypothèques et priviléges. I, 277; IV, 894 et suiv., 914. — D'après le Code de procédure civile, elle est un appel pour que les inscriptions se montrent dans la quinzaine. I, 281; IV, 895 et suiv. — La transcription vaut inscription pour le vendeur; mais elle ne peut pas valoir plus que l'inscription. I, 282; III, 650. — Le vendeur qui a conservé son privilége par la transcription doit transcrire l'acte dont il résulte. La conservation du privilége ne résulterait pas de la transcription des actes d'aliénation postérieure. I, 284. — La transcription se fait par l'acquéreur, sinon par le vendeur. I, 285. — Nécessité pour les tiers qui veulent contracter de consulter le registre des transcriptions. I, 286. — On peut faire transcrire tout acte tenant de la nature de la vente. I, 287. — La transcription ne conserve le privilége que jusqu'à concurrence des sommes énoncées au contrat, à moins qu'il n'y ait été dérogé par un contrat postérieur aussi transcrit. I, 289 *bis*. — La transcription suivie de quinzaine n'empêche pas le copartageant de s'inscrire pendant soixante jours. Mais cette inscription, postérieure à la quinzaine, ne donne pas droit de suite, elle assure seulement la préférence entre créancier. I, 316, 317.

Rôle que joue la transcription dans la péremption de l'hypothèque. Erreur de M. Tarrible à cet égard. IV, 883.

Insuffisance de la transcription pour faire appel aux inscriptions. IV, 900. — On doit transcrire à l'effet de purger tous actes par lesquels on n'est pas obligé personnellement, même les actes sous seing privé. IV, 902. — A l'égard de la donation, la transcription a des effets particuliers. IV, 904. — Il n'est pas nécessaire de transcrire, à l'effet de purger, la vente sur expropriation forcée. IV, 905. — — Ni l'adjudication par surenchère, à la suite d'une vente volontaire. IV, 909, 963. Mais il faut transcrire les ventes faites par autorité de justice. IV, 906.

A qui profite la transcription? IV, 910. — Doit-on transcrire l'acte entier ou seulement la portion qui se rattache à l'immeuble qu'on veut purger? IV, 911. — Droit de transcription. IV, 912. — Lorsqu'un immeuble a été l'objet de plusieurs ventes successives, l'acquéreur doit-il transcrire non seulement son contrat, mais encore celui de tous les acquéreurs qui l'ont précédé? IV, 913.

Voy. *Purgement. Adjudication.*

Imperfection du Code civil, qui a rejeté la transcription comme moyen de transmission de la propriété à l'égard des tiers, Préface, p. lij.

TRANSPORT. Voy. *Cession.*

TRÉSOR PUBLIC. Énumération et rang des priviléges qui lui compètent. I, 32, 33. Voy. *Privilége.* — Préférence injuste de la contribution foncière sur certains autres priviléges. I, 63. — Le trésor public est toujours solvable. IV, 940 *bis.*

TUTELLE, TUTEURS. Sont soumis à l'hypothèque légale de leurs pupilles. II, 420. — Le tuteur de fait y est même soumis. II, 421. — Il n'y a pas d'hypothèque sur le subrogé-tuteur. II, 422. — Différence entre la tutelle et la puissance paternelle. II, 424 et note. — Il y a hypothèque sur les biens du *tuteur officieux.* II, 425. — Et sur ceux de la mère qui convole sans avoir convoqué le conseil de famille pour savoir si la tutelle doit lui être conservée. Elle est tutrice, *sinon de droit*, au moins *de fait.* II, 426. — Son second mari est aussi tenu hypothécairement. II, 426. — Et sa responsabilité s'étend non seulement à la tutelle conservée depuis le mariage, mais encore à l'ancienne, dont il n'a pas été rendu compte. II, 426. — Le second mari qui épouse la veuve, à qui la tutelle a été conservée, a hypothèque sur ses biens, pour la gestion postérieure à son mariage. II, 426. — Le tuteur est responsable, sous l'hypothèque de tous ses biens, de tout ce qui de sa part constitue une *créance* au profit du mineur. II, 427. — Il y a même hypothèque pour les frais de compte de tutelle. II, 427. — Et pour ce que le tuteur devait au mineur avant la tutelle. II, 427. — L'hypothèque du mineur naît de l'acceptation de la tutelle. Textes contraires conciliés. Époques de l'acceptation de la tutelle. Mode de les calculer. II, 428. — Si une tutelle déférée en pays étranger emporte hypothèque légale en France. II, 429. —Opinions diverses. Résolu qu'elle emporte hypothèque. II, 429. — Un mineur étranger, dont la tutelle a lieu en pays étranger, peut réclamer hypothèque sur les biens de son tuteur situés en France. II, 429. — La loi qui soumet le tuteur à l'hypothèque légale est statut réel. II, 429.

Le tuteur doit prendre inscription sur ses biens pour son pupille. II, 632. — Sinon, il faut qu'il déclare *expressément* l'hypothèque légale dont est affecté l'immeuble qu'il veut vendre ou aliéner. Faute de cette déclaration expresse, il *est réputé* stellionataire. II, 633. — Voy. *Stellionat.* — Le tuteur ne peut obtenir radiation partielle des inscriptions prises *sur ses biens* sans un jugement. III, 738 *bis.* — Il peut donner main-levée d'inscription au débiteur du mineur qui acquitte la dette, mais il ne peut donner main-levée s'il n'y a pas paiement. III, 738 *bis.* — S'il peut délaisser. III, 820. — Ses pouvoirs pour surenchérir. IV, 953.

U.

droit, et non pas les fruits récoltés, lesquels sont meubles. II, 400. — L'usufruit démembré de la propriété hypothéquée est soumis au droit de suite. III, 776.

V.

Vendeur. Voy. *Vente* et *Privilége*.

Vente d'immeubles. Privilége du vendeur d'immeubles. Son rang quand il concourt avec l'hypothèque. I, 80 et suiv. — Ou avec le co-partageant. I, 81. — Le privilége du vendeur existait-il dans le droit romain ? Clause de *réserve du domaine* insérée dans les ventes au profit du vendeur dans les pays de droit écrit. État de l'ancienne jurisprudence française. I, 181 à 183, et 213. — L'acquéreur à réméré sur qui on exerce le rachat, n'a pas le privilége de vendeur. I, 200 *bis* et 215. — Ni le donateur. I, 215. — Le cessionnaire du vendeur a le même privilége que le vendeur lui-même. I, 217. — Le prix est privilégié, mais c'est le prix tel qu'il est stipulé. I, 218. — Les intérêts du prix sont privilégiés de droit. Mais pour combien d'années ? I, 219. — Le privilége a lieu pour les frais de contrat. I, 220. — Le vendeur n'a pas privilége pour les dommages et intérêts résultant de l'inexécution de la vente. I, 221. — Le vendeur a droit de demander la résolution de la vente. I, 190, 191, 222. — Inconvénient de cette faculté. I, 223. — Dans quel cas le vendeur qui a vainement demandé le prix peut-il demander ensuite la résolution de la vente ? I, 224. 224 *bis*, 225. — Rang du vendeur. I, 78 *bis* et 226. — Quand il y a plusieurs vendeurs successifs, le premier est préféré au second, et ainsi de suite. I, 226. — Le vendeur a préférence pour son dû sur le bailleur de fonds. I, 78 *bis* et 233.

Conservation du privilége du vendeur par la transcription ou l'inscription. I, 275 et suiv. — Système de la loi du 11 brumaire an 7. I, 276. — Transcription et inscription d'of-

M. Grenier, qui pense que le privilége du vendeur cesse s'il a suivi la foi de l'acheteur. I, 199.— Le vendeur a-t-il privilége en matière de commerce. — Distinction, I, 220.

Voy. *Prix, Priviléges, Semences.*

VENTE JUDICIAIRE. Voy. *Purgement* et *Transcription.*

VENTILATION. Ventilation à faire par l'acquéreur qui veut purger en cas de vente complexe. IV, 972.

Voy. *Purgement.*

VOITURIER. Son privilége. Avec qui il peut concourir. I, 51. — Ordre des priviléges sur la chose voiturée. I, 71. — Fondement du privilége du voiturier. I, 207. — Erreur de ceux qui pensent qu'il est fondé sur la possession. Le voiturier ne perd pas son privilége par le dessaisissement. I, 207. — Le privilége du voiturier ne s'étend pas à ce qui est dû pour voyages précédens. I, 207 *bis.*

Voy. *Privilége.*

FIN DE LA TABLE ANALYTIQUE DES MATIÈRES.

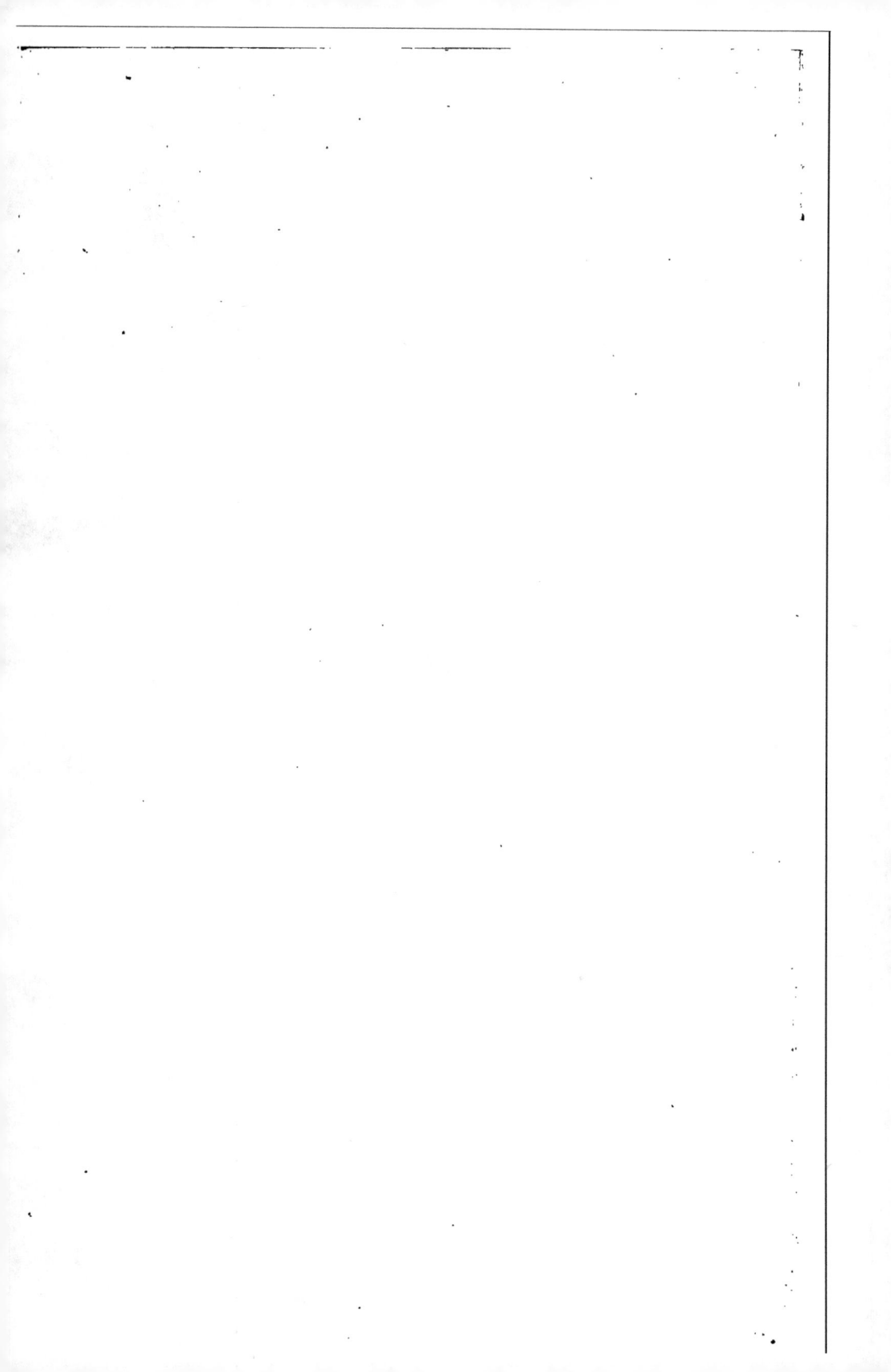

www.ingramcontent.com/pod-product-compliance
Lightning Source LLC
Chambersburg PA
CBHW031608210326
41599CB00021B/3102